古代中世 山寺の考古学

上野川 勝 著

岩田書院

目　次

まえがき

日本考古学における山岳寺院などの山の遺跡の調査研究は、多くの先学によって進められてきた。全国各地の調査研究事例を紐解き、また見聞する時、ある時は、高山の頂上における過酷な調査が、命がけで行なわれたことに感銘を受け、またある時は、地域考古学の総力を結集し、山寺の報告書作成に立ち向かった様が窺える。山岳寺院遺跡の研究は、いわゆる仏教考古学などから推進されてきたことは周知の事実であり、先人の調査研究に対してまずもって敬意を表する。昨今は、山岳寺院の調査事例が全国各地にみられ、その地域の研究者が熱意をもって調査研究に慎重かつ果敢に取り組んでおり、本書はその成果などを用いていることは論を待たない。

本書は、平成七年頃から続けてきた山岳寺院遺跡に関する個人研究である。内容は、日本古代中世山寺の分類論などの構築に向けての一作業である。本書が扱う研究範囲については、著者は「北東日本」という表現を創案し使用しているが、これはいわゆる畿内を含む東日本にあたる地理的領域を指し示すもので、本書の一部には、南西日本の山岳寺院を扱ったが、多くを触れることはできなかった。

北東日本の北東という意味は、下野などの東国諸国は、日本全体の中では北にあたり、また東に位置するという意味合いを示す。当初は、東日本という漠然とした感覚を持って近隣の山寺遺跡を歩いたり、尾張・大山廃寺の「山寺」文字瓦や出土遺物を実見したりしたが、その後に北陸などを歩きながら、その地域の研究論文などを目にするうちに、著者が現在扱う地域の古代中世山寺では、「北」を意識し、「東」を感じることが必要かと想ったことに起因する。本書には、畿内周辺から東海・北陸より以北・以東の山岳寺院遺跡の類型化を検討してきた論考をまとめてみた。

これらは、各地域の研究報告を読みながら、著者が遺跡を実地踏破して考え、また新たな視点から訴えようとしたことを記したものである。

本書では、山岳寺院・山林寺院・山寺という用語を用いているが、これは原稿執筆時におけるその時々の遺跡ごとの性格を勘案して、その用語を使い分けた場合や、雑誌の特集ごとの依頼原稿に対する用法であり、山岳寺院・山林寺院・山寺という用語を厳格に峻別して使用してきたわけではなく、そうした状況はご了解いただきたい。また当初は、本書の書名を『山岳寺院の考古学的研究』とする予定で進めたため、考古学用語である山岳寺院という用語を多用したことを記しておきたい。

その山岳寺院・山林寺院への踏査は、古代東山道諸国から、東海道の多くの山寺遺跡をはじめとし、北陸道の遺跡群を経て、近江から平城京・平安京周辺の山々を廻り、比曽寺旧跡から六甲山を経て、播磨周辺までの約一五〇箇所以上かと思う。多くの遺跡には複数回訪れ、遺跡の自然環境や地形などを実際に肌で感じて見てきた。なお以前は見られなかったことだが、山岳寺院の主要平場の地面が、野生動物により掘り返されるという被害が散見されるようになり、心を痛めている。山寺遺跡の保護が急務となろう。

ここに掲載する文章は、雑誌などに発表したもので、一部には加除筆を加えた部分もあるが大意に変化はない。序にかえて、各章節と旧稿との関係を整理しておきたい。なお、平成二二年(二〇一〇)六月の山の寺研究会において、古代創建古代廃絶型山林寺院を1類、古代創建中世存続型山林寺院を2類、中世創建中世廃絶型山林寺院を3類と区分した。

序章は、「日本古代中世山岳寺院研究の一視点」(『唐澤考古』三四号、二〇一五年)のうち、「古代中世通観の視点」を書き改めたものである。

第一章第一節「中世山林寺院研究の視点」は、『季刊考古学』「特集中世寺院の多様性」(九七号、二〇〇六年)に所収された文章をほぼそのまま用いた。その冒頭では、「古代創建古代廃絶型」と「古代創建中世存続型」の二種類の概念と用語を独自に創出したことで、存続期間からみた山林寺院の分類を普遍的に行なうことができる可能性を提示した。その後、研究史を紐解く中で、北陸において「短期廃絶型」と「長期継続・拡大型」という分類があったことを知り、研究史上における先駆的な概念と思われた。第一章第二節「古代中世山林寺院遺跡の存続期間からみた三類型とその細分―北東日本を中心に―」は、「古代中世山林寺院について」(『唐澤考古』二六号、二〇〇七年)の中の第一章・第四章をほぼそのまま用い、明寺山廃寺に関する部分は大きく書き直した文章に、「古代中世山林寺院の存続期間からみた三類型の細分とその概念」(『唐澤考古』三一号、二〇一二年)と題して発表したものを合わせて、加除筆を行なった。山岳寺院の存続期間類型は、最終的には結章の類型用語となるが、本節では山寺に隣接する経塚について触れた。また、岩手県中尊寺を、日本における中世創建型の代表的な山寺とみる視点を新たに書き加えた。第一章第三節「古代山林寺院の社会的立地からみた四類型とその概念―北東日本を中心に―」は、『考古学論究』一五号(二〇一三年)に投稿したものである。本節の四類型分類は、著者が二〇一一年秋に加賀・越前などの山寺を踏査した際、一一月二七日に石動山天平寺跡へ向かう時に創案した概念と用語である。なお、二〇一二年五月に上原真人「国分寺と山林寺院」(『国分寺の創建　思想・制度編』吉川弘文館、二〇一一年)に接したが、そこでは霊山や国境の山寺等が論じられている。

第二章第一節「仏堂と諸施設―古代山寺の伽藍類型概観―」は、立正大学時枝務教授からの薦めに応じて『季刊考古学』一二一号(二〇一二年)に執筆したもので、二〇一二年一月に著者が新たに創出した山岳寺院伽藍配置の類型を示し、鍛冶工房・鍛冶炉・薗院について触れた。慧日寺跡本寺地区と戒壇地区については、加筆を行ない掲載した。第二章第二節「古代山林寺院の参道と寺域内通路―黒熊中西遺跡と大知波峠廃寺跡の分析を中心に―」は、『考古学論究』一七号（二〇一六年）に掲載されたもので、黒熊中西遺跡の寺域内の道路遺構を、参道と寺域内通路に区分して分析した。第二章第三節「古代山林寺院における鍛冶炉と鍛冶工房」は、群馬県黒熊中西遺跡と、福井県明寺山廃寺の鍛冶炉・鍛冶工房を分析したもので、『唐澤考古』三二号（二〇一三年）に掲載されている。第二章第四節「古代山林寺院黒熊中西遺跡の鍛冶炉の規模と構造―北東日本の鍛冶炉との比較から―」は、『唐澤考古』三三号（二〇一四年）に投稿したものである。内容は、群馬県黒熊中西遺跡の発掘調査で確定している鍛冶炉の規模と炉床構造について、他地域の専業鍛冶工房の鍛冶炉との比較を行い、山寺の鍛冶炉規模が平地遺跡の鍛冶遺構の規模とほぼ同一範疇に収まる数値を示し、またその炉床構造も同一であることを示した。これら鍛冶炉・鍛冶工房などの分析は、各地の諸遺跡で担当した鍛冶工房・鍛冶炉・製鉄炉（箱形炉・竪形炉）などの調査経験から、山寺における鍛冶遺構を再検討したものである。

第三章第一節「古代下野における山寺の成立と天台仏教―大慈寺瓦出現の背景―」は、『唐澤考古』一五号（一九九六年）に発表したもので、若干の加除筆がある。この試論は、下野大慈寺の成立の背景について、日本天台仏教における九世紀の状況を概観的に把握し、文献史料にみる大慈寺の寺歴と考古資料を状況証拠として扱うという限界の中で、あえて古代東国仏教の一拠点としての大慈寺の位置付けを試みたものである。第三章第二節「古代東国における「山寺」の出土文字資料―瓦・墨書土器の資料から―」は、『唐澤考古』二二号（二〇〇三年）にまとめたもので、発表時は「古代東国における山寺の文字瓦と墨書土器について」という題であった。今回、その後管見に触れた資料について加筆し、第四節結語の部分を大きく書き直した。

第四章第一節「上野国・下野国の古代山岳寺院」は、京都大学大学院上原真人教授の薦めで『佛教藝術』三一五号（二〇一一年）に執筆したものをほぼそのまま用いたが、上野国緑野寺関連については若干の加筆を行なった。なお上原教授の要請で、日光の山岳寺院についても初めて書き記してみた。第四章第二節は二〇一四年早春に書いたもので、中世末に描かれた「模本日光山図」（「日光山之図写本」）に描かれた中世寺社の伽藍と施設とその系譜を考えた。

第五章第一節「奈良朝山林寺院と平安期山岳寺院の特質」は、『唐澤考古』三四号（二〇一五年）に発表した「日本古代中世山岳寺院研究の一視点」の一部と、新たに書き起こした奈良朝山林寺院と平安期山岳寺院の特質についての新しい考え方を、二〇一五年四月に新稿とした。その中で、「一面性平場構造山寺」と「多段性平場構造山寺」という概念と用語を創出した。なお既発表の文章はそのまま用い、結章での類型名などを優先することにしたい。第五章第二節「畿内と北東日本における山岳寺院の大規模平場とその特徴」は、中世末期の「模本日光山図」に描かれた中世日光山の伽藍と施設について検討した際に、そこに描かれた大規模平場に着目し、新たに創出した概念を用いて、二〇一四年晩春から初夏に書いた。中世末期頃の日光山中枢部の主要堂宇南側の平場は、東西方向に間口が広大な大規模な平場となっており、現在の日光山中枢部は、近世初頭に大きく改変されているが、中世末期まではそうした大規模な平場が日光山中枢部にも存在したと判断できた。第五章第三節「大規模平場の出現と山岳寺院伽藍の類型」は二〇一四年夏から初秋頃にかけて書き起こした論考で、大規模平場である横長広大平場と古代山林寺院の伽藍配置との関係を論じた。

本書を成すにあたり、既発表の文章に加えて、平成二五年晩秋から平成二八年にかけて新稿を書き綴り、その後も追考したが、その過程で山寺に関する独自の新しい類型や概念が湧き出てきた。著者の基本的な研究手順は、考古学による研究史・発掘調査資料・踏査資料を基に、それらを分析・分類し、また総合的に判断し、新しい類型と新しい概念を創出するというものとなった。著者と同じく自然の中に息づく山寺群の息吹を体感しつつ、歴史的考究を進めることに賛同する人々には、その一部にでも共感して頂けるものと確信する。

このように本書に収録した論考は、北東日本の山岳寺院の在り方を突き詰めて考えてみたものなどであるが、内容には不十分な点も多々あろうかと危惧する。今後も山寺研究を継続する中で、諸賢のご意見を拝聴したいと思う。なお、主要遺跡の調査などでは、調査の進展に伴い新知見が判明することも多いので、最新の論述が最新の著者の考え方を反映している。

序章　古代中世山岳寺院研究の視点と目的

一　古代中世通観の視点

日本考古学では、山地や山岳の山腹や山麓に平場を造成し、堂塔を配置する寺院跡を山岳寺院遺跡として調査研究してきた。山岳寺院は、考古学的には山寺・山林寺院・山間寺院とも呼称されてきた。その遺跡は、古代における出現から、その隆盛期を経て中世期段階の盛衰がある。そして、古代中世期における山寺の存続と廃絶からみた考古学的概念の必要性や、それに対応する用語などの問題も潜在的に内包されているとみられる。

そうした中で著者は、全国各地の発掘調査資料と研究史を参照しつつ、その延長上に独自の観点から、日本の古代中世山岳寺院の実態を追及してきた。そしてその過程において、発掘調査で得られた考古資料に基づいて、山岳寺院の変遷を考古学的に検討し、新たな視点から遺跡類型や遺構類型を創出してきた。それらは、数多くの遺跡・遺構の調査報告を遺跡踏査で実際に確認しつつ、多くの遺跡群から抽出した共通点と相違点を基にして、類型設定などを試みたものである。

山岳寺院研究では、古代における山岳寺院の創建からその存続・廃絶という観点と、中世への存続とその後の盛衰という長い時間軸の中で捉えることが必要であると考える。つまり、日本山岳寺院の変遷を、七世紀頃の山寺の創建から古代中世を経て、一六・一七世紀前半代頃までの古代・中世・近世という長い歴史軸の中にどのように変遷してきたのかを考究するという視点が、まずは必要であると考える。著者は、古代から近世までの長い時間軸の中で盛衰した山岳寺院遺跡を独自の考古学的視点から論究し、山岳寺院の新たな遺跡論・遺構論の構築を目指してきた。古代中世山岳寺院の存続類型では、古代山岳寺院のうち、同一地点などで中世へ存続した一群の堂塔社殿の再興を中世山岳寺院への存続と捉えた。また、中世後期の動乱と戦国末期の戦乱で被災し、堂塔が破壊され廃寺となった場合と、被災しても堂塔が再建され寺院機能が復興され近世に存続した一群までをも含めた類型の設定を試みた。当然のことながら、近世に存続した一群は明治初期の廃仏毀釈に遭遇するわけであるが、それを乗り越えた山岳寺院は、近代以降にまで法灯を伝える。

本文では山岳寺院という用語を基本とするが、古代の一群を山寺・山林寺院と呼称する場合も多く、かつて発表した類型については「山林寺院」という表現をそのまま用いているため、中世以降に関しては「山林寺院」を「山岳寺院」「山寺」と読み替えることができるものとしておきたい。

日本における古代山寺の成立は、比曽寺《ひそでら》や崇福寺の建立からと考えられている。比曽寺（比蘇寺。吉野寺）は、奈良県の吉野川から北に延びる細長い谷奥の山麓平地に南面して位置する。東西両塔の礎石が残り、出土瓦からみて白鳳期までには創建されたとみられている。崇福寺は、天智七年（六六八）に勅願によって建立された山寺である。それに続く七世紀後葉から八世紀前半に成立した山岳寺院は、北東日本においては埼玉県馬騎の内廃寺と愛知県大山廃寺跡と考えられるが、大山廃寺跡の南西一三〜一四キロ程度に位置する味鋺《あじま》B遺跡においては、出土文字資料としての「山寺」（合わせ文字）とみられる刻書を持つ須恵器が発掘されている。この須恵器の年代は七世紀後葉であり、山寺の文字を持つ考古資料としては北東日本最古級となろう。ここに記された「山寺」が果たして近接する時期の大山廃寺跡を指し示すのかどうかは不詳であるが、大山廃寺跡からも八世紀の「山寺」の箆書き文字瓦が出土し、南西には同時に展開する七世紀後半から八世紀前半の窯業・製鉄遺跡群があることなど、北東日本において特に注目される地域である。

奈良朝から平安初期にあたる八世紀前半から九世紀前半代は、古代国分寺に付属する山林寺院が一定数出現することが判明している。全国各地の発掘調査事例からみれば、八世紀後半には複数の山寺が造営され、九世紀から一〇世紀代には廃絶する事例がみられる。そこでの宗教活動は不詳な部分があるが、一部は公的な国分寺僧の山林修行の場所となり、また一部には鉄や鍛冶関連の遺構が伴う。八世紀後半から九世紀前半創建の山寺では、上総遠寺原遺跡が再評価される必要があろう。八世紀後葉(第4四半期)の複数の墨書土師器に「山寺」の文字があり、伽藍中枢部の西側に隣接して遺構が全くない広大な空間が伴う。台地上面全体を寺域とし、西側の竪穴群は山寺に付属するとみてよいだろう。

北東日本においては八世紀中葉から九世紀初頭に、考古資料に「山寺」の出土文字資料が登場し、一〇世紀中葉まで出土文字資料としての「山寺」墨書土器が存続した。

九世紀後半から一〇世紀代は、古代山岳寺院の増加と変質の時代と考えられる。この時代は、平安仏教の開創とそれに続く時期であるが、九世紀中葉から後半になって日本列島各地で火山噴火・降灰・地震・津波などの大規模自然災害が連続して起こり、一〇世紀前半まで続く。

こうした自然災害に伴う平野部の荒廃と山地の開発は、同時並行的に進行したのであろうが、この時期の山岳寺院の創建が自然災害とどのように関係したのかは今後の課題であろう。山岳寺院遺跡では、一一世紀前半の古代終末期に廃絶する一群と、中世に存続してゆく一群に明暗が分かれるが、その時期は一一世紀から一二世紀である。修験道は、一二世紀までには成立しているとされ、あるいは修験道的な峻険な山岳における練行などの進取の要素を取り入れ、民衆や武家に歓迎された山岳寺院のみが中世に生き延びたのかもしれない。

中世期の山岳寺院（山寺）については、中世初期頃に創建された山岳寺院の調査事例自体が少なく、その消長や存続と廃絶の問題についいては、いまだ研究の俎上に載っていないのが現状であろう。一一世紀から一二世紀にかけての古代末から中世初頭期のうち、中世初頭に創建されて、その後も存続する日本山岳寺院の実態を示す事例を、東北地方の岩手県中尊寺に求めておきたい。

ここでは、岩手県中尊寺の創建地とそこに造営された寺院を、中世創建系山岳寺院の範疇に含める視点を提起してみたい。その論証などは、本書で十分に行なえる性質のものではなく、今後に十分な精査を必要とするものであることは論を待たないが、あえて現時点で言及しておきたいと思う。岩手県中尊寺の創建は、鎌倉仏教の成立以前の長治二年（一一〇五）からとされ、一二世紀の初頭である。当初は最初院多宝寺と号したとされ、その後中尊寺と称した。中尊寺はその創建地が戦場であったため、山林修行の寺としてではなく霊場として成立したと言われる。現在の中尊寺の姿は、独立丘陵に近い山の斜面を階段状に削平し、多数の平場を保持するが、これは山岳寺院の姿そのものであり、中世創建系で近世以降から現代まで法灯をともす山岳寺院の範疇で捉えることができよう。そして、北東日本から畿内にかけて散在的に分布する大規模平場を持つ山寺の分析の中で、その特質を考えてみた。その遺構群の在り方には、古代以降の山寺造成技術が反映されているとみることができる。

また、山梨県大善寺では、隣接する柏尾山経塚から康和五年（一一〇三）銘の経筒が出土しており、元比叡山の学侶とされる尭範の名前がみえることから、東日本に伝わった初期の埋経は比叡山との関係を持つと指摘されている。そして大善寺は、「柏尾の山寺」とも「柏尾寺」とも呼ばれる天台系の山寺であった。大善寺の本堂（薬師堂）は、古代山岳寺院として創建された寺域の最上段平場群を切土して、大規模な平場を造成し、そこに弘安九年（一二八六）に建立されたものとみられる。本堂北東に隣接する斜面の上段には、古期の平場の一部が残存しており、一三世紀後半に山岳寺院の上段にある伽藍中枢が大規模に改造されたとみられる事例であり、通常の山岳寺院では、近世初頭に主要堂宇の背後が切土され、本堂が再建される場合が多くみられるが、大善寺は中世中期に再建されたと考えられよう。その境内からは、一三世紀から一五世紀の中世墳墓に伴う遺物が出土している。

こうした骨蔵器を伴う中世墳墓が寺域内に造営される東海地方などの中世山岳寺院におけるその成立と盛衰も、中世山岳寺院研究の一課題でもある。静岡県堂ヶ谷廃寺では一〇世紀後半から一二世紀前半に基壇と掘立柱建物が造営され、その後一二世紀から一三世紀に礎石建物跡と経塚の造営があり、一三世紀後半から一四世紀に中世山寺の伽藍が造営された。

福岡県首羅山遺跡は、最下層の基壇の時期は判然としないものの、山頂に経塚を伴う一二世紀創建の山岳寺院とみられ、山腹の伽藍中枢部は一三世紀後半に禅宗系の山寺となった。寺域内には、中世墓地などを伴う多数の平場群などがあり、一五世紀前半まで存続したとみられている。考古資料以外からでは、埼玉県慈光寺付属の禅宗寺院である霊山院の開創が建久八年（一一九七）とされ、また慈光寺の参道には日本最古の年号を持つ一三世紀前半中頃の板碑がある。現時点では、鎌倉期における中世山寺は、首羅山遺跡と慈光寺が天台系山岳寺院として一二世紀には存立しており、一三世紀後半には武蔵慈光寺では南西日本における九州北部と同じく、禅宗の影響を受けつつそれを摂取するという構図の中に、山中伽藍を展開する山寺として活動していたと考えられる。

こうした流れの中で、四国愛媛県等妙寺跡は一四世紀第１四半期から一六世紀の遺物が出土し、石垣を持つ中世山岳寺院として存続し、江戸時代初期に山麓に移転する。この寺は史料では元応二年（一三二〇）の創建とされ、現時点では等妙寺跡の下層にどのような時期の遺構が存在するのかどうかは不詳ではあるが、中世創建の山寺とみておく。愛知県普門寺元々堂址は、一〇世紀には平場が造成され、一二世紀中葉には基壇と礎石建物が造営されて、一五世紀末葉まで存続した。そして、谷を挟んだ山腹斜面には、基壇建物と池を持つ元堂址が一二世紀中葉に、中世山寺として建立された。元堂址の造営では当初規模間口幅九〇メートルの大規模平場を伽藍中枢の平場として採用し、礎石建物や池を持つ山岳伽藍を展開させ、一六世紀末の改造を経て、一七世紀初頭頃に山岳寺院の機能は、直近に隣接する山麓に移転し、そして再興されるという古代から近世までの寺歴を有する。

北東日本では一五世紀の戦国期から一七世紀の近世初頭までには、戦乱で衰退し廃絶への道をたどる山岳寺院の一群と、戦乱で破壊を受けながらもその後に堂塔の再建と復興を経て近世へ存続できた一群があり、後者には武蔵慈光寺が該当する。慈光寺は一四世紀以降に戦乱で焼失したが、開山塔は弘治二年（一五五六）に再建され、山岳寺院が復興した。山城安祥寺では、古代以降の由緒ある山上伽藍（上寺）が一四世紀に台風によって崩壊し衰退するが、一七世紀になって徳川幕府の庇護を受け、近隣の現在地に復興されている。

研究史上では、石田茂作により昭和五〇年に「仏教伽藍の研究」が記され、「山岳寺院（天台宗）伽藍配置」・「山岳寺院（真言宗）伽藍配置」・「山岳寺院（修験道）伽藍配置」と伽藍配置が区分され、略図が付された。これは、時枝務が述べたように、当時の発掘調査事例が少なかったために、実際の遺跡の在り方から導き出した類型ではなく、理念的なものにならざるを得なかったわけであり、当然のことながら山岳寺院遺跡の伽藍配置を類型化したものではない。上原真人は、昭和六一年に古代寺院の外的構造の中での山寺の在り方などを示したが、そこではその当時までの考古学的な発掘調査事例が極めて少なかったため、遺跡と遺構に基づく山寺についての言及は少なかった。

斎藤忠により平成九年になされた「山林寺院」の提唱は、文献史料にみえるその名称をそのまま考古学的な遺跡概念として使用したものとみられ、時枝が述べるように、中世のそうした遺跡群への使用には慎重さが必要となる。八世紀の律令仏教における山林修行は「僧尼令」により統制管理されていたが、国分寺などにおける祈雨などの各種祭祀には浄行僧が求められた結果、霊地性や清浄性などを保持する山岳山林における修行があったことは想像に難くなく、一〇世紀創建の代表的な山岳寺院遺跡である大知波峠廃寺跡では、寺院の成立以前の八世紀後半の遺物が出土しており、山岳寺院の創建以前から祈雨（雨乞い）などのためにその場所が択ばれ、古代祭祀があった。こうした山林寺院という概念は、古代遺跡については現在広く使用されていることは事実であるが、国府などの発掘調査からは、九世紀後半から一〇世紀代を経て一一世紀前半までには国府の機能が衰退し、全国的に律令制は崩壊していることが判明している。山林寺院という概念設定は、古代の七世紀から一二世紀頃の遺跡群には適用することができようが、中世期から一七世紀の近世初期頃は律令制が崩壊しているのであるから、古代山林修行などを念頭にした山林寺院という概念は、成立しないのであろう。しかしなお、古代山林修行などの系譜を引き、浄域である山地山林にある山寺遺跡に対しては、山林寺院という概念を用いることも有効であろう。この概念と用語の在り方は、今後も論じられる必要がある。

二　山岳寺院の歴史的選択

古代山岳寺院の存続と廃絶については、古代に廃絶する一群と、中世以降に存続する一群などがあることはすでに述べた。そこでの山岳寺院の存続と廃絶を、歴史的選択または歴史的淘汰という概念で捉える場合、一つの考え方としては、人為的継続性の有無による歴史的選択、人為災害（戦乱被災）による歴史的選択、自然災害的影響による歴史的選択という大きく三つの歴史的選択(歴史的淘汰)があったと捉えておきたいと思う。ここでは、これを考古学的な視座から捉える、山岳寺院選択と呼ぶ。

人為的継続性の有無による山岳寺院選択は、時代に即応した宗教の提供が可能であったかどうかが問題になったであろう。古代においては、平地寺院にはない現世利益を山岳寺院の古密教や平安密教に求め、その提供ができたかどうかによってもその存続の成否が生じたであろう。公的性格を保有した山岳寺院には、律令仏教の「僧尼令」に従い、祈雨などを行なう浄行僧の修行の場としての性格が必要であったが、九世紀後半から一〇世紀に始まる律令制の崩壊で、国府・国分寺と軌を一にして、衰退し廃絶した山林寺院が一定数みられる。そこには、有力檀越や地方氏族などを引きつけておく法会の執行などが継続していたかなどに、山岳寺院の存続と衰退の岐路があったのであろう。

山寺が古代中世の戦乱により、甚大な被害を被った場合、一時的に衰退するものの、山岳寺院建造物が同一地点や隣接地に再建され、寺院機能が復興される場合と、再建されずに廃絶する場合がある。この戦乱被災を人為災害と捉えることは可能であり、これを人為災害(戦乱被災)による山岳寺院選択と仮称してみたい。古代では、東国における一〇世紀前半の将門の乱(承平・天慶の乱)の影響などが考えられるが、中世では南北朝期の動乱や、応仁・文明の乱などが山岳寺院の存続と廃絶に大きな影響を与えたようである。例えば、平安京東方の山岳地帯に平安中期に創建された如意寺は、中世応仁・文明の乱などで神社仏閣がことごとく破壊され、再建・復興されずに廃寺となり遺跡となって現在に至るが、再興された山岳寺院とそうでない山岳寺院における差異がどこにあったのかは、個別の事例から検討することになろう。また京都府安祥寺は、一四世紀後半には上寺の役目はほぼ終わり、下寺の衰退と廃絶も一五世紀後半の応仁・文明の乱で決定的になり、江戸時代に近隣に移転されている。戦乱を被っての人為災害(戦乱被災)によるその存続と廃絶の選択は、戦乱で破壊されても継続されるべき山岳寺院であれば、再建・復興されよう。ここでは歴史上の戦乱を、人為災害とみなす立場をとりたい。

山岳寺院遺跡では、巨大地震などの自然災害により堂舎や平場が被害を受けたり倒壊したりして、再建されることなく寺院機能が衰退し廃絶してゆく場合と、そうした影響を受けながらも再興・再建される場合がある。これを自然災害的影響による山岳寺院選択と仮称してみたい。山岳寺院遺跡は、現時点では調査事例が必ずしも多くはないため、発掘調査で確定できる自然災害の痕跡は少ないとみられるが、自然災害の中でも巨大地震による災害などで山寺の仏堂や社殿が倒壊し、付属院地が崩落するなどのことから、山中での起居ができずに寺域が放棄され、山岳寺院が復興されずに衰退する場合もあっただろう。平地寺院では、国分寺跡の発掘調査において、地震による地割れなどが確認されており、山中に造成された寺でも何らかの影響を受けたこともあろう。

特に九世紀代には、火山噴火・地震・津波などにより、日本列島全域が被害を被ったことが知られる。東国では、延暦一九年(八〇〇)の富士山噴火に続き、弘仁九年(八一八)には大地震が起こり、古代上野国内の遺跡では、各種の地震痕跡が発掘調査により確認されている。史料では、八世紀中頃からの地震・火山噴火の記録に続き、九世紀後半代には全国的に地震・噴火が頻発したことがわかっている。九世紀前半には、弘仁・天長年間に関東・京都・出羽・信濃・伊豆で地震があり、承和年間には伊豆大島三原山が噴火した。

続く九世紀後半には、貞観五年(八六三)の越中・越後地震から、貞観六年の富士山噴火と阿蘇山噴火に続き、播磨地震とそれに続く貞観一一年の貞観陸奥地震と貞観三陸大津波では、陸奥国の平野部が津波で壊滅している。また貞観年間には、鳥海山と九州開聞岳が噴火し、続く元慶年間では元慶二年(八七八)に関東に大地震があり、出雲地震・京地震と続く。仁和年間では、九州開聞岳の噴火から、伊豆新島の噴火とそれに伴う安房国の地震や降灰被害があり、仁和三年(八八七)の仁和南海地震とそれに伴う津波の被害があり、圧死者や溺死者が多数にのぼったという。

こうした九世紀後半における全国での大規模自然災害は、平地寺院である国分寺の建替えなどの要因にもなったのであろうが、平地における復興とともに、八世紀代から続く山地への進出を一層加速させた可能性があろう。こうして大規模な自然被害を被った山岳寺院では、その復興を放棄し廃絶した場合も十分に想定されよう。その後、一〇世紀前半には、それまで頻発した地震・噴火はおさまってくるが、将門の乱をはじめとする戦乱が起こり、大規模自然災害と戦乱被災の中に、古代山林修行を主眼とする山林寺院から、眼前の戦乱に対応するための山岳寺院への変貌が必然的に発生するのかもしれない。

北関東では、黒熊中西遺跡が一一世紀中頃には廃絶しているが、天仁元年(一一〇八)の浅間B火山灰が遺構上面を覆っており、北関東での降灰による被害は甚大なものであったとみられる。地震などの自然災害に被災した後で廃絶した山岳寺院は、中世山岳寺院群に関しても予測されることである。

ここでは、古代から近世初期までの山岳寺院の存続と廃絶を、発掘調査資料から古代・中世山岳寺院の中心伽藍の存続と廃絶の在り方から、1類古代創建古代廃絶型、2類古代創建中世存続型の二つに区分する視点を基軸に据えて、山岳寺院の存続を継続性が保たれたものと解釈し、また人為災害と自然災害を被った結果において、復興された伽藍と復興されずに廃絶した場合を考えた。そして古代中世山岳寺院(山寺)は、次の三つの歴史的選択(歴史的淘汰)を受けたものと考える視点を提出してみたい。

一、人為的継続性の有無による山岳寺院選択
二、人為災害(戦乱被災)による山岳寺院選択
三、自然災害的影響による山岳寺院選択

このうち人為的継続性の有無による山岳寺院選択は、古代においては、国分寺周辺の八世紀後半創建の山林寺院の

一群が、その依拠する国分寺の衰退とともに廃絶し、遺跡として残ったという歴史的事実が発掘調査の結果で判明してきているものと思われる。また、人為災害や自然災害による事例も、今後の調査研究において確認されてくるものと思われる。特に、山岳寺院の遺構が火災で焼失している痕跡がある場合には、人為的な廃絶を意図したものか、あるいは戦乱被災によるものかの判断が必要となろう。古代山岳寺院の報告事例では、埼玉県高岡廃寺の多量の焼土を伴う堂舎の事例などが想起され、中世山岳寺院では京都府笠置寺の寺域南部尾根上における一四世紀前半の戦乱で廃絶した遺構群や、その上に南北朝から室町期に復興された遺構群が確認されている。笠置寺は、戦国期には堀と土橋などが構築され、山城的に使用された時期があったことなどの変遷も知られ、笠置山が近世以降まで、人為的継続性が最大限に求められた山として存在したことを裏付ける。

三　古代中世山岳寺院研究の視点と目的

本書における山岳寺院研究は、先学の研究業績を基礎とし、各地の研究成果を取り入れ、研究史と遺跡発掘調査報告書を独自の視点で見つめ直すことが必要と考え、不十分な論証ながらも新たな山岳寺院類型群を創造し、日本考古学における山岳寺院研究の新地平を開拓することを目指した。

昨今における古代中世山岳寺院研究の考古学上における目的は、仏教史や文献史学による山寺論などをそのまま考古学研究に持ち込むのではなく、考古学による発掘調査資料の精査から、そこに内包されている考古学的な情報群を読み解き再構築するという作業を経て、更新されつつある山岳寺院資料群から新たな山岳寺院像を見つけ出すことが肝要と考える。その根底には、多くの先達が築いてきた考古学上の遺構の解釈方法や遺物の年代観を正しく理解しつつ、現在の研究者が提示する最新の研究成果を十分に取り入れるという、今昔に及ぶ研究成果の理解力が求められ、また一方では発掘調査などで鍛えた遺構を解釈する洞察力を用いて、遺構群の変遷を見抜くことが求められることとなる。また研究史を基礎としつつも、最新成果を取り入れ、研究史で示された往時の概念群を乗り越える必要性なども叫ばれているが、それらが単に研究史の解説や評論に終わってしまっては無意味なことであり、対置すべき概念や類型を創出し、提示しなければならない。

本書の視点は、基本的には古代中世通観の視点を保持しつつ、発掘調査事例が多い古代山岳寺院（山寺）についての分析を試みた。著者が創出した古代中世山寺に関する概念と類型は、結章に示したとおりで、次のことを論じた。

一、著者は今まで考古学的発掘調査による資料を用い、古代中世山岳寺院遺跡の存続と廃絶について、奈良時代前後から江戸初期までの長い時間軸を用いた研究視点から、存続期間からみた山岳寺院の類型を提示した。山岳寺院の存続と廃絶や、衰退と復興については、自然災害や戦争災害などの外部からの被災により大きな影響を受けたことは想像に難くないが、その結果において遺跡となった山岳寺院と、近世以降まで存続する山岳寺院に区分される状況がある。古代山岳寺院の伽藍配置類型は、山寺遺跡においては現時点では回廊が構築されている遺跡がみられないことから、古期の山岳寺院の一部には平地寺院の堂塔配列をそのまま山地へ持ち込む場合があることは事実であるにせよ、平地寺院とは全く異なる伽藍類型の設定が必要と考え、新たな山岳寺院伽藍類型を示した。

二、本書では、古代山岳寺院の発掘調査で確定している鍛冶工房・鍛冶炉・参道などを抽出し、今まで研究の俎上に載せられることがなかった遺構群を考察し、寺域内での時期ごとに変化する遺構の在り方とその機能を考え、また造寺などに伴う鍛冶操業の類型を提示した。

三、本書では、日光と北関東の山岳寺院についての概要を示した。中世末期の絵画史料に記された中世寺社の伽藍配置を、発掘調査資料から設定した伽藍類型に照らし合わせて、その古代からの系譜を類推した。日光の山岳寺院を模索する中で、一三世紀前半に描かれた京都府高山寺の絵図の伽藍に着目するなど、絵画史料や仏教史についても部分的に触れ、発掘調査資料との対比を試みた。

こうした内容の本書は、山岳寺院に関する遺跡論・遺構論である。そして遺跡と遺構の類型論である。その各論の考古学的根拠は、各地の発掘調査から得られた発掘調査資料群と、著者が現地踏査した考古学的知見に基づくものであり、そこに特徴がありまた限界がある。各地の山岳寺院遺跡の出土遺物については、各地域の研究者の年代観を用いた。なお本文中の遺構表現では、住居という言葉を建物と読み替えることができる。

こうしてここに、新たな山岳寺院研究の新概念群と、新類型群を提示してみたが、それらが新しい山岳寺院研究の構築に役立つかどうかは、現時点ではわからない。ここで示す概念は、山岳寺院研究の総論的部分に関する思考道具であり、類型は山岳寺院研究の各論的部分に関する思考道具と考えることもできる。個人研究においては、今までにない新しい道具を創り出して、新しい視点から、過去の調査研究で示された山岳寺院の実態を判断することも大切であろう。新概念という新しい道具を用いることで、今までの研究で切り開くことができなかったところを切り拓き、隠されていた山岳寺院遺跡の実態の一部にでも、新しい解釈を適用し、研究の俎上に載せることを目標とした。

現時点で創出した新しい概念は現在の道具であり、その個人的な思惟の中で発案された概念が未来永劫に使われるものとは到底考えられない。次世代の日本考古学研究には、次世代の研究方法が開発されるべきであり、ここに示す概念群がそのまま使われることになる場合や、それらが修正されつつ、概念の一部が生き残り、考古学研究に資することができる場合も考えられるが、先人の研究に立脚しつつ、過去の研究に捉われることなく、斬新な発想を展開し、研究対象に向かう姿勢が必要であろう。

参考文献

景山春樹「修法遺跡」『神道考古学講座　第四巻　歴史神道期』雄山閣出版　一九七四年
石田茂作「仏教伽藍の研究」『新版仏教考古学講座　第二巻　寺院』雄山閣出版　一九七五年
山中敏史・中嶋隆ほか『大山廃寺発掘調査報告書』小牧市教育委員会　一九七九年
景山春樹「神道と仏教」『新版仏教考古学講座　第一巻　総説』雄山閣出版　一九八四年
君津郡市文化財センター『千葉県袖ヶ浦町永吉台遺跡群（本文編・図面編・写真図版編）』一九八五年
上原真人「仏教」『岩波講座日本考古学　第四巻　集落と祭祀』岩波書店　一九八六年
関　秀夫『経塚―関東とその周辺―』東京国立博物館　一九八八年
梶川敏夫「山岳寺院」『平安京提要』角川書店　一九九四年
山中敏史『古代地方官衙遺跡の研究』塙書房　一九九四年
上野川勝「古代下野における山寺の成立と天台仏教―大慈寺瓦出現の背景―」『唐澤考古』一五号　唐沢考古会　一九九六年
斎藤　忠「山林寺院の研究」『仏教考古学と文字資料』斎藤忠著作選集　第五巻　雄山閣出版　一九九七年
湖西市教育委員会『大知波峠廃寺跡確認調査報告書』一九九七年
久保智康「国府をめぐる山林寺院の展開」『朝日百科　国宝と歴史の旅3』朝日新聞社　一九九九年
愛媛県鬼北町教育委員会『旧等妙寺跡（第一次調査）』一九九九年
平川　南『墨書土器の研究』吉川弘文館　二〇〇〇年
須田　勉「国分寺・山林寺院・村落寺院」『季刊考古学』八〇号「特集：いま、日本考古学は」雄山閣出版　二〇〇二年

上野川勝「古代東国における山寺の文字瓦と墨書土器について」『唐澤考古』二二号　唐沢考古会　二〇〇三年
茂木雅博「廃仏毀釈と山岳寺院」『山岳信仰と考古学』山の考古学研究会編　同成社　二〇〇三年
愛媛県鬼北町教育委員会『等妙寺跡（第二～六次調査）』二〇〇五年
時枝　務「中世寺院の諸問題」『季刊考古学』九七号「特集：中世寺院の多様性」雄山閣　二〇〇六年
上野川勝「山林寺院」『季刊考古学』九七号「特集：中世寺院の多様性」雄山閣　二〇〇六年
上野川勝「古代・中世の山林寺院について」『唐澤考古』二六号　唐沢考古会　二〇〇七年
上原真人・梶川敏夫「古代山林寺院研究と山科安祥寺」『皇太后の山寺―山科安祥寺の創建と古代山林寺院―』二〇〇七年
伊野近富「史跡名勝笠置山発掘調査報告」『京都府遺跡調査報告集』第一二七―二　京都府埋蔵文化財調査研究センター　二〇〇八年
後藤建一『大知波峠廃寺跡』同成社　二〇〇七年
上原真人「国分寺と山林寺院」『国分寺の創建　思想・制度編』須田　勉・佐藤　信編　吉川弘文館　二〇一一年
野澤則幸「名古屋市北区味鋺B遺跡出土の刻書土器について」『栴檀林の考古学』大竹憲治先生還暦記念論文集　二〇一一年
時枝　務「山寺研究の課題」『季刊考古学』一二一号「特集：山寺の考古学」二〇一二年　雄山閣
上野川勝「古代中世山林寺院の存続期間からみた三類型の細分とその概念」『唐澤考古』三一号　唐沢考古会　二〇一二年a
上野川勝「仏堂と諸施設」『季刊考古学』一二一号「特集：山寺の考古学」雄山閣　二〇一二年b
福岡県久山町教育委員会『首羅山遺跡発掘調査報告書』二〇一二年
時枝　勉『霊場の考古学』高志書院　二〇一四年
時枝　務『山岳宗教遺跡の研究』岩田書院　二〇一六年

岩手県平泉町教育委員会『特別史跡中尊寺境内内容確認調査報告書(Ⅲ)』一九九九年
岩手県平泉町教育委員会『特別史跡中尊寺境内内容確認調査報告書』二〇〇六年
岩手県平泉町教育委員会『平泉遺跡群発掘調査報告書　中尊寺跡第七三次』二〇〇九年
北原糸子・松浦律子・木村玲欧編『日本歴史災害事典』吉川弘文館　二〇一二年
髙井佳弘「弘仁の地震と上野国の瓦葺き建物」『古代の災害復興と考古学』六一書房　二〇一三年
後藤建一「一〇世紀以降における山林寺院の展開諸相」『日本古代考古学論集』同成社　二〇一六年
大西貴夫「宮都と周辺の山寺―飛鳥・奈良時代を中心に―」『日本の古代山寺』高志書院　二〇一六年
時枝　務「山寺と山岳祭祀遺跡」『日本の古代山寺』高志書院　二〇一六年
香川県まんのう町教育委員会『中寺廃寺跡』二〇〇七年
島根県出雲市教育委員会『鰐淵寺』二〇一五年
愛知県豊橋市教育委員会『普門寺旧境内―考古学調査編―』二〇一六年

第一章　古代中世山岳寺院研究の視点と類型

第一節　中世山林寺院研究の視点

一　山林寺院研究の一視点

日本の山林寺院は、現在までの調査事例を概観しつつその存続期間を一つの視点としてみれば、現時点では次の二種類に区分することができよう。一つは、古代に創建され古代のうちに廃絶する山林寺院の遺跡である。もう一つは、古代に創建され中世期を通じて存続する山林寺院の遺跡である。ここでは前者を「古代創建古代廃絶型山林寺院」、後者を「古代創建中世存続型山林寺院」と呼称する。この二者は、発掘調査によって明らかにされる遺跡の在り方が異なる。古代創建古代廃絶型山林寺院では、発掘される遺構と出土する遺物は古代のものに限られる。一方古代創建中世存続型山林寺院は、遺跡において古代から中世の遺構と遺物が発掘される。

例えば坂東においては、古代に創建され古代のうちに廃絶する山林寺院として、群馬県黒熊中西遺跡や宇通遺跡など著名な山林寺院がある(1)。前者は一〇世紀前半に造営され一一世紀代中頃には廃絶し、後者は九世紀後半から一一世紀まで存続したことが判明している。それらは律令制の終焉とほぼ前後して廃絶するのであろう。

一方、古代に創建され中世前期を経て戦国期の戦乱に遭いながらも中世末まで存続する山林寺院として埼玉県慈光寺がある(2)。慈光寺は古代創建の天台宗の名刹で、鎌倉初期に源頼朝の信仰と寄進を受け、現代までその法灯を伝える。

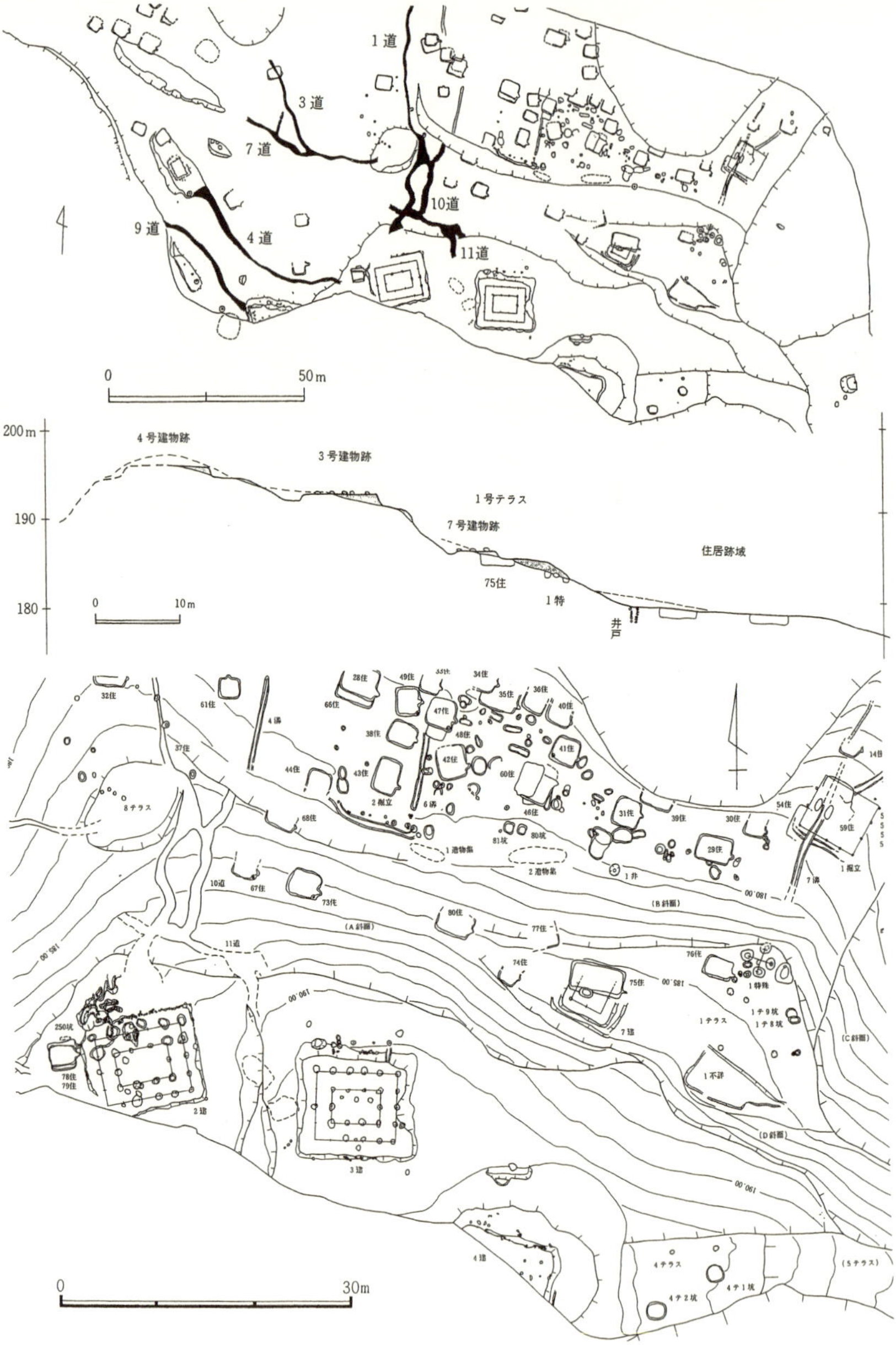

第1図　群馬県黒熊中西遺跡の主要部遺構分布図と遺跡断面図及び道路遺構分布図
(群馬県埋蔵文化財調査事業団 1992 を改変)

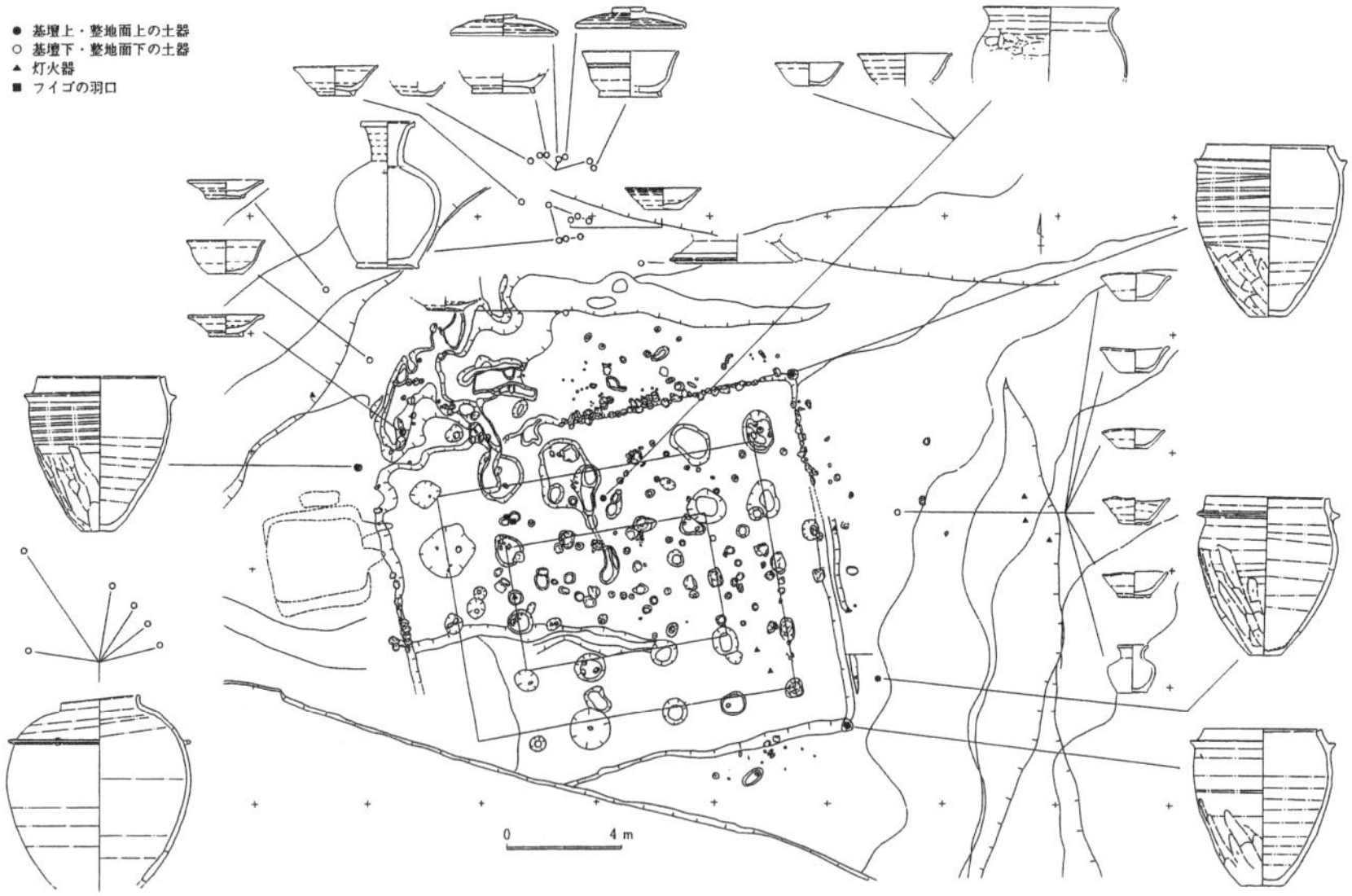

第2図　群馬県黒熊中西遺跡2号建物跡主要土器分布図（群馬県埋蔵文化財調査事業団1992）

近年の調査では多数の平場が確認され、古代から中世の豊富な考古資料が報告されている。古代創建中世存続型山林寺院の中には一五～一六世紀に廃絶する遺跡と、一六世紀中頃の戦乱で荒廃しながらも、戦国末期から近世初頭に復興を遂げる寺院がみられる。ここでは北東日本の調査事例をみながら、中世山林寺院の在り方を考える。

二　研究史にみる中世山林寺院

山林寺院についての近年の研究では、石田茂作により天台宗・真言宗・修験道等の伽藍配置が論じられた[3]。そこでは諸堂宇の配置について、天台宗と真言宗の差異等を図示し、山麓に作る門では天台宗が仁王門、真言宗が大門と呼称することを示す。斎藤忠は、古代における山麓・山間・山峯に立地する寺院について、山寺・山岳寺院という名称の問題を検討し、新たに「山林寺院」という名称を提唱した[4]。また上原真人は、国分寺の近隣に所在する山林寺院と国分寺の関係から、各国ごとに国分寺とネットワークを構

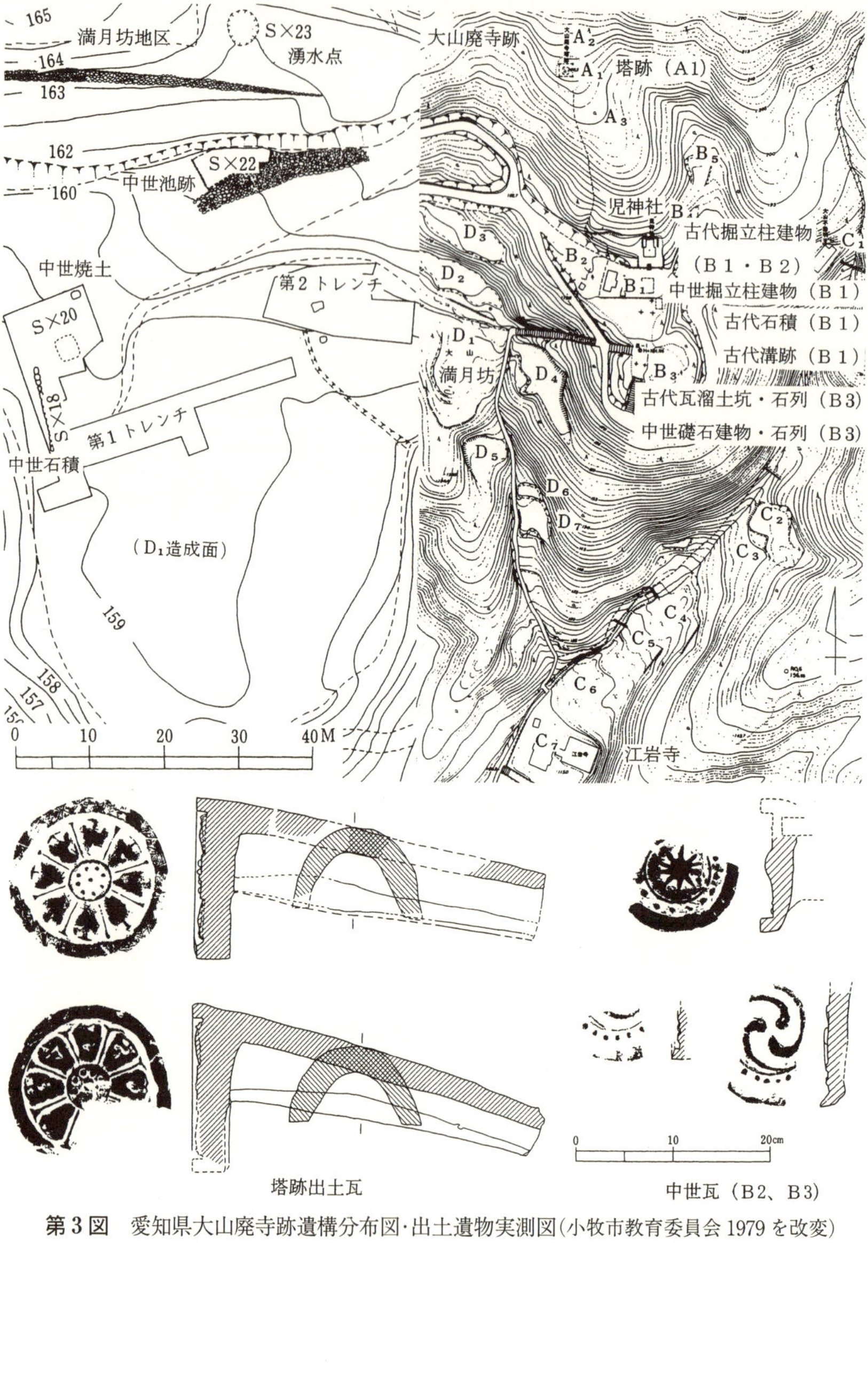

第3図　愛知県大山廃寺跡遺構分布図･出土遺物実測図（小牧市教育委員会 1979 を改変）

成する古代山林寺院が存在していたのではないかとの視点を提示した⑤。

それでは中世山林寺院の遺跡は、実際の発掘調査ではいつ頃から報告されているのであろうか。管見では、藤井直正が一九六四・一九六五年に河内の生駒山中にある神感寺を発掘調査し、中世末まで存在した山林寺院として報告した例がある⑥。この遺跡は標高四六〇メートル付近にあり、寺域は東西六〇〇メートル、南北五〇〇メートルに及ぶ。古代瓦の出土からみて平安初頭に創建された山寺で、鎌倉・室町時代に整備がなされたものとみられ、一〇数棟の建物跡・塔跡・門跡・池の遺構がある。中世瓦に「神感寺大門瓦文永十年」の銘を持つものがあることから、文永一〇年(一二七三)頃に真言宗の寺院として整備されたとみられている。史料には「神感寺城」とみえ、南北朝期には城として利用されたことが知られている。

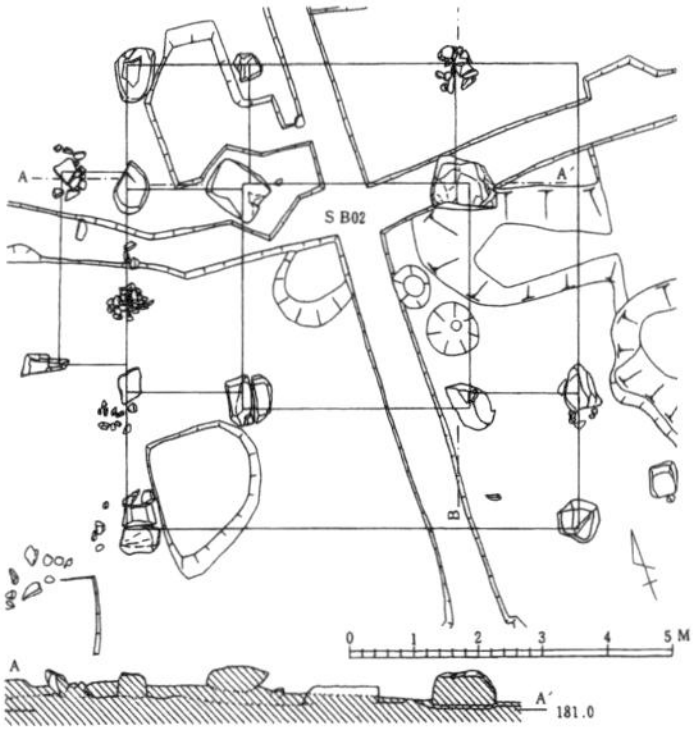

第４図　愛知県大山廃寺跡中世礎石建物跡(SB02)実測図(小牧市教育委員会1979)

平安京周辺では、梶川敏夫が山岳寺院の調査研究を継続しており、山岳域に大伽藍を出現させた寺院を山岳寺院とし、小規模伽藍を形成する寺院を山寺とする見方をかつて提示している⑦。比叡山南方山中の如意寺跡からは、平安中期から中世の遺物が採集されており、花崗岩製五輪塔や一石五輪塔などの中世石造物も出土している。

東海地方では、愛知県小牧市大山廃寺跡の発掘調査で、古代から中世末の遺物が出土している⑧。「山寺」の文字を持つ古代瓦が複数出土し、この寺が古代において山寺と認識されていたことがわかる。土器は七世紀末から八世紀(第Ⅰ期)、灰釉を主体とする一一～一二世紀前半(Ⅱ期)、一三～一六世紀の中世陶器(Ⅲ期)に区分された。中世陶磁器は、児《ちご》神社前の三段の造成面と、その南西下方にある満月坊地区から、古代の遺物

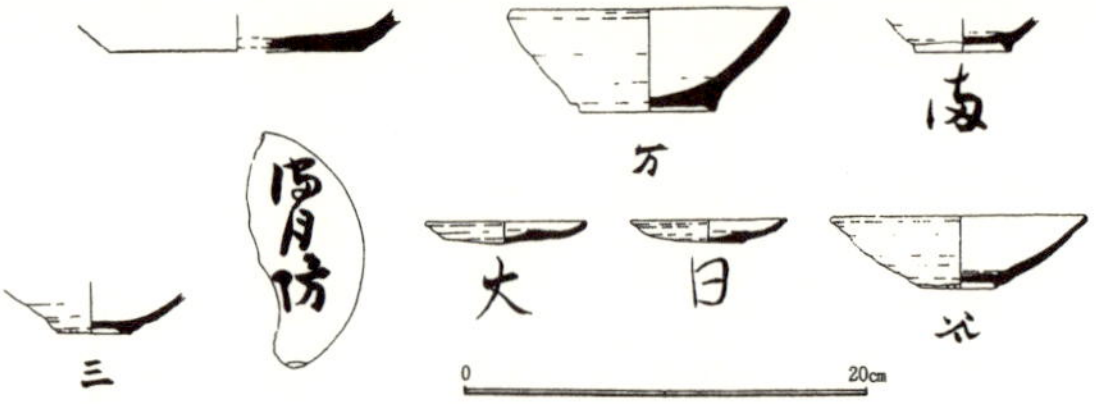

第５図　愛知県大山廃寺跡出土中世墨書土器実測図（小牧市教育委員会 1979 を改変）

と一緒に出土した。児神社前の石積列の整地層からは、一三～一四世紀の青磁・花瓶・山茶碗が出土した。「満月坊」と墨書された古瀬戸を出土したことから名付けられた満月坊地区には、古瀬戸・常滑・青磁（連弁文）・複数の墨書土器などがある。中世遺構は、遺跡中心部で礎石建物跡（七間四方・一間四方）・石積列などが確認され、満月坊地区では石積列・池・柱穴状ピット群などがあり、中世にはここに「満月坊」と呼ばれる塔頭（子院）が存在していたことが判明している。

　最近の報告では、児神社南方の平場にある二号掘立柱建物跡（ＳＢ〇二）に該当する場所から、文明二年（一四七〇）銘の和鏡が出土している。[9]この場所には、一四世紀に築造された薬王菩薩と多聞天の二天を祀る一間四面堂の西向きの礎石建物があったとみられ、一五世紀後半に鏡が施入されたようである。施主が女性であることから、病気平癒の祈願などに関連する可能性もあり、中世山林寺院の性格の一端を示す資料として注目される。

　また東海地方では、近年注目されている静岡県大知波峠廃寺跡の調査があり、一〇～一一世紀の山林寺院の実態解明に大きな成果が提供されている。[10]大知波峠廃寺跡では、中世の遺構と遺物も確認されている。[11]一二世紀後半には、礎石建物ＢＩ跡地に方三間堂（地蔵堂）が建立され、その後一五世紀後半まで断続的な宗教活動が展開されている。そこには、土坑を穿ち土器を埋納する行為や、護摩修法を行なった痕跡がみられ、遺物は一二世紀後半から一五世紀後半の土器類が出土しているが、これらは古代山寺が廃絶した後の跡地利用と考えられている。

　後藤建一は、静岡県内の山林寺院について四期に区分して、その成立と中世期までの推移をまとめた。[12]その中では一一世紀末までの大知波峠廃寺跡の遺構群の在り方を古代の山林寺院とし、豊橋市普門寺旧伽藍跡の一二世紀以降を中世に属する山林寺院とした。そして一一世紀後半までを「山林寺院」、それ以降を「山岳寺院」と呼称することを提案した。こうした山林寺院・山岳寺院等の考古学上の概念規定と名称の問題は、今後の課題である⒀。また在地における中世期の修験道と山林寺院の関係は、その地域ごとの山岳信仰とも複雑に絡み合っているものと思われる。最近、時枝務は、修験道の山岳寺院と行場の研究⒁などを考察した。

三　平安京・生駒山・六甲山周辺の中世山林寺院

次に、平安京周辺や生駒山西麓及び六甲山周辺の山林寺院について、調査報告を概観し、また気付いたことをまとめてみる。平安京の東方山中に位置する如意寺跡は、園城寺（三井寺）に関連する寺院跡で、平安中期から室町時代まで存続し、一五世紀後半の応仁・文明の乱等で戦火を受け廃寺となったようである⒂。標高三〇〇～四〇〇メートルの場所に東西三キロ・南北一キロの広範囲に多数の堂舎が存在し、出土遺物には平安中期から中世の瓦・土器類・陶磁器類・五輪塔類・懸仏破片などがある。また一四世紀前半の『園城寺境内古図（如意寺幅）』には六七箇所の建物が描かれているとされ、熊野信仰を示す建物名もみえ興味深い。

醍醐寺は、平安京南東の笠取山の山頂に、貞観一六年（八七四）に開創された真言宗寺院である。山頂一帯は「上醍醐」と呼ばれ、東西五〇〇メートル・南北三〇〇メートルの範囲に諸堂宇が点在する。開山堂周囲には、山林寺院特有の平場がみられ、ここからは山麓と平野を見下ろすことができる。一〇世紀前半には下醍醐の造営が始まり、一二世紀前半に建立された薬師堂が現存する。中世には足利氏の厚い帰依を受け、応仁・文明の乱後に下醍醐は荒廃したが、一六世紀後半から堂舎が復興され、豊臣秀吉の「醍醐の花見」を経て江戸時代に至る。

生駒山西麓の往生院は、東大阪市東部に所在し、遺跡地からは西方に大阪平野と大阪湾を広く見渡すことができる。金堂跡伝承地は、遺跡全体の北東側の高位置にある。現往生院西方のやや標高の低い地点の発掘調査では、各種の中世遺構が検出され、鎌倉初期から室町前半までの瓦・土器類・国産陶器・船載磁器類などが多数出土している。(16) 南北朝期には楠木正行が城郭とした時期もあり、一五世紀代に最盛期を迎え室町末期に廃絶するが、江戸時代に再興され現在まで法灯を伝える。

六甲山地東方の旧清遺跡は、兵庫県宝塚市の標高一五〇～一六〇メートルの尾根上に立地し、複数の建物基壇と参道の石段等が発掘され、硯・土器類・瓦・石鍋などが出土した。(17) 瓦からみて、寺の存続時期は一一世紀後半から江戸時代までとされる。硯の背面に「九郎殿硯也」と陰刻されているものがあり、鞍馬寺経塚出土の楕円形硯と形態が類似することから、源義経との関係を示すものとされ注目されるという。

六甲山系の神戸市摩耶山頂近くの非常に急峻な尾根上の平場に位置する天上寺跡は、現在は建物基壇が残り史跡公園になっている。(18) 発掘調査が行なわれていないので、造営年代は不詳であるが、戦国期に赤松氏がここに城を構え、大きな堀切りを本堂北側に造り、南斜面には階段状に多数の平場がみられる。この遺跡は稀に見る峻険な山林寺院で、眼下に大阪湾を見下ろし、遠く生駒・葛城山系を見渡すことができる。天上寺跡から眼下に広がる海は、近江長命寺からの琵琶湖、遠江大知波峠廃寺跡からの浜名湖の眺望を想起させる。六甲山北方の摂津と丹波の国境に位置する旧金剛寺跡は、九世紀前半に開かれ、一四世紀末頃まで存続した山林寺院である。(19) 交通の要の場所に位置し、情報伝達を担った遺跡としての性格が推定されている。

四　東国の中世山林寺院

次に、東国における現在までの中世山林寺院の調査状況を概観する。愛知県豊橋市普門寺旧伽藍跡は、湖西連峰南端に造営された山林寺院で、大知波峠廃寺跡の南方約四キロに位置する。寺院跡の両翼に連なる低い峰々とその中の平地部在り方は、茨城県東城寺や岩手県国見山廃寺跡に類似するようである。

遺跡は、船形山（標高二七四・五メートル）の東斜面にあり、標高一一〇〜一三五メートルに位置し、東西約七五〇メートルの範囲に多数の平場が分布する。礎石を持つ基壇が地表面に確認されるのは、元堂跡と元々堂跡の二箇所である[20]。遺跡全体の測量調査などが実施されつつあり、その成果が期待される。元堂跡は、現普門寺の西側標高一九〇メートル付近に位置する大規模な平場で、五間×四間の礎石を持つ基壇や不整方形の池などがみられる。平場の西側斜面には、大きな岩が露出しており湧水がみられる。普門寺西側の山頂に築かれた船形山城に関する所伝や史料から、一六世紀中頃には、寺も戦乱で荒廃したようである。中世から近世の状況は瓦や陶磁器などから、現在検討されつつあるが、寺は一七世紀末の元禄年間に山上から山麓の現在地に移転している。

元々堂跡は、現普門寺の南西尾根上の標高二三〇メートル付近に位置し、五間四方の礎石を持つ基壇がある。遺物としては巴文軒丸瓦・軒平瓦（珠文・剣頭文）が採集されており、基壇西側の集石域では五輪塔や一石五輪塔が多量の礫に混じって現存し、墓域であったことが推定されている。一〇世紀後半の灰釉陶器や奈良時代に遡る須恵器も出土している。元々堂跡は、尾根上に位置するため遠く遠州灘の海まで見える。本遺跡北方の大知波峠廃寺跡からは、眼下に浜名湖が展望され、こうした立地がどのような山林仏教の修行と係わるのかどうか、また湖上・海上・陸上交通

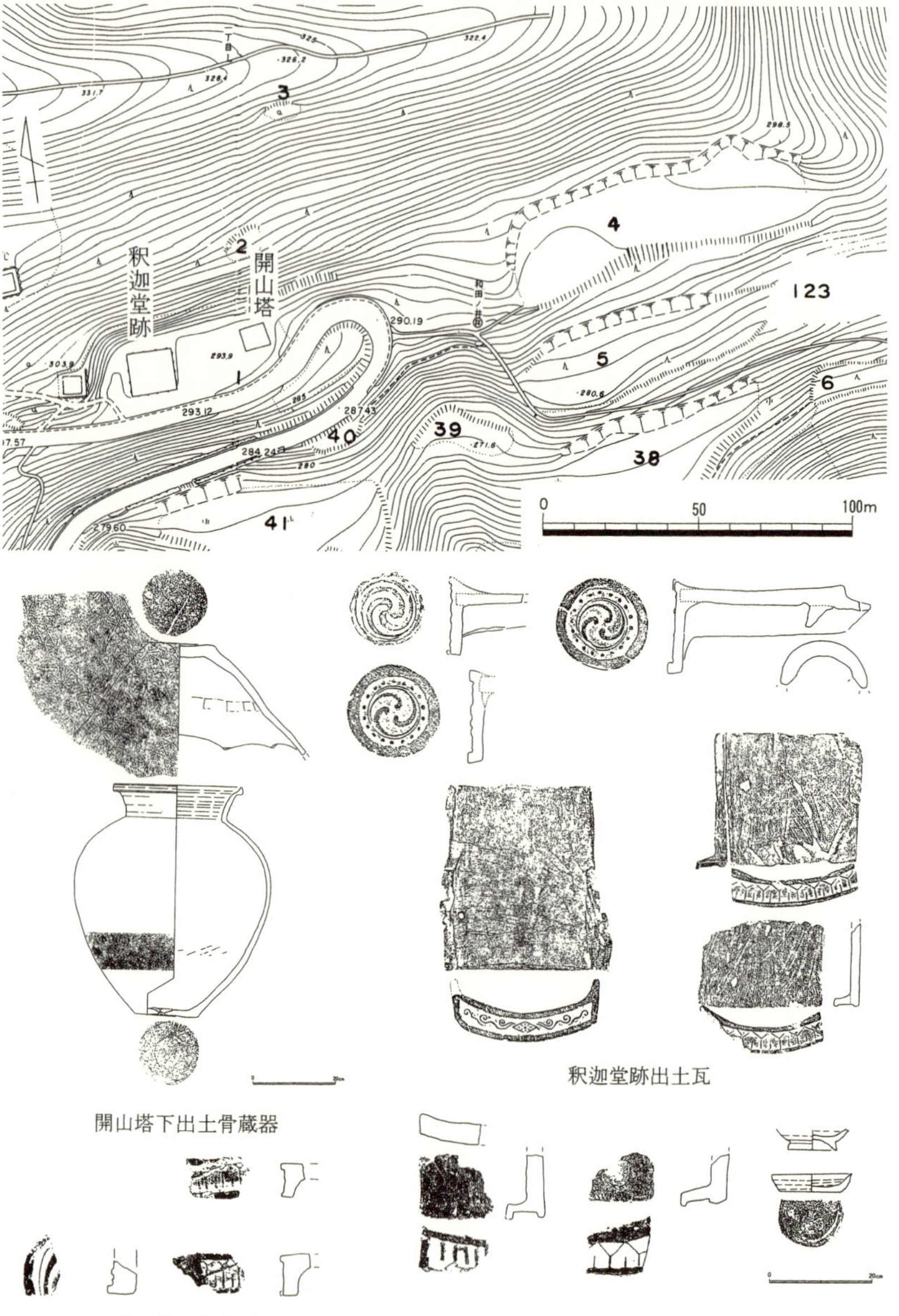

第 6 図　埼玉県旧慈光寺跡開山塔下･釈迦堂跡出土遺物実測図（都幾川村 1998 を改変）

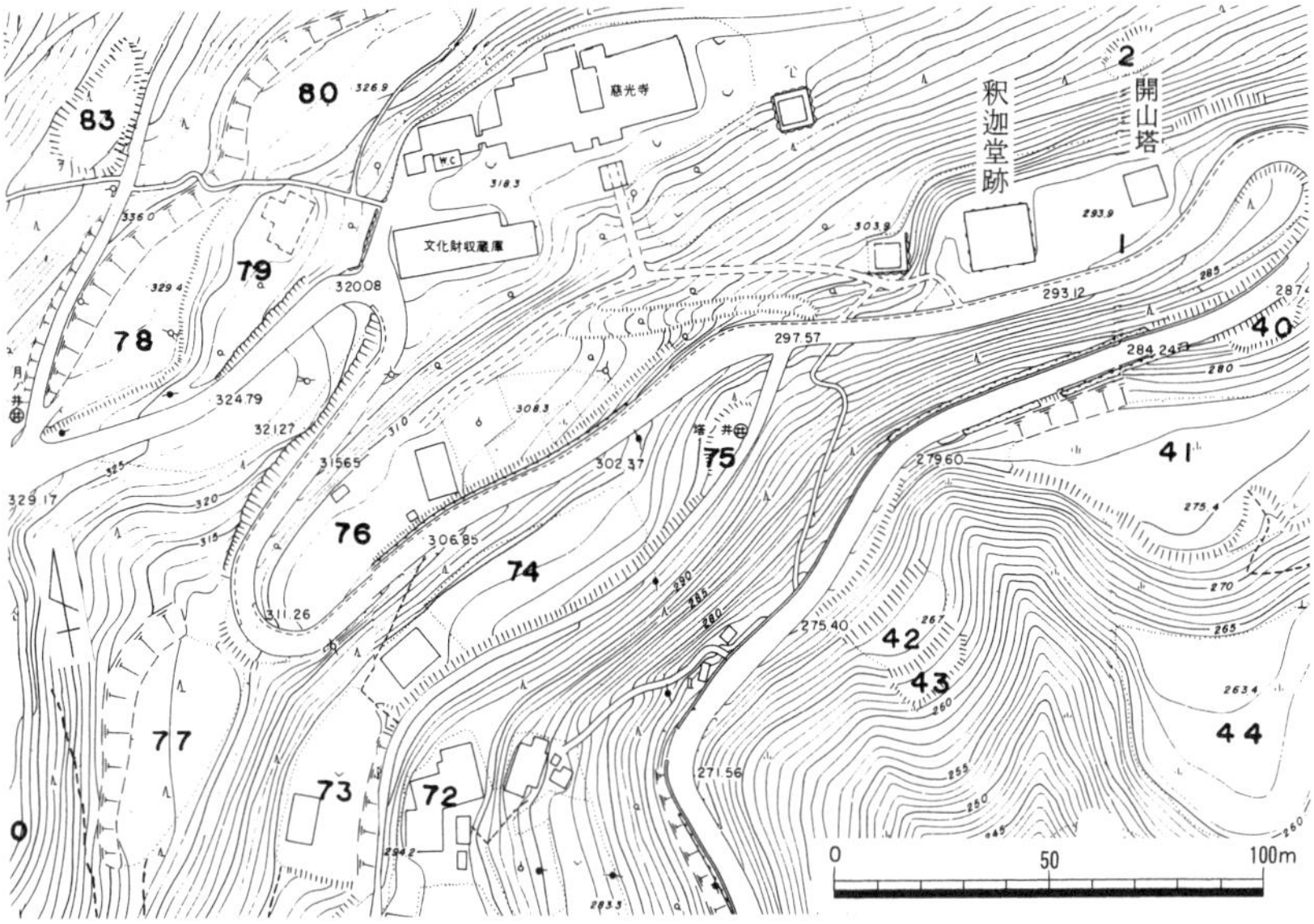

第7図　埼玉県旧慈光寺跡開山塔・釈迦堂跡周辺の平場分布図（都幾川村 1998）

などと山林寺院が何らかの係わりを持つのかどうかなどの課題がある。

坂東では埼玉県慈光寺において古代から中近世の遺構と遺物、及び一二七箇所の平場の状況等が詳細に公表されている[21]。慈光寺は鑑真の高弟道忠を開山とし、一二世紀末には源頼朝の信仰と寄進を受けた後に、一四世紀中頃と天文年間に戦乱で焼失したが、弘治二年（一五五六）頃には開山塔が再建され一六世紀後半には復興された。初期鎌倉幕府の重鎮であった畠山重忠の館である菅谷館跡は、東方約一〇キロの距離にある。

慈光寺現本堂西側に隣接する平場№78では、岩盤を崩し平坦面を造成し、基壇を持つ掘立柱建物を建てたことが発掘調査で判明した。多数の釘・鉄製容器・かわらけ・青磁碗・三巴文軒平瓦・剣頭文軒平瓦など、中世前期の遺物が出土した。

江戸元禄期の絵図にみえる観音堂に比定される平場№79では、観音堂の基壇が確認され、その下に大量の中世瓦が敷き詰められたように出土した。遺物は、在地産土器・青

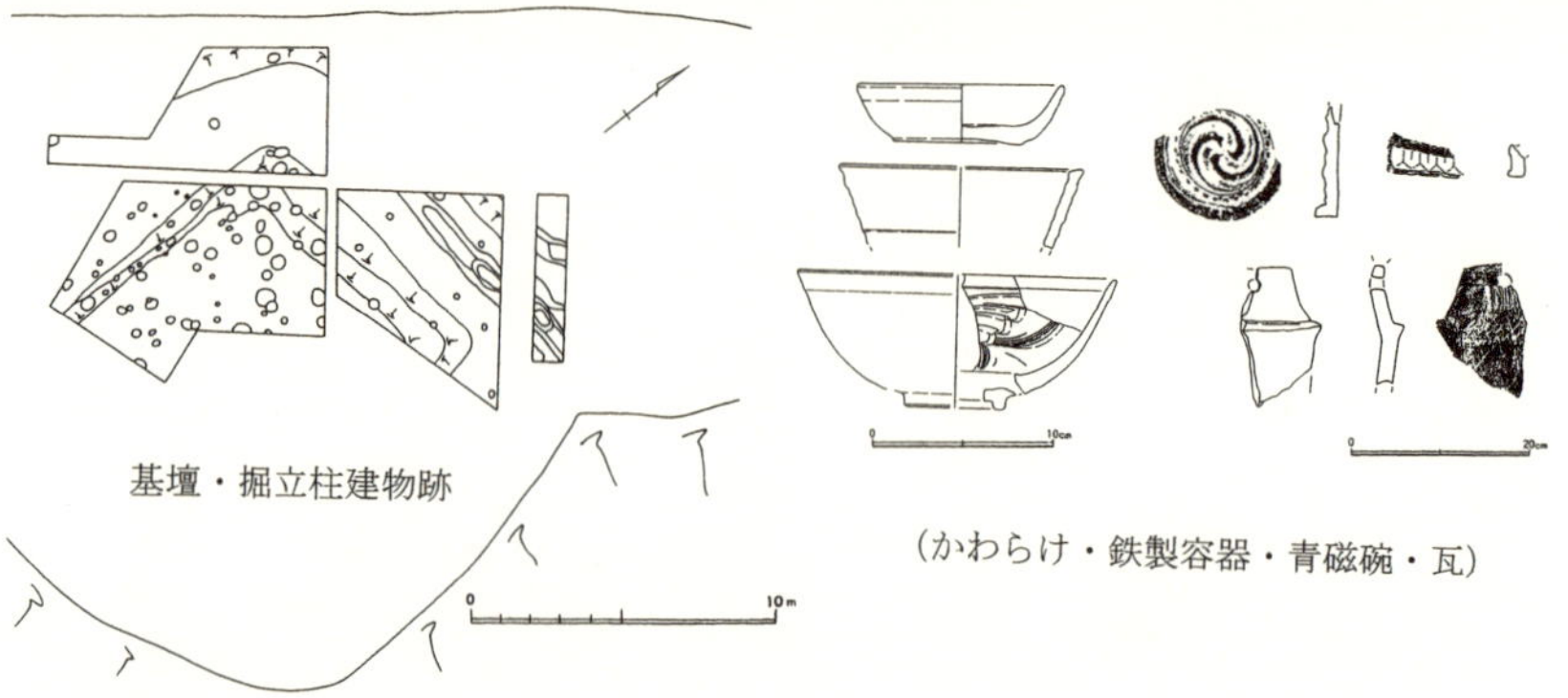

第8図　埼玉県旧慈光寺跡 No. 78 地点（平場）平面図・出土遺物実測図（都幾川村1998を改変）

磁・渥美・剣頭文軒平瓦・三巴文軒丸瓦・均整唐草文軒平瓦などである。陶磁器は一三〜一五世紀のもので、釈迦堂からは多数の瓦類、開山塔下からは八世紀末から九世紀段階の骨蔵器として用いられた須恵器（甕）・常滑・近世の経石などが出土した。なお慈光寺西側の霊山院からは、多数の板碑が出土し、この寺が禅宗寺院として鎌倉期に開創されたことなど、慈光寺と鎌倉仏教との係わりも注目される。

慈光寺は、鎌倉初期には東方に所在する菅谷館と同時に存在していたことは確実である。菅谷館跡北西二キロには、畠山氏に係わるとされる浄土庭園と仏堂を持つ平沢寺がある。中世武士にとっては、慈光寺など前代から存続する山林寺院は、古代の大規模山林寺院が創建される時に祀られた地主神のような存在であったのかもしれない。慈光寺は天台宗に属しながら、在地では武家勢力と密接な関係を保持していたのであろう。

こうした中世初期における武士の館と浄土庭園を持つ寺院の近隣に、古代からの山林寺院が存続する例は、北関東の足利においてもみられる。足利市の北部に聳える大岩山の中腹標高三五〇メートル付近には、毘沙門堂・行基堂跡（開山堂跡）・平場群がある。毘沙門堂基壇の発掘では、一二世紀後半の唐草文軒平瓦、文永二年（一二六五）銘を持つ智光寺と同じ平瓦や、鎌倉後半から室町期の丸瓦・平瓦が出土している。[22] 行基堂平場には、足利泰氏寄進とされる建長八年（一二五六）の石造層塔があり、足利氏との関連が知られる。中世足利では、一二世紀末に足利義兼により鑁阿寺（館）と樺崎寺の二箇所の寺院が始めに造営された。それに対して、足利を見下ろす急峻な大岩山には、足利氏の関与に先行し古代瓦を出土する山林寺院としての毘沙門堂・行基堂等が存続していたとみられる。この三者は中世期を通して同時に存在しており、智光寺等を含めた足利の歴史には奥深いものがある。

同じ栃木県の大慈寺は、多数の平場が諏訪山の山麓に展開する山林寺院で、古代小野氏の氏寺が九世紀前半の伝教大師最澄の東国巡錫を契機に天台宗寺院となった可能性が高い[23]。考古遺物は、八〜一〇世紀頃の土師器・須恵器・瓦類が出土している。九〜一〇世紀の史料には「小野山寺」「大慈山寺」「大慈寺」等とみえ、一一世紀末から一二世紀初頭頃に成立した『拾遺往生伝』にも「小野山寺」と記載されるが、一三世紀末の『一遍上人絵伝』の詞書では「下野国小野寺」となる[24]。そこには、一遍の一行が雨宿りのため大慈寺に立ち寄り、境内の板屋で尼僧の世話を受けている様子が描かれている。この時期には、「小野寺」と呼ばれていたものとみられる。

第９図　栃木県大慈寺遠景（上、南から）・華厳寺跡観音堂跡平場（下、南から）（著者撮影）

岩手県国見山廃寺跡の山上の遺構は、今までの調査成果では、九世紀中頃から一一世紀後半までの存続期間であるとされる[25]。極楽寺座主坊跡からは、青磁が出土しているが、中世の状況については今後の調査が期待されよう。

鎌倉における最近の調査では、五合桝遺跡（仏法寺跡）の平坦地の池内堆積物の花粉分析からソバが確認され、一三世紀後半から室町期には仏法寺境内でソバが栽培されていた可能性が指摘されている[26]。ソバの花粉は古代寺院からも検出されており、(27) 古代から栽培されていた作物である。中世寺院の境内・平場における生産活動を示す資料として貴重である。

註

(1) 髙井佳弘「上野国の仏教文化」『群馬の遺跡六　古代』群馬県埋蔵文化財調査事業団　二〇〇四年
(2) 梅沢太久夫・浅野晴樹・野中仁・石川安司・水口由紀子・時枝務・千装　智「第三章第四節　旧慈光寺跡」『都幾川村史　資料二　考古資料編』埼玉県都幾川村　一九九八年
(3) 石田茂作「伽藍配置の研究」『新版仏教考古学講座　第二巻　寺院』雄山閣出版　一九七五年
(4) 斎藤　忠「山林寺院の研究」『仏教考古学と文字資料』斎藤忠著作選集　第五巻　雄山閣出版　一九九七年
(5) 上原真人「古代の平地寺院と山林寺院」『佛教藝術』二六五号　毎日新聞社　二〇〇二年
(6) 藤井直正「山岳寺院」『新版仏教考古学講座　第二巻　寺院』雄山閣出版　一九七五年
(7) 梶川敏夫「山岳寺院」『平安京提要』角川書店　一九九四年
(8) 小牧市教育委員会『大山廃寺発掘調査報告書』一九七九年
(9) 野澤則幸「大山廃寺跡出土の和鏡について」『研究紀要』七号　名古屋市見晴台考古資料館　二〇〇六年
(10) 湖西市教育委員会『大知波峠廃寺跡確認調査報告書』一九九七年
(11) 後藤建一・山本義孝・北村和宏『湖西連峰の信仰遺跡分布調査報告書』湖西市教育委員会　二〇〇二年
(12) 後藤建一「山林寺院」『静岡県の古代寺院・官衙遺跡』静岡県教育委員会　二〇〇三年
(13) 坂詰秀一編『仏教考古学事典』雄山閣　二〇〇三年

(14) 時枝　務「山岳寺院と行場」『修験道の考古学的研究』雄山閣　二〇〇五年
(15) 梶川敏夫「平安京周辺の山岳寺院(京都府)」『佛教藝術』二六五号　毎日新聞社　二〇〇二年
(16) 福永信雄「生駒山西麓の山岳寺院(大阪府)」『佛教藝術』二六五号　毎日新聞社　二〇〇二年
(17) 浅岡俊夫「六甲山周辺の山岳寺院(兵庫県)」『佛教藝術』二六五号　毎日新聞社　二〇〇二年
(18) 浅岡註(17)前掲論文
(19) 浅岡俊夫ほか『三田市旧金剛寺跡』六甲山麓遺跡調査会　一九九七年
(20) 北村和宏「普門寺旧伽藍跡」『湖西連峰の信仰遺跡分布調査報告書』湖西市教育委員会　二〇〇二年
(21) 梅沢・浅野ほか註(2)前掲書
(22) 大澤伸啓「瓦でみる下野の中世」『歴史と文化』栃木県歴史文化研究会　二〇〇二年
(23) 上野川勝「古代下野における山寺の成立と天台仏教」『唐澤考古』一五号　唐沢考古会　一九九六年
(24) 小松茂美編『一遍上人絵伝』中央公論社　一九八七年
(25) 北上市教育委員会『国見山廃寺跡』二〇〇三年
(26) 福田　誠「五合桝遺跡(仏法寺跡)」『第一三回鎌倉市遺跡調査・研究発表会発表要旨』鎌倉考古学研究所　二〇〇三年
(27) 栃木県国分寺町教育委員会『釈迦堂遺跡―下野国分尼寺跡伽藍南西隣接地点確認調査報告―』一九九六年

第二節　古代中世山林寺院遺跡の存続期間からみた三類型とその細分

―北東日本を中心に―

一　視点

日本考古学では、山林寺院（山岳寺院）の研究は近年になってから多くなり、その分類は昭和五〇年に石田茂作が『新版仏教考古学講座』において天台宗・真言宗・修験道の三種類に区分し、堂塔の配置を略説的に示し現存する山岳寺院の在り方を概観的に論じたが[1]、この時点では山岳寺院の発掘事例は少なく、発掘された遺跡と遺構などをもとに検討されたものではなかった。藤井直正はこの時、同書において鎌倉時代の山岳寺院として大阪府生駒山中の神感寺跡を紹介しつつも、山岳寺院の伽藍配置と建築について「現段階では類型的に示すことができない」と述べており[2]、そこに当時の研究状況が示されている。上原真人は、『日本考古学』の「仏教」において山寺について触れたが、この時期も考古資料が僅少であったために考古学的な山寺論を展開することはなかった[3]。

最近の山林寺院の研究では、それまでの山岳寺院という用語に対して、山林寺院の用語を提唱した斎藤忠の研究や[4]、古代の山林寺院と国分寺のネットワークの存在を展望した上原真人の論考など[5]がある。山林寺院での修行と生産に関して近江昌司は、大和壺坂寺での修行の特徴には湯薬の知識の獲得があり、湯薬（酒）の製造で知られた修行地であった可能性を指摘した[6]。律令仏教では、「僧尼令」で山居と山林修行の規制があったが、その背景には浄行僧の獲得などという表面上の必要性と同時に、呪術や湯薬の確保という裏面的・現実的・医療的な要求があったものとみられ、山寺がそうした生産の一翼を担っていた可能性がある。久保智康は、北陸の幾つかの山岳寺院遺跡を検討し、回廊を持たないが平地伽藍と同じ堂宇の配置を示す遺跡の存在を指摘し[7]、平成一一年に北陸の山林寺院を検討する中で、「短期廃絶型」「長期継続・拡大型」の二種類の区分を提案している[8]。これは、考古学的な発掘調査事例をもとにした先駆的な考え方として、研究史上に特筆されよう。

日本の山岳寺院には、中世修験が山岳修行の拠点とした寺院跡があり、時枝務は「大峰山の山岳寺院と行場」や「日光連山の寺院と行場」などについて言及している[9]。山岳寺院・山林寺院と修験道の関係のうち、日光の四本龍寺は勝道が関わる古代の山林寺院であったものとみられるが、時枝も述べているとおり実態は不詳である。現在の四本龍寺周辺は両側から川に挟まれた特異な立地を示しており、大きく見れば吉野の比曽寺に近い立地ではないかと著者は考えている。

こうした研究動向の中、後藤建一は静岡県内の山林寺院を四期に区分し、一一世紀末までの大知波峠廃寺跡の遺構群の在り方を古代の山林寺院とし、愛知県豊橋市普門寺旧境内の一二世紀以降を中世に属する山林寺院とし、一一世紀後半までを「山林寺院」、それ以降を「山岳寺院」と呼称することを提案した。そして、大知波峠廃寺跡と普門寺旧跡の時期的な差異を「大知波峠廃寺型」「普門寺型」という二つの遺跡名用語を使い説明したが、これは一定地域の山岳寺院の古代から中世への捉え方を示したものとみられる[10]。

著者は、古代から中世の山林寺院遺跡の存続期間を視点とした場合、古代に創建され古代のうちに廃絶する山林寺院の遺跡を「古代創建古代廃絶型」とし、古代に創建され中世期まで存続している遺跡を「古代創建中世存続型」山林寺院と区別して考える視点を創案したが、このうち「古代創建中世存続型」山林寺院の中世に属する遺構と遺物群を中世山林寺院として考える視点を示した⑪。これは、石田茂作と後藤建一の分類以外に全国的に適用できる概念規定がないかと模索した結果、到達したものである。この二種類の概念区分は、古代と中世の時期設定とも関わることなので、古代と中世の明確な時期区分を設けてはいないが、一般に古代律令制の終焉時期である一一世紀頃を境に、古代と中世を区分するようになっている。

先に示した日本の山林寺院を「古代創建古代廃絶型」と「古代創建中世存続型」の二種類に概念区分した時、「中世創建中世廃絶型」山林寺院という類型名称を創出し、そうした概念が成り立つものと思われた。その後の平成一八年八月には山寺サミットが岐阜県下呂市で開催され、四国・愛媛県等妙寺跡の調査報告に接し、中世創建の平場群・石垣・中世墳墓等を持つ山林寺院（山岳寺院）が調査されつつあることが報告された⑫。考古遺物は一四世紀代のものから出土し、また史料からも一四世紀前半に創建されたことがわかり、中世創建の天台系寺院であった⑬。

愛媛県等妙寺跡は、中世における天台宗の「遠国四箇戒場（戒壇）」の一つで、おそらく日本で初めて確定された中世創建の山岳寺院であり、その後に国指定史跡となるが、近年では古代の遺構があるものの中世前期に経塚と寺院が整備される静岡県堂ヶ谷廃寺⑭や福岡県首羅山遺跡⑮の発掘調査例も加わり、複数の中世創建中世廃絶型の山林寺院跡が確認されている。なお、愛知県泉福寺では一二世紀後半の遺物の出土があり⑯、栃木県大岩山毘沙門堂では一二世紀後半の唐草文軒平瓦の出土も確認されており⑰、ともに中世初期に創建された山林寺院である可能性が看取され、中世創建中世廃絶型山林寺院となるのか、または創建が古代まで遡る遺跡かどうかの検討が待たれる。

静岡県堂ヶ谷廃寺では、一〇世紀から一二世紀前半には祭祀的な掘立柱建物跡があり、一二世紀に経塚が造営されると小規模な礎石建物跡となり、一三世紀後半には仏堂が建立されるが、一五世紀後半に廃寺となったことが判明している。一二世紀における経塚の造営は、北東日本における複数の山寺遺跡にみられる。著者は、平成二二年六月に

6次（西側）伝小経蔵跡の調査＝　小経蔵は礎石・根石・雨落溝、縁付の方三間建物

6次（北側）伝大池跡北方の調査＝　重複して打ち込み式の柱穴が多数

8次　伝小経蔵跡南方遺跡の調査と、伝大池跡中島に向かってのトレンチ調査＝小経蔵跡南方遺跡は土壇・礎石・根石をもった大型建物　大池跡は池跡・中島の確認

10次　中島の調査＝中島は地山の上に造成されている　庭石が集積、橋脚は見つからず

40次　金剛院の調査＝整地層下から12世紀初頭～前葉のロクロかわらけ・木製品多数出土　掘立柱建物跡3棟検出

50次Ⅰ・Ⅱ期　新讃衡蔵の調査＝12世紀以前の大溝検出　16世紀以降の切り土造成で遺構面削平　近世遺構は良好に検出

51次　内容確認Ⅰ＝金色堂正面に12世紀石敷き古道を確認

54次　内容確認Ⅱ＝12世紀前葉に掘られた溜池状遺構検出　多数のロクロかわらけ・木製品出土

第10図　岩手県中尊寺大池周辺地形図と調査地点(平泉町教育委員会 1999 を改変)

行なわれた山の寺研究会（栃木県足利市・日光市開催）において、古代創建古代廃絶型山林寺院を「1類」とし古代創建中世存続型山林寺院を「2類」、中世創建中世廃絶型山林寺院を「3類」とした。

こうした中で、ここでは岩手県中尊寺について、現時点における発掘調査資料などからみたその性格を考えてみたい。中尊寺大池周辺では、建物遺構と土器類や木製品などの遺物が発掘調査において確認されており、大池跡が人工的に作られた池であったことが確定されている。大池周辺の出土遺物から判断されている一二世紀代の遺構群は、北東日本における古代山寺遺構の系譜を引く中世創建系山寺の遺構と捉えることができる。まず著者の古代山岳寺院の多段性平場構造山寺の視点からみれば、大池の西側から北側にあたる場所には、古代山寺の遺構の特徴である階段状の平場が複数造成されており、その場所は天治元年（一一二四）に創建された中尊寺の金色堂に隣接する山の斜面である。そこには五段程度以上の平場が造成され、発掘調査により中世一二世紀の遺構群の存在が確定されている。その概要を発掘調査報告書から引用すれば、次のとおりである。

六次調査と八次調査においては、礎石・根石を持つ方三間の建物や土壇・礎石・根石を持つ大型建物跡などが確認され、四〇次金剛院の調査では、整地層下から一二世紀初頭から前葉のロクロかわらけや木製品が多数出土し、掘立柱建物跡三棟の検出があった。五〇次Ⅰ・Ⅱ期新讃衡蔵の調査では、一二世紀以前の大溝の検出があり、五一次内容確認Ⅰの調査では、金色堂正面に一二世紀の石敷き古道が確認された。五四次内容確認Ⅱの調査では、一二世紀前葉に掘られた溜池状遺構の検出と、多数のロクロかわらけと木製品の出土があった⑱。この遺構はその後溜池状園池跡として報告されるが⑲、規模は不詳ながら深い池であることから、実用的に水を溜める施設と考えてよいだろう。西側の地山の溝は、硬い岩盤に掘り込まれた遺構であり、こうした岩盤を掘り込む溝の例は、一〇世紀の大知波峠廃寺跡における通路遺構とそれに伴う排水溝がある。

なお管見によれば、大池の堆積物中において、Ⅲ層（近世以降堆積土）の下位にあるⅣ層の池跡堆積土（中国産白磁やかわらけ出土層）の中のⅣC層から、一二世紀後半の手づくねかわらけや瓦とともに複数の羽口とクサビ状鉄製品が出土しており、中尊寺創建期の鉄関連遺物として注目される[20]。中尊寺の創建においても、古代山寺の造寺に伴う鍛冶の操業と類似する可能性があり、一二世紀の鍛冶炉や鍛冶工房の存在も想定されよう。また小破片ながら、九世紀から一〇世紀の須恵器（甕）の出土もある。

このように出土考古資料を俯瞰すれば、中尊寺の遺構遺物は一二世紀創建の中世山寺（中世山岳寺院）の状況の一部を垣間見せているとみることができ、現時点では北東日本を代表する中世創建の山寺（3b類）と考えておきたい。そしてその創建の主体者は、仏教史からの見方を援用すれば、比叡山延暦寺と藤原清衡であったことになるのであろう[21]。

中尊寺金色堂南東斜面中位に確認された溜池状遺構は、群馬県黒熊中西遺跡の一号テラス（平場）の斜面に接して掘り込まれた一〇世紀の不整方形の遺構（水溜）に類似し、また愛知県大山廃寺跡の満月坊平場斜面に接する状況で確認された中世池跡の立地にも共通点が窺えよう。また大池の埋め立て後に掘られた四号溝は、発掘調査報告書にみえるように掘り返しを持つ道路側溝の形状を呈し、一二世紀後半には大池の北岸を埋め立てて、南北方向の道路を整備した可能性さえ示唆する。

北東日本における古代山寺の立地の特徴には、古代交通路に面した場所に構えられる場合も多くある。中尊寺の立地は、北上川と衣川に接する関山という独立的な丘陵上にあり、かつ交通の要衝に成り得る場所に占地された可能性もあろう。なお中尊寺の創建は長治二年（一一〇五）とされ、これは大きくみれば古代末期から中世初頭の時期である。創建当初は最初院多宝寺と号し、大治元年（一一二六）からは中尊寺と称したとされるが、その創建は山林修行の寺ではなく霊場として成立したとの見方がある[22]。

なお本節では、北東日本山林寺院遺跡のうち2類（古代創建中世存続型）と3類（中世創建中世廃絶型）の細分化名称を示した。北東日本の山寺遺跡では、中世中頃から戦国期となる中世末期に廃絶する一群と、近世に存続する一群が存在し、それを明確に区分して考える立場が必要と思われたからである。第1表（66～69頁）には北東日本の古代山林寺院の遺構・遺物・構成要素・存続年代などからみた存続期間分類の類型などを示した。

二　古代創建古代廃絶型山林寺院

明寺山廃寺は、福井市西方の低丘陵地帯にあり、主要部は標高六〇～六五メートル程度の平場と斜面に造営されている[23]。立地は、丘陵の間の細い谷が北から南へ入り込む場所の山頂近くである。遺構は礎石建物跡・掘立柱建物跡・配石遺構・鍛冶炉・遺物廃棄場所二箇所などで、遺物は九世紀前葉から一〇世紀前葉までのものが廃棄場所等から出土している。調査者は、多量の転用硯の存在から写経がここで行なわれたものと考え、特に朱墨の痕跡が残っている朱墨硯の出土があったことから、経文の訓点や注釈に朱墨が使われたとみている。掘立柱建物（SH-九五〇四）からは、建物が廃棄された時に、呪術的な意味合いを持って遺物が置かれていたようで、多くの墨書土器と墨丁（墨）が出土している。山林寺院から硯が出土した例は、群馬県唐松廃寺で風字硯と墨書土器類の出土が知られており、同じく群馬県巌山遺跡（榛名神社遺跡）においても、須恵器の転用硯と墨書土器が出土しており、山林寺院の性格を考える上での資料となる。

古代における写経は、その行為自体が功徳であるという信仰的な側面と、書写した仏典を保有し修行・読誦する実用面の二面があるとされ[24]、古代の写経所では書写する経師と校正する校生ほかの専門職人を抱えていた。このことは

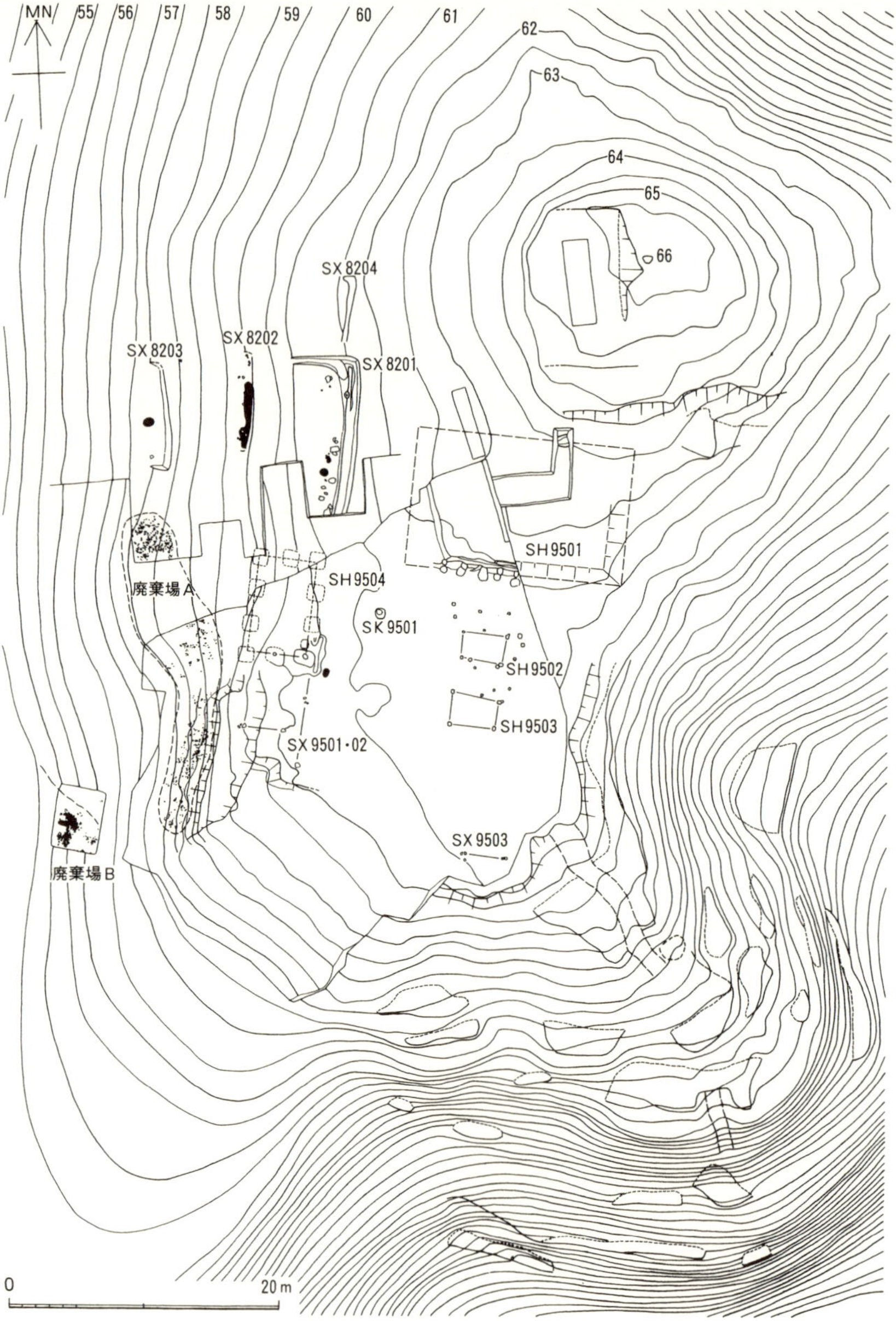

第 11 図　福井県明寺山廃寺遺構位置図(清水町教育委員会 1998)

山林寺院で写経が行なわれていた場合、当然のことながら極めて宗教的な活動がなされていたことを示し、これは特定の檀越集団などの宗教的な活動と考えられよう。この明寺山廃寺と山麓の鐘島遺跡では、関連する古代氏族として佐味氏が推定されている。㉕

佐味氏の「佐味」は、「さみ」であろうから、あるいは「しゃみ」、つまり「沙弥」が転訛した可能性が窺える。沙弥は、正式な僧ではないが仏門に関係する者を指し示すとみられ、仏教を護持する氏族としては、まさにその名の示すとおりの性格を持つものであろう。なお古代北陸道の交通路では、富山県内や新潟県弥彦山の南西に佐味駅が置かれるなど、北陸道に点在する遺跡がこの氏族に係わる可能性もある。また、遺跡の南西斜面にある廃棄場所Bから出土した大量の土師器短胴甕は、その性格は不詳ながらも、何らかの仏教儀礼に用いられたと報告されており、明寺山廃寺における多彩な宗教活動の一端を示すものなのであろう。

明寺山廃寺は、確実な鍛冶炉（SK-九五〇一）と鍛冶工房とほぼ断定してよい壇状遺構（SX-八二〇三）の存在があり、山林寺院の造営にあたり鍛冶の操業があったことを示す確実な事例として貴重である。鍛冶炉一基は、中心堂宇の南西四〜五メートルに隣接するように位置し、鍛冶炉出土須恵器盤は九世紀第3四半期と報告されており、これは中心堂宇の創建後の時期に鍛冶の操業が行なわれたことを示す。

この鍛冶炉の性格は、現時点では断定できないが、寺院の造営に伴い鉄素材から鉄製品を製造する鍛錬鍛冶であったのか、鉄素材を製造するための精錬鍛冶であったのかは大きな問題となる。つまり鍛錬鍛冶の場合は、鉄素材を外部から持ち込んで寺院に用いる鉄釘などの製品を製作するわけであるが、精錬鍛冶の場合はその山林寺院の中心空間において貴重な鉄素材の製造を行なっていたこととなる。つまり後者の場合は鉄素材の生産そのものに係わったことを示し、山林寺院における手工業的な生産活動そのものか、またはその技術の習得などを目指した痕跡を示す事例となりうる。鍛冶関連遺物では、廃棄場所A群から鍛造鉄滓が出土しており、これは鉄製品の製造にあたって鉄器を鍛造加工する工程に伴う鍛造剝片とみられ、九世紀中葉の鍛冶炉の存在とともに明寺山廃寺における鍛錬鍛冶が確実に存在したことを示す。

鍛冶炉西側斜面では、南北約七・五メートルとやや長大な鍛冶工房とみられる遺構（SX-八二〇三）があり、出土した鉄製品の中には鉄素材とみられる鉄屑があるようで、これは古い鉄器などの破片を再利用し、新しい鉄製品を製造する鍛錬鍛冶の素材であったのだろう。この遺構の斜面上位には壇状遺構二箇所があり、多数の遺物が出土しているが、南北約一一・三メートルと長大なSX-八二〇三では、東壁寄りに二箇所の焼土があり、鍛冶炉とは断定できないが、中心堂宇の南西側から西側斜面下に鍛冶関連遺構が構えられていることからみて、工房的な遺構であった可能性がある。なお鍛冶工房の東側約五メートルには、多量の土師器・須恵器や瓦塔・鉄鎌・鉄釘・椀形鍛冶滓・鉄滓・炉壁・桃核などを出土した廃棄場所A群がある。そこからは小形の椀形鍛冶滓が出土しており、寺の造営に伴う比較的小規模な鍛冶炉の操業が、九世紀代にあったことは確実である。

明字山廃寺における中心堂宇に隣接する場所での鍛冶の操業は、群馬県黒熊中西遺跡で基壇上などに一〇世紀前半の鍛冶炉が構えられたことに類似し、ひいては上野国分寺跡伽藍地内での九世紀後半から一〇世紀前半の鍛冶遺構の事例や、下野国分寺跡での創建期の仮設的な仏堂に隣接する場所での鋳造の存在などにも通じるものがある。黒熊中西遺跡では、ほぼ一〇世紀代に属する一〇基の鍛冶炉が発掘され、そのうち五基は八号テラスに集中しており、寺院の造営などに伴う可能性を示唆する。この平坦面は東西一〇メートル・南北九メートルの規模で、礎石建物跡や住居群から若干離れて独立する位置にあり、鍛冶の操業には特定の位置が選ばれ続けたとみられる。以上のように明寺山廃寺は、九世紀第1四半期に創建され一〇世紀第1四半期で廃絶する遺跡であり、古代創建古代廃絶型山林寺院である。その寺院としての最盛期は、九世紀第2四半期とされ、九世紀に造営され廃絶時期も確定している山林寺院遺跡として貴重である。

明寺山廃寺の山麓に位置する鐘島遺跡からは、緑釉(椀・耳皿)七点・灰釉陶器・中国越州窯青磁(椀)一点などが出土し、この地域の有力氏族の存在が推定されている。鐘島遺跡からは、九世紀第3から第4四半期の土器に「真成」という僧名とみられる墨書を持つ土器が出土している。明寺山廃寺には、生活の痕跡がないことから、山麓の鐘島遺跡で生活する「真成」が明寺山廃寺の山寺で何らか活動をしていたことは、報告書記載のとおりとみてよく、山上と山麓の強い関係が窺える。

また鐘島遺跡からは、「御山」(九世紀第3四半期)・「山本」という墨書が出土しており、「御山」の山は明寺山廃寺を指し示すものとみられ、「御」という敬称を付すことからこの明寺山廃寺の山が特別な存在の山であることを示す。そこでは、信仰活動あるいは何らかの生産的な活動があったことが窺われ、多量の須恵器転用硯や朱墨硯の存在から推定された写経活動等がそれにあたるとみられるが、関連氏族が佐味氏であれば佐味氏が関連する写経所であったとみることもできる。つまり山麓の鐘島遺跡が佐味氏一族の開拓集落であれば、山には佐味氏の氏寺を造営し、それはまた佐味氏の山寺(山林寺院)であり、かつ時として写経所であった可能性さえ浮かんでくる。このように明寺山廃寺ではその性格は不詳ながらも、九世紀に写経と鍛冶の行為があったことは確実である。

また千葉県山武町山田宝馬古墳群一〇二〇地点遺跡からは、八世紀第3四半期の「小金山寺」の墨書土器二点と「小金寺」の墨書土器等が住居三軒とともに出土しており、鉄滓を伴う鍛冶炉一基が存在していた。この場所は、上総と下総の境界付近に位置するものとみられ、近隣に八世紀後半の山寺(山林寺院)があるものと推定するが、山林寺院本体に伴う鍛冶遺構ではない。なお同じ千葉県内には、房総半島南部の旧安房国の大日山の南斜面に増間廃寺が知

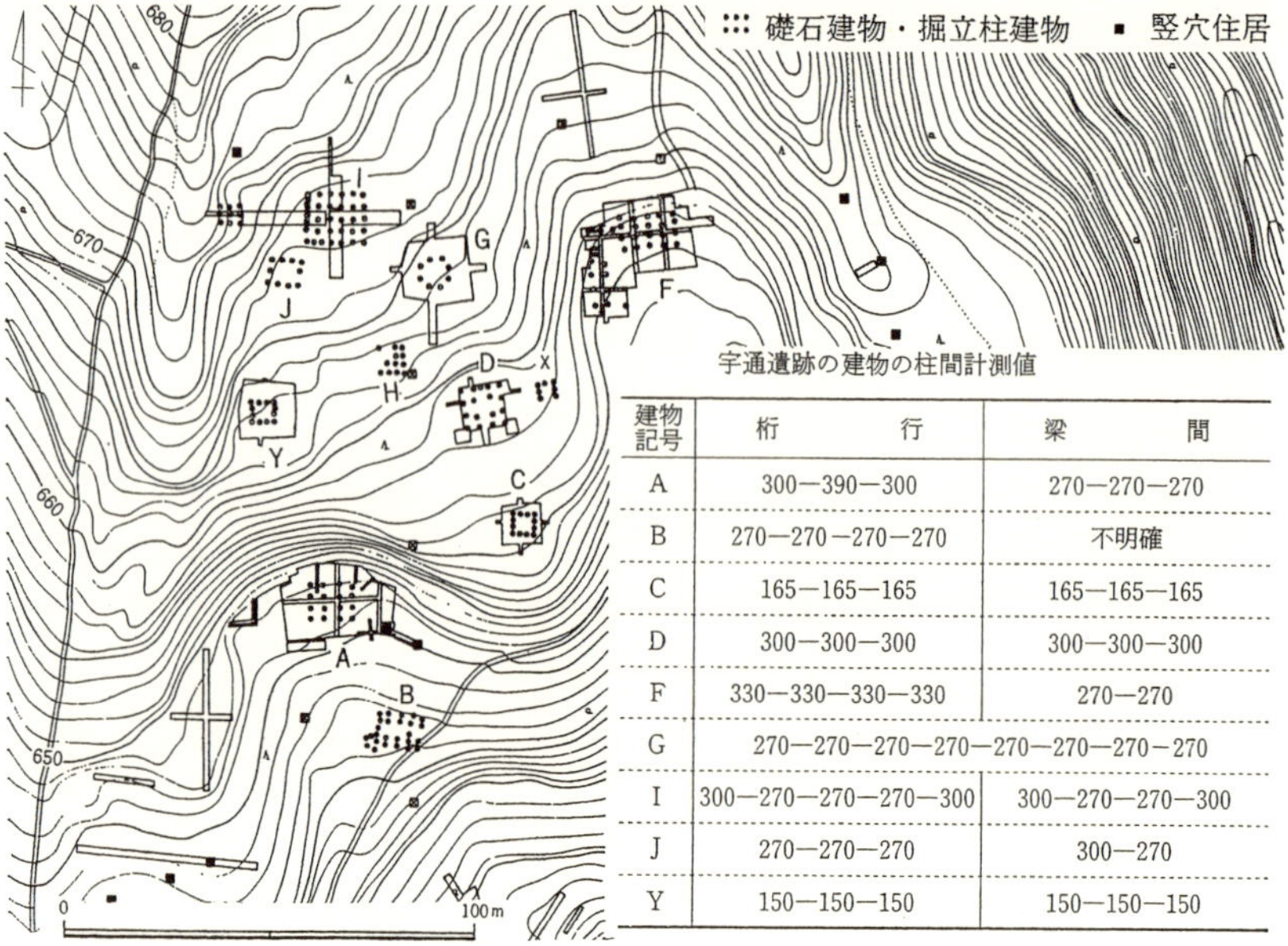

宇通遺跡の建物の柱間計測値

建物記号	桁行	梁間
A	300—390—300	270—270—270
B	270—270—270—270	不明確
C	165—165—165	165—165—165
D	300—300—300	300—300—300
F	330—330—330—330	270—270
G	270—270—270—270—270—270—270—270	
I	300—270—270—270—300	300—270—270—300
J	270—270—270	300—270
Y	150—150—150	150—150—150

第12図　群馬県宇通遺跡遺構分布図・建物柱間計測表（群馬県史編さん委員会1991を改変）

られ、山腹中位に数箇所の平場が展開する山岳寺院である(26)。礎石建物跡や古代の瓦が出土しており、中世遺物の出土がみられないことから、古代に創建され古代のうちに廃絶する遺跡である(27)。

群馬県宇通遺跡は、赤城山（標高一八四七メートル）の中腹標高六三〇～六八〇メートル付近に位置する。遺構は、東西約三〇〇メートル・南北約三〇〇メートルの範囲に分布する。調査で確認された遺構は、方三間堂など礎石建物跡一五～一六棟、掘立柱建物跡一棟、竪穴住居跡五〇軒などで、現在でも直線的な土塁状の高まりが現地で確認できる。遺構群は、約四段に造成された平場に配置されており、八角円堂の礎石建物跡など特異な建造物も確認されている(28)。遺物は、建造物や住居群から極めて少量ながら瓦（上野国分寺系）が出土し、建物跡からは塑像片・銅製小型神像・水晶製経軸端・漆紙・墨書土器（「寺」ほか）・緑釉陶器・鉄釘・鉄滓・羽口・土師器・須恵器などが発掘された。また遺跡の各所には鍛冶炉が確認され、多数の鉄釘などは、山寺の造寺に伴い鍛造されたものとみられる。

遺跡の時期は、礎石建物跡を覆っている浅間山起源の浅間B火山灰（As-B）がわずかな間層を挟んで堆積していることから、天仁元年（一一〇八）の噴火による火山灰の降下時点では、すでに礎石建物群は廃絶していたことが確認されている。北関東の遺跡では浅間B火山灰（As-B）が広域に降灰しており、多くの遺跡の発掘で遺構の内外に堆積しており、遺跡の時期決定などに有効である。このように宇通遺跡の存続期間は、九世紀後半から一一世紀までとみられるが、礎石建物跡群の機能していた時期は一〇世紀中頃から一一世紀前半と考えられている。遺跡の南西部には、土塁状の高まりが細長く現存するなど、注目されるべき遺構があり遺跡の規模も広大である。周辺の赤城山南麓には古代の製鉄遺跡が多く分布し、東日本最古（七世紀後半）の長方形箱形炉を持つ三ヶ尻西遺跡をはじめ九世紀から一〇世紀の竪形炉も多く調査されている。製鉄には、木炭などの山林資源が大量に必要とされることから、赤城山麓の広大な山林は、鉄と木炭の生産などのために開発されたものと考えてよい(29)。

宇通遺跡のような大規模山岳寺院は、その造営の背景に有力な古代氏族などが存在している可能性があろう。発掘で八角円堂とされる礎石建物は、寺院建築物の一種とみられる。管見では八角形円堂は、奈良興福寺北円堂（養老五年〔七二一〕創建）・奈良法隆寺東院夢殿（天平一一年〔七三九〕頃創建）・奈良栄山寺八角堂（天平宝字七年〔七六三〕頃創建）・京都広隆寺桂宮院本堂（一三世紀中頃）に現存するが、興福寺と栄山寺は藤原氏の寺である。

群馬県黒熊中西遺跡は、一〇世紀前半に造営され一一世紀代には廃絶した山林寺院の遺跡である(30)。遺跡は群馬県西南部の丘陵に位置し、丘陵の頂部付近から北斜面にかけて寺院跡と竪穴住居跡群などが発掘された。集落を構成するとみられる住居は、古墳時代（六世紀）から一一世紀まで存続し、七八軒を数える。古代に属する遺構は、道路遺構・礎石建物跡（六〜七棟、うち瓦葺二棟）・掘立柱建物跡・テラス・溝・井戸（一基）・土坑・鍛冶炉・特殊遺構・石組遺構などである。遺物は、土器類・瓦類・瓦塔片・鉄釘・地鎮具・銅製経筒端・砥石などが出土している。砥石では「元慶四年」(八八〇)の刻字を持つ遺物が一〇号住居から出土しており、集落からは羽釜の出土が目立つ。

平安期の山寺跡は、礎石建物跡六～七棟とテラス遺構(平場)九面が確定しており、礎石建物跡は寺院の堂宇であり、平場九箇所は寺に付属する施設や工房などと報告されている。一一基の鍛冶炉のうち五基は、他の遺構から離れた八号テラスにあり、この平場自体が斜面に造成された鍛冶工房であったことを示している。鍛冶炉を持つ平場の規模は東西一〇メートル・南北九メートルで、一〇世紀から一一世紀の工房であろう。一号特殊遺構とされたものは、一個の礎石とそれを取り巻く四個の大規模な柱穴を持つ「相輪橖」の可能性が推定され、天台系寺院であったかどうかの検討も提議されている。なお黒熊中西遺跡の南方山地(多野山地・牛伏山標高四九〇メートルほか)には、上野国分寺創建期の瓦窯である金山窯跡・末沢窯跡(八世紀中頃)・藤岡吉井窯跡群(製鉄遺構を含む)・滝の前窯跡(上野国分寺補修期の瓦窯)などが分布し、古代の大規模な窯業・製鉄地域である。

三　古代創建中世存続型山林寺院

埼玉県慈光寺は、古代創建の天台宗の名刹である。立地は、武蔵丘陵の都幾川が東から西へ入りこむ遮蔽された広い谷の南面する山腹である。遺跡は、都幾山(標高四六六メートル)の南東尾根に平場群が展開し、標高一七五メートル付近から上方に遺構がある。開山塔付近は、標高二九〇～三〇〇メートルの高さである。調査の結果、古代から中近世の遺構と遺物及び一二七箇所の平場が確認されている。開山塔下からは八世紀末から九世紀代の骨蔵器として用いられた須恵器(甕)が出土し、平場No.78では掘立柱建物跡や中世前期の遺物が出土し、平場No.79では一三～一五世紀の遺物がある(31)。

慈光寺は、武蔵北部の南比企窯跡群(鳩山窯跡群)に隣接しているように見受けられ、古代窯業遺跡との関連について問題があろう。古代山林寺院の成立は、単に仏教的な山林修行のみではなく、須恵器生産(須恵器窯)・瓦生産(瓦窯)とも関わっているものと考えられる(32)。栃木県大慈寺は、三毳山麓窯跡群の北側に隣接しており、埼玉馬騎の内廃寺は末野窯跡群の中央付近の山間部に所在する。これらの山林寺院は、須恵器生産の終了と同時に廃絶するものと、中世へ存続するものに分かれる。慈光寺では、西側に隣接する霊山院から多数の板碑が出土しており、霊山院が慈光寺の寺域内に禅宗寺院として開創されていることなどが、考古資料から解明される必要があろう。

愛知県大山廃寺跡では、主に八世紀から一六世紀の瓦類・土器類・陶磁器類などが出土し、古代から中世の建物跡も確認されているが、この山林寺院の最も大きな特徴は、「山寺」の文字を持つ瓦が多数出土しており、古代には山寺と認識されていたことである。山寺の篦書きを持つ瓦は、軒平瓦五点・平瓦五〇点・軒丸瓦三点・丸瓦四点の合計六二点が確認されており(33)、出土文字資料としては全国的にも貴重な遺物である。土器類は、八世紀と九世紀後半から一〇世紀と一四世紀以降にその盛期があるとされ、それらは古代から中世の遺構に伴うことから、古代中世の山寺であったことは確実である。なお、塔と主要伽藍の創建時期は、七世紀末から八世紀第3四半期の間にある。

大山廃寺跡の中世の出土資料には、「満月坊」と墨書された古瀬戸をはじめとして、常滑・青磁(連弁文)・複数の墨書土器などがある。中世遺構には、礎石建物跡(七間四方ほか)・石積列などが確認されており、遺跡中心部から南西下方の斜面に造成された平場である満月坊地区には、石積列・池・柱穴状ピット群などがあり、ここに「満月坊」と呼ばれる坊院があったと考えられる。また、中心部の南側に隣接する平場にも礎石建物があり、中世山寺の在り方を示す資料となる。

畿内では、河内の生駒山中にある神感寺跡において、平安初頭から中世末まで存在した山林寺院が確認されている。(34)この遺跡は、存続期間からみて古代創建中世存続型の山林寺院である。神感寺跡は、標高四六〇メートルに位置し、鎌倉・室町時代に整備された真言宗の寺院とみられている。遺構には十数棟の建物跡・塔跡・門跡・池などがあり、中世瓦に「神感寺大門瓦文永十年」の銘を持つものがある。文永一〇年（一二七三）頃に整備されたものとみられ、史料にも「神感寺城」とみえ、南北朝期には城として利用されたことが知られており、中世山寺と中世城郭の両側面を持つ遺跡である。

四　中世創建中世廃絶型山林寺院の提唱

ここでは、「古代創建古代廃絶型山林寺院」と「古代創建中世存続型山林寺院」の延長上に概念区分できると思われる「中世創建中世廃絶型山林寺院」の遺跡例を示してみたい。愛媛県等妙寺跡は、平成一八年八月に岐阜県下呂市で開催された「山寺サミット」においてもその概要が発表された。発掘調査の結果、一四世紀から一六世紀の遺物が出土する山岳寺院であることが判明している。遺跡は、標高二七二メートルから三六五メートルの山腹に位置し、雛壇状に連続して展開する二〇箇所余りの平坦面がある。(35)等妙寺跡からは、平場群や各種の遺構（石積・石列・配石・鍛冶遺構・柱穴・礎石・土坑・基壇状遺構・土塀基礎・土器集積・集石墓）が確認され、出土遺物には土師質土器・瓦質土器・備前焼・輸入陶磁器（青磁・白磁・青花褐釉・黒釉・李朝）・砥石・和釘・銅銭・羽口・スラグ（鉄滓）・石造物（五輪塔・宝篋印塔・一石五輪塔）などがある。この遺跡は、現時点では先に触れた山林寺院の立地や平場の在り方や出土遺物などから判断して、典型的な山林寺院（山岳寺院）とみられる。また江戸時代になって山麓に移転しているため、遺

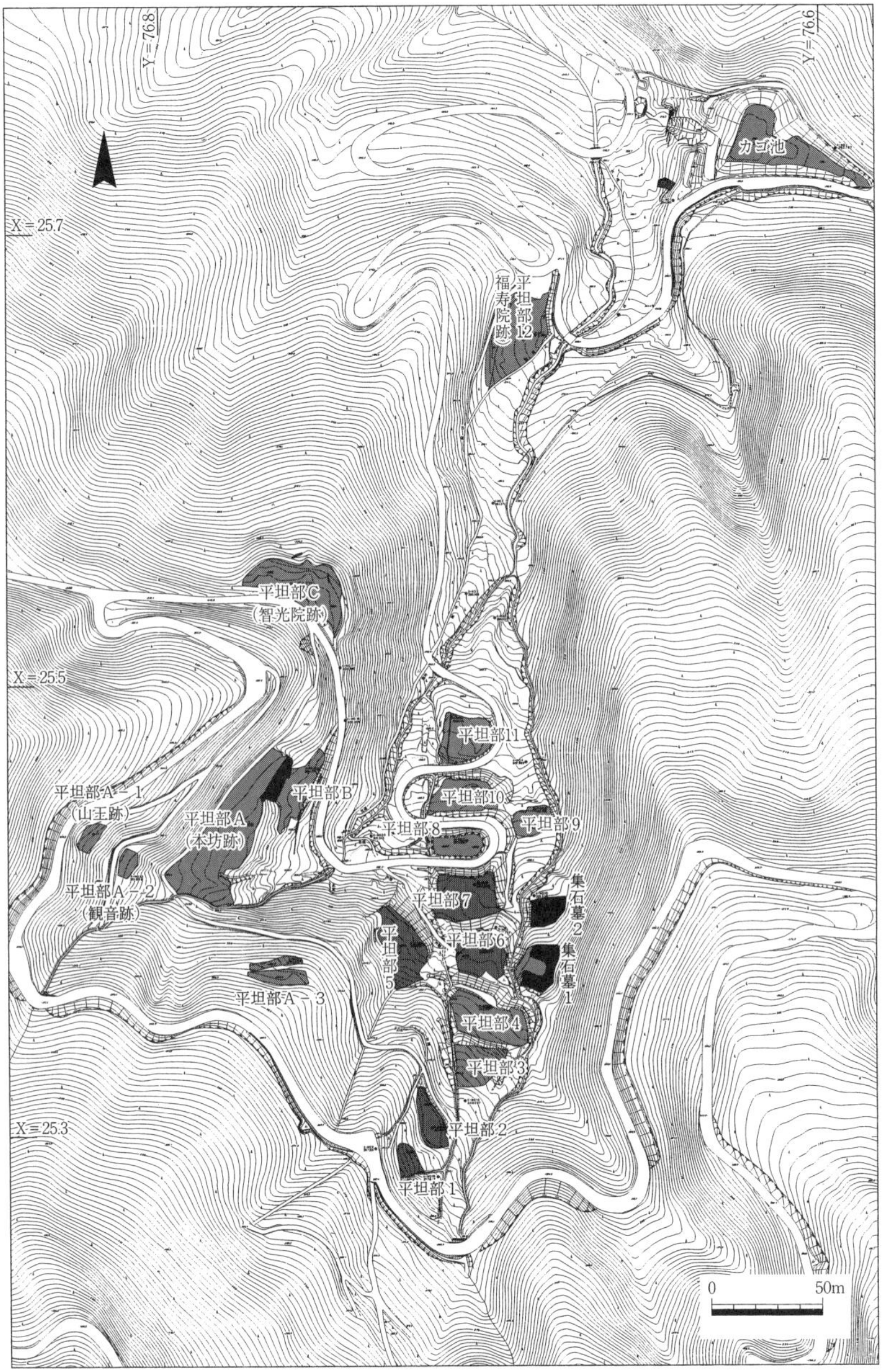

第13図　愛媛県等妙寺跡遺構分布図（鬼北町教育委員会2005）

跡地には中世までの遺構と遺物が遺されている。仏教史上では、中世期における天台宗の「遠国四箇戒場（戒壇）」の一つとして確認されており[36]、関連する史料も多いようである。遠国四箇戒場とは、鎌倉の寶戒寺、加州白山の薬師寺、伊予の等妙寺、筑紫の鎮弘寺である。

この等妙寺跡は中世の山寺を考える上で、一つの典型になるかもしれない。その創建時期は一四世紀前半の鎌倉幕府の滅亡と南北朝期にかかる時代とみられ、考古遺物も一四世紀代のものから出土するなどの特徴がある。中世においても、古代以来の山林仏教が求められていた可能性もあるが、一方では石積遺構など山林寺院（山岳寺院）の城塞的な遺構を防御機能をもつ遺構として考えてよいのかなど難しい問題も内在しよう。中世の動乱期においては、各仏教集団は、その自らの集団や信徒や所有地や既得権を護るためには、寺院に防御機能を持たせ、また寺院の権威付けのためなどに石垣や石積を備え、堅固な法城とし誇示することは当然の成り行きであっただろう。

以上のように、日本の山林寺院をその存続期間を視点としてみる時、「古代創建古代廃絶型」「古代創建中世存続型」「中世創建中世廃絶型」の三種類の概念で捉えることができるのではないかとの結論に達している。愛媛県等妙寺跡は中世創建中世廃絶型山林寺院と考えることができ、一四世紀に創建された天台系山林寺院（山岳寺院）として、各種の遺構と遺物を保持し、保存目的の発掘調査が実施されている。

古代から中世の山林寺院に現存する土塁や石積遺構は、何箇所かの遺跡で確認できるが、遺構の確定とその構築された時期の解明などを含めて、今後の課題となろう。なお群馬県宇通遺跡の土塁状の遺構は、確実に古代に属するものである。ここに触れた遺跡のなかには大規模な山林寺院も含まれ、そうした遺跡は多様な側面を内包しているものと思われるが、山林寺院遺跡の存続期間からみた古代中世山林寺院の分類については、著者のオリジナルな考え方を示した。

五　古代中世山林寺院の存続期間からみた三類型の細分とその概念

北東日本の古代中世山林寺院遺跡の存続期間は、第1表に示すように、概ね八世紀から一〇世紀に創建され一〇世紀〜一二世紀頃に廃絶する古代創建古代廃絶型山林寺院(1類)と、概ね九世紀〜一〇世紀に創建され中世に存続してゆく古代創建中世存続型山林寺院(2類)に大きく区分され、その他に中世創建系の山林寺院(3類)が存在する。

1類には、福島県流廃寺跡・群馬県黒熊中西遺跡・群馬県宇通遺跡・静岡県大知波峠廃寺跡・福井県明寺山廃寺などがある。流廃寺跡の土器類の年代は、九世紀後半から一一世紀であり、中世に存続することなく古代末には廃絶している。黒熊中西遺跡・宇通遺跡・大知波峠廃寺跡は、九世紀後半から一〇世紀前半に創建された山林寺院が一一世紀末には廃絶したことなどから、1類の遺跡は創建時期が多少は前後するものの、古代に創建され古代のうちに寺院機能が消失し廃絶した遺跡群である。

2類には、栃木県大慈寺旧跡・埼玉県旧慈光寺跡・静岡県普門寺旧境内・愛知県大山廃寺跡・石川県浄水寺跡・福井県大谷寺遺跡などがある。大慈寺旧跡では、八世紀後半の遺物が出土し、中世以降まで存続した。一三世紀末の『一遍聖絵』には、北から本堂・楼門・池・礎石建物(桁行三間・梁行二間)の伽藍が描かれており、この時期も由緒ある名所としての中世山寺であったことを示す。詞書きには「下野国小野寺」とみえることから、一三世紀には「小野寺」と呼ばれていたことがわかる。また大慈寺近辺の小野寺からは、長治元年(一一〇四)の銘を持つ経筒が出土しており、これは東国では山梨県大善寺の柏尾山経塚出土の康和五年(一一〇三)銘の経筒に次ぐ古期の遺物である[37]。齊藤弘によれば、小野寺出土経筒銘文には「釋迦牟尼佛滅後末法之初天台比丘成算寛澄等如法奉書寫妙法蓮華経也」とみ

		発掘調査及び踏査からの構成要素等					自　然　環　境			年代	その他		
鉄 滓	炉 工房	平場数	池・湧水	巨岩	土塁	その他遺構等	主峰	立地	標高(m)	存続時期(C)	発掘	指定	文献
— —	— —	5〜10	—	—	—	—	磐梯山	山麓	575〜590	(9？〜)	×	国	『磐梯町史』1985 白岩 2011
○ ○	— —	約 60	—	—	×	鉄剣(平安鎌倉)	無	山頂山腹	310	9 後半〜11	○	国	畠山・藤田 2008, 2011
— —	— —	10〜20	—	—	—	観音像(鎌倉)	大平山	山麓	130	8 後半頃〜11 頃	—	×	上野川 2001
— —	— —	10〜20	○(時期不詳)	○	×	一遍聖絵所収	諏訪山	山麓	100	8 後半〜16	○ 試掘	×	渡辺 1979 上野川 1996, 2011
— —	— —	10〜20	—	○	×	最澄仏像	大岩山	山腹	350	12〜15 頃	○	×	市橋斉籐 1995 大澤 2003
○ ○	[○] —	10〜20	[池と堤]	×	○古代	[鍛冶炉]	赤城山	山腹	680	9 後半〜11	○	市	石川 1986 他
○ ○	○ ○	14〜15	○(池状遺構)	×	×	鍛冶工房他	無	山腹	200	10〜11	○ 消滅	×	須田他 1992
— —	— —	10	—	×	○(時期不詳)	—	榛名山	山腹	580	9〜10	×	×	伊香保町 1970
○ ○	[○] —	約 30	—	×	○(時期不詳)	緑釉・風字硯	榛名山	山腹	675〜700	8〜10	×	×	川原 1993
○ ○	— —	約 30	—	○	○(時期不詳)	墨土・転硯他	榛名山	山腹	900	9〜12	×	×	川原 1993
— —	— —	20〜30	—	×	×	末野窯跡隣接	鐘撞堂山	山腹	250	7 末頃〜10	×	×	高橋他 1982
— —	— —	127	井戸(時期不詳)	○	—	須恵器埋納	都幾山	山腹	170〜456	8 末頃〜16	○	—	浅野他 1998
○ ○	— ×	5〜10	井戸	×	×	風鐸塑像	無	山腹	160〜170	8 後半〜11 初	○	×	高橋他 1978
— —	— —	5	—	×	—	参道？	大日山	山腹	250	9〜10	×	—	石田他 1998
— —	— —	—	池	○	×	墨土・石垣	無	山腹	310〜340	10〜11	○	国	後藤山岸 1997 後藤 2007
— —	— —	4	—	○(観音堂跡)	×	石列	無	山腹	120〜180	8〜10 か	○	×	後藤 2003 石川 2010
— —	— —	200 以上	—	○	—	石積他・12C 経塚	船形山	山腹	230	10〜16	○	—	岩原 2011 他
— —	— —	10〜20	池(時期不詳)	○	×	磐座	雨乞山？	山腹	120〜150	12〜15 か	○ 墳墓	×	坂野 2010
○ —	— —	10〜20	池(中世)	×	×	文字瓦・石列他	児山	山腹	208	7 末〜16	○	国	山中他 1979
— —	— —	30〜40	池(時期不詳)	×	○(時期不詳)	6C・7C の須恵器	国上山・弥彦山	山腹	151	8 ？〜	—	×	分水町 2004
— —	— —	15〜20	池・湧水	×	×	墨土・転硯・羽口	清水山	丘陵	30〜45	9 後半〜15 後半	○ 消滅	×	柿田 2010
— —	— —	5〜10？	山麓に池	×	×	香炉・墨土	元越智山・金比羅山	山腹	110〜190	9 後半〜14 前半	○	×	堀 2011
○ ○	○ ○	10〜20	×	×	×	転用朱墨硯・桃	無	丘陵	55〜65	9〜10 第 1 四半	○ 消滅	×	古川他　1998

第1表　北東日本古代山林寺院存続期間分類及び遺構・遺物等暫定概要表

No.	旧国	遺跡名	存続期間分類（1類～3類）	創建氏族等	発掘調査等の遺構・遺物 古代 遺構 基・礎	石基	塔	懸	土器類	7	8	9	10	11	瓦	瓦塔
1	陸奥	慧日寺観音寺跡	1類（古～古）	徳一か	礎	—	○	—	土・須	—	—	—	—	—	—	—
									灰等	—	—	—	—	—		
2	〃	流廃寺跡	1類（古～古）	—	礎・須弥檀他	—	—	○	土・須	—	—	—	○	—	軒丸・軒平他	—
									灰等	—	—	—	—	—		
3	下野	円通寺跡	1類（古～古）	—	—	—	—	—	土・須	—	○	○	○	—	9 下野国分寺系	—
									灰等	—	—	○		—		
4	〃	大慈寺旧跡	2類（古～中）	小野氏か	礎	—	○？	—	土・須	—	—	○	○	—	8～9	—
									灰等	—	—	—	—	—		
5	〃	大岩山毘沙門堂	2類（古～中）	—	—	—	—	—	土・須	—	—	—	—	—	—	—
									灰等	—	—	—	—	—		
6	上野	宇通遺跡	1類（古～古）	—	礎	—	—	—	土・須	×	×	○	○	○土師器	9～10	—
									灰等	×	×	○	○			
7	〃	黒熊中西遺跡	1類（古～古）	—	礎	○	—	—	土・須	×	—	—	○	—	10～11	○
									灰等	×	—	—	○	—		
8	〃	水沢廃寺	1類（古～古）	—	礎	—	—	—	土・須	—	—	—	○	—	9	—
									灰等	—	—	—	○	—		
9	〃	唐松廃寺	2類（古～中）	—	基・礎	—	—	—	土・須	—	—	○	○	—	8～10	—
									灰等	—	—	○	○	—		
10	〃	巌山遺跡	2類（古～中）	—	礎	—	—	—	土・須	—	—	○	○	11～12舶	×	—
									灰等	—	—	○	○			
11	武蔵	馬騎の内廃寺	1類（古～古）	—	礎	—	—	—	土・須	—	○	○	○	—	7末頃～8	—
									灰等	—	—	—	—	—		
12	〃	旧慈光寺跡	2類（古～中）	道忠か	—	—	(○)	—	土・須	—	—	○	○	—	9	—
									灰等	—	—	○		—		
13	〃	高岡廃寺	1類（古～古）	—	基・礎	○	×	×	土・須	×	○	○	○	—	9後半～10	○
									灰等	×	灰釉・緑釉			—		
14	安房	増間廃寺	1類（古～古）	—	基・礎	—	—	—	土・須	—	—	—	—	—	9～10	—
									灰等	—	—	—	—	—		
15	遠江	大知波峠廃寺跡	—	—	礎	○	—	—	土・須	—	—	—	○	—	×	—
									灰等	—	—	—	○	○		
16	〃	瓦塔遺跡	1類（古～古）	—	礎	○	—	—	土・須	—	×	×	×	—	×	○ 8C
									灰等	—	×	×	○	—		
17	三河	普門寺旧境内	2類（古～中）	—	基・礎	—	—	—	土・須	—	—	—	—	—	—	—
									灰等	—	—	—	○	—		
18	〃	泉福寺旧跡	2類か	—	—	—	—	—	土・須	—	—	—	—	—	—	—
									灰等	—	—	—	—	—		
19	尾張	大山廃寺跡	2類（古～中）	—	掘立・石積	○	○	—	土・須	○	○	○	○	—	8～9	—
									灰等	×	×	○	○	○		
20	越後	国上寺旧跡	2類（古～中）	—	—	—	—	—	土・須	—	○	○	—	—	丸瓦・平瓦	—
									灰等	—	—	—	—	—		
21	加賀	浄水寺跡	2類（古～中）	—	礎・掘立	×	—	○	土・須	×	○	○	○	○	×	—
									灰等	×	×	○	○	○		
22	越前	大谷寺遺跡	2類（古～中）	—	基・礎	—	—	—	土・須	—	—	○	○	○	×	—
									灰等	—	—	○	○	○舶		
23	越前	明寺山廃寺	1類（古～古）	—	礎・掘立	—	×	○	土・須	×	×	○	○	×	×	○
									灰等	×	×	緑釉	×	×		

（上野川 2012a）

さん室　1982年
佐藤博之・長井智教「寄居町馬騎の内廃寺採集の瓦について」『土曜考古』21号　土曜考古学研究会　1997年
12　浅野晴樹・野中仁・石川安司・水口由紀子・時枝務・千装　智「第4節旧慈光寺跡」『都幾川村史』資料編2考古資料編　埼玉県都幾川村　1998年
13　高橋一夫・伊藤研志・中村倉司・鈴木徳雄・高橋信一・織戸市郎『高岡寺院跡発掘調査報告書』高岡寺院跡発掘調査会　1978年
14　石田広美・小林信一・糸原清「古代仏教遺跡の諸問題　遺跡一覧表」『研究紀要』18　千葉県文化財センター　1998年
上野川勝「海辺の山岳寺院―安房にみる廃絶した山寺と存続した山寺―」『唐澤考古』27　唐沢考古会　2008年
15　後藤建一・山岸常人『大知波峠廃寺跡確認調査報告書』静岡県湖西市教育委員会　1997年
後藤建一『大知波峠廃寺跡』同成社　2007年
松井一明「遠江・駿河の山林寺院(静岡県)」『佛教藝術』315号　毎日新聞社　2011年
16　後藤建一「瓦塔遺跡」(宇志瓦塔遺跡・伝真萱寺跡)『静岡県の古代寺院・官衙遺跡』静岡県教育委員会　2003年
石川弘明「真萱寺跡」『三遠の山寺』三河山寺研究会・三河考古学談話会　2010年
17　北村和弘「普門寺旧伽藍跡」『湖西連峰の信仰遺跡分布調査報告書』静岡県湖西市教育委員会　2002年
石川弘明「普門寺旧伽藍における採集遺物」『研究紀要』10号　愛知県田原市渥美郷土資料館　2006年
石川知江「弓張山脈における古代山林修行の様相」『三河考古』20号　三河考古学談話会　2009年
村上昇・菊池直哉「普門寺旧境内」『三遠の山寺―三河考古学研究集会―』三河山寺研究会・三河考古学談話会　2010年
岩原剛「三河の山岳寺院(愛知県)」『佛教藝術』315号　毎日新聞社　2011年
18　小野田勝一・坂野俊哉・安井俊則・天野敏則ほか『泉福寺中世墳墓』愛知県渥美町教育委員会　2004年
坂野俊哉「泉福寺と渥美半島の山寺」『三遠の山寺―三河考古学研究集会―』三河山寺研究会・三河考古学談話会　2010年
坂野俊哉「第2節歴史的環境」『泉福寺中世墳墓』渥美町教育委員会　2004年
岩原剛「三河の山岳寺院(愛知県)」『佛教藝術』315号　毎日新聞社　2011年
19　山中敏史・中嶋隆ほか『大山廃寺発掘調査報告書』愛知県小牧市教育委員会　1979年
愛知県史編さん委員会『愛知県史』資料編4考古4飛鳥～平安　愛知県　2010年
梶山勝「大山廃寺出土の文字瓦」『名古屋市博物館研究紀要』22　名古屋市博物館　1999年
野澤則幸「大山廃寺跡出土の和鏡について」『研究紀要』7　名古屋市見晴台考古資料館　2006年
20　新潟県分水町教育委員会『分水町史』資料編1　考古・古代・中世編　分水町史編さん委員会　2004年
21　柿田祐司『小松市浄水寺跡』石川県教育委員会・石川県埋蔵文化財センター　2008年
望月清司「加賀国府周辺の古代山林寺院(石川県)」『佛教藝術』315号　毎日新聞社　2011年
22　堀大介「越智山山岳信仰の遺跡群(福井県)―大谷寺遺跡を中心に―」『佛教藝術』315号　毎日新聞社　2011年
23　古川登・善端直・白川綾・松山和彦・田中伸卓・奥谷博之・佐藤豊『越前・明寺山廃寺―平安時代前期寺院址の調査―』福井県清水町教育委員会　1998年

＊○は発掘で出土または表面観察で確認、×は発掘での出土なしまたは遺構がないことが確定、一は不詳等を示し、[　]は推定。
＊基は基壇、石基は側面に石積面を持つ基壇、礎は礎石建物、掘立は掘立柱建物、懸は懸造り建物、土は土師器、須は須恵器、灰は灰釉、緑は緑釉、墨土は墨書土器、転硯は転用硯、舶は舶載陶磁器、鉄は鉄製品、滓は鉄滓等の鍛冶遺物、炉は鍛冶炉、工房は鍛冶工房を示す。
＊土器類・瓦欄などの数字は、世紀を示す。＊類型などで、古は古代、中は中世を示す。
＊本表には、発掘調査報告書の記載事項と、現地踏査での地表面観察から推定した遺構を合わせて記してある。存続期間の分類は、1類(古代創建古代廃絶型)・2類(古代創建中世存続型)・3類(中世創建中世廃絶型)に区分。円通寺跡は、太山寺月輪坊跡と同一で隣接する平場群が展開する。黒熊中西遺跡は、寺院部分についての遺構と遺物の表示。普門寺旧境内は、現在調査中のため確定事項ではない。泉福寺旧跡の古代の遺構・遺物は不詳であるが、主要部の平場群の規模や構成が古代に遡る可能性があり、その隣接部に中世墳墓があるため、参考に掲載した。本表には、未確定事項を含む。なお、12〜16世紀の中世遺構・遺物・墳墓等については省略してある。
＊文献

1　福島県磐梯町教育委員会「歴史編第一章第六節隆盛をしのぶ遺物と遺跡」『磐梯町史』福島県磐梯町　1985年
白岩賢一郎「史跡慧日寺跡」『山寺サミットイン会津』中世山寺研究会(代表　小野正敏)2008年
白岩賢一郎「陸奥国の山岳寺院・史跡慧日寺跡の発掘調査(福島県)」『佛教藝術』315号　毎日新聞社　2011年
2　畠山真一・藤田直一他『流廃寺跡』I〜VIII　福島県棚倉町教育委員会　2005〜2010年
畠山真一・藤田直一「流廃寺跡と金銀象嵌鉄剣」『山寺サミットイン会津』2008年
藤田直一「流廃寺跡(福島県)」『佛教藝術』315号　毎日新聞社　2011年
3　上野川勝「古代東国山岳山林寺院瞥見(2)」『唐澤考古』20　唐沢考古会　2001年
4　渡辺龍瑞「大慈寺旧跡」『栃木県史』資料編考古2　1979年
上野川勝「古代下野における山寺の成立と天台仏教—大慈寺瓦出現の背景—」『唐澤考古』15　1996年
上野川勝「上野国・下野国の山岳寺院(栃木県・群馬県)」『佛教藝術』315号　毎日新聞社　2011年
5　市橋市郎・齋藤和行「大岩山毘沙門堂第一次発掘調査」『平成五年度埋蔵文化財発掘調査年報』足利市教育委員会　1995年
大澤伸啓「瓦でみる下野の中世」『歴史と文化』11号　栃木県歴史文化研究会　2002年
6　石川克博「宇通遺跡」『群馬県史』資料編二原始古代二　群馬県史編さん委員会　1986年
井上唯雄「律令体制の崩壊と上野国」『群馬県史』通史編二　群馬県史編さん委員会　1991年
粕川村教育委員会『粕川村の遺跡—遺跡詳細分布調査報告書—』1985年
7　須田茂・小林徹・鹿沼英輔『黒熊中西遺跡(一)』群馬県埋蔵文化財調査事業団　1992年
山口逸弘・神谷佳明『黒熊中西遺跡(二)』群馬県埋蔵文化財調査事業団　1994年
高井佳弘「上野国における一本造り軒丸瓦の導入と展開」『研究紀要』22　群馬県埋蔵文化財調査事業団、2004年
8　伊香保町教育委員会「一、水沢廃寺跡」『伊香保誌』伊香保町役場　1970年
川原嘉久治「西上野における古瓦散布地の様相」『研究紀要』10　群馬県埋蔵文化財調査事業団　1992年
9　川原嘉久治「榛名山麓の古代寺院II—唐松廃寺—」『研究紀要』11　群馬県埋蔵文化財調査事業団　1993年
10　川原嘉久治「延喜式内上野国榛名神社をめぐって」『研究紀要』8　群馬県埋蔵文化財調査事業団　1991年
11　高橋一夫・宮昌之「寄居町馬騎の内廃寺」『埼玉県古代寺院跡調査報告書』埼玉県史編

第２表　北東日本古代中世山林寺院存続期間分類概念表

類型		古代 7前半	7後半	8前半	8後半	9	10	11前半	中世 11後半	12	13	14	15	16	近世 17
1類			┅━	━	━	━	━	━┅	┅						
2類	2a類			┅	━	━	━	━	━	━	━	━	━┅	┅	
	2b類			┅	━	━	━	━	━	━	━	━	━	━	┅━
3類	3a類								┅	━	━	━	━┅	┅	
	3b類								┅	━	━	━	━	━	┅━

＊１類は古代創建古代廃絶型、２類は古代創建中世存続型、３類は中世創建中世廃絶型。
２類には寺域の継続使用や断続的使用を含む。数字は世紀。古代と中世は、11世紀で区分した。近世は、２類・３類で近世に存続する例があるため表記した。（上野川 2012a）

えるとされ、そこには天台僧の成算と寛澄らが写経の正式な作法と儀式を行ない、経塚の造営がなされたことがわかるという。この経筒からは、如法経の創始者とされる円仁に縁故があり、かつ天台系山寺としての寺歴を持つ古代創建の大慈寺は、一二世紀初頭の中世においても活発な宗教活動を展開していた拠点的な山寺であったことが読み取れる。

山梨県柏尾山経塚出土の経筒には「柏尾山寺」の文字がみえ、一二世紀初頭頃の大善寺は「柏尾の山寺」であり、また「柏尾寺」とも呼ばれていたようである(38)。柏尾山経塚は、大善寺の東方約一キロの山頂にあるが、経筒銘には柏尾山寺院主で元比叡山の学侶であった尭範の名前があり、東日本最古の経筒からみた埋経は、比叡山寺との係わりが窺えるといわれる。柏尾山寺は大善寺のこととされ、大善寺の本堂とされる往生院は現存しないが、現在の本堂である薬師堂の後方には、旧来の平場が大きく削り取られた痕跡を持つ小規模な平場がみられることから、この場所に元の本堂があったと考えてよいかもしれない。古代から一二世紀初頭まで存続した往生院の場所は、現在の大善寺薬師堂を載せる平場の造成と弘安九年（一二八六）の立柱となる本堂を経て、現代までこの山寺の中枢部となっていると考えられる。大善寺境内の調査では、一三世紀から一五世紀の骨蔵器やかわらけなどの中世遺物の出土があり、南面する薬師堂の前面などには多段性の平場群が展開する(39)。

一一世紀から一二世紀の大善寺は「柏尾の山寺」や「柏尾寺」と呼称されたが、これは大慈寺が九世紀から一二世紀代に「小野山寺」「大慈山寺」と呼ばれ、一三世紀末の『一遍聖絵』では「小野寺」と記され、一三世紀には「小野寺」であったことと共通する。この資料からは一二世紀の北東日本における山寺では埋経が行なわれたことがわかり、経典の書写とその仏前への奉納から、経塚の築造とそこへの埋納という一連の宗教活動が山寺とその周辺で行なわれていたことを示す。柏尾山経塚出土の経筒は、古代から中世への山岳寺院（山寺）に関する貴重な出土文字資料である。

福島県米山寺跡とその背後の山頂に造営された米山寺経塚は、九世紀から一二世紀までの寺院である米山寺[40]と、その隣接地に承安元年（一一七一）銘の陶製外筒を出土した経塚が見られる例であり、古代山寺とその背後に造営された経塚[41]とみてよい。米山寺跡は、阿武隈川と釈迦堂川の合流地点に近い小高い丘陵の南斜面に複数段の平場が造成された寺院跡であり、散在系伽藍配置を持つ山寺（山林寺院）と考えられる。複数の建物跡から成る山寺伽藍の北側山頂には、一二世紀後半に造営された経塚が隣接する。八世紀創建の磐瀬郡衙（栄町遺跡）と上人壇廃寺（郡寺）と磐瀬の駅家（うまや遺跡）と米山寺跡（郡衙付属山寺）と一二世紀の経塚は、東山道駅路に隣接して一箇所に造営されたとみられる。これは、古代における国分寺に付属する山寺が国分寺に隣接するように造営された系譜を引き、郡衙・郡寺に付属する山寺とその廃絶後に造営された経塚の事例として貴重であり、今後の検討が必要となろう。

筑波山の南麓斜面に造営された茨城県東城寺では、本堂（薬師堂）を載せる山岳寺院の中枢平場の背後に隣接し、東城寺経塚が造営されている。その遺物には保安三年（一一二二）銘経筒と、天治元年（一一二四）銘経筒があり、前者には「聖人僧明覚」の文字がみえ、後者には「行者延暦寺沙門径暹」の文字がある。東城寺経塚は、山梨県柏尾山経塚出土の経筒と静岡県熱海市伊豆山出土経筒（永久五年（一一一七））に次ぐ一二世紀前半にあたる古期の埋経である。柏

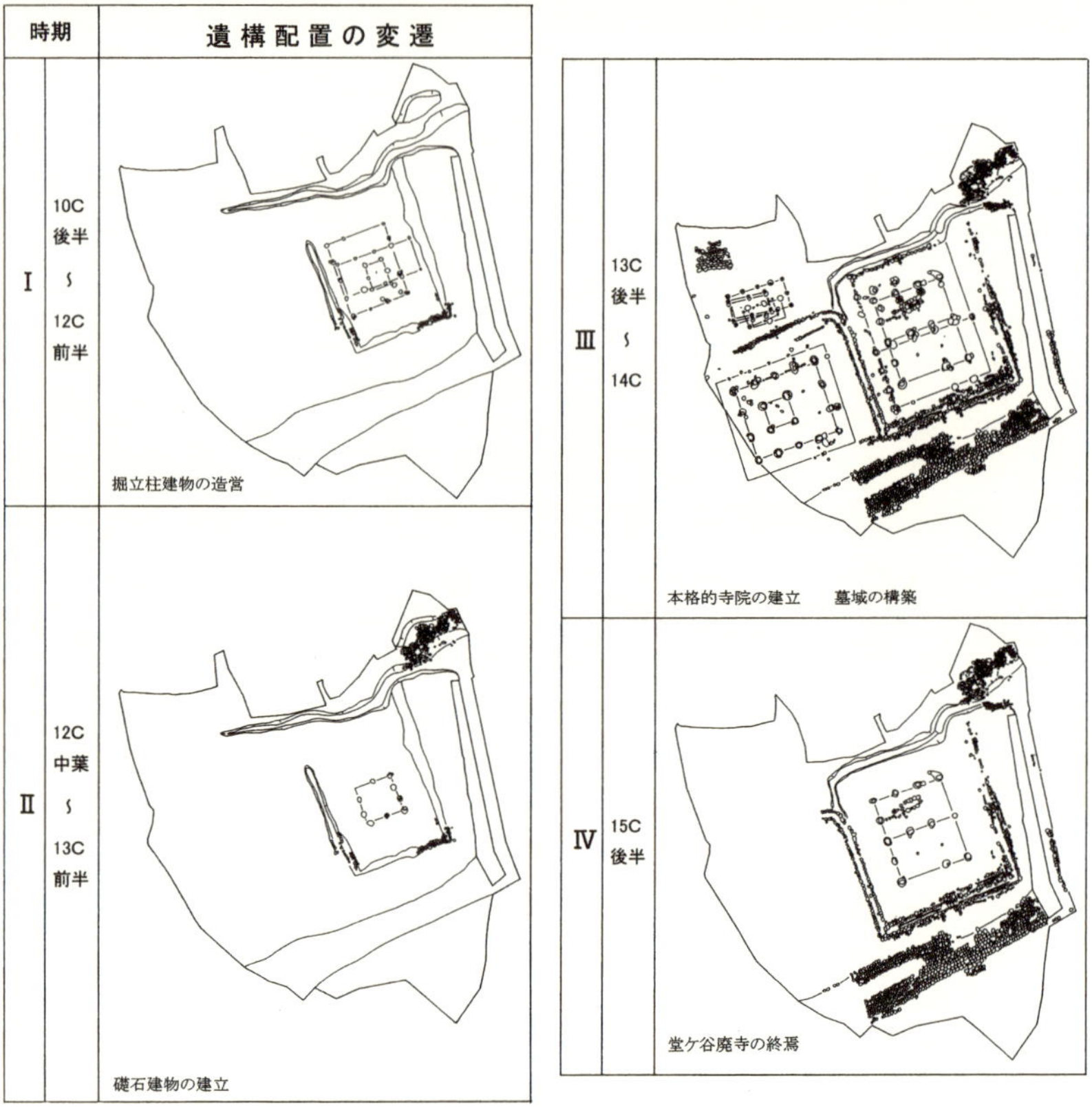

第14図　静岡県堂ヶ谷廃寺変遷図（静岡県埋蔵文化財調査研究所2010を改変）

尾山と東城寺は、古代からの天台系寺院であり、また伊豆山神社は式内社であることから、古代からの由緒ある聖地に経塚が造営されたことになる。

静岡県堂ヶ谷廃寺は、一〇世紀後半から一二世紀前半（Ⅰ期）の基壇と掘立柱建物が造営される時期から、礎石建物と経塚が造営される一二世紀中葉から一三世紀前半（Ⅱ期）への変遷の中で、一二世紀後葉に礎石建物跡の構築と三基の経塚が造営される[42]。堂ヶ谷廃寺の立地はいわゆる山岳ではないが、丘陵地の斜面に構築されており、山寺とみることができる。そして茨城県東城寺とその背後の経塚の組合せや、山梨県大善寺の「柏尾山寺」の出土文字資料と中世本堂（薬師堂）の前身寺院である往生院の存在と経塚の組合せから考えれば、堂ヶ谷廃寺の変遷と堂ヶ谷経塚の組合せは、谷部の入口に位置する王屋敷寺院との強い関連を示しながら、古代の祭祀的な場所または王屋敷寺院の奥の院に中世山寺の創建と同時に経塚も造営されたことを示すのであろう。そしてこの中世創建の山寺は、堂宇などの改修が行われながら一五世紀後半までは存続した。

同じ東海地方では、愛知県普門寺旧境内の元堂址建物基壇中から銅鋳経筒と経筒外容器が出土したと言われ、この場所が普門寺第一経塚とされている[43]。出土した経筒は、一二世紀中葉の久寿三年（一一五六）の年号銘を持ち、関連遺物群からみて貴重な考古資料とされる。近年の調査では、普門寺元堂址の上方に位置する薬師岩北東の岩場から一二世紀の中国産の白磁合子などを伴う経塚が発掘調査された[44]。

また富山県の中世山寺である伝承真興寺跡は、出土土器からみて一〇世紀には古代山寺が創建され、その後一二世紀から一三世紀に本堂・塔・堂が並列する中世山寺に改変される古代創建中世近世存続系（２ｂ類）山寺である。谷を挟んだ別尾根の二箇所からは、同時期の墳丘墓群である黒川上山古墳群と一二世紀後半の経塚群である円念寺山遺跡が確認され、山寺を含む広域空間に中世霊場が成立するようである[45]。このように一二世紀の経塚が中世山寺の寺域や伽藍上方などに造営された事例が散見され、こうした山寺における経塚の造営が、この時期の特徴的な宗教活動であったのかどうかは、今後の検討課題となろう。

埼玉県旧慈光寺跡では、八世紀末頃から一六世紀の遺物群が知られており、大山廃寺跡では八世紀の出土文字資料である「山寺」の文字瓦や古代土器類から始まり、中世に成立した「満月坊」などの坊院から多数の中世陶磁器の出土がある。石川県浄水寺跡では九世紀後半の土器類が出土し、一五世紀後半まで本堂を建替えながら存続させた。柏尾山経塚出土経筒には「鋳造僧」や「湯薬僧」の文字がみえ、製鉄関連の技術を持つ僧侶との関連が窺えるが、これは大山廃寺跡における一一世紀頃の鋳造遺構の存在にも通ずることであり、古代山林修行以外の生産活動や、各種の技術を保持する人々との交流などを通して、山寺が在地との結びつきを強め発展したのであろう。なお一四世紀初頭（延慶三年〔一三一〇〕）の大善寺文書には、「当山者薬師如来霊場行基菩薩草創也」とみえるとされ(46)、鎌倉期には霊場として成立していたことがわかる。その背景には、近江昌司が指摘したような古代山林寺院における湯薬の知識と、それに関する生産活動などの伝統を保持した山寺が中世以降に存続したことが考えられよう。

以上のように、古代中世山林寺院を存続期間からみた場合の山林寺院の類型区分は、その存続と廃絶を軸にした表現を用いて示せば次のようになる。

1類　古代創建古代廃絶型
2類　古代創建中世存続型　2a類　古代創建中世廃絶系
　　　　　　　　　　　　　2b類　古代創建中世近世存続系
3類　中世創建中世廃絶型　3a類　中世創建中世廃絶系
　　　　　　　　　　　　　3b類　中世創建近世存続系

1類は、古代に創建され古代のうちに廃絶する山林寺院であり、遺跡として残っている。2類は、古代に創建され中世に存続する山林寺院であるが、中世のうちに廃絶し遺跡として残る一群（2a類）と、中世末頃に廃絶し遺跡となるが寺院機能は近世に山麓などに移動したり、または同じ場所で近世に堂宇が復興されるなどしてその後も近世寺院として存続する一群（2b類）に区分できよう。

3類は中世に創建され中世のうちに廃絶する一群であるが、中世に廃絶したまま遺跡として残る一群（3a類）と、中世末頃に廃絶し遺跡となるが、寺院機能は近世に隣接地の山麓などに移動したりして、近世に堂宇が復興され近世寺院として存続する一群（3b類）に区分できる。3a類は静岡県堂ヶ谷廃寺と福岡県首羅山遺跡が該当し、3b類では愛媛県等妙寺跡が代表となる。首羅山遺跡では、一二世紀に寺院が創建されたことが発掘調査の結果から確認されており、(47) 山頂の白山神社経塚とこの山岳寺院の創建が密接に関連しているものと考えられている。そして中世寺院としての山岳寺院の創建は、経塚の造営と連動するとされた(48)。これは、堂ヶ谷廃寺における山寺の創建などが経塚の造営とほぼ同時期に近いことに共通するようであるが、そうした山寺と経塚の関係は、さらに慎重に検討される必要があろう。なお一五世紀後半に廃絶する一群の代表には、古代に創建されている石川県浄水寺跡・京都府如意寺跡があり、中世創建系では静岡県堂ヶ谷廃寺が該当する。福岡県首羅山遺跡においても一五世紀前半には中枢部の基壇が埋没しているとされ、2類と3類では一五世紀代に廃絶する山寺が散見される。

中世山寺に関連する経塚出土の文字資料については、その概要を記してみたが、一二世紀の山寺の性格を考える上での有力な遺物群になるものと思われる。なお古代と中世の時期区分については、古代官衙遺跡においては一〇世紀には郡衙で廃絶する遺跡が多く、国衙は一〇世紀後半から一一世紀にはその機能を失い(49)、下野国府では土器類の研究から一一世紀前半までは存続していたものとみられること(50)、また大知波峠廃寺跡の中心伽藍がコの字配置とみられ古代の伝統的建物配置の可能性があり、その古代的な宗教行為の存続年代が一一世紀前半までとされていること(51)などから、一一世紀の前半頃までを古代とし、一一世紀後半頃から以降を中世として扱った。

註

（1）　石田茂作「伽藍配置の研究」『新版仏教考古学講座　第二巻　寺院』雄山閣出版　一九七五年

（2）　藤井直正「山岳寺院」『新版仏教考古学講座　第二巻　寺院』雄山閣出版　一九七五年

(3)　上原真人「仏教」『日本考古学　四　集落と祭祀』岩波書店　一九八六年
(4)　斎藤　忠「山林寺院の研究」『仏教考古学と文字資料』雄山閣出版　一九九七年
(5)　上原真人「古代の平地寺院と山林寺院」『佛教藝術』二六五号　毎日新聞社　二〇〇二年
(6)　近江昌司「古代山岳寺院小考」『考古学ジャーナル』四二六号　ニューサイエンス社　一九九八年
(7)　久保智康「北陸の山岳寺院」『考古学ジャーナル』三八二号　ニューサイエンス社　一九九四年
(8)　久保智康「国府をめぐる山林寺院の展開」『朝日百科　国宝と歴史の旅3』朝日新聞社　一九九九年
(9)　時枝　務「山岳寺院と行場」『修験道の考古学的研究』雄山閣　二〇〇五年
(10)　後藤建一「山林寺院」『静岡県の古代寺院・官衙遺跡』静岡県教育委員会　二〇〇三年
(11)　上野川勝「山林寺院」『季刊考古学』九七号　雄山閣　二〇〇六年
(12)　下呂市教育委員会『山寺サミットｉｎ下呂温泉―大威徳寺の謎を追う―』二〇〇六年
(13)　愛媛県鬼北町教育委員会『等妙寺跡（第二～六次調査）』二〇〇五年
(14)　足立順司・村上　隆・西尾太加二・伊藤美香・植木真吾・伊藤純子・大森信宏・井鍋誉之『堂ヶ谷廃寺・堂ヶ谷経塚』静岡県埋蔵文化財調査研究所　二〇一〇年
(15)　江上智恵「福岡県首羅山遺跡―福岡平野周縁の山岳寺院―」『考古学ジャーナル』六一八号　ニューサイエンス社　二〇一一年
(16)　坂野俊哉「泉福寺と渥美半島の山寺」『三遠の山寺』三河山寺研究会・三河考古学談話会　二〇一〇年
坂野俊哉「第二節　歴史的環境」『泉福寺中世墳墓』渥美町教育委員会　二〇〇四年
(17)　市橋市郎・齋藤和行「大岩山毘沙門堂第一次発掘調査」『平成五年度埋蔵文化財発掘調査年報』足利市教育委員会

一九九五年
大澤伸啓「瓦でみる下野の中世」『歴史と文化』一一号　栃木県歴史文化研究会　二〇〇二年

(18) 平泉町教育委員会『特別史跡中尊寺境内内容確認調査報告書(Ⅲ)』一九九九年

(19) 平泉町教育委員会『特別史跡中尊寺境内内容確認調査報告書』二〇〇六年

(20) 平泉町教育委員会『平泉遺跡群発掘調査報告書　中尊寺跡第七三次』二〇〇九年

(21) 菅野成寛「平安期の奥羽と列島の仏教―天台別院・権門延暦寺・如法経信仰―」『兵たちの極楽浄土』高志書院　二〇一〇年

(22) 今泉淑夫編『日本仏教史辞典』吉川弘文館　一九九九年

(23) 古川　登・善端　直・白川　綾・松山和彦・田中伸卓・奥谷博之・佐藤　豊『越前・明寺山廃寺』福井県清水町教育委員会　一九九八年

(24) 日本史広辞典編集委員会『日本史広辞典』山川出版社　一九九七年

(25) 田中伸卓「丹生郡の古代氏族と郷について」『越前・明寺山廃寺』福井県清水町教育委員会　一九九八年

(26) 千葉県文化財センター「古代仏教遺跡の諸問題　遺跡一覧表」『研究紀要』一八号　一九九八年

(27) 上野川勝「海辺の山岳寺院―安房にみる廃絶した山寺と存続した山寺―」『唐澤考古』二七号　唐沢考古会　二〇〇八年

(28) 石川克博「宇通遺跡」『群馬県史　資料編二　原始古代二』群馬県史編さん委員会　一九八六年
井上唯雄「二　山岳寺院」『群馬県史』通史編二「第四章　律令体制の崩壊と上野国　第七節　信仰の遺跡」群馬県史編さん委員会　一九九一年

(29) 高橋　敦・斎藤崇人・千葉博俊「古代における群馬県赤城山南麓の森林資源利用と環境」『考古学からみた古代の環境問題　資料集』帝京大学山梨文化財研究所・山梨県考古学協会　二〇〇三年
(30) 須田　茂・小林　徹・鹿沼栄輔『黒熊中西遺跡(一)』群馬県埋蔵文化財調査事業団　一九九二年
山口逸弘・神谷佳明『黒熊中西遺跡(二)』群馬県埋蔵文化財調査事業団　一九九四年
(31) 梅沢太久夫・浅野晴樹・野中　仁・石川安司・水口由紀子・時枝　務・千装　智ほか『都幾川村史　資料一　考古資料編』埼玉県都幾川村　一九九八年
(32) 久保智康「北陸の山岳寺院Ⅱ」『考古学ジャーナル』四二六号　ニューサイエンス社　一九九八年
久保は上記の論文で、初期の山中寺院遺跡は、「寺の成立が周辺の瓦葺き平地寺院や瓦窯と関係する可能性があり」と述べている。埼玉県馬騎の内廃寺は東国最古の山林寺院であり、周囲には須恵器と鉄を生産した末野窯跡群がある。
(33) 梶原義実「大山廃寺跡」『愛知県史　資料編四　考古四　飛鳥~平安』愛知県史編さん委員会　二〇一〇年
(34) 藤井註(2)前掲論文
(35) 愛媛県鬼北町教育委員会『旧等妙寺跡(第一次調査)』一九九九年
愛媛県鬼北町教育委員会『等妙寺跡(第二~六次調査)』二〇〇五年
(36) 今泉淑夫編『日本仏教史辞典』「円観」の項及び「大乗戒壇」の項　吉川弘文館　一九九九年
(37) 関　秀夫「遺跡と遺物の地名表」『経塚—関東とその周辺—』東京国立博物館　一九八八年
齊藤　弘「岩舟町小野寺出土の経筒について」『野州考古学論攷』中村紀男先生追悼論集刊行会　二〇〇九年
(38) 関　秀夫「一〇　山梨県の経塚」『経塚—関東とその周辺—』東京国立博物館　一九八八年
(39) 石神孝子『山梨県内中世寺院分布調査報告書』山梨県教育委員会　二〇〇九年

(40)窪田大介『古代東北仏教史研究』法蔵館　二〇一一年
(41)関　秀夫「一　福島県の経塚」『経塚―関東とその周辺―』東京国立博物館　一九八八年
(42)足立ほか註(14)前掲書
(43)野澤則幸「普門寺経塚小考」『考古学論究』一三号　立正大学考古学会　二〇一〇年
(44)豊橋市教育委員会『普門寺旧境内―考古学調査編―』二〇一六年
(45)高慶　孝・宇野隆夫・山口欧志・久保智康・今西寿光『富山県上市町黒川遺跡群発掘調査報告書』上市町教育委員会　二〇〇五年
(46)『日本名刹大事典』雄山閣出版　一九九二年
(47)福岡県久山町教育委員会『首羅山遺跡発掘調査報告書』二〇一二年
(48)時枝　務「第六章　宗人造営の経塚と霊場」『霊場の考古学』高志書院　二〇一四年
(49)山中敏史『古代地方官衙遺跡の研究』塙書房　一九九四年
(50)田熊清彦『下野国府Ⅷ　土器類調査報告』栃木県教育委員会　一九八八年
(51)後藤建一『大知波峠廃寺跡』同成社　二〇〇七年

参考文献

菅野成寛「中尊寺の成立と東北の仏教―古代から中世へ―」『世界遺産中尊寺』中尊寺　二〇一〇年
松村知也「山岳寺院・山岳寺院遺跡一覧表」『山岳寺院の考古学』大谷女子大学　二〇〇〇年
岡本桂典「等妙寺ほか」『季刊考古学』一二一号　雄山閣　二〇一二年
櫛原功一「甲斐金峰山と金桜神社」『山岳信仰と考古学Ⅱ』山の考古学研究会編　同成社　二〇一〇年

山岸常人『中世寺院社会と仏堂』塙書房　一九九〇年
伊藤博幸「日本古代・中世における平泉寺―「平泉」地名の成立をめぐって―」『日本古代考古学論集』同成社　二〇一六年
松井一明「愛知　鳳来寺納骨遺跡」『季刊考古学』一三四号　雄山閣　二〇一六年

第三節　古代山林寺院の社会的立地からみた四類型とその概念

―北東日本を中心に―

一　山林寺院類型化の視点

山林寺院は、その存続期間を古代から中世末頃のまでの長い時間軸の中で考えた場合、古代に創建され古代のうちに廃絶する一群と、古代に創建され中世に存続する一群に大きく区分することができる。前者は古代創建古代廃絶型山林寺院（1類）、後者は古代創建中世存続型山林寺院（2類）とかつて著者は類型分類をしたことがあり(1)、その他に中世初頭頃から中世前期に創建され、中世のうちに廃絶する一群を、中世創建中世廃絶型山林寺院（3類）と区分している(2)。

なお1類は古代に廃絶し遺跡として残り、2類は中世に存続するが中世後期から中世末に廃絶し遺跡として残る一群（2a類）と、中世末頃に廃絶し遺跡となるものの、寺院機能は継続しつつ近世に山麓に堂塔を再建する場合や、または同じ場所で近世に堂宇が復興されるなどして、その後も近世寺院として存続する一群（2b類）に区分される。3類は、中世に廃絶したまま遺跡として残る一群（3a類）と、中世末頃に廃絶し遺跡となるが寺院機能は近世に山麓や隣接地などに移動したりして堂宇が復興され、近世寺院として存続する一群（3b類）に区分できる(3)。これは古代から近世までの長い時間軸の中で山林寺院を捉える視点で、一つの概念区分として提示するものである。

こうした存続期間を視点とした時間軸の中における類型分類の他にも、異なる視点の分類があるものと考えていたが、古代社会の中における山寺の立地を空間的な側面から捉える必要もあろうと思われる。

これは山林寺院の造営場所がどのような社会的性格の場所にあたるのかを考えるもので、ここでは古代の国単位の中に山林寺院遺跡立地の特徴を検討し、国単位における官的施設や名山や生産遺跡を、律令社会における国ごとの社会的要素として捉える視点に立つ。山林寺院の立地については、都市との位置関係から平安京とその周辺の山岳寺院が論じられた研究④などが見受けられるが、各地域の研究事例では山林寺院の立地は、山系ごとなどに山腹・山麓・山頂部付近などという視点からなされる場合がある。それらは一定地域の自然地形の中に山林寺院の立地を考えるものであるが、普遍的に適用できるかどうかは、現時点では不詳である。

ここでは、発掘調査された八世紀後半から一〇世紀の古代山林寺院を中心に、山林寺院が造営された場所には、どのような立地上の特徴や共通性を見出すことができるかどうかを考えた。古代においては、「僧尼令」禅行条にみられるように⑤、山林修行(山居禅定)を目的として本寺を離れる活動は、国衙などで公的に管理統制され、また公認されていた。

このことからみて、社会的領域としての国単位における山林寺院の巨視的な空間分布を主眼に据え、自然地形上の微視的な造営場所を合わせて検討することが必要と考える。

そこで自然地形上の山系ごとの山腹・山麓・山頂付近などという立地状況は副次的に扱い、国ごとに設置された国府・国分寺などの官的施設や、古代史料にみられ公的に認識されていた名山や、国境域の山地や、官衙や有力氏族などが関わるとみられる窯業製鉄地域の四つを社会的領域概念として用いた。

その結果下記のような古代山寺の社会的立地についての四類型を創案提示し、概説してみる。本文では、北東日本に属する東海・北陸・関東・東北で調査報告等がなされている山寺遺跡を対象とする。都城周辺の山林寺院については、国単位という枠組みを超える要素を含むとみられるため、ここでは言及しない。

二　社会的立地からみた北東日本古代山林寺院の四類型分類

北東日本における古代山林寺院遺跡は、先の四つの社会的領域概念からみると、次のような四類型に区分することができる。

A類　国府国分寺隣接型
B類　名山山腹山麓型
C類　国界域山地型
D類　窯業製鉄地域隣接型

各類型について該当する遺跡を示し、その特徴を記してみる。

奈良・平安時代における鎮護国家仏教の拠点である各国国分寺に関連する山林修行の場としての機能を主に持つとみられる山林寺院遺跡を、国府国分寺隣接型山林寺院として類型設定を行なう。

【A類　国府国分寺隣接型】

古代において国府などは、「僧尼令」禅行条の規定により、山林修行を管轄し修行者の居所を把握しておく必要があった。国府や国分寺は、祈雨（雨乞い）などの国家祭祀に必要な山林修行を経た浄行僧の確保が必要であり、国分寺と密接に関係する山林寺院が造営されたとみてよいだろう[6]。これらの山林寺院が各国の国府・国分寺からさほど遠く

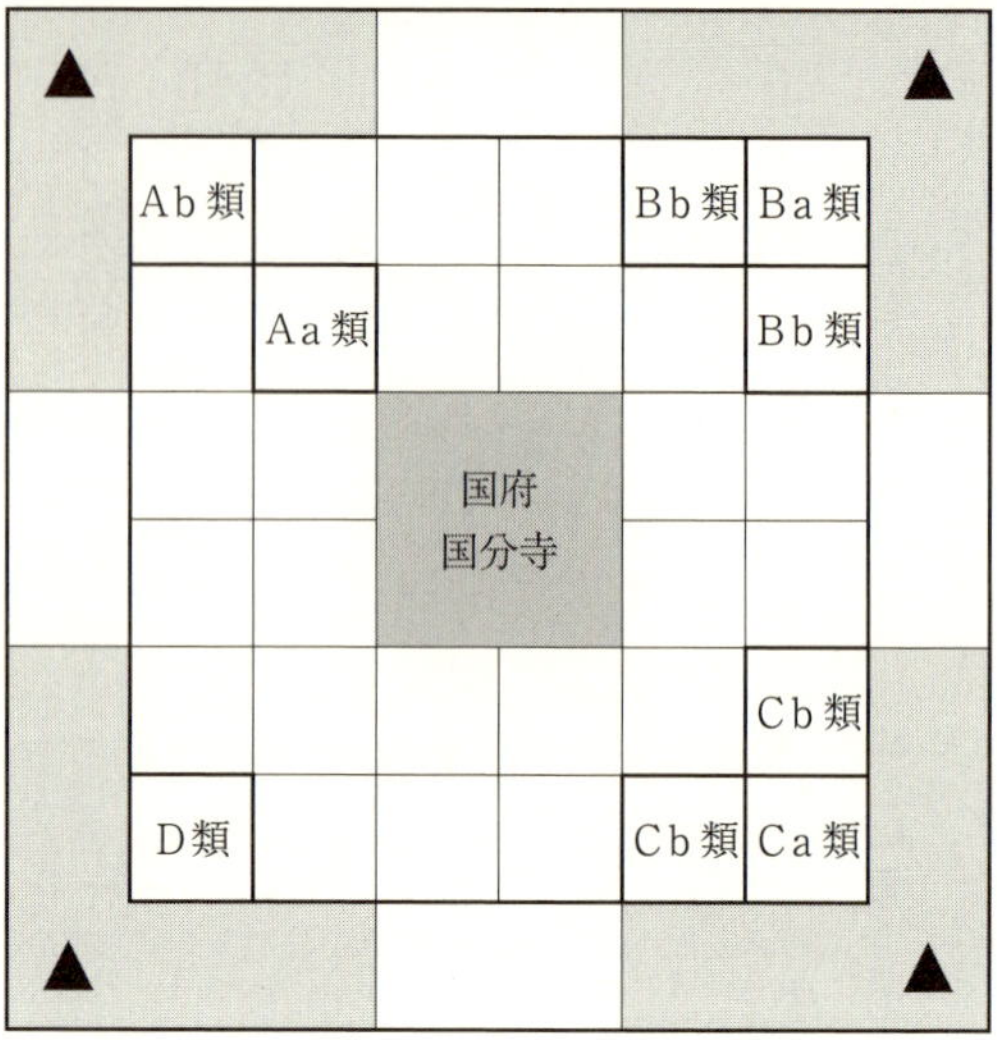

A類は国府国分寺隣接型、B類は名山山腹山麓型、C類は国界域山地型、D類は窯業製鉄地域隣接型。外枠線は国境、▲部分は山岳・山地・丘陵を示す。

第15図　北東日本古代山林寺院立地分類概念図（上野川 2013b）

ない場所に造営されたことなどについての指摘もある[7]。

ここでは国府国分寺に隣接するなどして、国家仏教に強く係わると想定される山林寺院をこの類型として捉える。A類は、国府国分寺に近接する遺跡と、やや遠方に位置する遺跡に区分できよう。

Ａａ類は、国府・国分寺に近接する遺跡で、石川県浄水寺跡がその代表となろう。浄水寺跡は、加賀国府・国分寺から南西二・五キロの丘陵中に位置し、九世紀後半に創建され一五世紀後半までの間に仏堂を同一地点で建て替えながら寺を存続させた。一〇世紀後半まで、多量の墨書土器を用いた古代祭祀があり、「浄水寺」の墨書土器が多数出土した。多量の墨書土器を用いた祭祀は、静岡県大知波峠廃寺跡の池跡出土の墨書土器祭祀を想起させる。大知波峠廃寺跡は、遠江国府が関与した山林寺院であることから、同様に多量の墨書土器による祭祀を示す浄水寺跡の古代山寺は、国府との結び付きが強かったとみられる。

Ａｂ類は、国府・国分寺からやや遠方に位置する遺跡で、栃木県大慈寺と千葉県増間廃寺などが該当しよう。大慈寺は、下野国分寺から北西に直線距離で約一七キロに位置し、増間廃寺は安房国分寺から北方に約一〇キロの場所に位置する。上野では、上野国分寺から北西にあたる榛名山麓に造営された水沢廃寺がこの類に含まれる可能性がある。

水沢廃寺は、上野国分寺から北西に約一一キロの榛名山東麓の標高五八〇メートル付近に位置し、約一〇段の平場が階段状に造成されている。現時点では九世紀から一〇世紀代の土師器・須恵器・灰釉陶器などと、上野国分寺系の軒丸瓦などが出土し、中世には存続しないようである。水沢廃寺に隣接する場所には、落差約七〇メートルで上野第一の滝とされる船尾滝があり、水沢山を含めた一帯が霊地性を持つ場所であることを窺わせる。

遠江では、岩室廃寺が八世紀代に創建され一四世紀頃に廃絶する山林寺院で、国分寺からやや遠方に造営されている。駿河では、安倍川西側山中の建穂寺（観音堂跡等）と静岡平野北西約一〇キロの山間部の山腹に位置する法明寺から、九世紀代の灰釉陶器などが採集されている。前者は基壇を持つ大型礎石建物跡が山腹に存在し、平場群も尾根上に階段状に造成され、東海有数の古代山林寺院遺跡とみてよい。なお山麓の谷部では、中世期の遺物が出土している。建穂寺は、駿河国分寺に関連する山林寺院とみられ(8)、大規模な基壇の存在からは、国衙などに直結する山寺であることが窺える。

【B類　名山山腹山麓型】

七世紀後半から八世紀末頃の古代史料には、祈雨（雨乞い）や奉幣を「名山」「名山大川」「諸神祇」「諸社」「諸国神社」などに行ったことがみえる(9)。名山とは各地の霊山・霊地で、古くから信仰の対象であったとみられる山である。一般に、山頂や山麓などに奉納された遺物が出土する遺跡を古代山岳信仰の遺跡と総称するが、これらの中には古代の国家的な山岳祭祀が行なわれた山などがあり、これは名山といってよいだろう。

古代史料では、祈雨の祈願者として、天皇・僧尼・浄行僧などの記載がみられ、八世紀初頭の慶雲二年（七〇五）六月二八日条には「遣京畿内浄行僧等祈雨」とみえ、浄行僧が祈雨を行ない、延暦七年（七八八）には桓武天皇自身が祈雨を行なったことも知られる。

ここで言う名山とは、古代山岳信仰の山や、古代からの社寺を擁する山を指す。例えば、八世紀末から九世紀前半頃に一時的に律令国家の北の国界として認識されたとみられる日光男体山頂遺跡は、男体山（二荒山）頂の標高二四七〇メートル付近から、主に古代以降の祭祀遺物が多量に出土し、勝道とその弟子による奉納品を含むとされ[10]、名山と言ってよい。勝道は、男体山の登頂に成功し上野国司要請の雨乞いを成功させ、上野国講師となっている。下野二荒山麓の山林寺院は、現時点では不詳ながら、名山の山麓に勝道が創建した四本龍寺などが埋もれているものとみられる[11]。常陸では、筑波山の南側山腹に筑波山寺（中禅寺）が造営され、西側には東城寺が立地するなど、筑波山の山腹・山麓の各所に山林寺院が造営された。会津慧日寺では、磐梯山を望む場所に慧日寺が創建され、本寺地区の北東山麓には観音寺跡が細い尾根上に造営された。観音寺跡の立地は、まさに多くの山林寺院と同じく、両側の細長い尾根に隠されるような中央尾根上を階段状に造成し、堂塔を構えている。

名山を対象とする祈雨（雨乞い）は、国府国分寺と密接に関連し、そこには名山山腹山麓型山林寺院が造営されたとみることができよう。そうした名山には多くの場合、原始山岳信仰以来の神が祀られている。それは古くからの由緒があり崇敬を受けている神で、それを山林寺院の地主神として祀ることで、霊地性が保障されたのであろう。B類は、名山の山腹・山頂付近に位置するＢａ類の山林寺院遺跡と、名山の山麓に位置するＢｂ類の一群に区分できよう。

Ｂａ類では、群馬県宇通遺跡が赤城山中腹の南面する尾根上の斜面に造営されている。宇通遺跡は急斜面を持つ尾根上と尾根の窪地部分などに堂宇が点在するが、遺跡の両側には深い谷と遺跡を隠すように張り出す尾根がある。なお、宇通遺跡に近接して古墳時代からの祭祀遺跡である櫃石遺跡がある。同じ群馬県内の唐松廃寺と巌山遺跡（榛名神社遺跡）は、榛名山の山腹に造営された山林寺院である。新潟県国上寺旧跡は、越後国の一宮である弥彦神社が鎮座する弥彦山の西側に続く国上山の山腹に多数の平場が展開し、八〜九世紀の土師器・須恵器・瓦などが出土することが知られ、眼下を北陸道が佐渡国に向かう場所に位置する。

Ｂｂ類は名山の山麓に位置する遺跡で、会津慧日寺観音寺跡（観音寺地区）が該当する。慧日寺観音寺跡は、磐梯山の南西山麓に位置する古代山林寺院である。発掘調査が実施されていないが、礎石が良好に遺存し、建物の種類と伽藍が地上から判別できる数少ない山林寺院で、回廊は持たないものの平地伽藍をそのまま山中に持ち込んでいる。

【Ｃ類　国界域山地型】

国界とは国と国の境を指し、ここでは国境《くにざかい》の地域を国界域と呼ぶ。古代にはその国境の山地に造営された山林寺院が一定数みられ、国界域山地型山林寺院として類型区分する。八世紀の史料にみえる山林原野の開墾・開発とその占有には、諸寺や王侯諸臣が積極的に関与し、そこに山林寺院を造営することで、土地の所有権を主張したものとみることができる。こうした山地は、稲作の水源として水神・龍神の信仰が強い場合がある。大和と伊賀の国境の山間に位置する室生山寺は興福寺の別院山寺として龍神の信仰を持つ。また山には木材・薬草・動植物資源があり、木材は寺の造営や修復にも必要であり、鍛冶・製鉄に必要な炭の原料としての樹木の重要性も忘れてはならない。

Ｃ類は、国界域山地の中央部の山腹や山頂付近に位置するＣａ類と、国界域山地の縁辺に位置するＣｂ類に区分できよう。複数の国にまたがる国界の山地では、当然のことながら概念上はＣｂ類の山林寺院が隣接して造営されることが起こり、実際の古代山林寺院遺跡の分布においても、そのような場所がみられる場合がある。

Ｃａ類では、先に触れた安房増間廃寺と武蔵馬騎の内廃寺が該当しよう。増間廃寺は、安房と上総の国境領域にあたる大日山の南側山腹に位置する。現地には少数の平場がみられるが、巨石を用いた礎石が地表に露出しており、現時点では、古代の瓦の出土が知られるのみであり、古代に創建され古代のうちに廃絶した山林寺院とみてよいだろう。

馬騎の内廃寺は、上野国に隣接する武蔵北部の山地に造営された山林寺院であり、末野窯跡群と同時期に存在し、古代末には廃絶して中世には存続しないようである。馬騎の内廃寺は、D類の窯業製鉄地域隣接型の性格もあるが、C類の要素もみてよいだろう。栃木県大岩山毘沙門堂は、現時点では一二世紀の瓦の出土があり中世創建の山林寺院とも考えられるが、古代足利郡衙の北方に位置することから古代創建の山林寺院の可能性が十分あり、ここではCa類に区分しておきたい。その立地は、下野と上野の国境領域にあたる足利郡の山地中央部で、南斜面に巨岩があり、峻険な斜面に囲まれている。また、三河西部の山中に立地する平勝寺は、山林寺院としてはやや異色の立地と遺構状況を示すものとみられる。立地は信濃・美濃との国境に広がる山上の盆地状の場所にあり、交通路にも関係する可能性があろうが、今後の研究が待たれる遺跡である。

Cb類は、国界域山地の縁辺に位置する遺跡である。遠江宇志瓦塔遺跡は、その上方尾根部の岩場に位置する観音堂跡とともに真萱寺跡とされ、遠江と三河の国境域の山地に隣接するとみられる。瓦塔遺跡本体はごく少数の平場などの小規模な範囲に限られ、著者は初期山林寺院の一つの典型であろうと私考している。遺跡からは、瓦塔の他に一〇世紀の灰釉陶器などが出土しているが、遺構と出土遺物の状況からみて、平地寺院と密接な関連を持つ浜名湖北岸の山林寺院とみてよいだろう。立地は細長く屈折した谷奥の小規模な尾根上であり、馬騎の内廃寺と滋賀県崇福寺と同じく、平野部に隣接するものの直接的には目視できない場所にあり、古代山林寺院の立地形態の一典型となろう。この他に栃木県鶏足寺は、八世紀から九世紀の瓦が出土し階段状の平場を持ち、上野国との国境の山麓に造営されている2類(古代創建中世存続型)の山寺である。

福島県流廃寺は、常陸に近接する山地に構えられており、国上寺旧跡は弥彦山の縁辺に造営され佐渡国との境界となる寺泊の海岸に近接する海辺の山林寺院でもある。遠江大知波峠廃寺跡と三河普門寺旧境内は、C類の範疇に属するのだろうが、普門寺旧境内は窯業遺跡との関連もあろうか。

【D類　窯業製鉄地域隣接型】

丘陵から低山の山腹山麓には、古代には窯業遺跡としての須恵器窯や瓦窯が操業された。また七世紀後半から八世紀代の製鉄炉である長方形箱形炉や八世紀以降の竪型炉は平地にもみられるが、丘陵から山麓に多く操業されている。これらの窯業遺跡群や、製鉄遺跡群に隣接する場所や、その中央付近に山林寺院が造営される場合がある。そうした場所に立地する一群を、窯業製鉄地域隣接型山林寺院とする。

下野国南部では、三毳山の北側山麓の小野寺地域を中心として、下野国最大の須恵器と瓦の生産地域が展開している。瓦生産では、国衙工房がこの三毳山麓窯跡群に構えられ、国分寺の瓦を焼成し、同笵の瓦が古代小野氏と天台宗に関連するとみられる山林寺院である大慈寺に供給されている。大慈寺は、この窯跡群の北端に隣接して位置する。

上野国では、最近の調査研究により、東部の金山丘陵付近の製鉄・鍛冶遺跡の在り方が判明してきた。七世紀後半から八世紀前半頃の長方形箱形炉と、それに伴う鍛冶工房などが、新田郡衙の北東から東方に展開する。金山丘陵の北部は、赤城山に通じる丘陵から山地であり、赤城山南東山麓の国界域を経て下野足利郡の山地へつながる。この地域は、古代製鉄関連遺跡が多数みられ、山林寺院である宇通遺跡がその北端部に位置する。宇通遺跡のほかにも山林寺院が存在するのだろうが、現在のところは不詳である。こうした製鉄遺跡には、近隣または付随して製炭遺跡としての炭窯が操業され、赤城山麓では多くの炭窯が発掘調査されている。

群馬県黒熊中西遺跡は、上野国分寺の瓦を生産した金山瓦窯跡を含む窯業・製鉄遺跡群の北側丘陵斜面上位に造営され、そこは平地との境界領域でもある。この遺跡は、一一世紀前半には寺に付属する竪穴住居とともに廃絶することが確定している。[12]黒熊中西遺跡は、堂宇と寺域と寺域内施設が北面する日本でも数少ない遺跡であることが特徴である。この山林寺院の廃絶は、山林寺院の機能が何らかの理由により別の場所に移ったか、あるいは古代窯業・製鉄遺跡の消滅とともにその役割を終えたことによるものであろう。

埼玉県馬騎の内廃寺は、荒川北岸の丘陵地に展開する末野窯跡群の中央北側に位置する。埼玉県旧慈光寺跡は、八世紀中頃から後半に、武蔵国分寺の瓦を生産した鳩山町新沼窯跡（南比企窯跡群）の北東に隣接するように位置し、また和銅遺跡を擁する秩父は、直線距離で北西へ約十数キロの場所に位置する特徴を持つ。

愛知県大山廃寺は、小牧市東部の丘陵に所在する尾北窯篠岡支群の北東約四キロに位置し、主要伽藍の創建は七世紀末から八世紀代の諸説があるが、古代から中世にかけての山林寺院である。[13]本遺跡は窯跡と同時期の創建とみられ、窯業製鉄地域隣接型の性格を持つ可能性があろう。猿投神社（西ノ宮遺跡）は猿投山の山腹上位の標高五〇〇メートル付近に位置する山林寺院であり、一〇〜一五世紀の遺物が出土し、一二箇所の平場が確認されている。周知のように、猿投山の西南には猿投山西南麓古窯跡群が展開する。

三河泉福寺旧跡では、現時点では中世期の遺物が出土しているが、渥美窯跡群の中に位置する山林寺院である。その立地は渥美半島の山間部にあり、微視的にみれば細長い谷奥の山腹斜面に位置している。境内には、現代まで信仰を保つ磐座とみられる巨石などがあり、海辺の山林寺院としての性格も窺える。この遺跡は、階段状の大規模平場を持つことから古代に遡る山寺であると考えられる。

このようにD類窯業製鉄地域隣接型の山林寺院には、窯業地域に隣接するＤａ類窯業製鉄地域隣接型・窯業地域系の一群、製鉄地域に隣接するＤｂ類窯業製鉄地域隣接型・製鉄地域系の一群、窯業と製鉄が混在する地域に隣接またはその中に造営されたＤｃ類窯業製鉄地域隣接型・窯業製鉄混在地域系の一群の三つに区分できるとみられるが、個々の遺跡の性格は各遺跡の検討を経る必要がある。

三　結語

日本考古学では、近年になって山林寺院[14]という用語が用いられてきたが、研究史上では山地寺院[15]や山間寺院[16]という用語が用いられた場合もあった。山地寺院という用法は、昨今の山林寺院の調査事例や中世山岳寺院の発見事例などからみて、山林寺院遺跡の在り方を適切に示す可能性がある。

ここでは、古代山林寺院遺跡の立地を先に示した視点から捉え、四類型の区分を設定した。A類「国府国分寺隣接型」の中には、古代山林修行を目的とした山林寺院が含まれよう。古代創建の山林寺院には一〇〜一一世紀に廃絶する一群があり、これは律令仏教に強く依存した山林寺院が律令体制の崩壊とともに消滅したものとみることができる。この状況は、各国の郡衙が一〇世紀代には、その機能を消失していったという考古学的な事実[17]と符合するとみてよい。

また一〇世紀後半から一一世紀に創建された山林寺院が初期権門体制の中にどのように位置付けられるかは不詳であるが、それはもはや古代律令制下の山林修行を目的とする山林寺院ではなくなっていたと考えられよう。

B類「名山山腹山麓型」の山林寺院が立地するような名山は、その山岳信仰に基づく霊地性が強く、そこに造営された山林寺院は、その権威を高めることができたと考えてよいだろう。名山は峻険な山岳である場合が多く、その峻険性ゆえに山岳練行の行場としての権威をも兼ね備えて行ったのであろう。

著者は、この霊地性と峻険性の二つが古代山林寺院の成立と変遷に大きな影響を持つ要素であったと考える。例えば、優れた霊地性と峻険性を保持し平安密教を有効に取り入れた山林寺院は、貴族や武家や民衆に支持され、寺域や堂宇を拡大させ、一定地域の権威として君臨したのであろう。一方で律令制や律令仏教にのみ依拠し、霊地性や峻険

第 3 表　北東日本古代山林寺院存続年代等暫定概要表

No.	旧国名	遺跡名	存続期間分類（類型：1 類～3 類）	立地分類（類型：A 類～D 類）	発掘調査等の遺物からみた山林寺院遺跡の存続年代											存続時期（C）	文献
					古代										中世		
					7		8		9		10		11		12～16		
1	陸奥	慧日寺観音寺跡	1 類（古～古）か	B 類（名山山腹山麓型）	—	—	—	—	—	—	—	—	—	—	—	9～11 頃か	『磐梯町史』1985 白岩 2011
2	〃	流廃寺跡	1 類（古～古）	C 類（国界域山地型）	—	—	—	—	—					—	—	9 後半～11 前半	畠山他 2008 畠山・藤田他 2011
3	下野	円通寺跡	1 類（古～古）	A 類（国府国分寺隣接型）	—	—	—								—	8 後半～11 頃	上野川 2001
4	〃	大慈寺旧跡	2 類（古～中）	A 類（国府国分寺隣接型）かつ D 類	—	—	—									8 後半～16	渡辺 1979 上野川 1996, 2011
5	〃	大岩山毘沙門堂	2 類（古～中）	C 類（国界域山地型）かつ D 類	—	—	—	—	—	—	—	—	—	—		12～15 頃	市橋・斉藤 1995 大澤 2003
6	上野	宇通遺跡	1 類（古～古）	B 類（名山山腹山麓型）かつ D 類	×	×	—	—							×	9～11	石川 1986 他
7	〃	黒熊中西遺跡	1 類（古～古）	D 類（窯業製鉄地域隣接型）	×	×	×	×	×	×				—	×	10～11	須田他 1992
8	〃	水沢廃寺	1 類（古～古）	A 類（国府国分寺隣接型）かつ B 類	—	—	—	—					—	—	—	9～10	伊香保町 1970
9	〃	唐松廃寺	2 類（古～中）	B 類（名山山腹山麓型）	—	—	—						—	—	—	8～10	川原 1993
10	〃	巌山遺跡	2 類（古～中）	B 類（名山山腹山麓型）	—	—	—	—								9～12	川原 1991
11	武蔵	馬騎の内廃寺	1 類（古～古）	D 類（窯業製鉄地域隣接型）	—								—	—	×	7 末頃～10	高橋他 1982
12	〃	旧慈光寺跡	2 類（古～中）	D 類（窯業製鉄地域隣接型）	—	—	—									8 末頃～16	浅野他 1998
13	〃	高岡廃寺	1 類（古～古）	—	×	×	×							×	×	8 中葉～11 初頭	高橋他 1978
14	安房	増間廃寺	1 類（古～古）	A 類（国府国分寺隣接型）かつ C 類	—	—	—	—					×	—	×	9～10 か	石田他 1998
15	遠江	大知波峠廃寺跡	1 類（古～古）	C 類（国界域山地型）	—	—	—	—	—	—					△	10～11	後藤・山岸 1997 後藤 2007
16	〃	瓦塔遺跡	1 類（古～古）	C 類（国界域山地型）	—	—	?						—	—	×	8～10 か	後藤 2003 石川 2010
17	三河	普門寺旧境内	2 類（古～中）	D 類（窯業製鉄地域隣接型）かつ C 類か	—	—	—	—	—	—						10～16	岩原 2011 他
18	〃	泉福寺旧跡	2 類か	D 類（窯業製鉄地域隣接型）	—	—	—	—	—	—	—	—	—	—		12～15 か	坂野 2010
19	尾張	大山廃寺跡	2 類（古～中）	D 類（窯業製鉄地域隣接型）	×	?										7 末・8 前半～16	山中他 1979 梶原 2010
20	越後	国上寺旧跡	2 類（古～中）	C 類（国界域山地型）かつ B 類	—	—					—	—	—	—	—	8 ？～	分水町 2004
21	加賀	浄水寺跡	2 類（古～中）	A 類（国府国分寺隣接型）	×	×	×	×	×							9 後半～15 後半	柿田 2010
22	越前	大谷寺遺跡	2 類（古～中）	C 類（国界域山地型）か	—	—	—	—								9 後半～14 前半	堀 2011
23	〃	明寺山廃寺	1 類（古～古）	C 類（国界域山地型）か	×	×	×	×				×	×	×	×	9～10 第 1 四半	古川他 1998

＊網目表示は存続期間、×は発掘での出土なしまたは遺構がないことが確定、—は不詳等を示し、△は跡地利用で継続使用。数字は、世紀を示す。存続期間分類の類型は、1 類（古代創建古代廃絶型）・2 類（古代創建中世存続型）・3 類（中世創建中世廃絶型）に区分。立地分類は、A 類（国府国分寺隣接型）・B 類（名山山腹山麓型）・C 類（国界域山地型）・D 類（窯業製鉄地域隣接型）に区分。黒熊中西遺跡は、寺院部分についての表示。（上野川 2013b）

性を持たない山林寺院は一〇世紀から一一世紀頃には、その歴史的使命が終了し、堂宇は廃絶してしまうのであろう。
なお僧兵の発生は一〇世紀前半とされ、一一世紀前半頃の福井県白山平泉寺の東尋坊は、白山平泉寺に属する僧兵であり、寺院の学侶以外の構成員である堂衆や行人などと呼ばれるものが必要に応じて僧兵として活動したものとされる。こうした山林寺院の武力としての僧兵の活動から類推すれば、一〇～一二世紀では、戦乱時に備える山の寺の防御施設が必要となってきたことが十分に考えられ、山林寺院の土塁・石積・石垣などの出現の問題とも係わってくる。

C類「国界域山地型」では、国府から離れた位置にある山地は、諸寺をはじめとする各種勢力が開発しやすい場合があったと考えられる。そして、開墾した土地の周辺に位置する山地や丘陵に、自前の山林寺院を造営する必要性もあったと考えることができる。それは山林修行のみを目的とする寺ではなく、山林や山地や丘陵から産する各種産物を確保するため、未開拓の山林と土地の所有をねらったものである。なお東国各地では、海辺の山間部に立地する山林寺院も散見され、それらをどのような視点から捉えればよいかは、広域的な研究が必要となろう。

D類「窯業製鉄地域隣接型」の山林寺院は、各地の窯業遺跡や製鉄遺跡に隣接しており、それらの生産遺跡と同時期に山林寺院も存続しているものとみられる。山林寺院の寺域内での鍛冶の操業に関連する遺構では、鍛冶工房跡と鍛冶炉跡が北東日本の複数の遺跡で確認されている[18]。鍛冶工房や鍛冶炉には、鍛冶段階における鉄素材の精錬や鉄製品の鍛造を示す遺構があり、寺の創建や補修のための鍛冶操業であったことは確実である。

個別の山林寺院遺跡では、その在り方が複数の類型に属する場合がみられることも事実である。そうした在り方こそが、山林寺院の本質を示すのであろう。また、古代山林寺院の中には硯や墨が出土することから、そこで写経活動が行なわれた可能性が指摘される遺跡もあり、山林寺院の宗教活動・生産活動とみてよい。古代山林寺院の立地要素には、前代からの由緒を持つ霊地に関連する霊地性が不可欠であり、自然地形上の峻険性も重要な立地条件の一つであろう。この二点は抽象的な概念であるが、そうした目にみえない観念的な要素が存在していたことも十分に考えられ、そうした霊地性こそを檀越や民衆が求めたのであろう。

以上ここでは、山林寺院遺跡を四つの類型に区分し、北東日本における遺跡の在り方を検討した。この四類型区分と、存続期間類型である1類から3類の区分を組み合わせることにより、各遺跡の在り方がより解明されることとなろう。

註

（1）上野川勝「山林寺院」『季刊考古学』九七号「特集：中世寺院の多様性」雄山閣　二〇〇六年
（2）上野川勝「古代中世の山林寺院について」『唐澤考古』二六号　唐沢考古会　二〇〇七年
（3）上野川勝「古代中世山林寺院の存続期間からみた三類型の細分とその概念」『唐澤考古』三一号　唐沢考古会　二〇一二年ａ
（4）時枝　務「山岳寺院の形成」『季刊考古学』九三号「特集：平安考古学を考える」雄山閣　二〇〇五年
（5）井上光貞・関　晃・土田直鎮・青木和夫校注『律令』日本思想史大系三　岩波書店　一九七六年
田村圓澄『飛鳥・白鳳仏教史　下』吉川弘文館　一九九四年
上野川勝「古代下野における山寺の成立と天台仏教—大慈寺瓦出現の背景—」『唐澤考古』一五号　一九九六年
（6）須田　勉「国分寺・山林寺院・村落寺院」『季刊考古学』八〇号「特集：いま、日本考古学は」雄山閣出版　二〇〇二年

(7) 上原真人「古代の平地寺院と山林寺院」『佛教藝術』二六五号　毎日新聞社　二〇〇二年
(8) 松井一明「遠江・駿河の山林寺院(静岡県)」『佛教藝術』三一五号　毎日新聞社　二〇一一年
(9) 上野川勝「日光男体山頂遺跡出土の鉄製馬形・鉄製動物形について―出土遺物と文献史料からみた古代の祈雨―」『唐澤考古』二〇号　唐沢考古会　二〇〇一年
(10) 時枝　務「山岳信仰に用いられた品々」『日本の考古ガイドブック』東京国立博物館　一九九九年
(11) 上野川勝「上野国・下野国の山岳寺院(栃木県・群馬県)」『佛教藝術』三一五号　毎日新聞社　二〇一一年
(12) 須田　茂・小林　徹・鹿沼英輔『黒熊中西遺跡(一)』群馬県埋蔵文化財調査事業団　一九九二年
(13) 梶原義実「大山廃寺跡」『愛知県史　資料編四　考古四』愛知県　二〇一〇年
(14) 斎藤　忠「山林寺院の研究」『仏教考古学と文字資料』雄山閣出版　一九九七年
(15) 山口逸弘「二　まとめにかえて」『黒熊中西遺跡(二)』群馬県埋蔵文化財調査事業団　一九九四年
高島英之「第四節　刻書砥石―群馬県吉井町黒熊中西遺跡出土の元慶四年銘砥石を中心に―」『古代出土文字資料の研究』東京堂出版　二〇〇〇年
(16) 古代学協会北陸支部・金沢大学埋蔵文化財調査センター・金沢大学文学部考古学研究室『北陸の平安時代　山間寺院を探る』二〇〇一年
(17) 山中敏史『古代地方官衙遺跡の研究』塙書房　一九九四年
(18) 上野川勝「仏堂と諸施設」『季刊考古学』一二一号「特集：山寺の考古学」雄山閣　二〇一二年b

参考文献

江谷　寛・坂詰秀一編『平安時代山岳伽藍の調査研究―如意寺跡を中心として―』古代学協会　二〇〇七年

第二章　古代山林寺院の伽藍と諸施設

第一節　仏堂と諸施設

―古代山寺の伽藍類型概観―

一　視点

山寺の伽藍配置は、山地に立地するため任意的な堂塔の配置形態(1)の遺跡が多く、また今までは伽藍全体の構造が判明した事例も多くはなかった。近年では、四国・中寺廃寺跡における考察の中で、上原真人により回廊が確認されない場合においても、堂塔の配置が平地寺院と同じ山寺(山林寺院)においては、平地寺院と同じ伽藍配置の名称が使われている(2)。上原は、中寺廃寺A地区の伽藍配置には中門と回廊がないが、大官大寺式の伽藍配置を指向したものとし、会津・慧日寺観音寺跡でも回廊はないが大官大寺式とする。

本節では、現時点での山寺における伽藍配置の類型を模索し、諸施設のうち鍛冶工房と薗院の在り方を検討する。かつて著者は、東日本の山林寺院を存続期間からみた場合、古代創建古代廃絶型(1類)と古代創建中世存続型(2類)の二つの類型区分の視点を提示し(3)、また中世初頭頃から中世前期頃に創建され、中世末までには廃絶する一群を中世創建中世廃絶型(3類)とした(4)。本節では、北東日本の1類と2類の山寺の古代堂塔の在り方について検討する。

二　仏堂と主要堂塔の配置からみた伽藍の類型

主要堂宇と塔の配置からみた伽藍は、大きくみると、尾根上に縦方向に堂宇を配置しようとする場合と、尾根の稜線上または稜線の直下に横方向に堂宇を並べる場合等がみられる。本文では、次のような伽藍配置の類型を創案提示し検討する。

Ⅰ類　縦列系配置型　Ⅰa類　縦列系分散型
　　　　　　　　　　Ⅰb類　縦列系集中型
Ⅱ類　並列系配置型　Ⅱa類　並列系分散型
　　　　　　　　　　Ⅱb類　並列系集中型
Ⅲ類　散在系配置型
Ⅳ類　コの字・L字系配置型

Ⅰ類「縦列系配置型」は主要堂塔を縦列的に配置する一群で、平地伽藍に類似するか、または同一視できる伽藍配置を山中に持ちこんでいる。これは塔が他の主要堂宇と離れて造営されるⅠa類と、塔を主要堂宇と同じ場所に置くⅠb類に区分できよう。

Ⅰa類「縦列系分散型」は、現時点では愛知県大山廃寺跡一例となるが、埼玉県馬騎の内廃寺も一段高い平場がみられこの類の可能性がある。大山廃寺は、七世紀末から八世紀前半に、塔が主要堂宇から一〇〇メートル以上離れた尾根上に創建され、単弁八葉蓮華文軒瓦が葺かれ、八世紀中葉から後葉の「山寺」の篦書きを持つ瓦類も出土してい

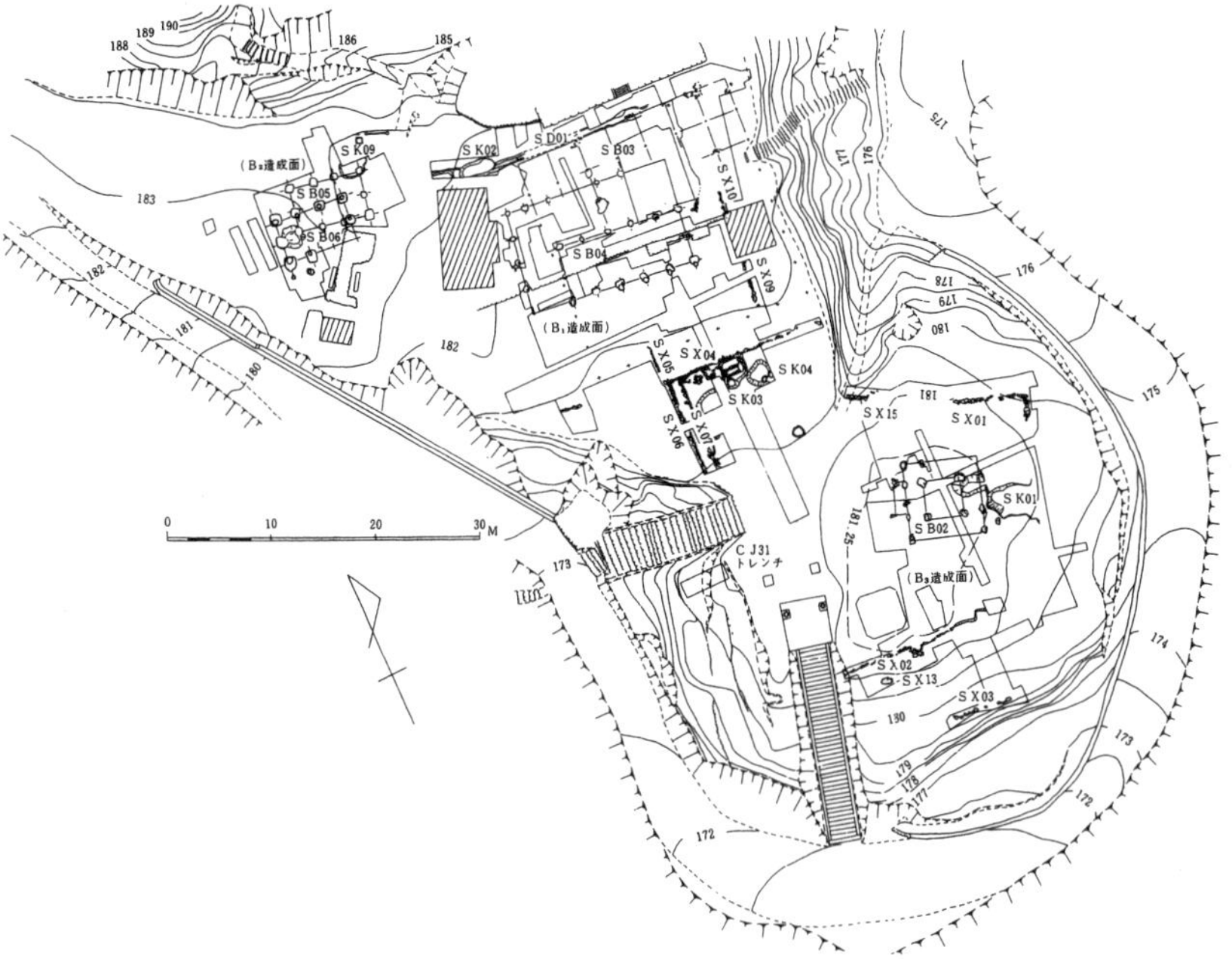

第16図　愛知県大山廃寺跡主要部遺構配置図（小牧市教育委員会 1979）

る。⑤ 仏堂は五間×二間で北と西に庇が付く建物跡と、その西方に隣接する三間×二間の掘立柱建物跡などが主要堂宇であるが、全体構造は現時点では判明していない。古代国分寺の造営においては、研究史上では、斎藤忠により塔がその重要性からみて他の伽藍より優先して建造されたとの指摘があるが、国分寺に先行する山寺においてもそうした傾向があったのかどうかの検討が待たれる。大山廃寺跡では、主要伽藍地からはるか上方に塔が位置することこそが、この山寺の最大の特徴でもある。なお、一一世紀代の鋳造遺構が仏堂の前方に構築されており、山寺の伽藍地内での金属加工があったことが判明している。

Ｉｂ類「縦列系集中型」は、回廊は持たないものの、金堂の前に塔と主要堂宇を配置する平地伽藍の堂塔配置をほぼそのまま山寺に持ち込んでいる一群である。福島県慧日寺観音寺跡と茨城県山尾権現山廃寺等がこれにあたる。茨城県山尾権現山廃寺は、筑波山西麓の標高約二六〇メートル付近の南西に張

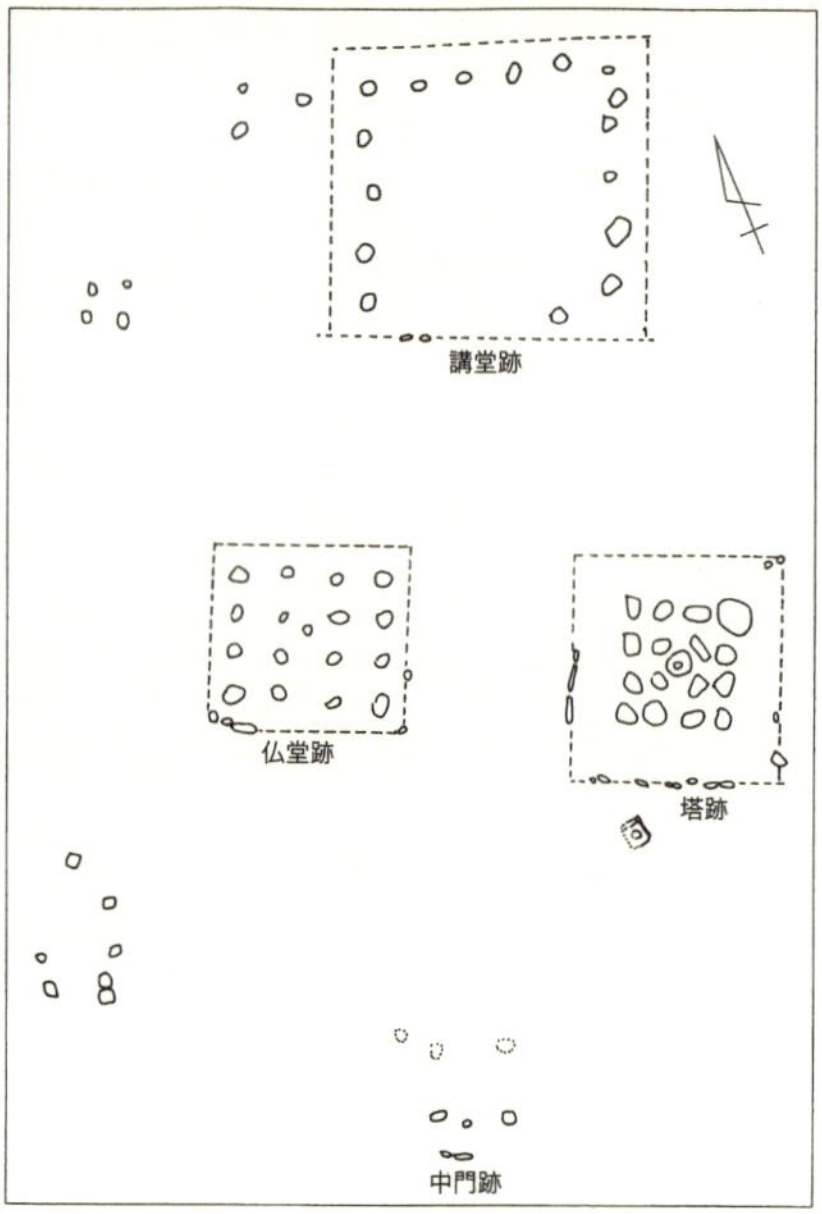

第17図　茨城県山尾権現山廃寺伽藍配置図（真壁町1989）

り出す小尾根に位置する小規模な伽藍を持つ山寺である。[6] 寺の正確な規模は不詳であるが、中軸に位置する中門から講堂までは、南北約四二メートル前後とみられ、北東日本の中でも小規模な山寺の一群に属する。回廊のない伽藍配置で法起寺式とみられ、中門から講堂を結ぶ中軸線から右に心礎に舎利孔を持つ塔があり、左に基壇を持つ三間×三間の仏堂（金堂か）が並置される。講堂は五間×五間の礎石建物跡で、瓦などから九世紀初頭頃の山寺とみられる。古代創建古代廃絶型（1類）の代表的な山寺である。

慧日寺観音寺跡（観音寺地区）は、上原が述べているように山中の尾根上に、回廊は不詳ながらも大官大寺式の伽藍配置を再現させているのだろう。[7] 本堂（金堂）は、南側に礼堂を持つ五間×六間の奥行きの深い形態である。塔は門から入り、右側に造営されている。立地は、狭く細長い尾根上ながら、縦列的（直線的）な配列を意識した構造なのであろう。慧日寺の中枢部（本寺地区）は、中門・金堂・講堂などが、参道から続く中軸線上に一直線に配置される縦列系集中型の伽藍を出現させているとみられるが、東側に隣接して初期金堂や講堂より大きい堂東堂が九世紀半ば以降に建立され、短期間に廃絶したことから、[8] 散在系伽藍配置を指向した時期があったにも拘わらず、古相の縦列系伽藍配置を守った可能性もあろう。

また本寺地区のほぼ西方台地上に位置する戒壇地区では、方位に合致する三棟の掘立柱建物跡と鍛冶炉などが確認

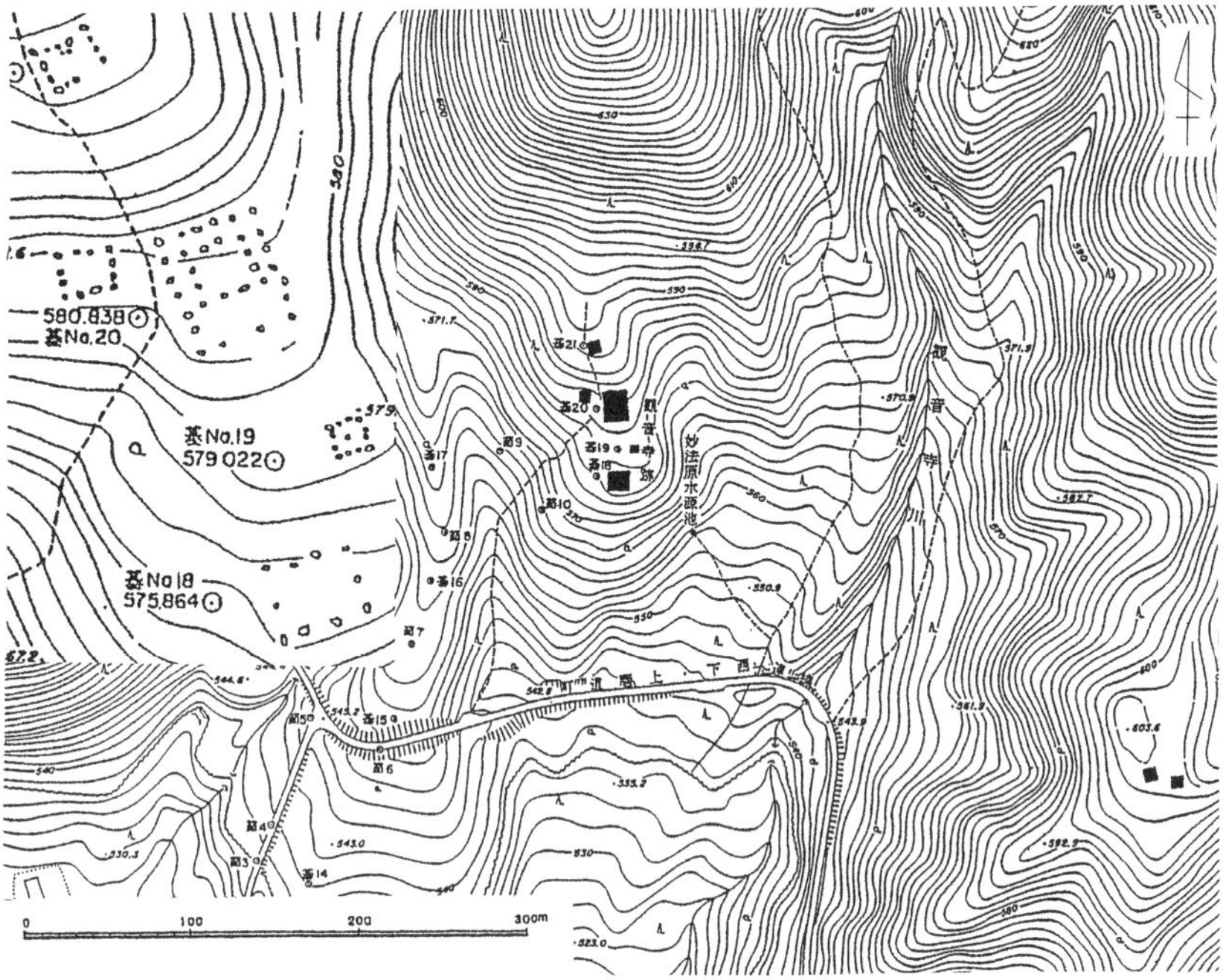

第18図　福島県慧日寺跡観音寺地区地形図・礎石配置図（白岩2008を改変）

されている[9]。掘立柱建物（ＳＢ〇二）は桁行五間・梁間三間の南北棟であり、その北西に敷石の出入口を持つ桁行五間・梁間五間の身舎に庇を持つ礎石建物（ＳＢ〇一）が位置し、この二棟はＬ字型となることから、全体像は不詳ながらコの字または品の字型配置型となる可能性も看取される。

これは、北陸・明寺山廃寺と三小牛ハバ遺跡の方位に合致する堂宇の伽藍配置と同じであり、以下に示すⅣ類コの字・Ｌ字系配置型と同じ系列になる可能性を持つ。慧日寺本寺地区・観音寺地区では、山尾権現山廃寺と同じく、平地寺院の系譜を引く縦列系配置型が採用されたのに対し、戒壇地区の伽藍配置がコの字・Ｌ字系配置型となれば、北陸の加賀・越前の山寺との関連が求められようが、今後の検討が待たれる。

石川県浄水寺跡は、「キヨミズデラ」の池の前面に、九世紀後半から一五世紀後半の間に仏堂を継続して造営した古代創建中世存続型（２類）の山寺であり、「浄水寺」の墨書土器が多数出土した⑩。南面する本堂の両側と南側に平場が展開し、古代の掘立柱建物と井戸二基の他に、古代末から一五世紀代までに同一地点で礎石建物から掘立柱建物へ建て替えられ、その後再び礎石建物となるが、中世のうちに寺院は廃絶した。九世紀後半の一間（二・二メートル）×一間（二・五メートル）の掘立柱建物（小規模仏堂か）が湧水地点北側に造営されて以降、一〇世紀後半まで、大溝等で多量の墨書土器等を用いた祭祀があった。一一世紀前半創建の本堂（五間×四間）に向かう参道は、寺院の中央部に方位に沿って直線的に位置することからⅠ類の可能性があろうが、全体の様子は不詳と言わざるを得ないだろう。

なお、平安京東方山中の京都市如意寺跡本堂地区は、古代（九世紀）創建で中世に廃絶する2類の山寺である⑪。本堂基壇前方の伽藍中心部に、法華堂と常行堂をほぼ左右対称的に配置している。これらの遺構は、中世期のものとされるが、一〇世紀前半に講堂が造営されたとみられている。そして塔跡を含む山寺中枢部の平場群は、隣接して同一標高に造成されている。講堂などは、下方の平場に展開するため、山岳伽藍の在り方は、今後の研究に委ねられよう。

Ⅱ類「並列系配置型」は、いわゆる任意的な伽藍配置とみられる形態を示しつつも、主要堂宇を尾根の稜線に沿って横方向に並列的に構えるものである。群馬県黒熊中西遺跡では、東西尾根の北側に、主要仏堂である二号・三号建物の礎石建物跡二棟を並列的に並べ、その横にも堂宇を配置する構造である⑫。中心の二堂は、ともに五間×四間の規模であるが、三号建物が高位にあり北面し、二号建物は主軸が西に振れ、桁行が二号よりやや大きいことから、前者が金堂で後者は講堂とみられている。

この山寺は北向きであり、北東日本においては石川県三小牛ハバ遺跡と本遺跡の二遺跡が北向きの山寺である。黒熊中西遺跡では二号・三号・四号・五号・八号建物跡が中央部にやや弧状に並列する。講堂（二号建物）から西側に約五〇メートル離れる二号テラス（平場）の一号建物は、土器類と円面硯などを伴い建物に隣接して井戸が構築されてい

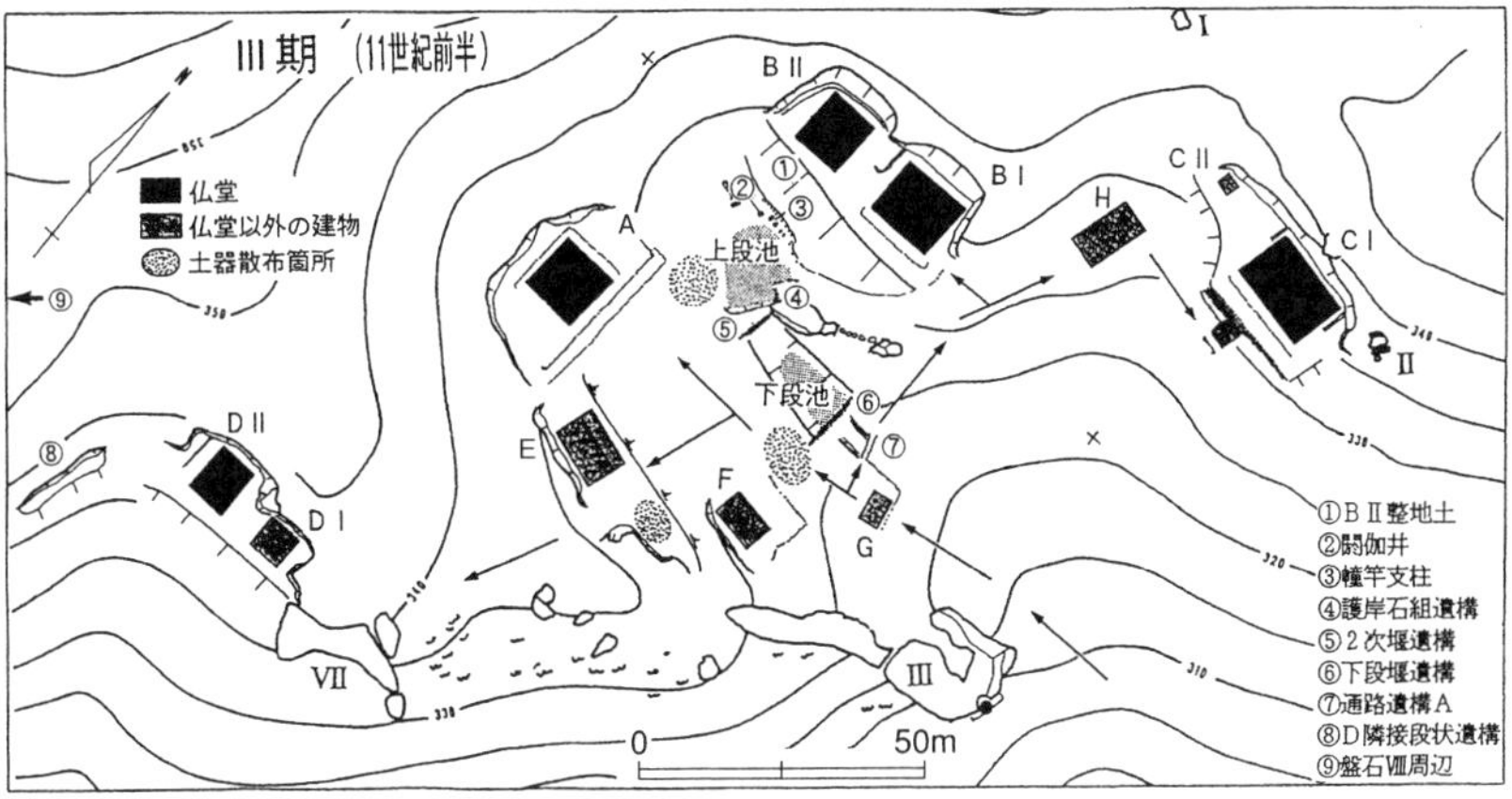

第19図　静岡県大知波峠廃寺跡遺構配置図（後藤2007）

るなど、居住的な側面がみられることから、僧坊の可能性が指摘されている[13]。この平場と建物は、七号テラス（薗院か）に隣接する一つの「院」的な空間とも考えられ、主要堂宇の一段下方に位置する七号建物をも含めた在り方は、並列系分散型（Ⅱａ類）となろう。

　静岡県大知波峠廃寺跡の全体構造は、中央部は概観的にみればいわゆるコの字系ともみられるが、仏堂だけでみればL字系の並びともみられる。主要堂宇は、方位に合わせてほぼ同一標高に展開し[14]、全体としては地形と池を意識した並列系の伽藍配置とみてよいのだろう。全体の建物配置は、中心仏堂（仏堂ＢⅠ）の造営に続き中心部と北東に谷を挟んで仏堂を造営し、一一世紀には南側の尾根を越えた場所に仏堂（仏堂ＤⅡ）と住坊の二棟が造営されるなど、Ⅱａ類「並列系分散型」とみたい。なおこの山寺は、一〇世紀第２四半期から一一世紀末頃まで存続した。

　福島県流廃寺跡は、ほぼ東西に伸びる尾根上に主に南面する堂宇を尾根に沿って並列的に配置しているとみられる。主要な建物は東西棟であるが[15]、尾根の屈曲に沿って大小の堂宇が構えられていることに特徴があり、金堂・講堂・仏堂（護摩堂）が中央部付近に南面して三棟並列する。現時点では、並列系集中型（Ⅱｂ類）と捉えておきたい。金堂は、五間×五間の四面庇建物跡で、南側に孫庇を持つ。講堂と想定されている懸造

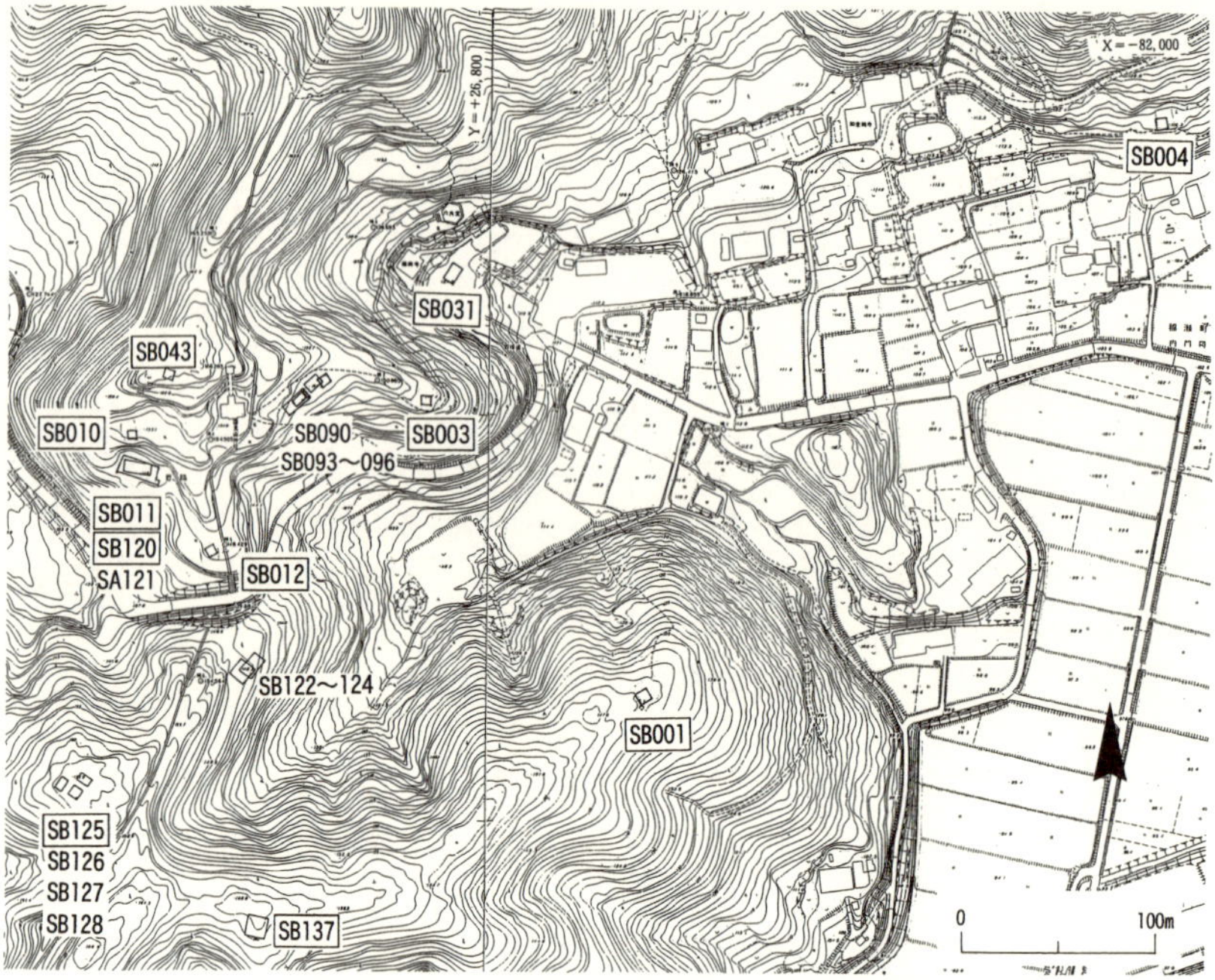

□の囲い遺構番号は礎石建物跡、他は掘立柱建物跡

第20図　岩手県国見山廃寺跡主要建物跡分布図(北上市教育委員会2003)

りは九間×三間で、また食堂とされる懸造りは七間×二間で、ともに尾根上の斜面にある。金銀象嵌鉄剣を出土した礎石建物は、不動堂または護摩堂等の可能性が指摘されており、その他に特殊な構造を持つ五号平場のSB〇九がある。Ⅱ類は、平安密教系の山寺の一群となるかもしれない。

Ⅲ類「散在系配置型」は、尾根上に主要堂塔を散在的に展開させた岩手県国見山廃寺跡を代表とする。古代山寺は、九世紀後半から一二世紀初頭に存続し、一二世紀中頃以降に山麓の極楽寺境内に礎石建物跡が創建され、山麓に中世山寺が展開する⑯古代創建中世存続型(2類)の山寺である。尾根上の建物跡は、国見山神社の東西に位置する二棟の掘立柱建物跡(SB〇九〇・SB一二二)が九世紀後半に位置付けられ、その後一〇世紀中頃以降は礎石建物跡が国見山神社地区とホドヤマ地区の尾根上の平坦部ごとに、

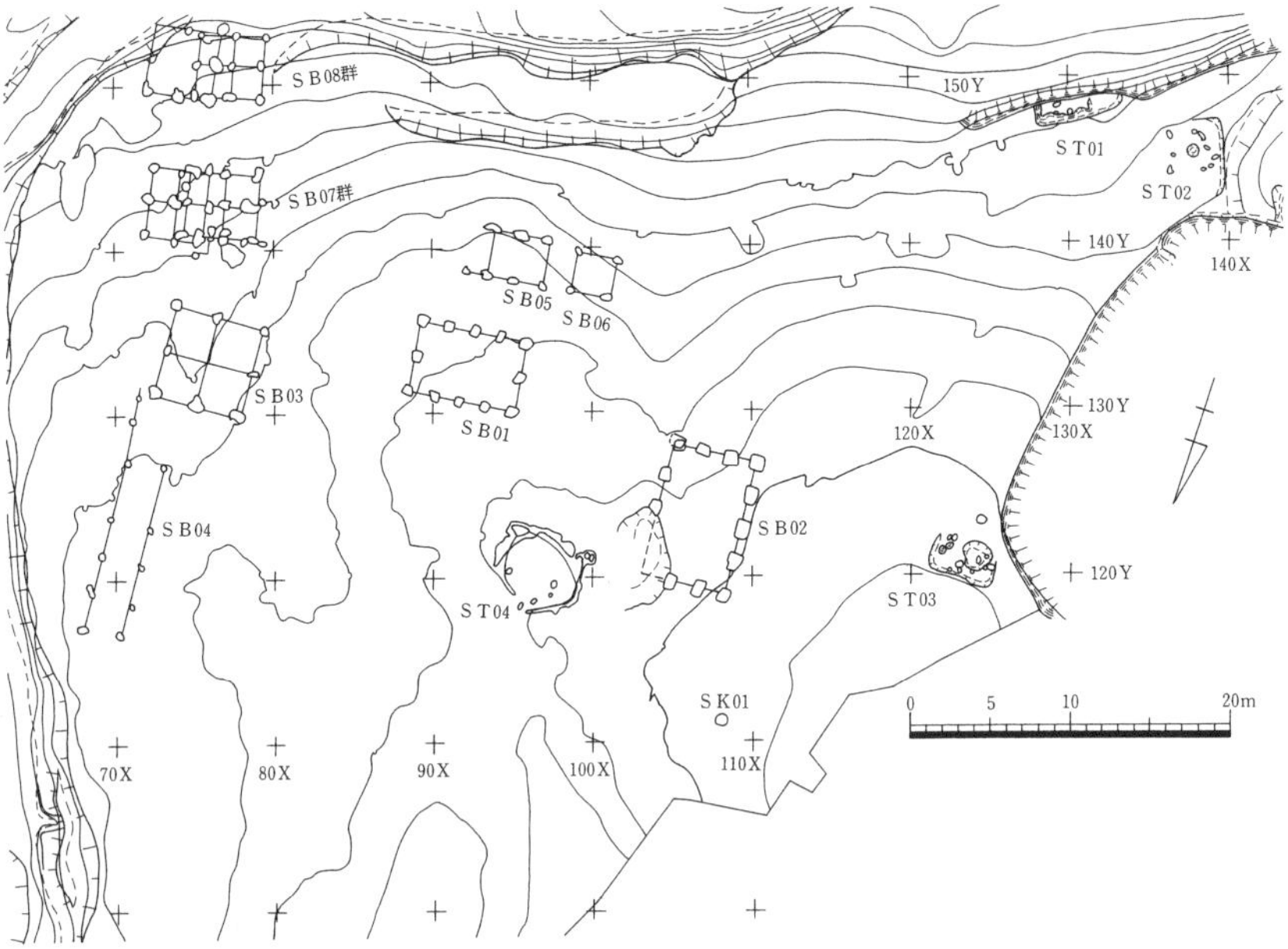

第21図　石川県三小牛ハバ遺跡遺構配置図(金沢市教育委員会 1994)

建物の主軸をそろえるものの、任意的な配置をとり散在的に造営される。国見山神社西側は、九世紀後半の掘立柱建物跡（ＳＢ一二二）から礎石建物跡（ＳＢ一二〇・ＳＢ〇一一）への変遷があり、一一世紀中頃には七間×一間の礎石建物跡が中心的な仏堂になるとみられている。

南部ホドヤマ地区は、一〇世紀中頃以降の堂塔が複数展開することから、山寺の伽藍が南へ拡大していったことを示す。塔跡（ＳＢ〇〇一）は、尾根の先端近くに離れて位置することが特徴で、一〇世紀中頃から一一世紀代の存続期間である。常行堂などの性格が想定されている方三間堂（ＳＢ一三七）は、正面が五間で他の三面は三間となり、中央には須弥壇跡かとされる土壇がある。

Ⅳ類「コの字・L字系配置型」は、古代官衙の建物配置の影響を受けて造営された山寺の可能性があろう。金沢市三小牛ハバ遺跡は、八世紀後半から一〇世紀まで存続する山寺である。山寺の中枢部には、北向きに四間×二間の金堂とみられる掘立柱建物跡（ＳＢ〇一）があり、その西側に講堂とみられる四間×三間の南北棟の掘立柱建物跡（ＳＢ〇二）が隣接する。[17] 金堂・講堂・金堂後方の東西棟建物は、主軸を方位にほぼ合致させるなど、規則的な配置の1類の山寺である。

金堂が北向きであることから、山寺自体が北向きの構造で、北西に平野が開ける。従来は「コの字型」とされているが、主要仏堂二棟は中央と西側にＬ字に配置される。東側の二間×二間の南北棟を含めると「品の字」に近い配置となろうか。なお、金堂後方に並列する桁行二間～三間・梁間一間と桁行一間・梁間一間の二棟の東西棟の掘立柱建物は、本来は桁行四間～六間・梁間一間の東西棟の掘立柱建物の可能性があり、その位置からみて僧坊と考えることもできよう。南北棟となる掘立柱建物（ＳＢ〇四）を含めた山寺の在り方は、今後の検討が必要となろう。

本遺跡では、「三千寺」や「沙弥」の墨書土器が多数出土し、「□山山寺」の木簡（八世紀中葉～九世紀後半）もあり、有力氏族である道氏に関連する山寺なのであろう。この木簡は、習書と考えられており、寺の立地から「三千寺」の通称として「山寺」とした可能性が指摘されている。[18] また、写経用定規・転用硯・木簡・墨書土器などが出土しており、見習い僧（沙弥）による写経が行なわれた写経所であったのであろうから、二間×二間の側柱の掘立柱建物跡は経蔵の可能性があろうか。

福井県明寺山廃寺は、九世紀前半から一〇世紀第1四半期に存続した1類の代表的山寺である。[19] 中心堂舎である平場最奥部の東西棟の礎石建物と、その西側に主軸が直交する南北棟である二間×三間の掘立柱建物は、Ｌ字系の配置を示す。この二棟は方位に合致し、懸造りとみられる掘立柱建物は、その後規模の大きな礎石建物跡に建て替えられるようであり、懸造りの講堂であったのだろうか。また、中心堂宇の前庭に南北に並ぶ掘立柱建物二棟は、臨時的な祭壇とされ、転用硯多数と朱墨硯の出土から、写経も行なう山寺であったとみられる。

三　山寺の諸施設

山寺の諸施設のうち、ここでは鍛冶工房と薗院について概観する。福井県明寺山廃寺では、九世紀代の鍛冶炉一基が伽藍地前庭西側にあり、寺域西側の斜面には南北七・五メートルという大きな鍛冶工房一軒が操業されたことが確定している。

群馬県黒熊中西遺跡では、二号礎石建物基壇内に、鍛冶遺構と地鎮土器六点の埋納があり、三号礎石建物では版築基壇上に掘立柱建物の覆屋を持つ鍛冶遺構に羽口と鉄滓を伴う。中心仏堂下方の八号テラス(平場)では、五基の鍛冶炉が集中しており工房的な場所である。

福島県流廃寺跡では、伽藍地内の東部・中央部・西部の三箇所から鉄滓が出土しており、群馬県宇通遺跡では礎石建物Dから羽口・鉄滓・焼土が出土し、鍛冶があった。石川県三小牛ハバ遺跡では、寺域南西部に方形の竪穴遺構(ST〇二)があり、ピットと焼土は鍛冶炉と土坑のセットとみられ、鍛冶工房としてよいだろう。福島県慧日寺戒壇地区では、掘立柱建物跡(SB〇二)に隣接して、九世紀に操業された粘土貼りの炉底をもつ鍛冶炉(SX〇一)が発掘されている。山寺の造寺に伴う鍛冶の操業は、北東日本の複数の古代山寺で確認できる。

薗院(苑院)は、寺院に付属する場所で、蔬菜(野菜)などを栽培する畑である。太宰府宝満山遺跡群の下宮礎石群南方の原遺跡からは、八世紀後半代から九世紀代の遺物中に「薗地」の墨書土器三点が出土しており、薗院を示す遺物と考えられる。[20] 平地寺院である下野国分尼寺伽藍地南西隅の八世紀中頃から後半の創建期溝からは、ソバの花粉が検出され、[21] 寺域南西部は薗院(花苑を兼ねる)の可能性が強く、井戸もある。上総国分僧寺・尼寺では寺院地北部の西側が畑(薗院)とみられ、伽藍の南面は花畑(花苑)が想定されている。[22] 僧寺東側の荒久遺跡では、「薗」の墨書土器が出土している。黒熊中西遺跡では、寺域西端の七号テラスが東西三〇メートル、南北最大幅四・五メートルの細長い平場になっており、作物保存用かともみられる二箇所の室が付属する。遺構は、ピット等ごく少数で、古代の畑(薗院)と考えられる。

石川県浄水寺跡では、九世紀末頃から一一世紀代のⅡ-1・2テラスで、東西約一五メートル、南北約七メートル以上の範囲に遺構が全くない空間があり、本堂南西にあたる寺域内南西部に、作物や花を栽培した薗院または花苑院があった可能性がある。この推定薗院・花苑院は、九世紀後半から一一世紀中頃まで機能したのであろう。このテラスは、中心仏堂等が整備された一一世紀中頃には、南側から壊され中世の平場となる。

註

(1) 時枝　務「伽藍」『仏教考古学事典』坂詰秀一編　雄山閣　二〇〇三年
(2) 上原真人「第九章　中寺廃寺跡の史的意義」『中寺廃寺跡』香川県まんのう町教育委員会　二〇〇七年
(3) 上野川勝「山林寺院」『季刊考古学』九七号　雄山閣　二〇〇六年
(4) 上野川勝「古代・中世の山林寺院について」『唐澤考古』二六号　唐沢考古会　二〇〇七年
(5) 山中敏史・中嶋　隆ほか『大山廃寺発掘調査報告書』小牧市教育委員会　一九七九年
(6) 真壁町史編さん委員会「Ⅱ　山尾権現山廃寺」『真壁町史料　考古資料編Ⅲ―古代寺院遺跡―』真壁町　一九八九年
(7) 白岩賢一郎「陸奥国の山岳寺院・史跡慧日寺跡の発掘調査(福島県)」『佛教藝術』三一五号　毎日新聞社　二〇一一年

(8) 福島県磐梯町教育委員会『慧日寺跡ⅩⅩⅢ・ⅩⅩⅣ』二〇一一年・二〇一二年
(9) 福島県磐梯町教育委員会『慧日寺跡Ⅱ』一九八七年
(10) 柿田祐司『小松市浄水寺跡』石川県教育委員会・石川県埋蔵文化財センター　二〇〇八年
(11) 江谷　寛・坂詰秀一『平安時代山岳伽藍の調査研究―如意寺跡を中心に―』古代学協会　二〇〇七年
(12) 須田　茂・小林　徹・鹿沼英輔『黒熊中西遺跡(一)』群馬県埋蔵文化財調査事業団　一九九二年
(13) 大澤伸啓「発掘された平泉以前の東国寺院」『兵たちの極楽浄土』高志書院　二〇一〇年
(14) 後藤建一『大知波峠廃寺跡』同成社　二〇〇七年
(15) 畠山真一・藤田直一『流廃寺跡Ⅰ～Ⅷ』棚倉町教育委員会　一九九四～二〇一〇年
畠山真一・藤田直一『流廃寺跡』棚倉町教育委員会　二〇一一年
(16) 杉本　良『国見山廃寺跡』北上市教育委員会　二〇〇三年
(17) 出越茂和・南　久和『金沢市三小牛ハバ遺跡調査概報』金沢市教育委員会・毎田建設　一九八八年
南　久和『三小牛ハバ遺跡』金沢市教育委員会　一九九四年
(18) 平川　南「第四章　金沢市三小牛ハバ遺跡出土木簡」『三小牛ハバ遺跡』金沢市教育委員会　一九九四年
(19) 古川登他『越前・明寺山廃寺―平安時代前期寺院址の調査―』福井県清水町教育委員会　一九九八年
(20) 森　弘子「宝満山―大宰府鎮護の山―」『山岳信仰と考古学Ⅱ』山の考古学研究会編　同成社　二〇一〇年
(21) 上野川勝『釈迦堂遺跡―下野国分尼寺跡伽藍南西隣接地点確認調査報告―』栃木県国分寺町教育委員会　一九九六年
(22) 山路直充「寺の空間構成と国分寺」『国分寺の創建　思想・制度編』須田　勉・佐藤　信編　吉川弘文館　二〇一一年

第二節　古代山岳寺院の参道と寺域内通路
―黒熊中西遺跡と大知波峠廃寺跡の分析を中心に―

一　黒熊中西遺跡の参道と寺域内通路からみた堂宇と平場

参道は、寺院に参詣するための道路であり、平安時代の山岳寺院では、地形に制約されて堂宇が散在している場合は、寺域内の堂宇を結ぶ道をも包括するという見方が、仏教考古学では一般的である(1)。

参道は、外部から寺域内の伽藍中枢部と中心的な仏堂へ通じる参詣のための道であるが、古代山岳寺院の発掘調査においては、寺域内の遺構間を結ぶ道跡も確認されており、それらの遺構は、通路遺構・道路遺構として報告されている。その遺構には、平地遺跡で発掘されている道路跡と同じく硬化面を有する場合があり、堂舎間の往来によって踏み固められた痕跡を示している。ここでは、道路遺構を参道と寺域内通路という二つの概念で区分し、伽藍との関係などを分析することとするが、寺域内通路を寺域の中に建立されている堂塔社殿間や、それを載せる平場間を結ぶ道と規定し、参道と寺域内通路の発掘調査事例から、伽藍や参道に隣接する平場との関係を含めて考えてみたい。

群馬県黒熊中西遺跡においては、一号・三号・一〇号・一一号道路遺構が講堂(二号建物)と本堂(金堂・三号建物)に通ずる参道である。七号道路遺構は寺域内通路遺構として、建物が建立されずに少数の小穴(ピット)や斜面への掘り込み遺構が発掘されただけの七号テラス(平場)と、建物が建立されずに山林寺院の存続期間中からその後半頃に、鍛冶が操業された八号テラス（平場）の二箇所の平場を結ぶ道として作道され機能した。なお、道路遺構の一部においては、参道と寺域内通路が明確に区分できない部分や、両者の機能を併せ持っていた場所もある。

現時点では、北東日本では黒熊中西遺跡のみが、古代山寺の参道と寺域域内通路についての考古学的に確実な発掘調査資料を提示しているとみられる。発掘調査報告書によれば、道路遺構は合計約二二六メートルが確定している。(2) 本節では、発掘調査で道路遺構であることが判明し、寺域内外における構築位置と接続する堂宇間の状況からみて、道路と確定されている遺構についてのみ検討の対象とする。踏査などによる遺跡の表面観察調査による資料とその解釈などについては、どの時代の参道遺構であるか確定できていないとみられるため用いない。つまり、考古学的手法による発掘調査で確定された遺構を対象にしなければ、考古学的に参道の在り方を論じることができないという視点に立つ。

また、黒熊中西遺跡と静岡県大知波峠廃寺跡においては、参道が寺域中枢部に取り付く場所に平場が造成されており、その場所が寺域の内外を画する地点であると考えられるため、何らかの施設的な空間を意図したものとみられることから、発掘調査結果に基づく平場遺構の検討を行なう。当然のことながら、その平場は山岳寺院の特徴的な構築技法である切土と盛土を用いた技法(3)によって造成されている。なおここでは、古代に創建され古代のうちに廃絶する山岳寺院を扱うことから、その創建から廃絶までの期間を概略的に創建期、拡張・補修期、終末・廃絶期と三つに区分する視点で検討したい。

黒熊中西遺跡では、約二一六メートル以上の道路遺構が発掘調査されて、参道である一号・三号・一〇号・一一号道路遺構は、合計約一二〇メートルである。また寺域内通路として扱う四号・七号・九号道路遺構は、合計約九六メートルになる。一号道路遺構は、北方から寺域に至る南北方向の参道で、寺域外から伽藍中枢に通じる創建期から廃

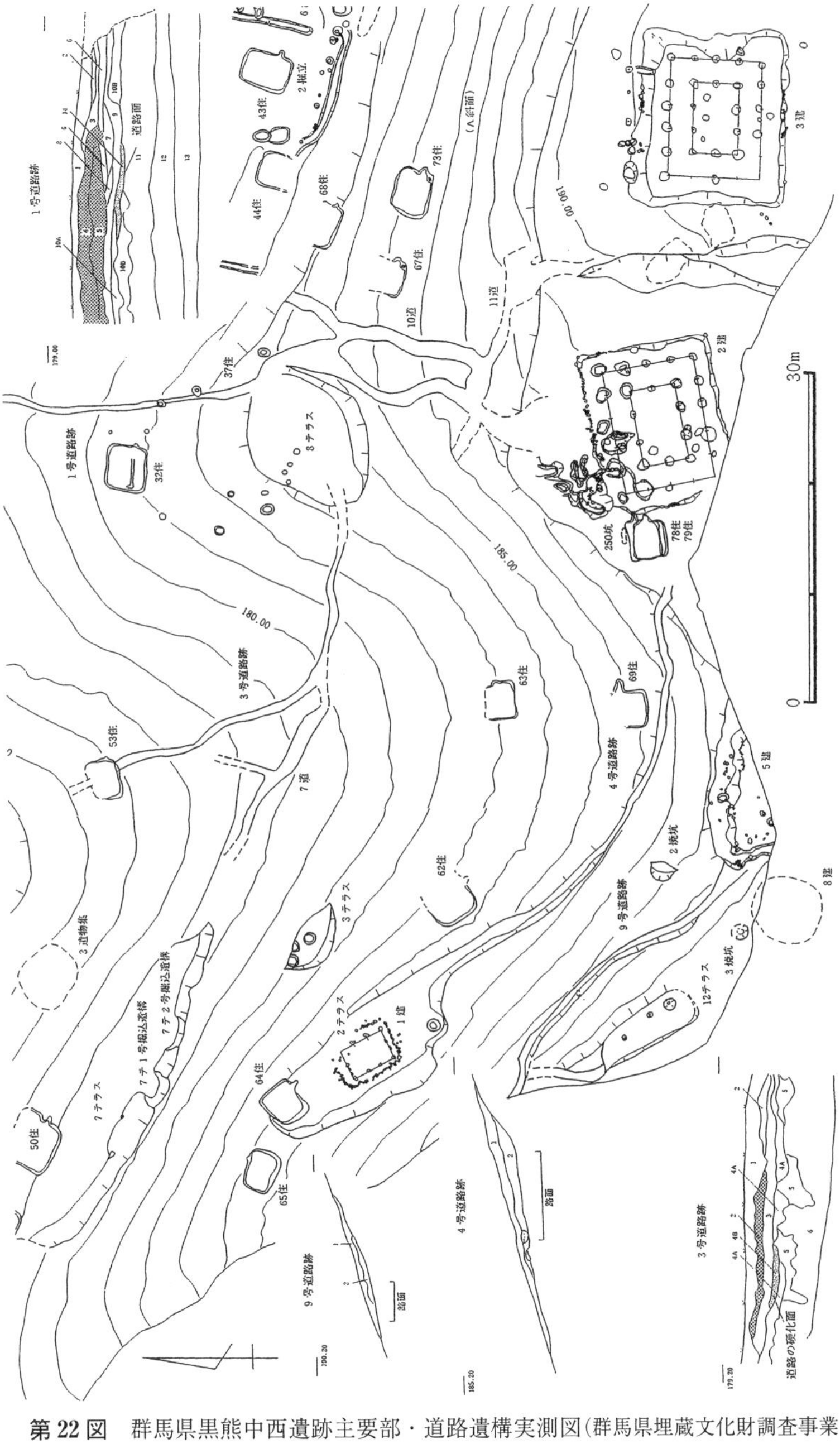

第 22 図　群馬県黒熊中西遺跡主要部・道路遺構実測図(群馬県埋蔵文化財調査事業団 1992 を改変)

絶期まで機能した参道である。寺域外から尾根上の場所を通り、講堂とみられる二号建物を目指して作道されている。その特徴は、検出された参道北部が直線的であるのに対して、二号建物に近い部分は斜面となるため屈曲する道となる。発掘調査報告書に記載されているように、この山林寺院の創建時におけるいわゆる「踏み分け道」がそのまま参道になっている可能性がある。また、寺域の北側からこの山中に踏み込むための道が創建以前から存在し、その道が丘陵北端部の最高所にさしかかる場所に、寺域が選定されたことも考えられる。この場所は、旧来からの道に沿った眺望のよい地点であったことが、山寺の占地に大きく影響していることも考えられる。

黒熊中西遺跡は、山の斜面が北側に向かって低くなるため、堂舎は北向きの山麓に面して建立されており、北面する山岳寺院である。その参道は、当然のことながら北側の山麓から南に向かって斜面を上ってくるが、最も中心となる参道は一号道路遺構とされる道である。一号道路遺構の最大長は約五〇メートル、最大幅は一〇〇センチで、道路側溝はない。道路遺構からは硬化面が検出されていることから、道路跡と確定することができ、硬化面の幅は六〇～八〇センチで、厚さが一〇センチである。この参道は、講堂（二号建物）の北東部を目指して山麓から上ってくるが、講堂の北側約二〇メートルの場所で、講堂の正面の小規模な平場状の部分に取り付く構造となる。寺域北側正面からの参道である一号道路遺構と、寺域北西谷部から上ってくる三号道路遺構は、ともにこの山岳寺院で最も規模が大きい講堂（二号建物）のほぼ正面に取り付く構造で、その場所から一段上位の平場に構築された本堂（金堂・三号建物）西側へと続く道路遺構となる。黒熊中西遺跡における一〇世紀前半の参詣は、参道が伽藍中枢部へ直接的に取り付く構図ではあるが、それは講堂を経て金堂へ進むという経路を示していると考えられる。

黒熊中西遺跡の一号道路遺構は、全長五〇メートルという規模の硬化面を持つ参道であり、現時点では全国で最大級の古代山岳寺院参道遺構とみられる。特に、参道が寺域に至ると講堂（二号建物）に取り付く点が注目され、これは

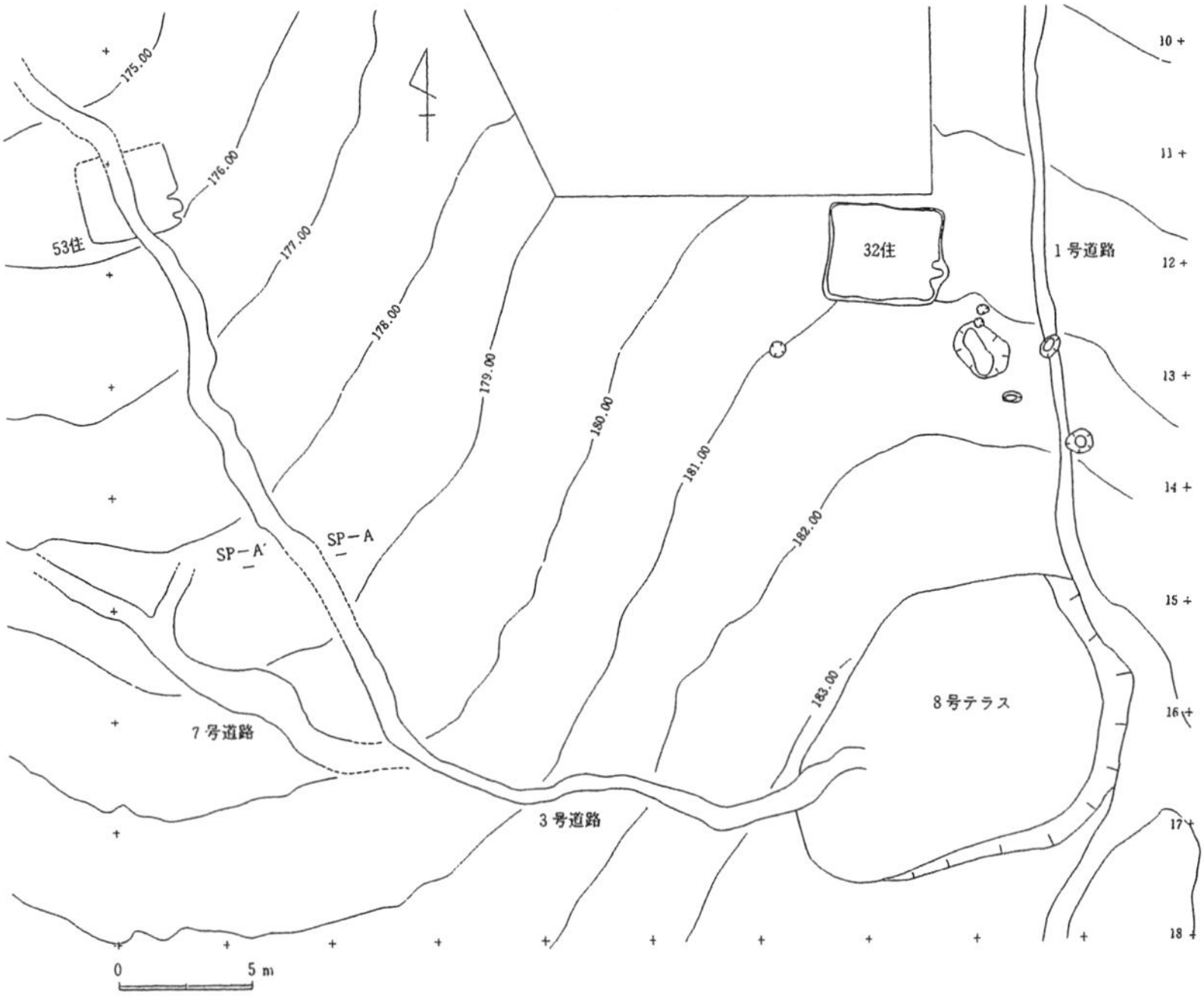

第 23 図　群馬県黒熊中西遺跡 1 号・3 号・7 号道路遺構実測図（群馬県埋蔵文化財調査事業団 1992）

黒熊中西遺跡が一〇世紀から一一世紀の並列系伽藍配置型の山岳寺院(4)であることと関係するのであろう。主要伽藍が直線的に縦方向に配列される縦列系の山岳寺院では、平地寺院の伽藍を山中に持ち込んでいる場合が多く、門跡がある場合は、当然のことながら寺域中枢へ入る参道が門の前面に取り付くこととなる。これに対して並列系伽藍配置の山岳寺院では、黒熊中西遺跡のように、参道が最初に講堂に取り付くことが、ある程度普遍的にみられるのかどうかは、今後の調査研究の視点として重要な意味を持つ。

三号道路遺構は、北西から寺域に至る参道であり、一号道路遺構と同じく講堂（一二号建物）を目指して山麓から上ってくる谷道である。道は、少し曲がりくねりながら斜面を上ってきて、標高一八〇メートルで寺域内通路である七号道路遺構と合流し、向きを東に変えて八号テラス（平場）に達する。これは、寺域外から七号テラ

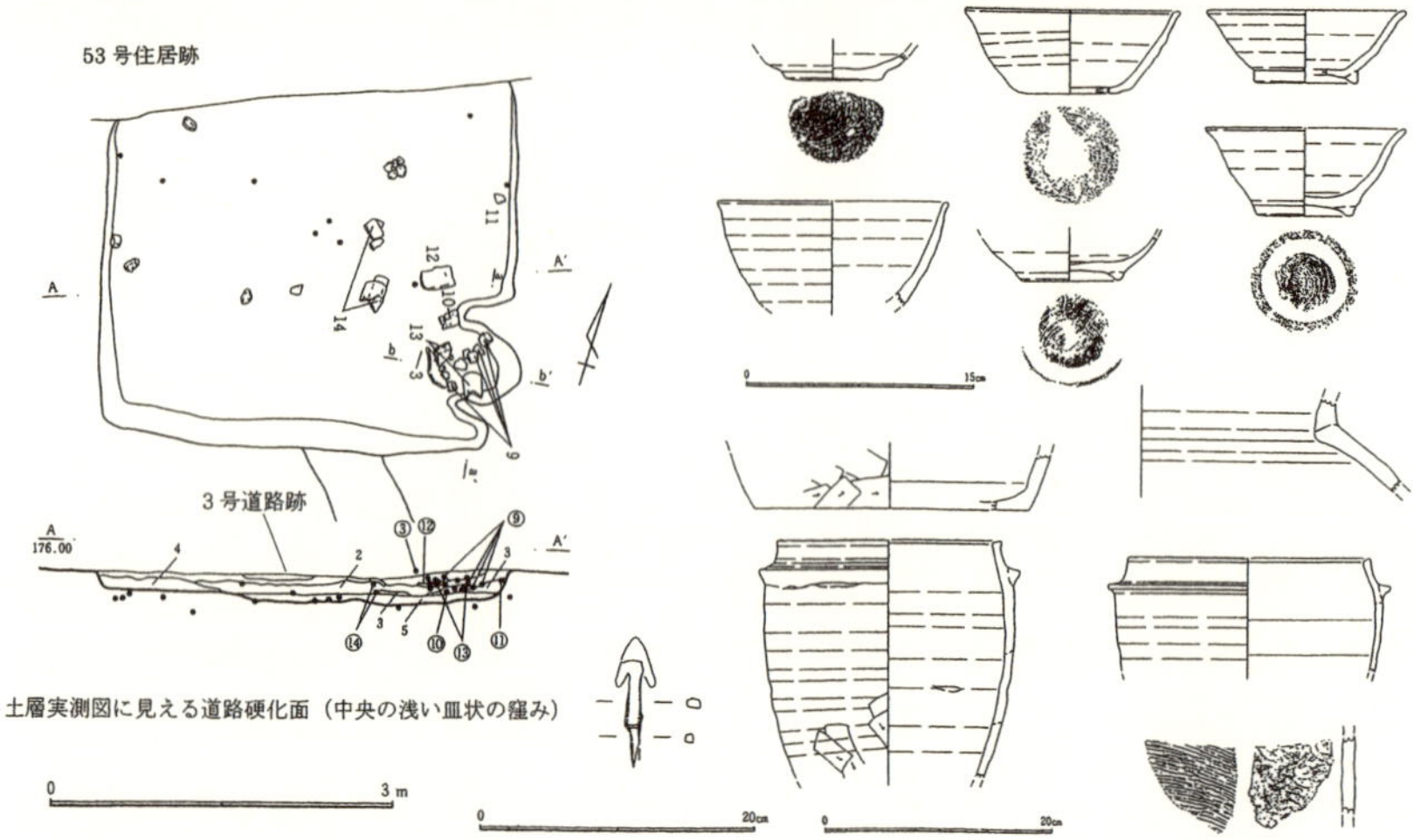

第24図　群馬県黒熊中西遺跡3号道路遺構と53号住居跡実測図・出土遺物（群馬県埋蔵文化財調査事業団1992を改変）

スと八号テラスのほぼ中間地点を目指して谷部を上ってくる位置取りとなる。そして、講堂の北方約二〇メートル付近の講堂正面で、八号テラスと切り合い関係になるが、一号道路遺構と合流し伽藍中枢部に取り付く。参道の規模は、最大長約四〇メートル、最大幅五〇～一二〇センチである。道路の硬化面は幅八〇センチで、側溝はない。この道路遺構の硬化面の幅と厚さは、一号道路遺構と同じく幅八〇センチ、厚さ一〇センチであることから、北西から上ってくる参道と考えられる。この参道は八号テラスの西側三～四メートル付近で道路痕跡が薄れることから、鍛冶炉五基が集中する専業鍛冶工房的な八号テラス（平場）が、道路遺構を壊す形で構築されていることを示しているとみられる。このことは、一号道路遺構が山岳寺院の存続期間中は参道として最後まで使われていたことと対照的に、三号道路遺構は、途中でその重要性が薄れてきた可能性を示唆する。そして八号テラスの鍛冶は、山岳寺院の創建期ではなく一定の時間を経た後に操業されたことを示す。仮にその時期を山岳寺院の拡張・補修期と呼べば、平地寺院と同じく山岳寺院においても、創建期で主要堂宇を造営し、その後に拡張や補修などを行なった時期があったとの見方ができる。

また三号道路北西部は、五三号住居と切り合い関係になり、五三号住居の埋土上層に三号道路遺構が作道されている。つまり、五三号住居が廃絶し埋没した後に、その埋土(覆土)を切って道路が構築されたため、硬化面ができたわけである。三号道路遺構は、竪穴住居より新しい時期の遺構となる。この竪穴住居は、谷部に単独で構築されていることが特徴でもあるが、竈が南東隅に構築され、床面直上や埋土中から須恵器羽釜・坏・高台付椀などが出土している。(5)黒熊中西遺跡五三号住居の土器群(羽釜など)は、神谷佳明によれば黒熊中西遺跡六期に区分され、灰釉陶器の年代観を参考にすれば大原二号窯式期とされた。(6)これは、猿投窯編年の折戸五三号窯式(O-53号窯式)に併行することから、一〇世紀前半の時期である。(7)竪穴住居の竈などからは、袖部などの構築材として半完形の軒平瓦・軒丸瓦が複数出土しており、また鉄鏃があることから、山口逸弘が他の竪穴出土の遺物組成とは性質が異なると述べるように、山岳寺院と同時期に構築された工人などの居住用竪穴の可能性がある。また、寺院の創建以降の一定期間を経た後まで存続していたとみられることから、参道と考えられる三号道路遺構は、創建時から遅れて作道されたものと考えてよい。

ここで注目すべき点は、鉄鏃が一点出土していることである。一つの解釈としては、土層に一時的な埋戻しの状況がみられないようであるが、参道を構築するために竪穴を強制的に廃絶させ、鉄鏃を用いた地鎮を行ってから埋戻して、その後に北西の谷部からの参道を造ったことが考えられる。古代寺院隣接地点における竪穴住居の強制的な廃絶と、鉄製品を用いた地鎮等の祭祀行為とみられる北関東における事例には、下野国分尼寺跡伽藍中軸線上の南方隣接地点における、八世紀中葉の竪穴住居の廃絶に伴う埋戻しと、その時に行なわれた竈の部分的な取り壊しの例がある。(8)この事例は、竪穴住居の床面中央付近に鉄製手鎌を置き、埋戻し埋土の中位に二分の一が遺存する鬼面文軒瓦の表面を上に向けて水平に埋置していたものである。黒熊中西遺跡五三号竪穴出土の鉄鏃は、主要堂宇の基壇造成に伴う鍛冶の操業などにおいて地鎮遺物として作られ、竪穴を廃絶させる時に埋納され、その上に参道が造られたとみることができる。それは、この竪穴住居が創建に伴う一時的な居住施設であったためである。このように三号道路遺構は、北側からの主要参道である一号道路遺構より後から作道された参道であると判断することができる。そして作道時期は、一一世紀前半までは下らず、遅くとも一〇世紀中葉頃か、または一〇世紀後半の中には収まると考えられる。

一〇号道路遺構は、一号道路遺構と同じく講堂（二号建物）に取り付くことと、一号道路遺構と同じ規模と硬化面をもつことから、北方から寺域中枢部に至る参道とみてよい。その北部には、中心的な参道である一号道路遺構に接続する部分がみられるが、発掘された道路北端部は北北東方向に延びる道が続いていることから、途中の崖で途切れるものの参道が北方から北東に続いていたことがわかる。残存する道路の最大長は約二〇メートル、最大幅は一〇〇〜一三〇センチで、硬化面を持つが側溝はない。道路遺構からは、瓦と土師器が出土している。この参道も講堂（二号建物）を目指して、山麓から上ってくる方向性を持つ。

また一〇号道路遺構では、路面上に鍛冶炉一基と土坑一基が隣接して構築されている。鍛冶炉は長軸三二センチ、短軸二五センチ、深さ六センチである。土坑は長軸六三センチ、短軸三六センチ、深さ一二センチで、鉄滓・羽口・炭化物が出土しており、これらのことから道路遺構が衰退または使われなくなった段階で、鍛冶の操業があったとみることができる。参道としての一〇号道路遺構上においては、鍛冶炉と鍛冶関連土坑が構築されていることから、鍛冶の操業が山林寺院終末期から廃絶期、または廃絶後にあったこととなる。

黒熊中西遺跡における鍛冶炉は、創建期の仏堂基壇上面や基壇の造成途上面にみられ、補修・拡張期には八号テラス（平場）での五基の鍛冶炉による専業工房的な在り方を経て、その後の山岳寺院終末から廃絶期頃にも、参道上においてさえ鉄器の生産などの鍛冶が行なわれたことになる。この時期の参道上での鍛冶の操業は、参道が硬化面を持つため硬い地面（地盤）の場所が選定されたとみることができる。

一一号道路遺構は、寺域内中央部の講堂と金堂に係わる東西方向の参道で、一号・一〇号道路遺構から続く道である。道の最大長は約一〇メートル、最大幅は一〇〇センチ以上で、金堂の北東斜面下では幅が四～五メートルの広場状の痕跡がある。また金堂西側では、二箇所に砂利が敷かれた状況が確認でき、幅約二・五～三メートル程度の砂利（バラス）敷きの通路があったものとみられる。一一号道路遺構は、本堂西側の斜面を登る坂道部分ではバラス敷きとなっていた可能性が高く、今後の資料精査が必要となる。

次に、寺域内通路についてであるが、四号道路遺構は二号建物（講堂）と一号建物を結ぶ全長約四六メートルのほぼ東西方向に延びる寺域内通路である。この道は、両建物間の谷部を等高線に沿って屈曲するように構築されており、標高一八八メートル付近の講堂から、標高一八四メートルの一号建物へと下る。作道方法は、山側を切土しているため路面が北側へ傾斜しており、道路の硬化面は明瞭ではなく参道ほどは使用頻度が高くなかったことを示している。この道路跡は、浅間B火山灰を含む褐色土に覆われ、須恵器と羽釜が出土した。一号建物は、長軸約一八メートル、短軸約六メートルの二号テラス（平場）に単層の盛土で構築された基壇を持つ礎石建物で、桁行三間・梁間二間の規模を持つ。基壇の周囲は、河原石で化粧（補強）される。一号建物の平場には南東隅に井戸があることから、居住施設的な性格が看取されよう。大澤伸啓によれば、僧坊の可能性があるとされ[9]、円面硯の出土も注目される。一号建物は、二号建物と四号道路遺構で結ばれることから、両者には強い関連性が看取され、創建時の主要堂舎である二号建物（講堂）とほぼ同時に構えられたと考えられよう。このことから、四号道路遺構は先に述べた三号道路遺構より先行する寺域内通路と考えられる。

七号道路遺構は、寺域中枢部北側に位置する八号テラス（平場）と、寺域内北西部に離れて造成された七号テラス

第4表　群馬県黒熊中西遺跡の道路遺構一覧表

遺構名	性格	作道時期(C)	使用期間(C)	作道位置による種類	位置	方向	作道方法	特徴	道でつながる堂宇など	最大長(m)	最大幅(cm)	最大深(cm)	硬化面の有無	硬化面の幅(cm)	硬化面の厚さ(cm)	断面形等	側溝の有無	遺構切合関係	出土遺物・覆土
1号道路遺構	参道	10前半	10前半～11前半	尾根道	寺域内中央部から北側の寺域外	南・北	—	北部は直線的,南部は屈曲的	2号建物と寺域外	50	100	10	有	60～80	10	浅い溝状	無	—	—
3号道路遺構	参道	10中葉～後葉	10中葉～11前半	谷道	寺域内北西部の谷部	北西・南東	—	屈曲的	寺域中央部付近と寺域外	40	50～120	10	有	80	10	溝状	無	53号住居が古い	須恵器(甕)
4号道路遺構	寺域内通路か	10前半	10前半～11前半	—	寺域内西部	東・西	山側は切土	湾曲的,堂宇間接続道	2号建物と1号建物	約46(1号・2号建物間)	60～200	—	明瞭ではない	—	—	路面が傾斜	無	—	須恵器(碗)・羽釜・浅間Bを含む褐色土
7号道路遺構	寺域内通路	10中葉～後葉	10中葉～11前半	—	寺域内北西部	東・西他に南北枝道	—	直線と屈曲	7号テラスと8号テラス	約20(枝道約10)	80～130	—	明瞭ではない	—	—	—	無	—	—
9号道路遺構	寺域内通路及び参道か	10前半	10前半～11前半	—	寺域内西部から寺域外の西方向	北西・南東	山側は切土	湾曲的	5号建物と西方寺域外及び2号建物	約30	50～80	—	部分的に有	—	—	路面が傾斜	無	—	浅間Bを含む褐色土
10号道路遺構	参道	10前半	10前半～11前半	(尾根道)	寺域内中央部	南・北	—	1号の東に並行して直線的	寺域内北部から2号・3号建物	20	100～130	—	有	—	—	—	無	—	瓦・土師器
11号道路遺構	参道	10前半	10前半～11前半	(尾根道)	寺域内中央部	東西と南北他に枝道	—	直線的か	寺域内中央部から2号・3号・4号建物	約10(東西)	100以上	—	—	—	—	—	無	—	—

＊本表は、『黒熊中西遺跡』(1)（群馬県埋蔵文化財調査事業団、1992年）を用い、性格・方向・特徴・側溝などの項目を追加して作成。（上野川2016）

（平場）を結ぶ東西方向の道である。規模は最大長約二〇メートル、最大幅約八〇～一三〇センチを示し、途中で北側の三号道路遺構に向かう枝道が分岐している。この枝道は、長さ約一〇メートルである。七号テラスは、平場上に少数の小穴（ピット）が確認されただけで遺構がないことから、著者は薗院の可能性を指摘したことがある。七号道路遺構は、講堂・本堂（金堂）と薗院・花苑院などの性格を持つ七号テラスを結ぶ寺域内通路として機能したと考えてよい。

九号道路遺構は、寺域内西部から寺域西方に延びる道であるが、五号建物北東部から東側に位置する二号建物へ続く道路遺構の痕跡も見つかっており、西方からの寺域内通路が伽藍中枢部に接続する形態となる。全長は約三〇メートル以上で、最大幅五〇～八〇センチである。構造は硬化面が部分的にみられ、四号道路遺構と同じく山側を切土しているため、路面が北側の谷に向かって傾斜し、路面は浅間B火山灰を含む土に覆われている。

このように黒熊中西遺跡における参道と寺域内通路は、一二世紀初頭の浅間B火山灰降下以前の遺構である。寺域内通路には、中枢部の仏堂二棟とそこから四〇～八〇メートル程離れた僧坊や薗院・花苑院という付属堂舎や付属施設を結ぶ役割があったとみることができる。参道は、構築場所からみれば尾根道と谷道に区分でき、その道の形状は直線的な部分や屈曲的な部分がみられる。

以上の遺構状況の中でも、三号道路遺構と五三号住居との新旧関係からは、この山岳寺院の造寺に関する幾つかの重要な点を指摘することができる。一つは五三号住居の遺物群が一〇世紀前半のものであることからみて、三号道路遺構は創建初期ではなく、早く見積もっても一〇世紀中葉頃に作道されたことになり、一〇世紀中葉から後葉の中で北西の谷部から上る参道が整備されたとみてよいであろう。つまりこの時点で、伽藍中枢部に参詣するための参道である一号道路遺構の他にも参道が必要とされ、単独で構築されていた五三号住居が廃絶させられ、そこに参道を通したということになる。

二つ目は伽藍中枢の本堂（三号建物）・講堂（二号建物）へ続く参道（一号道路遺構）は、中心建物と同時に作道され、創建のための平場の造成や仏堂建設にも使用されたとみることができ、その後に創建初期の参道となるわけであろうが、その時期は一〇世紀前半の中に収まることになろう。その時期を黒熊中西Ⅰ期とすれば、それに遅れて作道される三号道路遺構と、三号道路遺構から西方に分岐する七号道路遺構と薗院・花苑院とみられる七号テラス（平場）の造成などは、Ⅱ期という時期区分で捉えることができる。さらに、講堂である二号建物とセットになるように西方の同一標高に構築されている一号建物（僧坊）を結ぶ四号道路遺構は、寺域外からの参詣の道ではないので、寺域内通路と呼べるが、これは講堂と組むことからⅠ期の道路遺構とみてよいであろう。

このように黒熊中西遺跡では、道路遺構と竪穴住居の切り合い関係からみて、この山岳寺院の伽藍と参道・寺域内通路は、少なくとも二時期に区分できることが判明した。さらに、八号テラス（平場）における複数の鍛冶炉の操業が三号道路遺構の衰退に伴うものとみれば、北側中央からの参道である一号道路遺構が伽藍中枢部に対して最後まで機能していたのに対して、谷部にあたる北西部からの参道は、途中で衰退し参道の途中に専業鍛冶工房が操業されたとみることができる。その時期を仮にⅢ期とすれば、黒熊中西遺跡の創建から廃絶までの時期区分は三時期（Ⅰ期・Ⅱ期・Ⅲ期）となろうが、その検討は今後に残された課題でもある。黒熊中西遺跡では、参道と寺域内通路の検討から寺域内の遺構群が少なくとも二時期（Ⅰ期・Ⅱ期）に区分されることから、伽藍の造営も一度に全部が建立されたのではなく、静岡県大知波峠廃寺跡の創建から寺域の拡張が三時期に亙るように、黒熊中西遺跡における山岳寺院の造寺も類似する状況であったとみておきたい。

二　古代山岳寺院における参道と寺域内通路からみた伽藍と参道付属施設

ここでは北東日本の発掘調査事例の中から、大知波峠廃寺跡の寺域東部を画するとみられる盛土状遺構⑽とその周辺の通路遺構について検討し、あわせてその遺構状況と黒熊中西遺跡の参道・寺域内通路などとの類似性を指摘する。

この二遺跡は、著者が古代創建古代廃絶型（1類）という類型[11]を設定している山岳寺院遺跡の代表であり、一〇世紀前半に創建され一一世紀前半から中頃まで存続して廃絶した山岳寺院である。最初に、大知波峠廃寺跡の調査結果から、参道と寺域内通路の在り方を検討し、続いて現時点における北東日本の幾つかの古代山岳寺院の参道の在り方を示し、参道と寺域内通路について考える。

三河と遠江の国境の豊川道に沿って造られた山岳寺院である静岡県大知波峠廃寺跡では、寺域の東端に位置する盛土状遺構上面に礎石を持つ門が東向きに構えられることと、盛土状遺構の西部では寺域内へ通じる通路跡Aが土橋として構築されていることから、一一世紀前半にはこの場所へ東の谷部からの参道があったとみてよい（第一九図）。創建期以降一〇世紀代には、中心仏堂の前面に取り付くように通路遺構Bが構築されるなど、東側谷部からの道が継続的にあったことや、その後に寺域内の複数の仏堂が東面または南面する形態で山寺の拡張造成が行なわれていることなどから、寺域東側の隣接地には、谷道があったものとみることができる。

この遺跡において、創建期から終末・廃絶期までの間に、寺域東方を画する巨岩（盤石Ⅲ）の北側の谷部を上らせる参道が固定的に存在したであろうことは、黒熊中西遺跡における寺域北方から伽藍中枢にやや直線的に向かう一号道路遺構が創建以来終末期まで存続した在り方に類似する。大知波峠廃寺跡においては、一一世紀前半にはこの参道の延長上に、門と寺域内通路である通路遺構Aが構築されることとなる。なおこの盤石Ⅲは、谷を挟んだ北方の盤石Ⅱと対をなす門柱のように聳える。

大知波峠廃寺跡では、創建期にあたる一〇世紀前半に石垣を持つ仏堂（BⅠ）が造営され、その南側前庭部に付随して通路遺構Bが巨岩を崩して構築され、その後一一世紀前半になると寺域東部の谷の斜面に盛土状遺構が築かれる。盛土状遺構の構築方法は、切土と盛土を基本とするが、壁面に東西八メートル、南北三メートル、高さ三〇センチの護岸石垣を造り、やや傾斜するものの斜面でも持ちこたえられる平場を造成している。その平面形は四角形（長方形）であり、平場の規模は南北（長軸）一〇メートル、東西（短軸）九メートルである。

現在の豊川道は、寺域最北端の急斜面に造成された仏堂CⅠ東側からその南を通過し峠に至る。創建期頃には、標高三一〇メートル付近を等高線に沿って西に進み、寺域の東部を画する巨岩（盤石Ⅲ）の北側谷部から斜面を登り寺域内へ入るという経路で、その先に創建初期の石垣仏堂BⅠが構える構造となろう。創建期の通路遺構Bは、幅一・五メートル、長さ六・七メートルを示し、通路の東側に並行して排水溝を削り出している。続く一〇世紀中頃から後半の時期には、東面する仏堂Aへの道ができるとみられるが、北側の仏堂BⅠへの道も踏襲される。

一一世紀前半の通路遺構Aは門跡と同時期の遺構で、その規模は長さ四メートル、幅一・一メートル、高さ三〇センチの盛土で構築されており、土橋東側の谷部に面する部分には巨岩（長さ六〇～九〇センチ、高さ二〇～三〇センチ）を一段積みにし、西側にも石（長さ三〇センチ、高さ二〇センチ）を二段に積み上げ土橋の側面を補強するが、排水のための暗渠はない。通路遺構Aの構造は、道を狭くして寺域内中枢部と寺域外へ通じる区画としての平場の防御機能を高めた可能性がある。この場所は、外部からの侵入を防御する機能を持たせたものと考えることができる。

大知波峠廃寺跡におけるこの盛土状遺構の状況は、黒熊中西遺跡の八号テラスに平面形・規模・伽藍との位置関係・参道と通路の取り付き方が類似しているとみてよいだろう。黒熊中西遺跡では、先に触れたように八号テラス東側隣接地点は、伽藍中枢の講堂と金堂に通じる場所であり、重要な通過地点と位置付けることができる。八号テラス（平場）は参道に付随する位置取りであり、その造成時期を確定することは難しいが、三号道路遺構を壊して北方から上る参道と北西から上る参道の合流地点に、平場を造成した可能性も否定できない。

その構築方法は、斜面の上方にあたる平場の東側と南側を切土し、平場の崩落が認められる北西部に盛土を行なって造成している。つまり平場の北と西が土砂の埋め立て盛土により拡張され、切土と盛土によって平場がこの場所に造られた。平場の規模は東西一〇メートル、南北九メートルである。その平面形は不整四角形であるが、平場の北西部が東西約四メートル、南北約六メートルにわたり三角形に崩落しているため、平場の原形は四角形（長方形）である。この八号テラスでは山岳寺院の拡張・補修期に五基の鍛冶炉が操業された工房的な空間となっているが、その直前の時期までは専業工房ではない空間として機能したと考えた方がよいだろう。(12)

このように、黒熊中西遺跡の八号テラス（平場）と大知波峠廃寺跡の盛土状遺構は、伽藍中枢部の前面に構築された何らかの役割を持つ空間で、大知波峠廃寺跡のⅢ期に門が構築されたように、そこが重要な場所であったことから、寺の権威付けを狙う目的や、防御的な役割を持たせるなどのために、山岳寺院関連施設が置かれた地点とみることができる。黒熊中西遺跡では、八号テラスに五基の鍛冶炉が操業される時期には専業鍛冶工房的な空間であったが、それ以前の時期には、参道に付随する何らかの役割を担う空間であったとみることができる。

ここで取り上げた黒熊中西遺跡八号テラスと大知波峠廃寺跡盛土状遺構が構築された場所は、寺域の内部と寺域外部を区切る地点とみることができ、山岳寺院への出入り口的な要所でもある。黒熊中西遺跡では参道がこの場所を通り講堂から金堂へと至り、大知波峠廃寺跡では存続期間中は参道がこの場所を通過し、寺域内の各仏堂などに通じる要衝であった。なおこの二つの山岳寺院は、その伽藍配置が並列系の古代山寺であるという共通点もある。

また福島県流廃寺跡では、中心仏堂（SB〇一）の南西部に、石敷きの参道とされる遺構が確認されている。(13)この道は、七号平場（SB〇二）と八号平場（SB〇三）の建物へ連絡する道とされており、寺域内の通路遺構や参道などの調査が待たれる。この山岳寺院では、黒熊中西遺跡や大知波峠廃寺跡と同じように、伽藍中枢部の仏堂に谷部から上ってくる参道があることも想定され、また伽藍配置が黒熊中西遺跡と同じ並列系であることから、黒熊中西遺跡の一号道路遺構と三号道路遺構のような道路遺構が構築されていることも考えられよう。

考古学以外の分野からの伽藍と参道についての言及では、東からの尾根上の通路が想定されており、この道からみて、伽藍が東から西へ尾根上を一列に並ぶとの指摘[14]があるが、参道などの道路遺構が発掘調査で確定しているわけではないので、今後の検討課題となろう。ただし黒熊中西遺跡の九号道路遺構のように、流廃寺跡においても伽藍中枢付近と寺域外を結ぶ北東尾根や西方尾根上の道もあるのだろうが、北東尾根のように浸食が激しい痩せ尾根部分では、道路遺構の確認は難しいかもしれない。寺域内北東部の一三号平場に隣接する緩斜面などには、道路遺構と硬化面が遺存している可能性があろう。流廃寺跡では、伽藍中枢部の主要堂宇は地形に多少の影響を受けるためすべて正しく南面しているわけではないが、全体には南の谷部に向かって構えられた並列的な伽藍配置とみることができよう。堂宇は、尾根直下と尾根上に位置することなどから何時期かにわたり造営[15]されたとされ、並列系伽藍配置の大知波峠廃寺跡に類似するような画期を持つのであろう。

三　結語

以上のように、黒熊中西遺跡の発掘調査では、一〇世紀から一一世紀の山岳寺院の参道と寺域内通路の作道方法には、切土と盛土を用いた造成技法があった。また三号道路遺構と竪穴住居の切り合い関係は、道路遺構の作道時期が少なくとも二時期に区分できることを示している。これらの道路遺構の時期区分をⅠ期・Ⅱ期とすれば、Ⅰ期の遺構には一号・四号・一〇号・一一号道路遺構が該当し、Ⅱ期の道路遺構には三号・七号道路遺構が属することになる。なお九号道路遺構では、講堂(一号建物)と五号建物を接続する部分がⅠ期になり、五号建物から西方に延びる部分が

Ⅱ期となろう。こうしたことから黒熊中西遺跡における伽藍の造営も、参道と寺域内通路と組み合うように伽藍が少なくとも二時期に建立された可能性が高く、これは同時期の大知波峠廃寺跡がⅠ期からⅢ期に変遷することに類似する。

黒熊中西遺跡は、山岳寺院におけるⅡ類並列系の典型であり、寺域内通路に道路硬化面ができるなど、寺域内の往来が相当頻繁であったとみられる。寺域内南西部の九号道路遺構は、尾根近くを西方へ延びていたものとみられ、西方尾根頂部の庚申山地区が黒熊中西遺跡と何らかの関連を持つ可能性があり、道路遺構が山岳寺院の伽藍や寺域内外との係わりを解明する重要な遺構であることが指摘できる。

一〇世紀から一一世紀前半の山岳寺院遺跡では、黒熊中西遺跡と大知波峠廃寺跡において、伽藍中枢部の前面において、切土と盛土により造成された平場や盛土状遺構となる平場区画の構築があった。両遺跡における平場の規模は、長軸約一〇メートル、短軸約九メートルという共通する数値を示し、これは平場の規模が約三丈四方であることを示唆する。これらの平場は、参道から寺域内へ入る場所における何らかの小規模な施設と考えることができ、その場所が寺域の内外を区分する要所であったことを示す。大知波峠廃寺跡では、一一世紀前半にはこの場所に山麓を見下ろすような形で東面する門が構えられた。

大知波峠廃寺跡では、伽藍中枢部がコの字状の建物配置をみせ、隣接する斜面には東西南北の方位に合わせた建物群が標高をそろえて建立されており、著者の古代山岳寺院の伽藍類型ではⅡ類「並列系配置型」とした。これは岩手県国見山廃寺跡のように、広範囲の山腹斜面などに堂塔を点在させるⅢ類「散在系配置型」ではないことが特徴の一つであり、大知波峠廃寺跡中枢部の建物配置は、Ⅳ類「コの字・L字系配置型」の石川県三小牛ハバ遺跡の伽藍配置に通ずるものとみられる。大知波峠廃寺跡は、遠江国府が関与した山林寺院であるという見方があり、このことからコの字・L字系伽藍配置の山寺遺跡の一群が古代官衙建物配置の影響を受けた可能性が一層強まったとみてよいであろう。古代山岳寺院には、仏堂などの建物配置を方位に合致させた一群が存在し、現時点ではそれは九世紀から一一世紀中頃に存続した古代創建古代廃絶型（1類）の遺跡にみられるということが言えそうである。

次にⅠa類「縦列系分散型」の代表である愛知県大山廃寺跡[16]では、伽藍の上方尾根上にある塔跡への参道があったはずである。大山廃寺跡では八世紀から一一世紀の掘立柱建物が伽藍中枢部に複数確認されており、この場所から尾根に沿って現道が存在し、標高一八〇メートルの中枢部から、標高二〇八メートル付近の塔まで山道がある。掘立柱建物群から塔への距離は、約一〇〇メートル以上であり、現道下に古い時期の道路遺構が埋もれているか、または尾根道や谷道が作道されていると考えることができる。

Ⅰb類「縦列系集中型」の茨城県山尾権現山廃寺では、発掘調査の結果から仏堂と塔の前面に門の遺構が確認されており[17]、参道がそこに取り付くものとみられる。講堂を含めた伽藍中枢部は、並列系のように平場を横方向に点在的に展開することがなかったために、寺域内の通路は発達しなかった。縦列系集中型の福島県慧日寺観音寺跡でも門があり、斜面下からの参道が取り付くものと想定されるが、その参道が南斜面を屈曲して登ってくるのか、あるいは西側斜面から南に廻り込んで門に取り付くのかなどは、今後の発掘調査により判明すると考えられる。道路遺構が確認される場合は、硬化面の有無を慎重に調査する必要がある。Ⅲ類「散在系配置型」の国見山廃寺跡では、広範囲に点在する堂塔への参道や寺域内通路が発達して、通路網を構成している可能性があろう。Ⅳ類「コの字・L字系配置型」の明寺山廃寺は、先に触れたような方位を揃えた小規模な寺域の中に堂宇を集中させているために、寺域内通路は発達しなかったとみられる。

北東日本を代表する古代創建古代廃絶型（1類）の山岳寺院である黒熊中西遺跡と大知波峠廃寺跡の発掘調査からは、

以上のような道路遺構が考古学的に確定されており、それをもとに参道と寺域内通路とそれに付随する平場と盛土状遺構について検討してきた。それらをまとめてみれば、次のような諸点を指摘することができよう。

黒熊中西遺跡の一号・三号・一〇号道路遺構は、路面としての硬化面を持ち、幅は一メートル以上の参道である。これは、山岳寺院の北方尾根部と北西谷部から伽藍中枢に至る参道である。特に、一号・三号道路遺構の硬化面は厚さ一〇センチであり、長期間にわたり継続して使用された道路遺構である。黒熊中西遺跡の九号道路遺構は、幅が五〇～八〇センチと参道より狭く、また硬化面が部分的にあることから、参道ほどは頻繁な往来はないがそれに準ずる道路遺構である。

大知波峠廃寺跡においては、一一世紀前半に中枢部の東側前面の谷部から入る参道に付随する盛土状遺構（平場）に東面する門が構えられ、北方への土橋による通路遺構が構築される。黒熊中西遺跡と大知波峠廃寺跡におけるこのような参道と平場の在り方は、一〇世紀後半頃から一一世紀前半において、山岳寺院の中枢部に入る直前の平場の重要性が増加してきたものと考えられる。その背景には、平場を傾斜地に新たに造成し門などを構えることにより、参詣者への視覚的効果をも兼ねた山岳寺院の権威付けをねらう目的や、一〇世紀中葉に起きた戦乱に起因して、山寺の防御性を高めたとも考えることができる。

この他の北東日本における幾つかの古代山岳寺院の参道について、簡単に触れておきたい。静岡県宇志瓦塔遺跡（伝真萱寺跡）は、平地寺院と山岳寺院の在り方を考える重要な遺跡[18]であることは間違いないが、古代交通路などから北に延びる細長く屈曲する谷を遡った隠された空間の狭い斜面に立地することが特徴である。瓦塔出土地点は、標高一二〇～一三〇メートルの山腹中位斜面に四段程度の階段状平場が造成された小規模な山寺とみられる。その上方の尾根部の岩場に離れて展開する観音堂跡（伝真萱寺跡）の平場群は、瓦塔出土地点と造営時期が多少異なるとしても、宇志瓦塔遺跡自体は古期山林修行の場所としての性格が看取され、古代には二地点からなる山林寺院[19]があったのであろう。瓦塔出土地点の平場前面に参道が直線的に遺存している可能性も想定されるが、尾根端部が急斜面となることから、その部分の参道は尾根の側面に取り付いて谷部から上ってくるのであろう。

また石川県浄水寺跡では、Ⅱ期とされる一一世紀前半から一二世紀の時期に、中枢部の礎石建物への参道が造成された（第八八図）。この参道は全長約二一メートルにわたり直線的に検出されており、芯々距離が約二～二・七メートルの両側溝を持っている[20]。路面幅は約一・四～二メートルを示し、調査区内では全長約四〇メートルの参道となろう。造成方法は、西側の緩斜面を切土して深さ一八センチ程度の側溝を掘り、路面は平坦に整えられている。参道造成時期には、八世紀前半の祭祀が行われた湧水地点が平場の造成で埋められるが、古代墨書土器祭祀があった三号溝と大溝も多分埋められて参道が造られたとみられる。一一世紀前半には、寺域中心部に懸造りの仏堂とされる礎石建物（桁行五間・梁間四間）が創建され、その後一二世紀後半に掘立柱建物へと変遷するが、参道はこの中枢部に取り付くものである。参道の側溝断面形態は逆台形を示し、古代道路遺構の系譜を引くことと、中心仏堂の正面に向かうことなどから、古代末期の一一世紀前半の参道と考えられる。

以上のように、群馬県黒熊中西遺跡の発掘調査で確定されている参道と寺域内通路について、伽藍中枢への参道の取り付き方・道路遺構の作道方法・道路遺構規模・硬化面の有無・側溝の有無・寺域内堂舎間の通行の痕跡を検討し、主要伽藍と周辺平場の関係や伽藍配置などについても考えた。そして黒熊中西遺跡においては、道路遺構と竪穴住居の切り合い関係の検討から、山岳寺院の造寺が少なくとも二時期となることが判明した。また黒熊中西遺跡における参道に隣接する平場は、静岡県大知波峠廃寺跡の寺域東部を画する盛土による平場区画の在り方に類似することを示し、一〇世紀前半創建の並列系伽藍配置を持つ山岳寺院における一〇世紀から一一世紀前半の参道に付随する平場の形態や機能について考察してみた。

註

（1）時枝　務「参道」『仏教考古学事典』坂詰秀一編　雄山閣　二〇〇三年
（2）須田　茂・小林　徹・鹿沼英輔『黒熊中西遺跡（一）』群馬県埋蔵文化財調査事業団　一九九二年
発掘調査報告書に記載されている道路遺構は、合計二二六メートルであるが、本文では七号道路遺構から北へ延びる枝道を約一〇メートルと捉え、合計二三六メートルとする。
（3）時枝　務「山岳寺院の造営技術」『季刊考古学』一〇八号　雄山閣　二〇〇九年
（4）上野川勝「仏堂と諸施設」『季刊考古学』一二二号　雄山閣　二〇一二年
（5）山口逸弘「第Ⅱ章　遺跡と遺物　第一節　黒熊中西遺跡五三号住居跡」『黒熊中西遺跡（二）』群馬県埋蔵文化財調査事業団　一九九四年
（6）神谷佳明「第Ⅲ章　成果と問題点　一、出土土器について」『黒熊中西遺跡（一）』群馬県埋蔵文化財調査事業団　一九九四年
（7）齊藤孝正「東海地方の施釉陶器生産―猿投窯を中心に―」『古代の土器研究―律令的土器様式の西・東3―　施釉陶器の生産と消費』古代の土器研究会　一九九四年
（8）上野川勝「山王遺跡」『中井遺跡・山王遺跡』栃木県国分寺町教育委員会　一九九四年
（9）大澤伸啓「発掘された平泉以前の東国寺院」『兵たちの極楽浄土』高志書院　二〇一〇年
（10）後藤建一『大知波峠廃寺跡』同成社　二〇〇七年

(11)　上野川勝「山林寺院」『季刊考古学』九七号　雄山閣　二〇〇六年

(12)　上野川勝「古代山林寺院における鍛冶炉と鍛冶工房の考古学的分析―上野・黒熊中西遺跡と越前・明寺山廃寺の発掘遺構から―」『唐澤考古』三三号　唐沢考古会　二〇一三年ａ

(13)　畠山信一・藤田直一・岡田茂弘・水野正好・時枝　勉・荒木　隆・松田隆嗣・小林　啓・高橋信一『流廃寺跡』福島県棚倉町教育委員会　二〇一一年

(14)　浜島正士「流廃寺の建築と伽藍配置」『流廃寺跡』福島県棚倉町教育委員会　二〇一一年

(15)　時枝　務「古代東北の山寺と山林仏教」『日本仏教綜合研究』一一号　日本仏教綜合研究学会　二〇一三年

(16)　山中敏史・中嶋　隆ほか『大山廃寺発掘調査報告書』小牧市教育委員会　一九七九年

(17)　真壁町史編さん委員会「Ⅱ　山尾権現山廃寺」『真壁町史料　考古資料編Ⅲ―古代寺院遺跡―』真壁町　一九八九年

(18)　松井一明「遠江・駿河の山林寺院（静岡県）」『佛教藝術』三一五号　毎日新聞社　二〇一一年

(19)　後藤建一「第六節　山林寺院」『静岡県の古代寺院・官衙遺跡』静岡県教育委員会　二〇〇三年

(20)　柿田祐司『小松市浄水寺跡』石川県教育委員会・石川県埋蔵文化財センター　二〇〇八年

第三節　古代山林寺院における鍛冶炉と鍛冶工房
―黒熊中西遺跡と明寺山廃寺の発掘遺構から―

一　視点

本節では、古代山林寺院である群馬県黒熊中西遺跡①と福井県明寺山廃寺②の鍛冶炉と鍛冶工房と鍛冶炉に隣接する土坑について、その分析を考古学的に行なう。つまり、発掘調査報告書の記載事実を熟読し解釈することで、山林寺院の創建と造営における鍛冶の操業についての実態をあぶりだす。それは、鍛冶炉・鍛冶工房・鍛冶関連土坑について、その構築位置・形状・規模・土層記録を分析して、古代山林寺院遺跡における鍛冶の操業位置を確認し、新たな視点を提示する。その作業は、次の手順によって進める。

一、発掘調査で確定している遺構を確認し、遺構の特徴を微視的に分析する。ここでの考古学的分析は、当然のことながら当時の調査者の見解とは異なる認定となる場合がある。

二、事実に基づき、遺構の考古学的な考察を行なう。東日本各地で発掘調査された古代鍛冶炉・古代鍛冶工房との比較から、現時点で判断できる各種鍛冶遺構の性格を記す。

三、黒熊中西遺跡と明寺山廃寺の古代鍛冶操業の在り方を考古学的に分析した結果から、古代山林寺院における鍛冶の操業形態を新たに類型化することを試みる。

現時点では、東日本における古代山林寺院遺跡の鍛冶関連調査では、黒熊中西遺跡と明寺山廃寺の二遺跡だけが、遺跡において鍛冶がどのように操業されたかを考古学的に検討できる資料を提示している。両遺跡の発掘調査報告書では、客観的な遺構観察の記録が公刊されており、貴重な資料として高く評価できる。その他の山林寺院遺跡では、遺構と遺物の全容が判明していない場合が多い。

二　黒熊中西遺跡の鍛冶炉と鍛冶工房の考古学的分析

群馬県黒熊中西遺跡では、東西に伸びる標高約一七五～二〇〇メートル付近の尾根の北斜面に山林寺院の建物群が高低差を持ちながら東西に連なり、一〇世紀前半から一一世紀前半まで存続した。主要仏堂二棟を中心にして、基壇建物跡や瓦塔基壇などと推定される遺構が東西に弧状に連なるが、僧坊とみられる平場が北西にやや離れて位置することから、現時点では並列系分散型の伽藍配置と分類した(3)。

黒熊中西遺跡の中心仏堂である三号礎石建物は、ほぼ遺跡中央部に位置し、方位に合致する主軸を持ち、東西五間×南北四間(一〇・五×八・四メートル)の四面庇の礎石建物で、基壇を持つ。二号礎石建物より高位に位置することなどから、金堂(本堂)と考えられている。この遺構の基壇上面からは、鍛冶炉一基と鍛冶工房一棟が発掘された。鍛冶炉は基壇の中央部に位置し、長軸一一〇センチ、短軸八〇センチ、深さ約八センチで、楕円形を呈する。鍛冶炉内からは羽口と鉄滓が出土しており、鍛冶炉と確定できる。発掘調査報告書の平面実測図には、点線で南北約六〇センチ、東西約四〇センチ程度の楕円形の遺構が表示されており、鍛冶炉に伴う土坑があったことも想定できる。鍛冶炉の北側からは石が多数(一〇数点か)出土しており、鉄床石《かなとこいし》の破片と考えられよう。

三号礎石建物の鍛冶炉は、先に示したような大形の規模をもつことから、単なる鍛造鉄製品を造った鍛冶の工程だけではなく、本遺跡に外部から持ち込んだ鉄素材の精錬などをも兼ねた鍛冶炉であった可能性が高い。またこの遺跡では、山麓に隣接する集落の古い鉄製品や鉄片を再利用して、鉄製品を造ったことも考えられる。三号礎石建物の鍛冶炉の操業からは、この本堂基壇が真っ先に構築されたことを暗示させるが、そのことは平地寺院の国分寺における金堂などの堂宇の造営順序に類似する可能性を示す。黒熊中西遺跡では、本堂を始めとする当面の建造予定の建物の鉄製品を、ここでまとめて精錬から鍛造までの工程を行なったことを表す遺構の可能性があろう。

また三号礎石建物の大形の鍛冶炉の規模は、八号テラスの通常規模の鍛冶炉群が、円形で長軸一五～三七センチ、短軸二三～三〇センチの範囲にあることと比較すれば、鍛冶炉規模の相違は歴然としている。

次に、三号礎石建物の鍛冶炉の周囲には掘立柱建物が確認されており、古代遺跡における鍛冶炉に伴う竪穴ではない上屋遺構として貴重な調査事例といえよう。掘立柱建物は、東西二間×南北一間(三六〇×一八〇センチ)で、柱穴は五～四〇センチである。これは鍛冶工房の覆屋であるが、南西と南には柱穴がないことから南西方向に開口するような構造であったとみることもできる。この鍛冶工房の操業時期は、一〇世紀前半に基壇が構築された後で、三号礎石建物が建築される以前の創建期の時期とみてよい。この時期に大形の鍛冶炉が操業されていることは、山林寺院の造寺に伴う鍛冶は、その造営計画の手順に確実に入っていたことを示すことになろう。この鍛冶遺構は、古代山林寺院の創建時における鍛冶の操業示す北東日本の一事例として貴重である。

二号建物は、三号礎石建物の西側に位置し、主軸が北北西にやや傾き、桁行が三号礎石建物より大きいことなどから講堂とみられている。規模は、東西五間×南北四間(一一・一×八・四メートル)で、三号礎石建物と同じく基壇を持つ四面庇の礎石建物である。発掘調査報告書では「鍛冶状遺構」として報告されているが、報告文からみれば次の諸

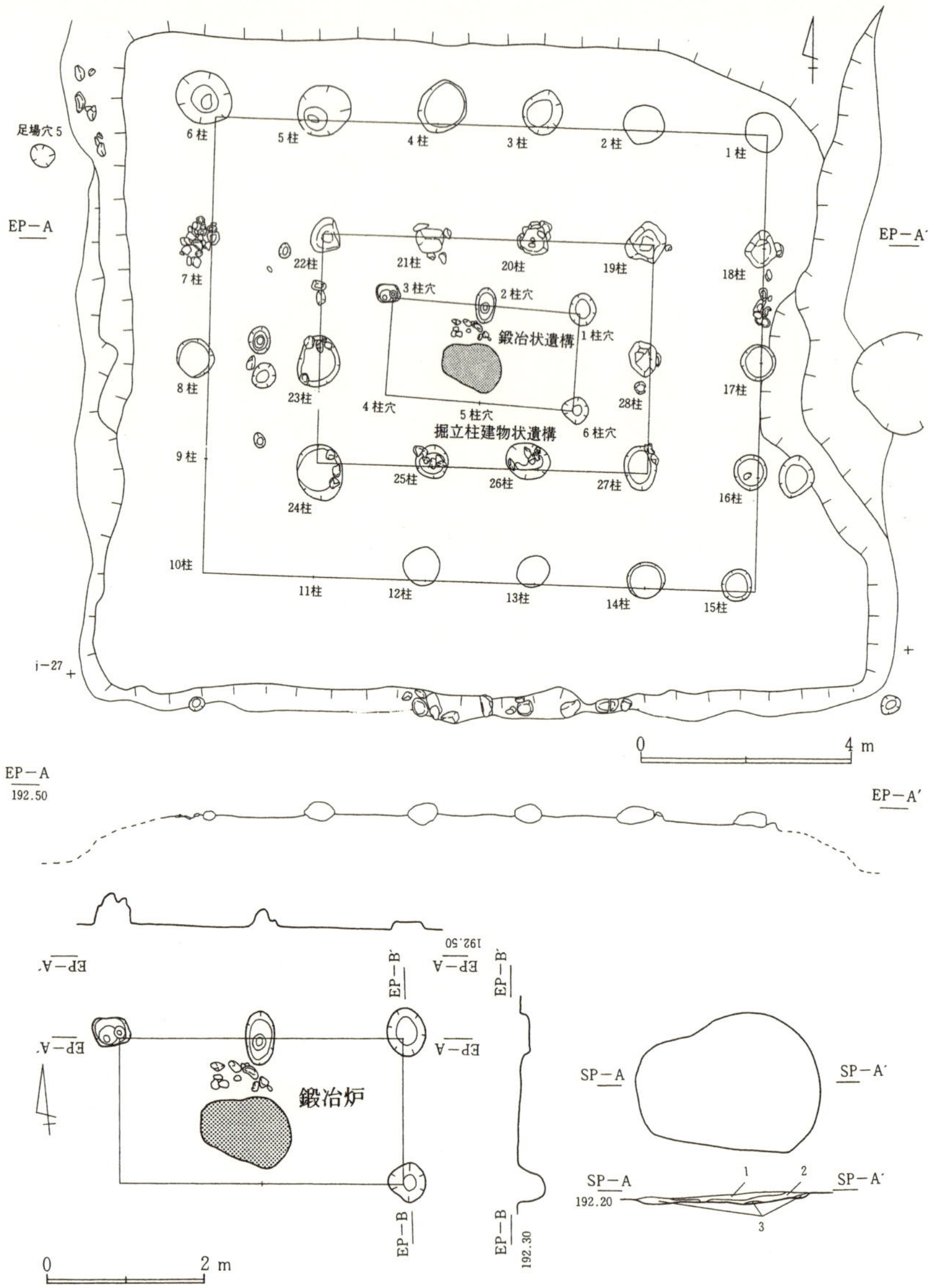

第 25 図　群馬県黒熊中西遺跡 3 号建物跡鍛冶炉と鍛冶工房実測図（群馬県埋蔵文化財調査事業団 1992 を改変）

点において鍛冶の操業があったとみてよい。

①基壇北西部の東西に隣接する二基の円形土坑から羽口が二点出土していること。②直径約八〇センチの掘り込みから、一〇～三〇センチの石が一一個出土しており、周囲に炭化物が多量に散布していると報告されているが、直径約四〇センチ程度の円形土坑が二基連なるようにもみられる。これは鍛冶炉に付属する土坑か、または多量の炭化物があることから、三号礎石建物の鍛冶と同じ性格の遺構の可能性があること。③本遺跡の五号礎石建物においては、基壇上の西部に円形の鍛冶炉が二基あり、掘り方の長軸が四〇センチと三二センチであるから、これに類似する鍛冶炉が二号建物跡にも構築された可能性があること。

この鍛冶遺構は、二号建物の盛土内に構築されていることから、基壇の造成途中にその上面において鍛冶の操業を行ない、鉄製品などを製造したこととなる。そしてこの遺構は、その特徴からみて精錬工程を含む大形の鍛冶炉、または鍛錬工程を主にする鍛冶炉とそれに付属する土坑、またはそれらが複合する鍛冶炉の遺構と考えることができる。

五号礎石建物は、遺構の北部と北西部が発掘調査区域内で調査され、全体の約三分の一程度の様子が判明している。鍛冶炉は基壇上に二基が構築され、基壇下には一基が確認され、合計三基での鍛冶があった。一号・二号鍛冶炉は、基壇上の西部にほぼ南北に約一メートルの距離をおいて隣接するように構築されており、一号鍛冶炉では南東側に楕円形の土坑が付随し、二号鍛冶炉では東側に楕円形の土坑がある。五号礎石建物の鍛冶炉の規模は、八号テラスの鍛冶炉の規模とほぼ同じで、鍛造工程を主にする鍛冶炉であろう。また二基の鍛冶炉は、五号礎石建物の基壇上面に構築されていることから、三号礎石建物の基壇上面の鍛冶炉と同じく、基壇完成後に鍛冶の操業があったとみてよい。ただし三号礎石建物の鍛冶は、精錬工程を含む鍛冶であったことに対して、五号礎石建物跡の鍛冶は鍛錬工程を主とする鍛冶炉であったとみたい。なお、中心仏堂である三号礎石建物跡(本堂)で生産された鉄素材が、五号礎石建物の鍛冶炉に持ち込まれて、鉄製品に鍛造されたことも想定できよう。

二号・三号・五号礎石建物の三棟は、遺跡中央部にやや弧状を描くように並列することから、この三基の基壇上と基壇下に構築された四基の鍛冶炉と二基の土坑は一群を構成する可能性があろう。なおこの一群に対しては、八号テラス（平場）の五基の鍛冶炉と五基以上とみられる土坑群を別の一群と考えることができる。

五号礎石建物一号鍛冶炉は、鍛冶炉本体の平面形が円形で直径約三〇センチである。二号鍛冶炉は平面形が円形で、直径約二〇センチである。二号鍛冶炉の土層説明には、一層暗褐色土に「青色の粘質土を混入する」と、二層暗赤褐色土に「褐色土が弱く焼けている」と記載されている。これは、鍛冶炉の炉壁または炉底の粘土が青灰色に高温で還元し、その一部の粘土が一層に含まれていることを示し、また二層が高温になった鍛冶炉からの熱を受けて赤く変色していることを示す。このことから二号鍛冶炉は、その炉底の一部が残存していることを示し、炉の本体は消失している。しかし、鍛冶炉の本体は青色の還元状態を示していることから、相当の高温になっていたことがわかる。なお二号鍛冶炉は、粘土によって鍛冶炉本体を構築している可能性が高いが、通常の鍛冶炉の在り方と異なる点はない。

これに対して、一号鍛冶炉も土層説明からみて、炉底がわずかに残存しているにすぎない。土層説明には、一層が「粉状の炭」と記載されており、二層に「焼土層　赤く焼けている」と記載され、これは一層が鍛冶炉の炉底に炭化物が敷かれていたことを示す。そして二層は、二号鍛冶炉と同じく高温になった鍛冶炉からの熱を受けて赤く変色していることを示している。このように五号建物跡の鍛冶炉は、炉の構造が異なる二種類の鍛冶炉であった。

なお三号鍛冶炉は、発掘調査報告書では、遺構実測図の注記に「鉄滓はみられずさびた鉄片の散布もみられないことから鍛冶炉とはみられない」との記載があるが、土層の注記に「一層　粉状の炭化物」「二層　焼土層」との記載があり、これは炭化物が敷かれた鍛冶炉の炉底がわずかに残存しているものとみられることから、ここでは鍛冶炉と

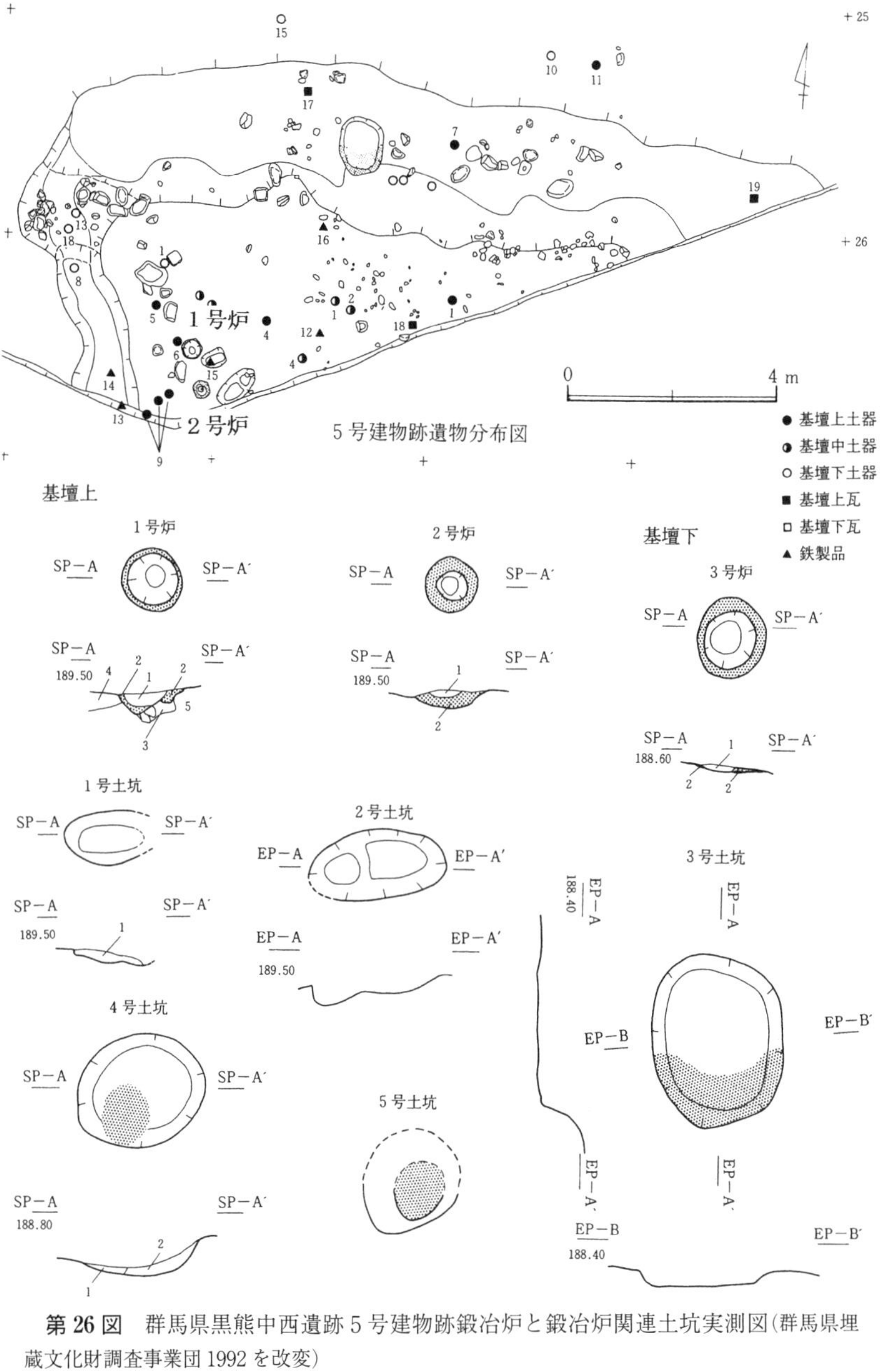

第 26 図　群馬県黒熊中西遺跡 5 号建物跡鍛冶炉と鍛冶炉関連土坑実測図(群馬県埋蔵文化財調査事業団 1992 を改変)

して扱う。五号礎石建物の三基の鍛冶炉に伴う土坑は、第5表に示してあるとおりで、一号鍛冶炉には南東側に隣接して楕円形の土坑が構築されており、土坑からは鉄製品が出土している。二号鍛冶炉では、東側に楕円形の土坑が隣接している。一号・二号土坑からは、「鉄滓が詰まるような形で出土」(引用)していることから、鍛冶炉と土坑のセットで鍛冶作業が繰り返されていたことがわかる。また平面実測図には、一号鍛冶炉の南南西に隣接するように四〇センチ程度の大きな石があり、これが鉄床石なのであろう。なお鍛冶炉に伴う土坑は、一般には深さが二〇～四〇センチ程度のものが多く見受けられ、一号・二号土坑が七センチの深さを示すことは、上部がかなり消失しているとみてよい。

八号テラス(平場)は寺域の中央北部の斜面にあり、中心仏堂である二号・三号礎石建物跡の北側に位置する。平場の上面には、一号鍛冶炉から五号鍛冶炉がやや弧状を呈するが、東西に連なるように平場の西部に構築されている。八号テラスの形状は不整四角形であり、東西一〇メートル、南北九メートルである。北西部の縁辺に一号鍛冶炉があることは不自然であるから、平場の北西部が崩落して、原形を留めていない平場である。北から一号道路(参道)が八号テラスへ取り付き、西からは三号道路(参道)が来ている。

テラス北部の焼土は、どのような性格のものか不詳であるが、テラスの土層実測図によれば、平場の全面に鉄滓・土器・焼土・炭化物を含む六層が広がっている。テラス北部の焼土は、長軸(東西)約一〇五センチ、短軸(南北)約六〇センチで、平面形は隅丸長方形を呈する。この焼土が精錬鍛冶炉のような性格を持っていた可能性は否定できないだろうが、その性格を断定することは現時点ではできない。八号テラス六層の上位には、浅間B軽石(天仁元年(一一〇八))を主体とする黒褐色土が堆積し、山林寺院と同時期の鍛冶遺構である。

一号鍛冶炉からは、鉄滓・炭化物が出土し、二号～五号鍛冶炉からも炭化物が出土しており、その形状・規模・土層・出土遺物などからみて鍛冶炉と確定できる。五基の鍛冶炉は、その本体が長軸一五〜三七センチ、短軸二三〜三〇センチの範囲にあり、平面形が円形の一般的な鍛冶炉とみてよい。鍛冶炉に伴う土坑は、第5表に示してあるとおりで、黒熊中西遺跡では的確かつ精密な鍛冶調査がなされているので、ここに遺構の検証ができる。これは、鍛冶関連遺構の調査に精通した調査員が的確な記録をしていることを示しており、現在までの日本の山林寺院研究の一つの模範事例として評価できよう。

五基の鍛冶炉に隣接する土坑は、鍛冶の操業に伴って排出される鉄滓などを掻き出したりして処理するための土坑である。本遺跡では、平面形が楕円形のものが四基で、もう一基は不整円形と報告されているが、通常の鍛冶炉に伴う楕円形の土坑とみてよい。その長軸は五二〜一〇〇センチの範囲にあり、短軸は四五〜八五センチの範囲である。この数値は、通常の鍛冶炉に伴う土坑の大きさより若干大きい数値も含まれるが、特に問題はない。一号鍛冶炉に伴う土坑は七号土坑であり、鍛冶炉の南側に構築されている。二号鍛冶炉に伴う土坑は八号土坑であり、南東に構築されている。両土坑ともに「鉄滓をやや多く混入する」との土層注記があり、通常の鍛冶炉に伴う土坑からの鉄滓の出土状況を示しているとみてよい。三号鍛冶炉に伴う土坑は、二号鍛冶炉と共通する八号土坑とみられ、一基の土坑に対して、二基の鍛冶炉がほぼ同時か若干の時間差をもって操業されたことを示す。四号鍛冶炉に伴う土坑は三号土坑であり、鍛冶炉の西南西に構築されている。五号鍛冶炉に伴う土坑は九号土坑とみられ、鍛冶炉の西側に構築されている。このように、一号〜三号鍛冶炉の土坑は鍛冶炉の南側に構築されているのに対して、四号・五号鍛冶炉の土坑は西側にある。

また鍛冶炉の並び方は、一号から三号が東西にほぼ等間隔にやや弧状を描いて構築されているのに対して、四号と五号鍛冶炉は他の三基とはやや東に離れる位置取りで、二基は南北に隣接する状況である。このように微視的にみる

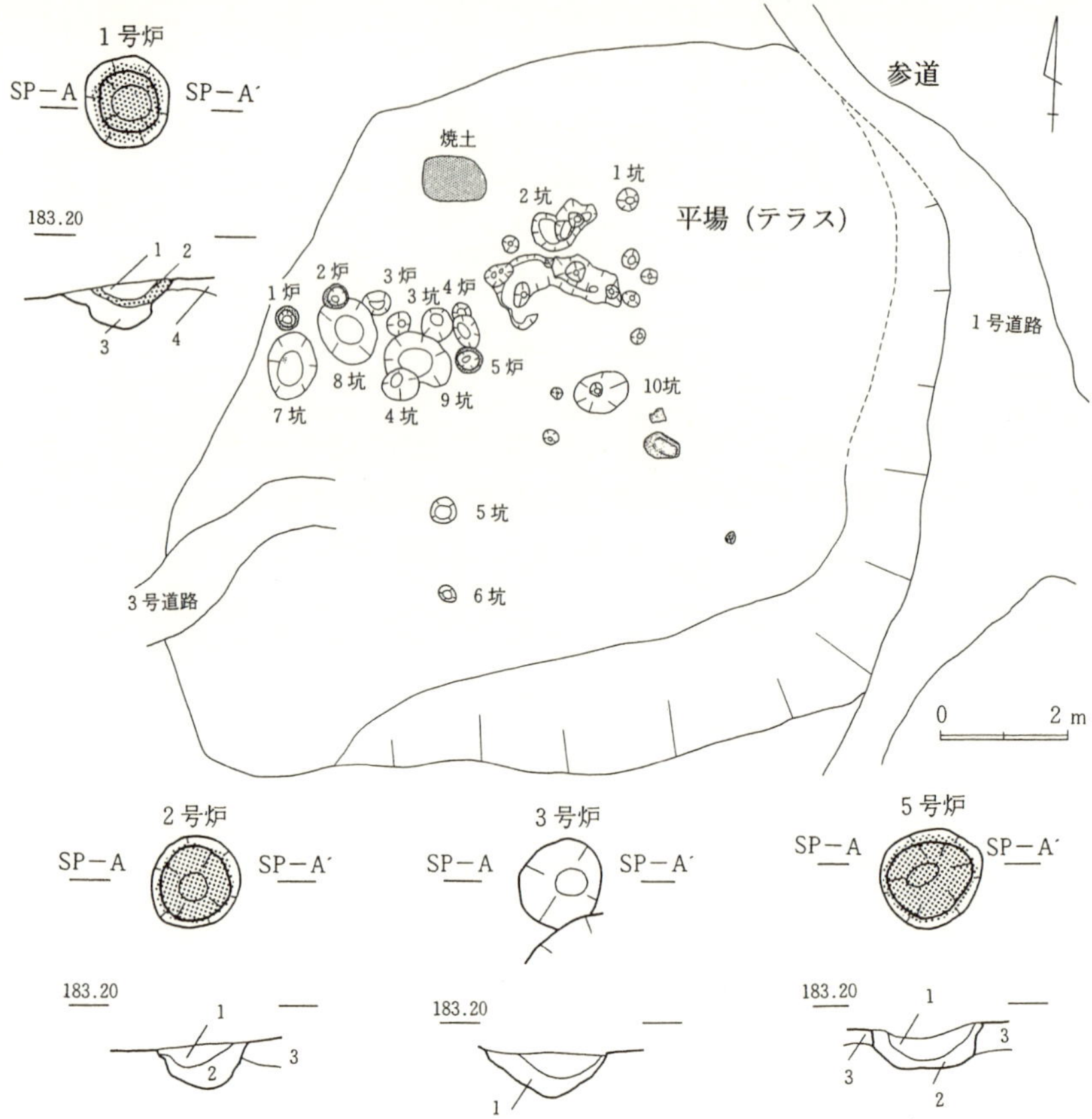

第 27 図　群馬県黒熊中西遺跡 8 号テラス鍛冶炉実測図（群馬県埋蔵文化財調査事業団 1992 を改変）

と、鍛冶炉群は二群に分かれるとみてよいだろう。つまり、一号～三号の三基の西群に対して、四号・五号の二基は東群として区分できる。この二群の在り方は、時間的な長短は不詳ながら二時期の操業があったことを示唆する。

　八号テラスの平面形は不整円形であるが、北西部に位置する一号鍛冶炉と土坑は平場の端部にあり不自然な構築場所である。このことは、平場西部が崩落し鍛冶の操業時代の地形が変形しているものとみられる。つまり、一号鍛冶炉の西側には、当時は二～三メートル程度の平場があったと推測してよい。そこには遺構はなかったのだろうが、八号テラスの原形は長方形だったとみられ、通常の古代山林寺院の平場と同じ平面形態であったと考えられる。

八号テラスの五基の鍛冶炉は、その本体の深さが五～八センチであり、これは鍛冶炉の下半部や炉底部が残っているものである。鍛冶の作業面は、報告書に記載されているとおり六層下とみられることから、六層に含まれる鉄滓・炭化物・焼土・土器は、五基の鍛冶炉の操業に伴い、その都度造り直された鍛冶炉の炉壁や生成された鉄滓等とみてよい。つまり、五基の鍛冶炉の操業に伴う炉の構造物や鉄滓や使用した土器類などが、六層を形成したものである。その六層は平場の南東部の一部を除いてテラス（平場）のほぼ全面に分布しており、鍛冶炉五基の操業によく対応する状況を示している。これらの状況から、八号テラス（平場）は専業鍛冶工房としての性格を持つ平場であった時期があったと考えられる。なお八号テラス（平場）は、創建当初は北と西からの参道が交わる辻的な場所であったが、その後に寺院の補修等を目的にして新たに工房的な場所として五基の鍛冶炉が操業された可能性が高く、このことはさらに慎重に検討される必要がある。

黒熊中西遺跡においては、山林寺院の参道の路面上にも鍛冶炉と鍛冶関連土坑が構築されている。寺域の北方から中枢部である講堂（二号建物）と本堂（三号建物）につながる一〇号道路遺構は、南北方向の参道とみられる。参道の幅は一〇〇～一三〇センチで、その路面上の中央部に鍛冶炉一基が構築され、鍛冶関連土坑一基が北東約六〇センチに隣接する。鍛冶炉は、直径二五～三二センチの楕円形の平面形を呈し、炉床に炭化物を敷く構造である。鍛冶関連土坑は、長軸六三センチの土坑で、深さは一二センチと浅い。土坑からは鉄滓・羽口・炭化物が出土しており、この場所で鍛冶の操業があったことを示す。この場所は、主要な参道である一号道路遺構の東に並行するように通る参道であることから、道路が使われなくなった段階で鍛冶の操業があったとみることもできる。この場所での鍛冶は、山林

出土遺物	時期（C）	性格	遺構の特徴・炭化物等	鍛冶炉構築位置による類型区分
羽口2点鉄製品10数点	10前半	鍛冶の操業	基壇北西部から羽口が出土　炭化物多量散布	基壇造成途上面鍛冶炉構築型
羽口　鉄滓	10前半	鍛冶炉と工房	鍛冶炉に伴う土坑があったか　石が出土	基壇上面鍛冶炉鍛冶工房構築型
―	10前半	鍛冶工房	東西2間×南北1間の掘立柱建物	
―	10前半	鍛冶の操業	1号土坑が付随（鉄滓多量）	基壇上面鍛冶炉構築型
―	10前半	鍛冶の操業	2号土坑が付随（鉄滓多量）	
―	10前半	鍛冶の操業	鍛冶炉の基底部が残存	
鉄滓多量	10前半	鍛冶関連土坑	土坑に鉄滓が詰まる	
鉄滓多量	10前半	鍛冶関連土坑	土坑に鉄滓が詰まる	
鉄滓炭化物	10後半〜11前半	鍛冶の操業	5基の鍛冶炉が東西に連なる工房的平場	平場上面鍛冶炉構築型
炭化物	10後半〜11前半	鍛冶の操業	5基の鍛冶炉が東西に連なる工房的平場	
炭化物	10後半〜11前半	鍛冶の操業	5基の鍛冶炉が東西に連なる工房的平場	
―	10後半〜11前半	鍛冶の操業	5基の鍛冶炉が東西に連なる工房的平場	
炭化物	10後半〜11前半	鍛冶の操業	5基の鍛冶炉が東西に連なる工房的平場	
鉄滓多量	10後半〜11前半	鍛冶関連土坑	鍛冶炉とセットになり，南に隣接する大形の土坑	
鉄滓多量	10後半〜11前半	鍛冶関連土坑	鍛冶炉とセットになり，南に隣接する大形の土坑	
鉄滓多量	10後半〜11前半	鍛冶関連土坑	鍛冶炉とセットになり，南に隣接する大形の土坑	
鉄滓	10後半〜11前半	鍛冶関連土坑	鍛冶炉とセットになり，西に隣接するの土坑	
鉄滓	10後半〜11前半	鍛冶関連土坑	鍛冶炉とセットになり，西に隣接する大形の土坑	
―	11前葉〜中葉頃	鍛冶の操業	道路遺構廃絶頃に操業か鍛冶関連土坑が付随	（寺域内参道上）
羽口　鉄滓炭化物	11前葉〜中葉頃	鍛冶関連土坑	鍛冶炉とセットになり，北に隣接する土坑	
―	―	―	―	―

第5表　群馬県黒熊中西遺跡の鍛冶炉・鍛冶工房・鍛冶関連土坑一覧表

遺構名	遺構内番号等	鍛冶炉の基数等	鍛冶炉等の位置	平面形	長軸(cm)	短軸(cm)	深さ(cm)
2号礎石建物	—	1	基壇北西部(盛土中)	円形～楕円形か	約80	約80	—
3号礎石建物	鍛冶炉	1	基壇の中央部	楕円形	110	80	約8
	掘立柱建物	—	掘立柱建物の中央部	—	360	180	5～40の柱穴
5号礎石建物	1号鍛冶炉	1	基壇上西部	円形	40（32）	36（31）	18（7）
	2号鍛冶炉	1	基壇上西部	円形	32（22）	32（18）	11（4）
	3号鍛冶炉	1	基壇下	円形	50（36）	43（33）	11（2）
	4号土坑	1号鍛冶炉関連土坑	基壇上西部	楕円形	—	32	7
	2号土坑	2号鍛冶炉関連土坑	基壇上西部	楕円形	85	40	7
8号テラス(平場)	1号鍛冶炉	1	平場西端	円形	35（23）	35（23）	18（8）
	2号鍛冶炉	1	平場西端	円形	37（31）	35（30）	17（9）
	3号鍛冶炉	1	平場西部	円形	35（32）	31（30）	17（9）
	4号鍛冶炉	1	平場西部	円形	43（15）	—(—)	12（5）
	5号鍛冶炉	1	平場西部	円形	45（37）	40（30）	11（8）
	7号土坑	1号鍛冶炉関連土坑	平場西端	楕円形	100	75	14
	8号土坑	2号鍛冶炉関連土坑	平場西端	楕円形	86		15
	8号土坑	3号鍛冶炉関連土坑	平場西端	楕円形	86	85	15
	3号土坑	4号鍛冶炉関連土坑	平場西部	不整円形	52	45	15
	9号土坑	5号鍛冶炉関連土坑	平場西部	楕円形	100	77	7
10号道路遺構	鍛冶炉	1	路面上中央部	楕円形	32	25	6
	土坑	—	路面上東部	楕円形	63	36	12
合計	—	鍛冶炉11	—	—	—	—	—

＊(　)内は遺構本体の数値　他の数値は掘方の数値　（上野川2013aを一部改変）

第5表は、発掘調査報告書記載の遺構計測数値を用い、計測数値がないものについては実測図から計測した数値(「約」が付いている数値)を用いて作成した。5号建物跡鍛冶炉の欄の数値は、掘方の規模を示し、(　)内には遺構本体(報告書では「炉床」と記載)の数値を転記した。5号建物跡3号炉は、「鉄滓はみられずさびた鉄片の散布もみられないことから鍛冶炉とはみられない」との注意書きがあるが、焼土層があり形態と規模からみて鍛冶炉の底部がわずかに残存しているものとみられるので、ここでは鍛冶炉として扱う。5号建物跡の4号土坑(円形・80×70センチ)・5号土坑(不整円形・約70×60センチ)の2基が鍛冶関連の可能性ありとの指摘がある。鍛冶炉に関連して隣接する土坑は、「関連土坑」として表記した。

寺院の終末期・廃絶期から廃絶後に操業されたものである。

三　明寺山廃寺の鍛冶炉と鍛冶工房の考古学的分析

福井県明寺山廃寺は、九世紀前葉から一〇世紀第1四半期に存続した遺跡である。中心となる堂舎と仮設的な建物等が南北方向の尾根上の平場に造営されており、この中心平場の北西端に独立して一基の鍛冶炉（小鍛冶炉・SK九五〇一）が構築されている。また鍛冶炉を伴う竪穴状の掘り込みを持つ遺構（壇状遺構・SX八二〇三）[4]は、南北に細長い不整長方形の鍛冶工房とみてよい。

この山林寺院では、本堂の南西隣接地点にあたる中心平場の北西端部において、鍛冶炉（SK九五〇一）一基が操業されている。その規模は、長軸八〇センチ、短軸七二センチで、楕円形を呈するやや大形の鍛冶炉である。鍛冶炉内からは、鉄滓・炉壁・須恵器（盤）・多量の炭化物が出土しており、鍛冶炉であることが確定できる。この遺構は、発掘調査報告書にあるとおり、鍛冶炉の炉床下部が残ったものと判断され、鍛冶炉出土の須恵器は九世紀第3四半期の遺物である。

この鍛冶炉は、主要仏堂とみられる礎石建物（SH九五〇一）の南西に隣接するように約五メートル離れて位置し、平場から斜面にかかる場所に建立された掘立柱建物（SH九五〇四）からは約三メートル離れて構築されている。この鍛冶炉と次に触れる鍛冶工房は、これらの建物の創建から造営に係わる遺構であることは確実である。斜面下位に位置する鍛冶工房は、この鍛冶炉とほぼ同時期の九世紀中頃に操業されており、鍛冶工房とこの鍛冶炉がセットで機能したかどうか等は今後の検討に待ちたい。

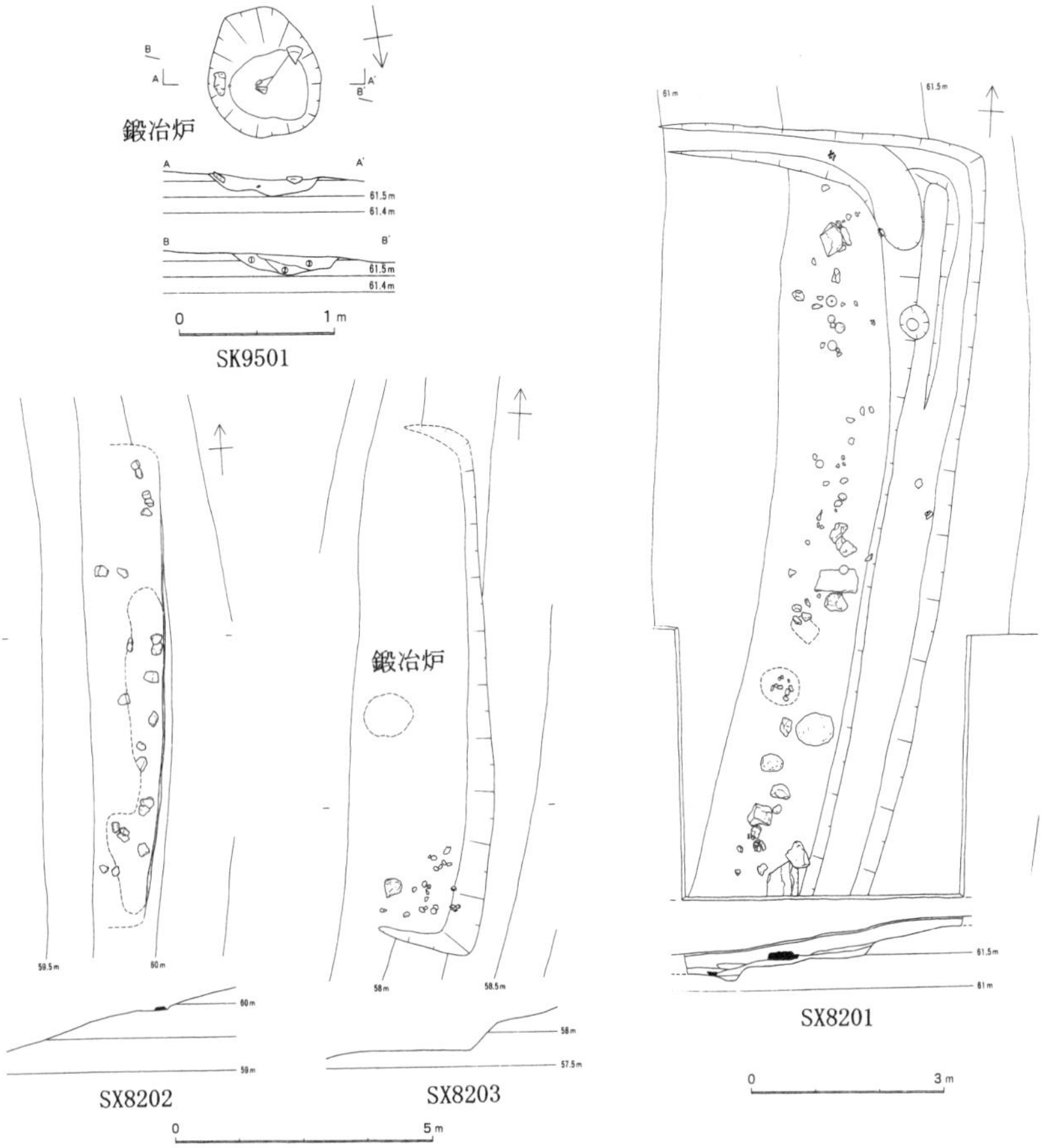

第 28 図　福井県明寺山廃寺鍛冶炉と鍛冶工房等実測図（清水町教育委員会 1998 を改変）

ここで検討する鍛冶工房（SX八二〇三）は、発掘調査報告書では「壇状遺構」として報告されている遺構である。中心平場の北西斜面に構築されており、工房の全体規模は不詳であるが、鍛冶炉が中央部付近に構えられているとみてよい。鍛冶工房は、礎石建物とその平場から約四～五メートル下方の斜面に礎石建物（仏堂）や各種建物と同じ方位に揃えて構築されており、計画的な配置を窺わせる。工房の平面形は不整長方形で、長軸が七・四五メートルとやや長大なことが特徴

第 6 表　福井県明寺山廃寺の鍛冶炉・鍛冶工房等一覧表

遺構名	遺構内番号等	鍛冶炉の基数	工房・鍛冶炉の位置	平面形	長軸(cm)	短軸(cm)	深さ(cm)	出土遺物	時期(c)	性格	遺構の特徴・焼土・炭化物の状況等	鍛冶炉構築位置等による区分
鍛冶工房 SX8203	—	1	中心平場北西斜面下	不整長方形	745	215以上	40	鉄製品破片(鉄素材・鉄屑)・土器	9c 第 2 四半期〜第 3 四半期	鍛冶工房	斜面を削り出して遺構構築。中央部付近に 77×63cm の焼土があり固くよく焼けている	竪穴専業鍛冶工房型
鍛冶工房 SX8203 の鍛冶炉	—	—	工房内中央東寄り	楕円形	77	63	—	—	9c 第 2 四半期〜第 3 四半期	鍛冶炉	中央部の 77×63cm の焼土が鍛冶炉	—
鍛冶炉 SK9501	—	1	中心平場北西部	楕円形	80	72	15	鉄滓・炉壁・鍛造鉄滓・炭化物・須恵器(盤)	9c 第 3 四半期	鍛冶炉	鍛冶炉内から鉄滓・炉壁・須恵器(盤)・多量の炭化物が出土	平場上面鍛冶炉構築型
壇状遺構 SX8201	—	—	中心平場北西斜面下	長方形か	1130	505以上	70以上	墨書土器(「寺」2 点)・須恵器坏・礫	10c 第 1 四半期	工房か(鍛冶工房か)	遺構内東側に 60×28cm, 63×60cm の焼土があり固くよく焼ける	—
壇状遺構 SX8202	—	—	中心平場斜面下	長方形か	720	75以上	4	15〜20cm の礫	10c 第 1 四半期	工房か(鍛冶工房か)	平坦面の 2/3 が焼土　覆土に炭化物を多く含む	—
壇状遺構 SX8204	—	—	中心平場北西斜面下	長方形か	480以上	40以上	32	—	—	工房か(鍛冶工房か)	SX8201 より古い遺構か	—
合計	—	2	—	—	—	—	—	—	—	—	—	—

(上野川 2013a)

第 6 表は、発掘調査報告書記載の遺構計測数値を用いて作成した。SX 8201(壇状遺構)の2 箇所の焼土は、その規模と特徴がSX 8203(鍛冶工房)の鍛冶炉と類似することから鍛冶炉とみてよいだろう。廃棄場所A群からは「椀形滓」「鍛造鉄滓」が出土しており、この遺跡での鍛冶の操業を確定できる。

である。工房の中央部付近の床面には、長軸七七センチ、短軸六三センチの固くよく焼けた焼土があり、これが鍛冶炉とみてよい。遺跡全体の中では、中心仏堂の西側斜面下に鍛冶工房が構えられたことになる。鍛冶炉は工房内の東寄りに構えられているとみられ、工房の西半分は斜面の崩落のため遺構が消失している。この鍛冶炉では、その規模からみて精錬鍛冶と鍛錬鍛冶の両方を行なった可能性があろう。出土遺物には鉄素材や鉄屑とされる鉄製品破片があることから、報告書に記載されているとおり鉄素材を持ち込んで鍛冶を行なっているとみられる。

　また黒熊中西遺跡の基壇上の掘立柱建物鍛冶工房の操業からみると、明寺山廃寺においても、山林寺院の創建期には鍛冶工房を操業したことが考えられる。しかもこの鍛冶工房は、竈を持つ竪穴住居に付随する鍛冶炉ではないとみられることから、専業鍛冶工房であったと考えられ、鍛冶の知識と技術を持つ工人が山林寺院の創建に係わっていることを示すといってよい。

なお本堂西斜面下には、壇状遺構とされる長方形の工房的な遺構が三棟あり、ＳＸ八二〇一（壇状遺構）とＳＸ八二〇二（壇状遺構）はそれぞれ長軸が一一・三メートルと七・二メートルというように長大な遺構であり、専業鍛冶工房（ＳＸ八二〇三）を含むこれらの遺構群は、明寺山廃寺の性格の一端を示している可能性がある。特にＳＸ八二〇一（壇状遺構）の遺構内東側には、長軸六〇センチ、短軸二八センチと、長軸六三センチ、短軸六〇センチの二箇所の焼土があり、固くよく焼けているという特徴は鍛冶工房（ＳＸ八二〇三）の鍛冶炉の規模と特徴に類似することから、ＳＸ八二〇一（壇状遺構）も大形の鍛冶工房の可能性がある。

このＳＸ八二〇一（壇状遺構）の時期は、一〇世紀第１四半期であり、先に触れた鍛冶炉と鍛冶工房が操業された九世紀中頃とは異なる時期である。明寺山廃寺においては、一〇世紀段階の堂舎や山林寺院の活動内容は、かならずしも明瞭ではないようであるが、ＳＸ八二〇一（壇状遺構）が鍛冶工房であるならば、山林寺院の創建期と終末期に鍛冶の操業があったこととなり、明寺山廃寺の性格を大きく特徴付けることとなろう。

明寺山廃寺では、古代氏族である佐味氏がその造営に係わったとの見方がある[5]。佐味氏は、土地の開発等に大きな力を持っていたとされ、八世紀中頃以降には、文献に複数の佐味氏一族の名前がみえるという。佐味氏が「沙弥《しゃみ》」に起因するかどうかは不詳ではあるが、越前国丹生郡の有力氏族として、八世紀代からの土地の開発に係わるには鉄製の道具類が必要であったはずである。古代有力氏族などは、山林原野の開拓に必要な鉄製品の製造などに関する鍛冶の技術は、自前で保持していたことも十分に考えられよう。その点において、明寺山廃寺の鍛冶炉と鍛冶工房と壇状遺構の持つ意味は大きい。明寺山廃寺は、古代山林寺院において鍛冶の操業があったことが確定された北東日本で数少ない遺跡として、貴重な資料を提示している。

四　古代山林寺院寺域内における鍛冶操業形態の類型

以上のように、黒熊中西遺跡では古代山林寺院内の次の場所から鍛冶炉が検出されており、鍛冶の操業があったことが確定できる。

㈠　礎石建物基壇上面
㈡　礎石建物基壇内
㈢　平場上面

ここでは、鍛冶炉の構築位置からみた鍛冶の操業形態を考える。三号礎石建物の鍛冶炉と鍛冶工房は、「基壇上面鍛冶炉鍛冶工房構築型」と呼称すべき鍛冶の操業形態である。二号礎石建物の基壇盛土内に構築されている鍛冶遺構は、基壇の造成途中にその上面で鍛冶を行なっていることから、「基壇造成途上面鍛冶炉構築型」と呼ぶべき鍛冶の操業形態である。五号建物跡の鍛冶炉は、「基壇上面鍛冶炉構築型」と呼称すべき鍛冶の操業形態である。八号テラス（平場）の鍛冶炉群は、「平場上面鍛冶炉構築型」と呼ぶべき鍛冶の操業形態である。

三号礎石建物と八号テラス（平場）での鍛冶は、専業鍛冶工房としての性格を持つ時期があったとみてよいだろう。ここでは、これらの山林寺院寺域内での各種鍛冶の操業形態を「黒熊中西型鍛冶」と捉えておきたい。また八号テラス（平場）の鍛冶炉は、一号〜三号鍛冶炉と四号・五号鍛冶炉の二群に分かれ、二時期の操業があった。しかしその時間差は、大きくないと考えられる。黒熊中西遺跡の創建から廃絶の間に行われた鍛冶は、ここでは次のような時期区分を考えておきたい。

一期　山林寺院創建期

三号礎石建物の鍛冶炉と鍛冶工房

二号礎石建物の鍛冶炉

五号礎石建物の鍛冶炉と土坑

二期　山林寺院の造営・補修期

八号テラス（平場）の一号〜三号鍛冶炉と土坑

八号テラス（平場）の四号・五号鍛冶炉と土坑

また、三号・二号・五号礎石建物の鍛冶の操業は、山林寺院の寺域内の主要仏堂の基壇上や基壇隣接部で行なわれており、これは上野国分寺跡伽藍地内で九世紀後半から一〇世紀前半にあった鍛冶操業の在り方に類似するとみてよい。なお、黒熊中西遺跡の瓦の年代について、九世紀前半までその年代観を遡らせる見解が出されたが⑹、土器類の再検討がなされていない現状から、ここでは従来からの年代観を用い、一期は一〇世紀前半、二期は一〇世紀後半から一一世紀前半としておきたい⑺。

この黒熊中西遺跡とほぼ同時期に、上野国内では宇通遺跡において鍛冶の操業があった。礎石建物跡Dの基壇北部において、羽口と鉄滓類が出土しており、また遺跡内の各所において鍛冶炉と羽口が出土しているとの記載⑻があり、その実態は不詳であるが、鍛冶の操業があったことは確実である⑼。

福井県明寺山廃寺では、中心仏堂とみられる礎石建物の西側斜面下に、竪穴の専業鍛冶工房型が一基構築され、また中心仏堂の南西に隣接する平場上に鍛冶炉が一基操業された。この鍛冶炉と鍛冶工房は遺構として確定できるもので、時期が判明している鍛冶遺構として貴重である。明寺山廃寺では、「竪穴専業鍛冶工房型」鍛冶と「平場上面鍛冶炉構築型」鍛冶の二種類の鍛冶がある。明寺山廃寺の「平場上面鍛冶炉構築型」鍛冶は、鍛冶炉が一基と単数であるが、鍛冶炉が五基ある黒熊中西遺跡八号テラス（平場）と同じく、平場上面に鍛冶炉を構築する。鍛冶工房（ＳＸ八二〇三）は、明寺山廃寺の山裾に展開する平安後期の集落遺跡である鐘島遺跡の存在からみて、一般集落にみられる竈を持つ竪穴住居での鍛冶ではないとみられることから、竈を持たない「竪穴専業鍛冶工房型」（「専業鍛冶工房型」）鍛冶といってよいだろう。

東日本の丘陵や山地の遺跡でこうした竪穴の専業鍛冶工房が構築されたことは、発掘調査事例からも知られている。(10)山林寺院における竪穴専業工房での鍛冶の操業をここでは、「明寺山廃寺型鍛冶」と仮称しておきたい。

以上のように、黒熊中西遺跡と明寺山廃寺における山林寺院寺域内の鍛冶操業形態の分類を類型としてあえて提示すれば、下記のような類型設定が可能である。

山林寺院鍛冶操業形態１型
　基壇上面鍛冶炉鍛冶工房構築型　〔概念依拠例　黒熊中西遺跡三号礎石建物〕
山林寺院鍛冶操業形態２型
　基壇造成途上面鍛冶炉構築型　〔概念依拠例　黒熊中西遺跡二号礎石建物〕
山林寺院鍛冶操業形態３型
　基壇上面鍛冶炉構築型　〔概念依拠例　黒熊中西遺跡五号建物〕
山林寺院鍛冶操業形態４型
　平場上面鍛冶炉構築型　〔概念依拠例　黒熊中西遺跡八号テラス（平場）・明寺山廃寺鍛冶炉（ＳＫ九五〇一）〕

山林寺院鍛冶操業形態5型

竪穴専業鍛冶工房型〔概念依拠例　明寺山廃寺鍛冶工房（ＳＸ八二〇三）〕

なお発掘調査においては、掘立柱建物等の上屋遺構が検出されない場合などは、1型が3型に区分される場合もあろう。この類型に関しては、群馬県宇通遺跡の礎石建物Ｄからの鍛冶遺物の出土状況が、上記3型の基壇上面鍛冶炉構築型となるのかどうかの検討が必要となる。宇通遺跡では寺域内の各所から鉄滓等が出土しているとの報告があり、山林寺院の寺域内で鍛冶の操業がどのような形態であったのかという課題がある。これは、古代上野国分寺の伽藍地内で操業された鍛冶との比較資料となる。

また、文中で触れた鍛錬鍛冶と精錬鍛冶の区別は、通説では鉄滓の肉眼判別では困難とされ、金属学的な分析からの説明が必要とされる。ここでは著者が各地で調査・報告した事例や、各種機会に知見した古代鍛冶工房・鍛冶炉の発掘事例や、製鉄炉に付随した鍛冶工房・鍛冶炉をはじめとする遺構群や遺物出土状況や炭化物出土状況などの調査経験を基にして、黒熊中西遺跡と明寺山廃寺における鍛冶炉とその操業状況を発掘調査報告書の記録をもとに検討し、新たな視点を提示したものである。

今後は、鍛冶遺構の出土遺物の分析をもとに、これらの遺跡の鍛冶を調べる必要があろうが、遺物からみた鍛冶が今回の遺構からみた鍛冶と相違する部分が出るかもしれない。しかしそれは、古代山林寺院の造寺に伴う鍛冶の在り方をより深く研究する材料となろう。黒熊中西遺跡等における古代山林寺院内における、創建から廃絶に至る間に操業された鍛冶の在り方は、今後さらに検討される必要があろう。

註

（1）須田　茂・小林　徹・鹿沼英輔『黒熊中西遺跡（一）』群馬県埋蔵文化財調査事業団　一九九二年

（2）古川　登・善端　直・白川　綾・松山和彦・田中伸卓・奥谷博之・佐藤　豊『越前・明寺山廃寺』福井県清水町教育委員会　一九九八年

（3）上野川勝「仏堂と諸施設」『季刊考古学』一二一号　雄山閣　二〇一二年b

（4）古川ほか註（2）前掲書

（5）田中伸卓「V　考察　8　丹生群の古代氏族と郷について」『越前・明寺山廃寺』福井県清水町教育委員会　一九九八年

（6）須田　茂「黒熊中西遺跡の古代寺院遺構」『群馬文化』三〇四号　二〇一〇年

（7）高島英之「第四節　刻書砥石―群馬県吉井町黒熊中西遺跡出土の元慶四年銘砥石を中心に―」『古代出土文字資料の研究』東京堂出版　二〇〇〇年

（8）石川克博「宇通遺跡」『群馬県史　資料編二　原始古代第二』群馬県史編さん委員会　一九八六年

（9）上野川勝「上野国・下野国の山岳寺院（栃木県・群馬県）」『佛教藝術』三一五号　毎日新聞社　二〇一一年

（10）上野川勝・茂木孝行・穴澤義功・大澤正己・鈴木瑞穂『大志白遺跡群発掘調査報告書―古代・中近世編―』栃木県河内町教育委員会　二〇〇〇年

参考文献

穴澤義功「古代東国の鉄生産」『古代東国の産業』栃木県教育委員会　一九九四年

穴澤義功「用語解説（1）」『鉄関連遺物の分析評価に関する研究会報告』日本鉄鋼協会社会鉄鋼工学部会　二〇〇五年

国立歴史民俗博物館『日本・韓国の鉄生産技術（調査編1・調査編2）』一九九四年

【付記一】

石川県小松市浄水寺跡出土の鍛冶関連遺物では、第三章第一三節に遺物観察表が掲載され、羽口が五点報告されている（石川県教育委員会・石川県埋蔵文化財センター『小松市浄水寺跡』二〇〇八年）。その五点のテラス名と出土地点の概要は、次のとおりである。報告No.三〇〇（Ⅱ－4テラス、包含層）、報告No.一五九一（Ⅱ－3・4テラス、大溝）、報告No.二九六一（Ⅳ－4テラス、整地層）、報告No.二九七五（Ⅳ－4テラス、整地層）、報告No.三一二一（Ⅴ－1テラス、湧水地点覆土中）。

上記報告書では、鉄滓に関する記載がみられない。鉄滓が出土していないならば、何らかの目的で羽口が寺院に持ち込まれたこととなろうし、仮に椀形鍛冶滓などの鉄滓が出土していれば、古代中世山林寺院の寺域内で鍛冶炉を伴う鍛冶の操業が行なわれたことが確定できる。浄水寺跡が日本を代表する古代中世山林寺院遺跡の一つであり、椀形鍛冶滓の有無がわからないながらも、羽口が複数出土していることからみて、鍛冶の操業があったことが想定できる。なお、九世紀末から一〇世紀前葉の遺物に伴出した羽口が一点（報告No.一五九一）あることから、浄水寺の創建期に近い時期に鍛冶の操業があったことがわかる。また、一二世紀後半から一五世紀後半の遺物群に伴う羽口が複数出土しており、中世期を通じて仏堂の再建などに伴う鍛冶があったと考えられる。

【付記二】

古代山林寺院内での鍛冶の操業は、北東日本の複数の遺跡で確認できるが、金沢市三小牛ハバ遺跡の寺域南西部の方形の竪穴遺構（ST〇二）について、著者は「鍛冶炉と土坑のセットとみられ鍛冶工房としてよいのだろう」（「仏堂と諸施設」上野川二〇一二年b）と記した。これは、『金沢市三小牛ハバ遺跡調査概要』（出越茂和・南　久和　一九八八年　金沢市教育委員会・毎田建設）、『三小牛ハバ遺跡』（南　久和　一九九四年　金沢市教育委員会）の写真図版において、竪穴遺構内の南西部に位置する土坑状遺構（土坑・引用者註）内に大きな石（敲打痕をもつ台石・引用者註）があり、土坑に接して丸石が写っている。

この遺構は、本報告書では「竪穴住居址（ST〇二）」として報告されている。本報告書では、「ピットの周辺には、焼土が広がっていた」との記載があり、遺構実測図には土坑に接して直径約四〇センチの円形の焼土があり、これが鍛冶炉の可能性がある。また鍛冶炉の北側にも、長軸約八〇センチ・短軸約六〇センチの焼土が隣接する。「竪穴住居址（ST〇二）」は、鍛冶炉（焼土）と土坑を持つ、竪穴の専業鍛冶工房跡の可能性が高い。

この丸石は、古代北東日本の専業鍛冶工房で出土する鍛冶関連の遺物である「丸石」（上野川・茂木・穴澤ほか　二〇〇〇年）であろうとみたので、その丸石の大きさや丸石等の出土状況及び遺構の状況等を根拠にして上記の記述を行なったことを補足しておきたい。またこの推定鍛冶工房は、主要堂宇から二〇メートル以上西へ離れており、斜面に近い山寺縁辺の平坦部に構築されたと考えられる。

なお、大志白遺跡群出土の鍛冶関連遺物である丸石は、合計一〇点が竪穴専業鍛冶工房（SI一四）の鍛冶炉周辺及び西側の床面直上から、鍛冶滓や土器類とともに出土していることから、この工房に伴う鍛冶遺物群の一つであることが確定されている。丸石は、卵形や球形や不整球形を呈し、石質は火山岩系の川原石を素材としている（第29図）。その特徴は、表面の一部または全面が被熱して赤化しており、ヒビが入り、一部にはアバタ状の傷や線状の傷がみられ、表面に滑らかな部分が観察されるものもある。丸石の長径は七・一センチから一〇・二センチの範囲に収まり、重量は二四八グラムから六二五グラムの範囲となる。遺存率は、一〇点のうち九点が完形で残り、一点が一部破損している。大志白遺跡群の鍛冶関連遺物の丸石は、他の専業鍛冶工房などからの出土例を含めると合計一三点である。破損している一点を除く丸石の大きさの平均数値は、長径八・五センチ、短径七・〇センチ、厚さ五・〇センチ、重量四六六グラムである。この丸石の性格は現時点では不詳とせざるを得ないが、その特徴として石の表面に敲打痕とみられる窪みや傷が多く残っており、鍛錬鍛冶段階かそれを若干前後する段階の作業を反映した遺物とみられる。

参考文献

上野川勝・茂木孝行・穴澤義功・大澤正己・鈴木瑞穂『大志白遺跡群発掘調査報告書―古代・中・近世編―』栃木県河内町教育委員会　二〇〇〇年

第四節　古代山林寺院黒熊中西遺跡の鍛冶炉の規模と構造
―北東日本の鍛冶炉との比較から―

一　視点

群馬県黒熊中西遺跡と福井県明寺山廃寺の古代山林寺院の寺域内では、九世紀中葉から一一世紀前半頃の間に鍛冶の操業があったことが確定している。その操業時期は、山林寺院の創建初期と存続期間中であり、鍛冶工房と鍛冶炉の構築位置を分析した結果、少ない鍛冶遺構の調査事例を扱うという限界を感じつつも、あえて1型から5型までの五種類の類型の提示を行なってみた。(1)古代山林寺院(山岳寺院・山寺)の寺域内での鍛冶遺構の発掘調査事例は少ないながらも、確実な発掘調査資料を用いて、その造寺に伴う鍛冶の操業が、創建期の主要建物の建立前にあったことをかつて指摘した。(2)また、北東日本の複数の古代山林寺院から鉄滓・羽口などが出土しており、寺域内での古代の鍛冶操業があったことを述べた。(3)

著者は、山林寺院を古代から中世末頃までの長い時間軸の中でその存続期間を分類視点とした場合、古代に創建され古代のうちに廃絶する山林寺院の一群を「古代創建古代廃絶型山林寺院」(1類)として類型設定しているが、(4)1類の遺跡では群馬県宇通遺跡・埼玉県高岡廃寺・福島県流廃寺跡・福井県明寺山廃寺・石川県三小牛ハバ遺跡・福島県慧日寺跡戒壇地区において、鍛冶関連遺物が寺域内中枢部などから出土している。

北東日本においては、現時点では鍛冶遺構の精密な調査と資料報告がなされている事例は、黒熊中西遺跡と明寺山廃寺の二遺跡のみである。二遺跡についての鍛冶炉の検討では、著者の調査経験などを踏まえ、各遺構の再確認と再検討を行い、古代山林寺院の寺域内での鍛冶操業の実態をあぶり出したものと考えている。このことは、古代山林寺院の造寺に伴う鍛冶の操業は、普遍的にみられるのではないかとの予察を生ぜしめるわけであり、今後の山林寺院遺跡の調査で念頭におかれるべきものである。本節では、黒熊中西遺跡の鍛冶炉の規模と構造について、近隣の古代鍛冶工房の鍛冶炉との比較検討を行なうものである。

ここで扱う鍛冶炉の数値は、鍛冶炉本体の下部が良好に遺存している場合が少なく、多くの調査事例では鍛冶炉のいわゆる地下構造といわれる炉床部分の構築材としての粘土や炭化物が確認され、また構築材が遺存していない場合などは、被熱で赤褐色などになった部分を記録しているので、いわゆる鍛冶炉の炉底の掘り方の数値を扱うこととなる。ゆえに遺構数値は、発掘調査で得られたいわゆる鍛冶炉の基底面(炉床・炉底)の数値ということになろう。

鍛冶炉下部の構造では、粘土や炭化物が炉本体や炉底の構築材として用いられ、鍛冶炉の炉底に遺存する場合がある。鍛冶炉底面は、被熱し赤色・赤褐色・赤橙色などに変色している場合が多い。しかし鍛冶炉自体は操業によって壊され、造り直されながら鍛冶の作業が進められるわけであるから、その最終残存形態としての発掘遺構では、炉底構築材や炉床部分が明確にわかる場合が多いとは限らず、概ね被熱部分は色調で判断できるが、粘土や炭化物が構築材であったかどうかは難しい判断を迫られる場合も多く、鍛冶炉の詳細な構造や構築材の特定を無理には断定できないこともある。

通常の鍛錬鍛冶操業を中心とする鍛冶炉の調査では、遺構が高熱を受けているため、赤褐色や淡い青灰色に変色しており、そこに鍛冶炉の基底部(炉床・炉底)が確認されるわけである。その場合、地山を掘り窪めた面の上に粘土を貼り基底部を構築する場合や、掘り窪めた上に炭化物を層状にして基底部を構築する場合がある。これはいわゆる鍛冶炉の防湿構造といわれ、鍛冶炉の本体は、その上に構築されていると想定されており、鍛冶炉中からは高温で還元状態になったため青灰色などに変色した炉壁が破片で出土することもある。こうしたことを理解していなければ、鍛冶炉自体は単なる焼土の土坑として認識されてしまう。通常は、鍛冶炉と鍛冶関連土坑から鉄滓などが出土するが、鍛冶炉本体からは出土しないこともあり、鍛冶炉の確定は難しい場合がある。ここで扱う下野・上野・越後の専業鍛冶工房とその鍛冶炉のうち、黒熊中西遺跡と峯山遺跡Ⅰ区七号・一一号住居を除く鍛冶遺構は、かつて著者が遺構調査を担当したものや、遺構を直接掘り鍛冶炉及び隣接する鍛冶関連土坑の確定に係わったものである。

二　黒熊中西遺跡の鍛冶炉の規模と構造

黒熊中西遺跡では、一〇世紀前半の創建初期に二号礎石建物の基壇北西部の基壇盛土内において、基壇構築途中に鍛冶の操業があり、大形の鍛冶炉から羽口・鉄製品・大量の炭化物が出土した。三号礎石建物では、基壇中央部の基壇上面から掘立柱建物を伴う大形の鍛冶炉が確認され、鍛冶炉から羽口・鉄滓などが出土した⑸。三号礎石建物は四面庇で中心仏堂としての金堂（本堂）とされ、二号礎石建物は四面庇で三号礎石建物より規模がやや大きいことから講堂とみられている。著者は、こうした山林寺院の寺域内で操業され発掘調査で確定された鍛冶炉と鍛冶工房を検討した結果、前者の鍛冶操業を基壇造成途上面鍛冶炉構築型（山林寺院鍛冶操業形態２型）、後者を基壇上面鍛冶炉鍛冶工房構築型（山林寺院鍛冶操業形態１型）と類型区分した。

二号礎石建物では「鍛冶状遺構」が報告されているほか、基壇盛土内部に地鎮土器六点からなる埋納遺構がある。

鍛冶炉は、基壇中央部やや北西寄りに位置し、規模は長軸八〇センチ、短軸八〇センチで、平面形が円形から楕円形を呈し、羽口二点、鉄製品一〇数点のほか、多量の炭化物が出土したやや大形の遺構である。二号礎石建物の鍛冶炉の構造は、多量の炭化物を伴うものである。

三号礎石建物では、基壇上面の中央部に鍛冶炉が一基構築され、それを囲むように掘立柱建物が確認されたことから、調査報告書にあるとおり、鍛冶炉に伴う「覆い屋」として、鍛冶炉と一体的な遺構としての鍛冶工房とみてよいだろう。鍛冶工房は東西二間・南北一間の掘立柱建物で、長軸三六〇センチ、短軸一八〇センチの規模を持ち、基壇上面に規則正しい配置の柱穴を持つ。

鍛冶炉は基壇中央部に建てられた掘立柱建物の中央部に構築されており、長軸一一〇センチ、短軸八〇センチ、深さ八センチで平面形が楕円形を呈する大形の遺構である。鍛冶炉内からは、羽口・鉄滓が出土しており、鍛冶炉と確定できる。鍛冶炉の下層構造は、掘り込みが浅く不詳と言わざるを得ないが、焼土粒を含む灰層(一層・黒褐色土)、焼土(二層)、地山のシルト質礫を含む粘性のある層(三層・褐色土)となっており、他の鍛冶炉のように炉底に粘土や炭化物を用いたかどうかは判断できない。

この三号礎石建物の鍛冶炉と二号礎石建物の鍛冶炉は、遺構別規模の第7表にみられるとおり、他の鍛冶炉の長軸・短軸の規模をはるかに上回る規模を示すことが特筆される。このことは、この二基の鍛冶炉の性格が他の鍛冶炉と異なるものであった可能性を示唆する。三号礎石建物は、中心仏堂である本堂であり、この仏堂の基壇中央部で鍛冶を行なうこと自体に何らかの意味があるのかどうかをも含めた検討が必要となってくる。これは、二号礎石建物(講堂)では、基壇構築途中に基壇中心部にやや近い場所に、鍛冶遺構が操業されていることと類似する。これに対して五号建物では、基壇の西端と基壇下に鍛冶炉が構築されており、鍛冶の操業を基壇中央部で行なうこと自体に、何

第7表　群馬県黒熊中西遺跡等の鍛冶炉の規模と構造等一覧表

旧国名	遺跡名	遺構名	鍛冶炉No	長軸(cm)	短軸(cm)	深さ(cm)	鍛冶炉平面形	鍛冶炉の位置	鍛冶炉の構造	土坑の有無	鍛冶操業形態	鍛冶の専業性	鍛冶炉時期(C)	鍛冶炉の構造と特徴等	文献
上野	黒熊中西	2号礎石建物		80	80	—	円形～楕円形	基壇北西部(盛土中)	—	無	基壇構築途中(基壇盛土中)	(専業)	10前半	鍛冶炉から羽口2点・鉄製品10数点・炭化物多量出土(大型の鍛冶炉)	須田・小林・鹿沼 1992
		3号礎石建物		110	80	8	楕円形	基壇中央部	—	無	掘立柱専業鍛冶工房	(専業)	10前半	鍛冶炉から羽口・鉄滓出土(大型の鍛冶炉)	
		5号礎石建物	1号鍛冶炉	40	36	18	円形	基壇上西部	炉床に炭化物	有	基壇上面	(専業)	10前半	鍛冶炉に炭化物を用い，炉底全面に焼土層が巡る	
			2号鍛冶炉	32	32	11	円形	基壇上西部	炉床に粘土を張る	有	基壇上面	(専業)	10前半	鍛冶炉の炉壁又は炉床が還元し青色になった粘土が出土しその下位は赤褐色	
			3号鍛冶炉	50	43	11	円形	基壇下	炉床に炭化物	—	基壇上面	(専業)	10前半	炭化物が炉床に用いられた鍛冶炉の基底部が残存しその下位は焼土層	
		8号テラス(平場)	1号鍛冶炉	35	35	18	円形	平場西端	炉床に炭化物	有	平場上面(やや北西寄り)	専業	10後半～11	炉床に炭化物を用いた構造で，鉄滓出土	
			2号鍛冶炉	37	35	17	円形	平場西端	炉床に炭化物か	有	平場上面(やや北西寄り)	専業	10後半～11	鍛冶炉からは炭化物が出土し，南に楕円形の土坑が隣接	
			3号鍛冶炉	35	31	17	円形	平場西部	炉床に炭化物か	有	平場上面(やや北西寄り)	専業	10後半～11	鍛冶炉からは炭化物が出土し，南に楕円形の土坑が隣接	
			4号鍛冶炉	43	—	12	円形	平場西部	—	有	平場上面(中央北西側)	専業	10後半～11	西に土坑が隣接し，南の5号鍛冶炉と南北に並置されている	
			5号鍛冶炉	45	40	11	円形	平場西部	炉床に炭化物	有	平場上面(中央北西側)	専業	10後半～11	炉床に炭化物を用いた構造	
		10号道路		32	25	6	楕円形	道路の路面上中央部	炉床に炭化物	有	道路(参道)上面	専業	11前半～中頃	鍛冶炉の北東に楕円形土坑が隣接　山林寺院の終末期から廃絶期頃の操業か	
越前	明寺山廃寺	SX8203		77	63	—	楕円形	工房内中央東寄り	—	無	竪穴専業鍛冶工房(不整長方形か)	専業	9中葉～後半	鍛冶炉とみられる焼土は硬く焼けており鉄素材が出土	古川他 1998
		SK9501		80	72	15	楕円形	中心平場北西部	炉床に炭化物	無	平場上面	(専業)	9中葉～後半	覆土に多量の炭化物，炉床下部に炭化物を用いた鍛冶炉	
下野	大志白	SI3		60	60	26	円形	工房内中央部	—	有	竪穴専業鍛冶工房(不整円形)	専業	9後半～10前半	鍛冶炉の炉床に炭化物を用いた可能性があり，炉床下は赤橙色に被熱	上野川・茂木・穴澤他 2000
		SI14		50	50	22	円形	工房内中央部	炉床に炭化物	有	竪穴専業鍛冶工房(不整長方形)	専業	10前半	鍛冶炉の炉床に炭化物を用いており，壁面中位から底部が青灰色	
上野	峯山	I区1号鍛冶工房	1号鍛冶炉	53	48	6	不整円形	工房内中央付近	炉床に粘土を張る	—	竪穴専業鍛冶工房(不整方形)	専業	8前半	鍛冶炉は地山のロームに厚さ約3cmの粘土を張って構築	谷藤・上野川 2003 笹澤 2010
			2号鍛冶炉	60	50	14	不整円形	工房内中央付近	炉床に粘土を張る	有		専業	8前半	鍛冶炉は地山のロームに粘土を張って構築	
			3号鍛冶炉	50	35	5	楕円形	工房内中央付近	—	有		専業	8前半	鍛冶炉は覆土下層まで鉄滓を多く含む	
			4号鍛冶炉	43	35	9	楕円形	工房内中央付近	—	有		専業	8前半	鍛冶炉の覆土は硬くしまり鉄滓が多量に混入	
		II区1号鍛冶工房		61	52	16	不整円形	工房内西部	炉床に粘土か	無	竪穴専業鍛冶工房か(不整方形)	専業	8前半	鍛冶炉は地山のロームに粘土を張って構築か，又は炉床の一部が残存か	
		I区7号住居	1号鍛冶炉	58	49	11	楕円形	工房内中央西寄り	炉床に粘土か	無	竪穴兼業鍛冶工房(長方形)	—	8前半	鍛冶炉は焼土ブロック・焼土粒を多量に含み，炉床に粘土を貼ったか	
			2号鍛冶炉	50	38	8	楕円形	工房内中央南西寄り	—	無		—	8前半	鍛冶炉は焼土粒を少量含み，炉は粘土を貼ったか	
		I区11号住居	1号鍛冶炉	34	32	—	円形	工房内中央付近	—	—	竪穴兼業鍛冶工房(不整長方形)	—	8前半	竪穴には新旧カマドが2基で竪穴拡張後に鍛冶の操業があったか	
越後	須沢角地	SI873		27	23	5	円形	工房内中央部	炉床に粘土か	有	竪穴専業鍛冶工房(不整長方形)	専業	9後半	鍛冶炉の炉床が残存したものとみられ，青灰色の炉壁が出土	加藤・相羽・上野川他 2011

(上野川 2014)

第8表　群馬県黒熊中西遺跡等の遺構別鍛冶炉の規模一覧表

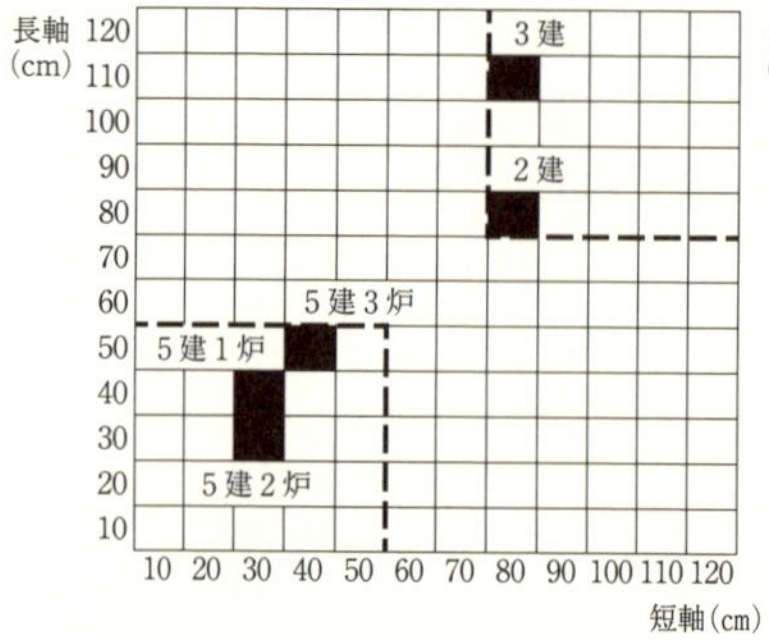

黒熊中西遺跡2号・3号・5号建物鍛冶炉

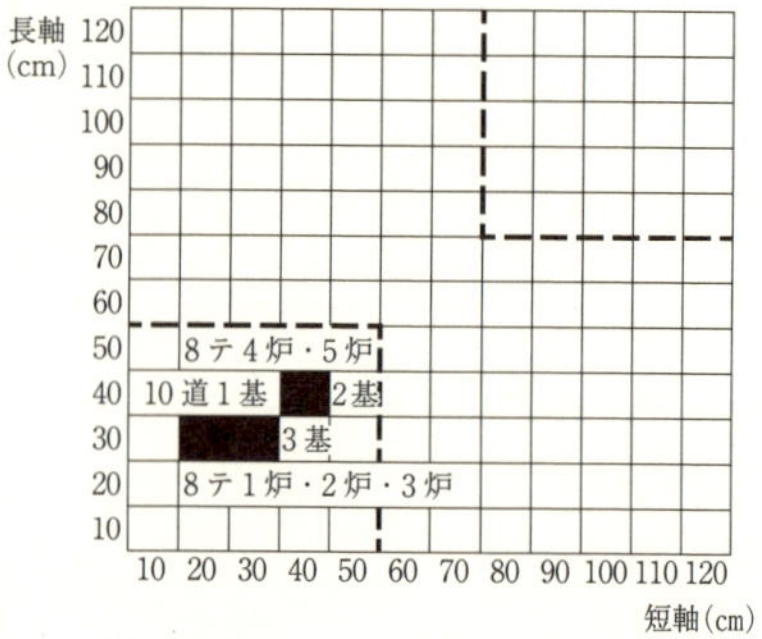

黒熊中西遺跡8号テラス・10号道路遺構鍛冶炉

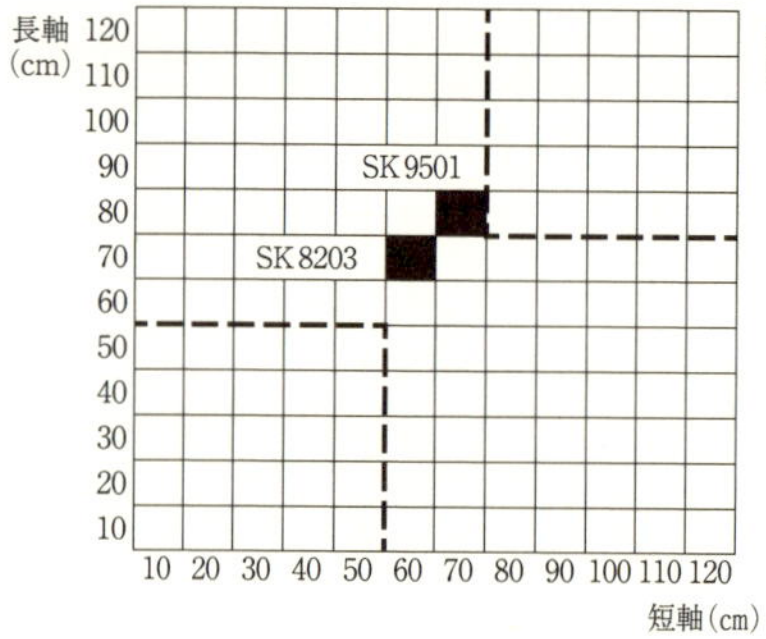

明寺山廃寺 SX8203・SX9501 鍛冶炉

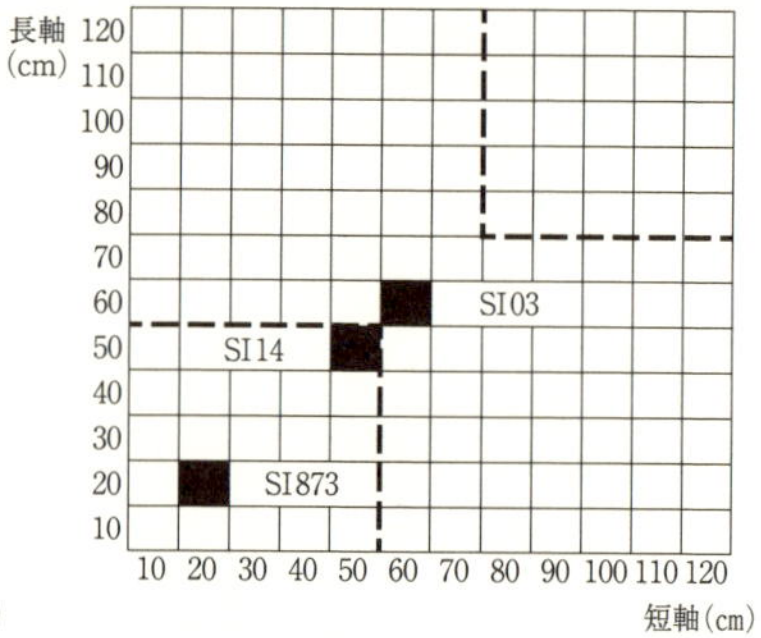

大志白遺跡群専業鍛冶工房(SI03・SI14)鍛冶炉
須沢角地遺跡専業鍛冶工房（SI873）鍛冶炉

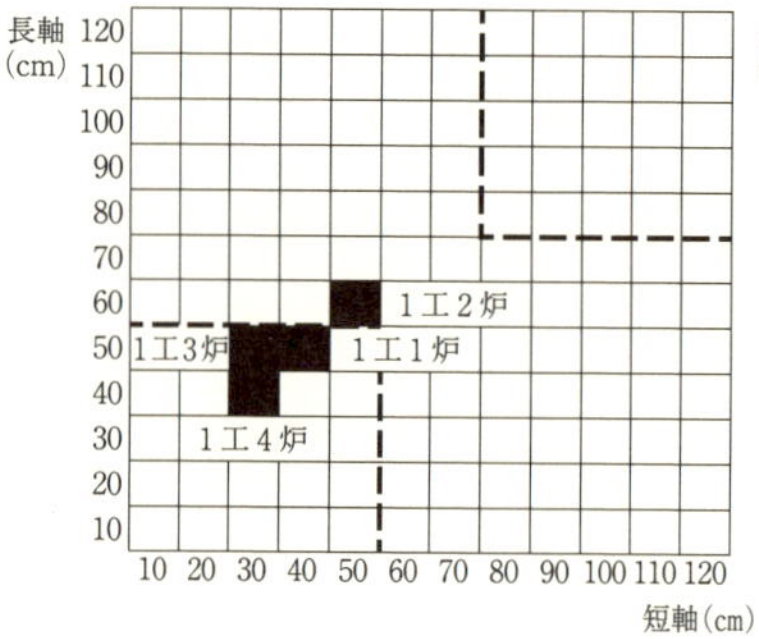

峯山遺跡Ⅰ区1号専業鍛冶工房鍛冶炉

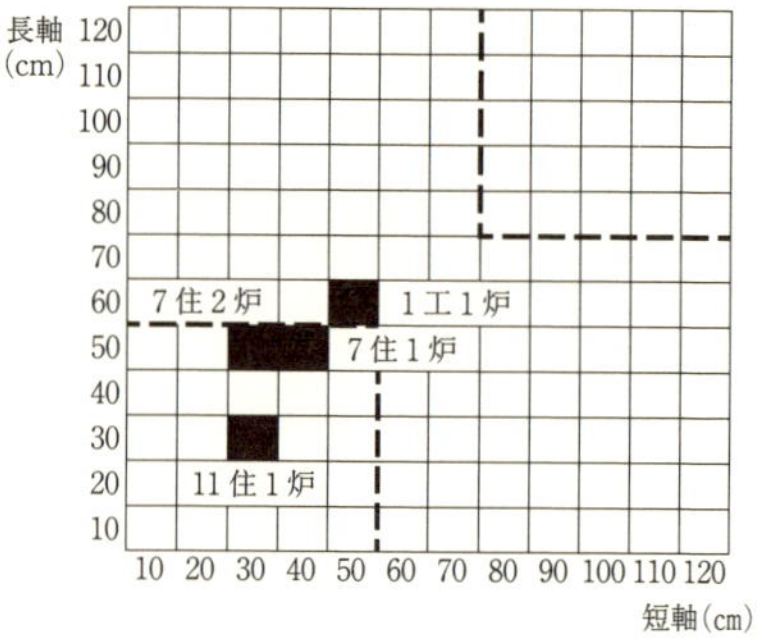

峯山遺跡Ⅱ区1号専業鍛冶工房鍛冶炉
Ⅰ区7号住居・11号住居鍛冶炉

（上野川2014）

らかの意味が付帯している可能性を示唆する。つまり鍛冶の奉納・埋納のような意味が込められていたのかどうかなどが問題となってくるかもしれない。五号建物では、基壇の上面に二基の鍛冶炉が構築され、基壇下にも一基の鍛冶炉があり合計三基の鍛冶炉が操業された。基壇上面では鍛冶工房の痕跡はなく、二基の鍛冶炉の操業形態を基壇上面鍛冶炉構築型（山林寺院鍛冶操業形態3型）と類型区分した。

五号建物一号鍛冶炉は基壇上面西部に構築されており、長軸四〇センチ、短軸三六センチ、深さ一八センチで、平面形が円形を呈する。鍛冶炉には、鉄滓を多量に含む一号土坑が付随する。鍛冶炉の構造は、中央部に「粉状の炭（報告書の土層注記）がやや厚く堆積しており、赤く焼けている焼土層が炉の全面を巡っていることから、炉床に炭化物を用いている。五号建物二号鍛冶炉は、基壇上面西部に構築されており、長軸三二センチ、短軸三二センチ、深さ一一センチで、平面形が円形を呈する。鍛冶炉からは、還元して青色になった粘土が出土しており、鍛冶炉の炉底などが粘土を貼る構造であったものとみられる。五号建物三号鍛冶炉は、基壇下に構築されており、長軸五〇センチ、短軸四三センチ、深さ一一センチで、平面形が円形を呈する。鍛冶炉の構造は、炭化物が炉底に残存していることから炭化物を炉床に用いた構造であった可能性が強い。

一号鍛冶炉・二号鍛冶炉・三号鍛冶炉ともに粘土と炭化物の下層は、赤褐色の焼土層であるため、炉底（炉床）からの被熱を地山層が受けていることがわかる。このように五号建物では、基壇上面に隣接する鍛冶炉の地下構造が、粘土を貼る構造の鍛冶炉と、炭化物を用いる構造の鍛冶炉の二種類の鍛冶炉であった。これは山林寺院の基壇構築後で寺院建物の建設前のほぼ同時期の段階に、二種類の構造を持つ鍛冶炉が操業されたことを示す。

八号テラス（平場）は、寺域内の中央北部の斜面にあり、中心的な仏堂である二号・三号礎石建物の北側にやや離れて位置する。八号テラスの規模は東西一〇メートル、南北九メートルで、平面形は不整四角形である。平場の西部から西端に近い場所に、合計五基の鍛冶炉が操業され、鍛冶炉の平面形が円形であることと、鍛冶炉に隣接する鍛冶関連土坑が付随することが特徴である。また、平場の全面に鉄滓・焼土・炭化物・土器を含む層が広がっていることや、多数の鍛冶炉が二時期に亙って操業されていることから、この平場が一〇世紀後半以降の一定期間には鍛冶専業の平場であったことも特徴である。このように、山林寺院の平場の上面に鍛冶炉が構築され操業される形態を、平場上面鍛冶炉構築型（山林寺院鍛冶操業形態4型）と類型区分した。五基の鍛冶炉の規模は、長軸一五～三七センチ、短軸二三～三〇センチ、深さ一一～一八センチの範囲にあり、通常規模の鍛冶炉である。

八号テラス（平場）一号鍛冶炉は、平場西端に構築されており、平面形が円形を呈する。鍛冶炉からは鉄滓・炭化物が出土しており、炉床にあたるとみられる部分には「細粉状の炭」が極めて多量に含まれることから、鍛冶炉の地下構造は炭化物が用いられていた。八号テラス（平場）二号鍛冶炉は、平場西端に構築され、平面形が円形を呈する。鍛冶炉からは、鉄滓・炭化物が出土しており、鍛冶炉の炉底には炭化物が用いられていた可能性があろう。八号テラス（平場）三号鍛冶炉も平場西端に構築されており、平面形が円形を呈する。鍛冶炉からは、鉄滓・炭化物が出土しており、炉底に炭化物が用いられたとみられる。八号テラス（平場）四号鍛冶炉は、平場西端に構築され平面形が円形を呈し、鉄滓・炭化物が出土している。八号テラス（平場）五号鍛冶炉は、平場西端に構築されており、平面形が円形を呈する。鍛冶炉からは鉄滓・炭化物が出土しており、炉床にあたる部分には「細粉状の炭」が極めて多量に含まれることから、炭化物を用いた炉底の構造である。

一〇号道路遺構は、北方から寺域に至る南北方向の参道であり、その路面上に鍛冶炉一基と土坑一基が隣接して構築されている。鍛冶炉の構築位置は、講堂（二号建物）の北方約二五メートルの地点であり、八号テラス（平場）の東方隣接地点でもある。参道の幅は一〇〇～一三〇センチであり、硬化面がある。鍛冶炉は、長軸三二センチ、短軸二五センチ、深さ六センチである。その構造は、炉床部に粉状の炭化物を層状に敷いており、その下部が赤褐色の硬い面になっていることなどから鍛冶炉であることが確定できる。土坑は、長軸六三センチ、短軸三六センチ、深さ一二センチで、鉄滓・羽口・炭化物が出土していることから、鍛冶炉に隣接する鍛冶関連土坑である。このような道路跡の硬化面上における鍛冶炉の構築は、斜面の硬い路面を意識的に選定して利用したもので、鍛冶の操業場所が斜面を好むことをよく反映している。これらのことから、参道の機能が低下した山林寺院の終末期頃か、山林寺院が廃絶して道路が使われなくなった段階で、鍛冶の操業があったと考えることが妥当であろう。

このような山林寺院の終末・廃絶期に鍛冶が行なわれた可能性がある遺跡として、明寺山廃寺のＳＸ八一〇一（壇状遺構）が挙げられる。この遺構は鍛冶工房として報告されているわけではないが、遺構内に長軸六〇センチ、短軸二八センチと、長軸六三センチ、短軸六〇センチの二箇所の焼土があり、固くよく焼けているという特徴は、鍛冶工房（ＳＸ八一〇三）の鍛冶炉の規模と特徴に類似することから大形の鍛冶工房の可能性がある。この壇状遺構の時期は一〇世紀第１四半期であり、九世紀中頃から後半の鍛冶炉と鍛冶工房とは異なり、山林寺院の終末期から廃絶時期頃となる可能性があろう。こうした見方が成立するとすれば、古代山林寺院の創建期と、終末期から廃絶期頃に鍛冶の操業があったこととなり、黒熊中西遺跡と明寺山廃寺における古代山寺の鍛冶操業時期に関しては、共通する状況が窺えることとなる。

三　下野・上野等の古代鍛冶炉の規模と構造

栃木県大志白遺跡群は、宇都宮丘陵の一角に所在する広大な遺跡である。その古代遺構の特徴は、各尾根上の平坦

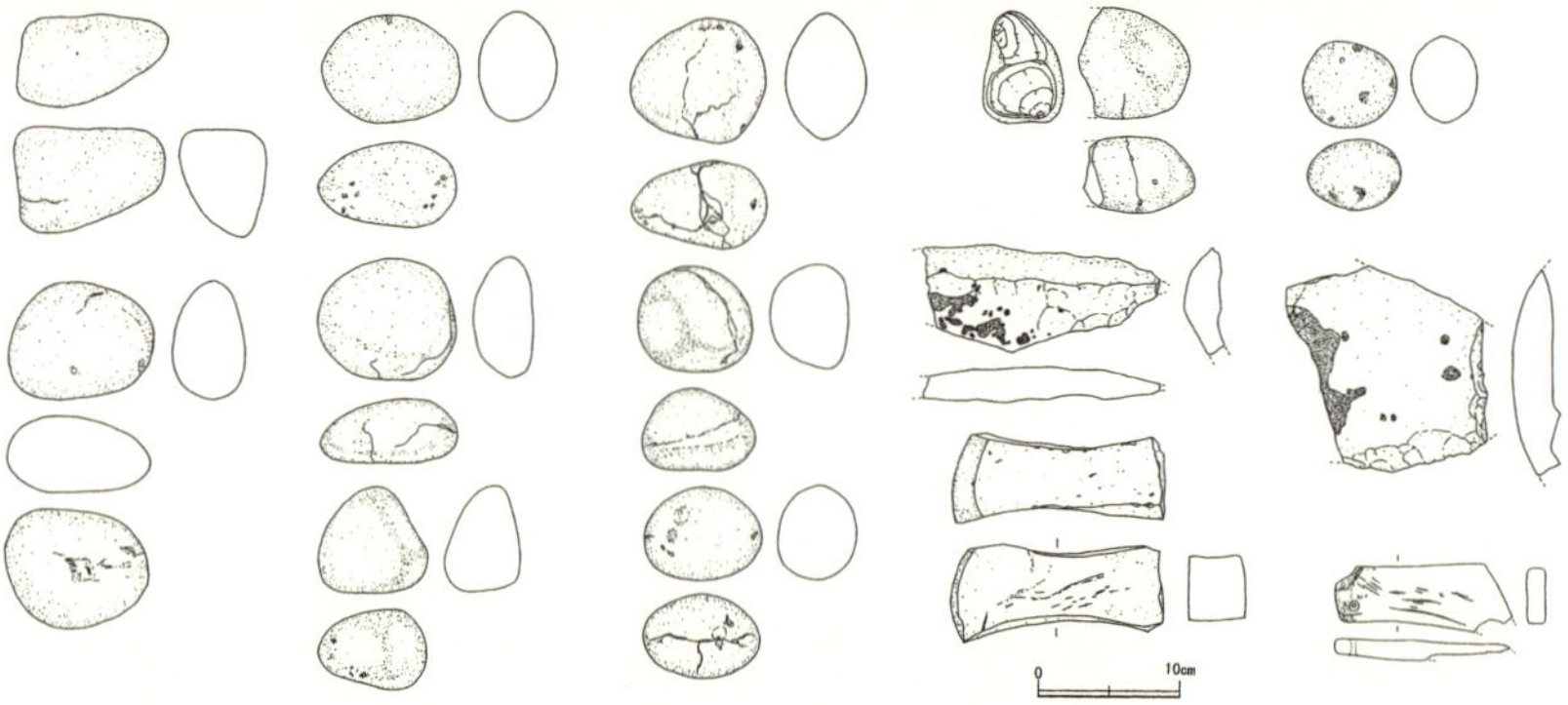

第29図　栃木県大志白遺跡群鍛冶工房(SI14)出土石製品(丸石・鍛造剥片付着鉄床石・砥石)実測図(縮尺不同)(河内町教育委員会2000を改変)

面から緩斜面に、竪穴住居と鍛冶工房と池などが点在するように分布していることである。各尾根では、集落を構成することなく、七世紀末頃から一〇世紀前半までの古代住居などが営まれていた。鍛冶工房は、小規模な尾根の斜面下位に構築された不整円形の平面形を呈する三号竪穴（ＳＩ三）と、尾根と尾根の谷に面する斜面中位に鍛冶炉と鍛冶関連土坑を持ち不整長方形の平面形を呈する一四号竪穴（ＳＩ一四）の二軒が発掘された⑥。この二軒は、竈を持たない鍛冶の専業工房である。一四号竪穴（ＳＩ一四）は出土土器から一〇世紀前半、三号竪穴（ＳＩ三）は土器の出土が僅少であったが隣接する池跡（ＳＧ一）出土土器の年代などから九世紀後半の操業とみておきたい。

　ここでは、これらの専業鍛冶工房の鍛冶炉の規模と構造を確認する。三号竪穴（ＳＩ三）の規模は、東西二・八五メートル、南北三・三メートル、壁高一〇～二五センチである。鍛冶炉は、工房の中央東寄りに位置し、鍛冶炉からは鉄器・鉄滓・鍛造剥片・粒状滓などが出土した。また、鍛冶炉から斜面下位にかけては、多量の鍛冶関連遺物が出土した。この鍛冶炉では、鍛錬鍛冶の操業があったことが確定できる。鍛冶炉の規模は、長軸六〇センチ、短軸六〇センチ、深さ二六センチで、平面形は楕円形を呈する。鍛冶炉には東側に隣接して、長軸一〇八センチ、短軸五〇センチ、深さ約

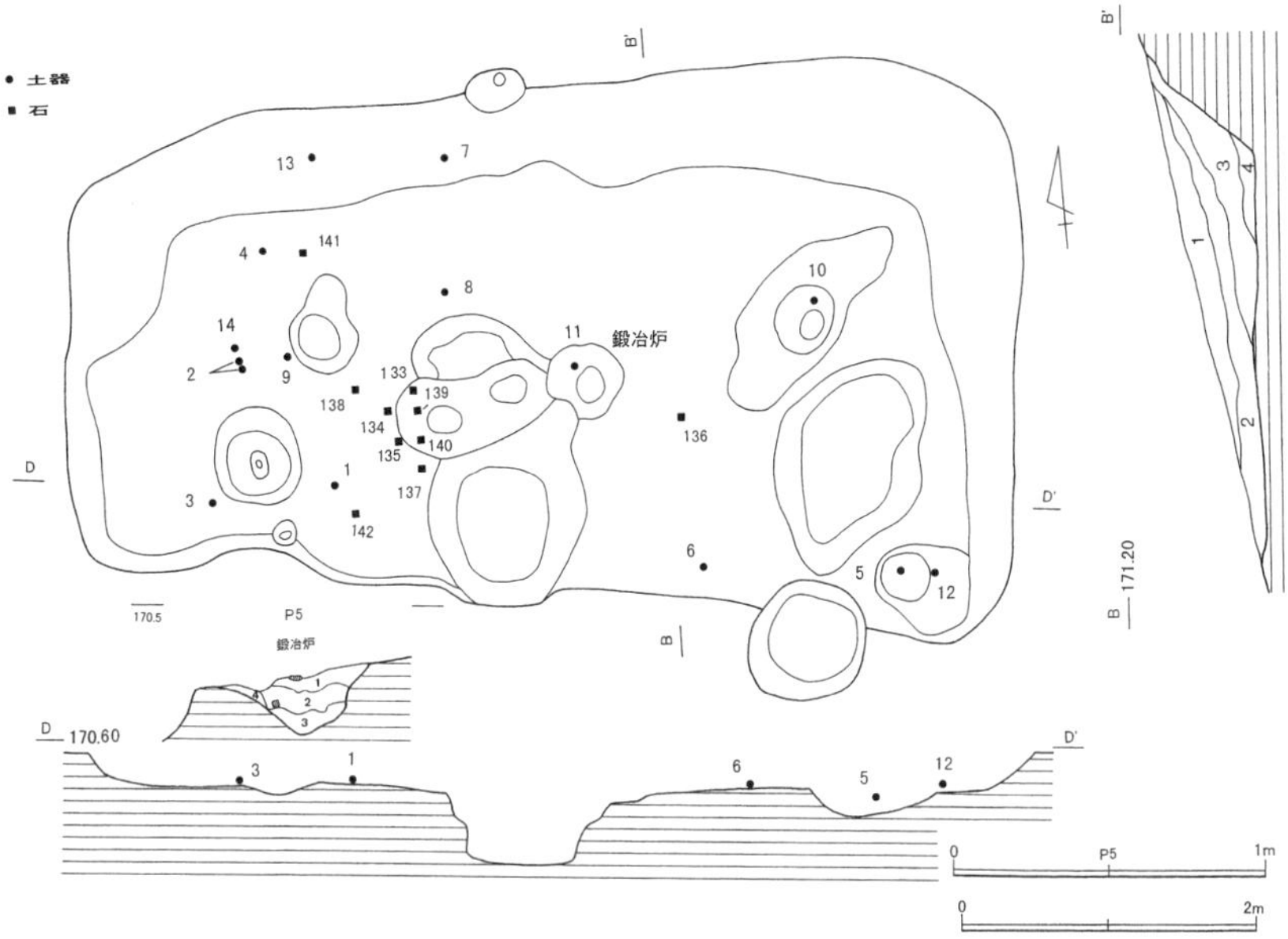

第30図　栃木県大志白遺跡群鍛冶工房（SI14）と鍛冶炉実測図（河内町教育委員会2000）

一五センチの不整形の鍛冶関連土坑がある。鍛冶炉の炉底は全面が赤橙色に焼けており、その上に炭化物を多量に含む層があることから、炉底の構造は炭化物を用いたものである。鍛冶炉に隣接して鉄床石（金床石）があった。

一四号竪穴（SI一四）の規模は、東西六・四八メートル、南北三・八二メートル、壁高一〇～七二センチである。鍛冶炉は、不整長方形工房のほぼ中央に構築され、その西側と南側に鍛冶関連土坑が三基隣接している。鍛冶炉の規模は、長軸五〇センチ、短軸五〇センチ、深さ二二センチで、平面形は不整円形を呈する。鍛冶炉の底部には、二層にわたり炭化物が多量に含まれる層があることから、炉底に炭化物が用いられた構造である。鍛冶炉からは、鉄器・鉄滓・鍛造剥片・粒状滓などが出土し、鍛冶炉の南西の鍛冶関連土坑から多量の鍛冶関連遺物が出土した。鍛冶炉南側の土坑は、平面形が不整長方形で、長軸一三六センチ、短軸一〇八センチ、深さ五五センチと大形で、大量の鍛造剥片

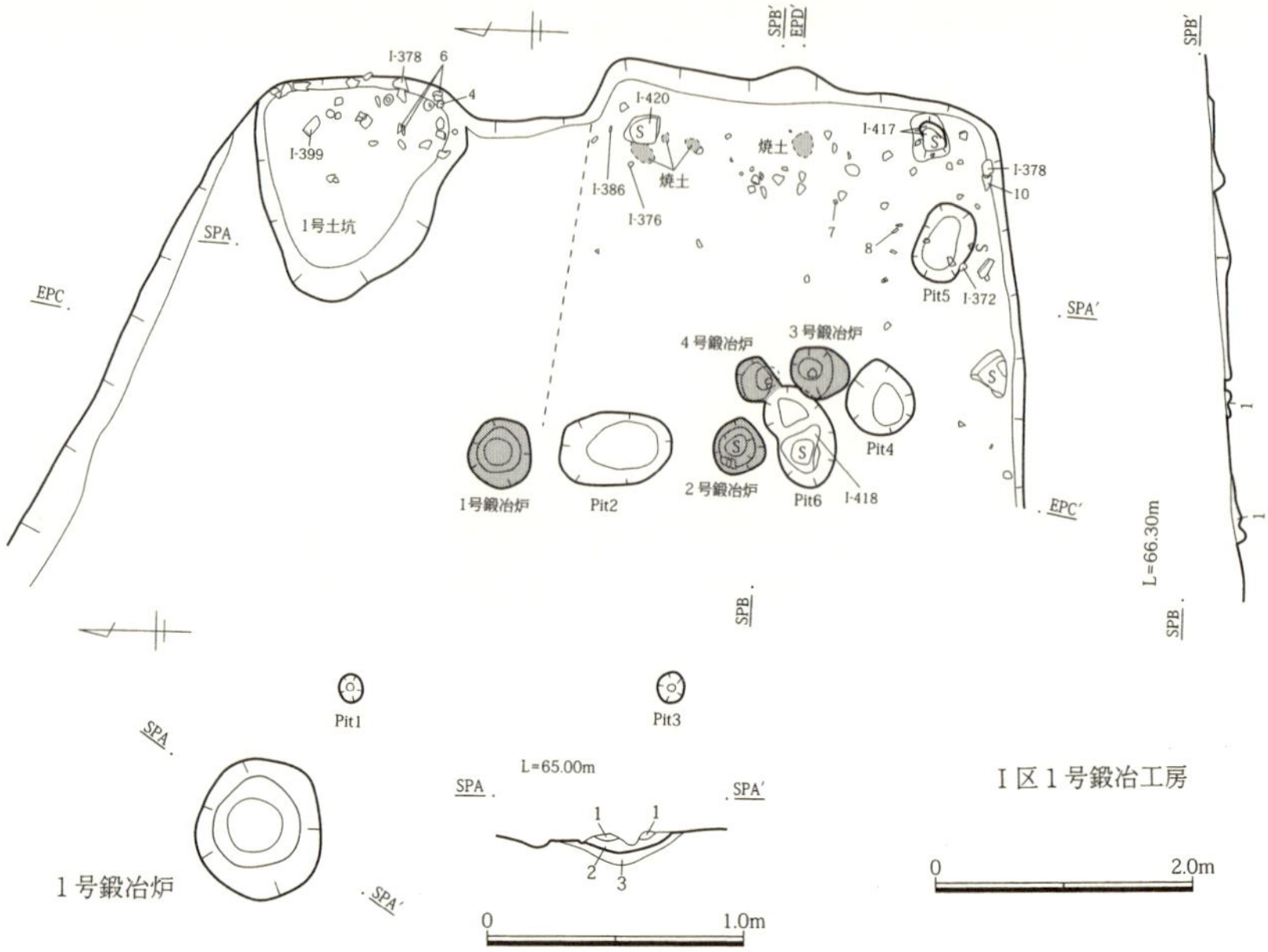

第 31 図　群馬県峯山遺跡Ｉ区１号鍛冶工房と鍛冶炉実測図(群馬県埋蔵文化財調査事業団 2010)

などが出土した。ここでは、専業的な鍛冶の操業により、多量の鍛造鍛冶製品(鍛造鉄器)が生産されたものとみられる。

群馬県峯山遺跡では、八世紀前半の製鉄炉(長方形箱形炉・箱形製鉄炉)に隣接する同時期の操業となる専業鍛冶工房が確認されている。[7] Ｉ区一号鍛冶工房の規模は、長軸六・八八メートル、短軸五・二〇メートル、壁高一〇~二二センチである。この鍛冶工房は、緩やかな丘陵斜面の中位に構えられ、同じ場所で竈を持たないほぼ同時期の新旧二軒の専業鍛冶工房が操業されている。正確には、旧工房の南側に東壁を旧工房と同一としながら隣接して新工房を造り、旧工房の空間もそのまま利用している。鍛冶工房の平面形は、不整方形である。鍛冶炉は旧工房では一基が確認され、新工房では工房の中央西寄りに三基が半円形を描くように隣接して構築され、その中央部に土坑があり鉄床石が設置されたまま出土し、鍛冶炉の南にも鉄滓を含む土坑が隣接する。一号鍛冶炉の規模は、長軸五三センチ、短軸四八センチ、深さ六センチで、平面形は不整円形を呈する。鍛冶炉は地山のロームの上に厚さ約三センチの粘土を貼り巡らせて構築する丁寧な構造が良好に遺存していた。また鍛冶炉下の地山のローム層は、赤褐色に変色していた。

二号鍛冶炉の規模は、長軸六〇センチ、短軸五〇センチ、深さ一四センチで、平面形は不整円形を呈する。鍛冶炉内には青灰色の粘土ブロックが点在する層があり、鍛冶炉の内部には粘土が貼られていたことを裏付け、一号鍛冶炉と同じ構造を持っている。三号鍛冶炉の規模は、長軸五〇センチ、短軸三五センチ、深さ五センチで、平面形は楕円形を呈する。鍛冶炉には鉄滓を多く含むが、その構造は不明である。四号鍛冶炉の規模は、長軸四三センチ、短軸三五センチ、深さ九センチで、平面形は楕円形を呈する。鍛冶炉には鉄滓を多量に含む赤褐色の層があり、構造は不明であるが鍛冶炉の炉底下の可能性がある。

Ⅱ区一号鍛冶工房の規模は、長軸六・二〇メートル、短軸五・七〇メートル、壁高三二センチである。古代の炭窯との重複関係にあり、専業鍛冶工房か竈のある竪穴住居での兼業的な操業かは不詳である。鍛冶炉は、工房の西部に位置し、鍛冶炉の規模は長軸六一センチ、短軸五二センチ、深さ一六センチで、平面形は不整円形を呈する。鍛冶炉内に残存していた青灰色の粘土塊からみて、地山のロームの上に粘土を貼った構造であった可能性が高い。鍛冶炉に関連する隣接土坑はない。

Ⅰ区七号住居の規模は、長軸五・三五メートル、短軸三・五〇メートル、壁高一八～四〇センチである。この遺構は東壁に竈を持つ竪穴住居で、住居中央西側に二基の鍛冶炉があり鍛冶関連遺物である椀形鍛冶滓・鍛造剥片・粒状滓・鉄床石・砥石などが出土していることから兼業鍛冶工房である。Ⅰ区一号鍛冶工房と隣接し、同時期の遺物が出土していることから、二軒の鍛冶工房が同時期に操業していた可能性が高い。なお鍛造剥片と粒状滓は、ごく少量の

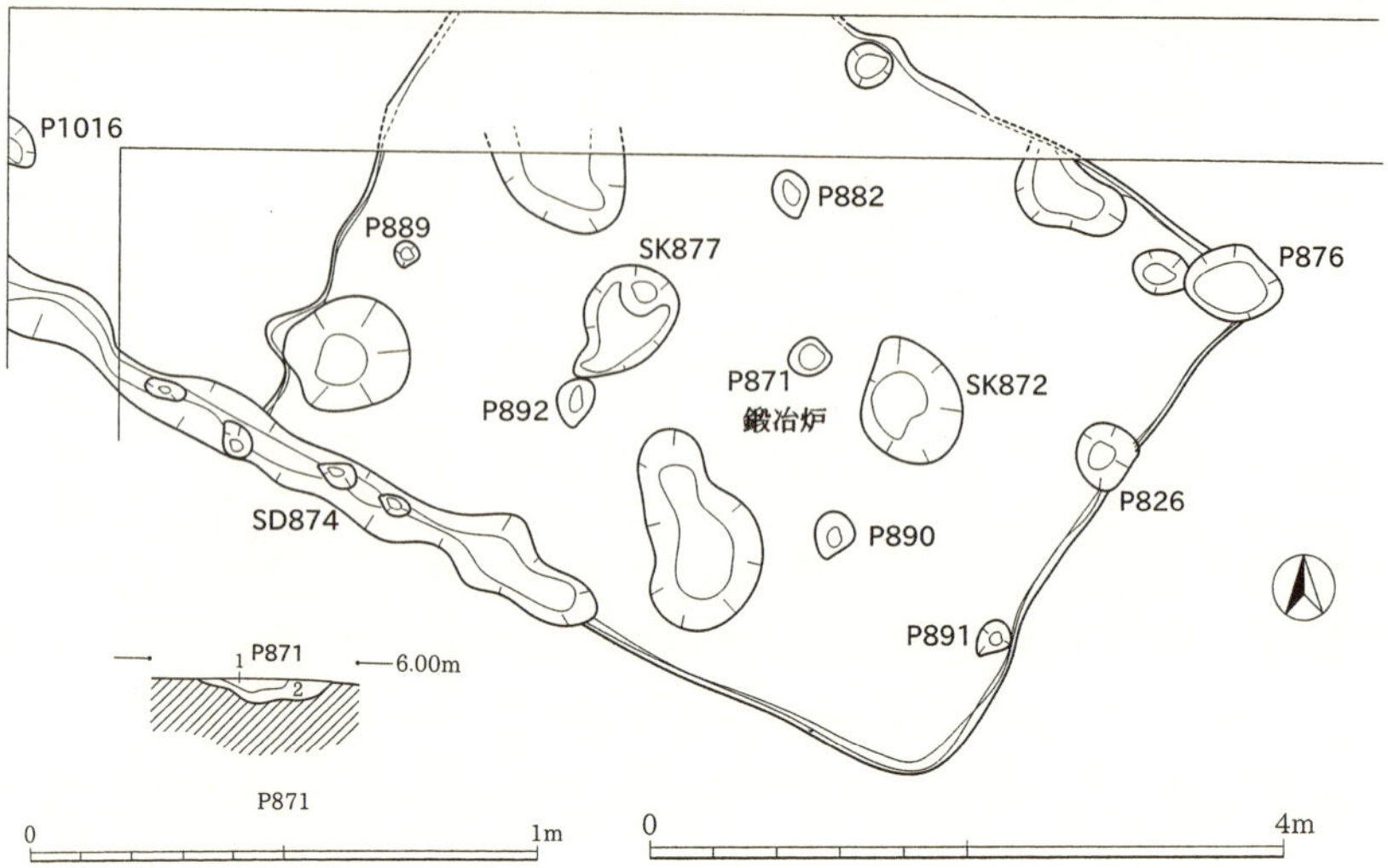

第 32 図　新潟県須沢角地遺跡 8 区鍛冶工房(SI873)と鍛冶炉実測図(新潟県埋蔵文化財調査事業団 2011)

出土である。二基の鍛冶炉は東西に隣接するように構築されており、鍛冶関連土坑はない。

一号鍛冶炉の規模は、長軸五八センチ、短軸四九センチ、深さ一一センチで、平面形は楕円形を呈する。鍛冶炉内に赤褐色の焼土ブロック(五〜一五ミリ)を多量に含む層があることから、粘土を貼った構造であったとみられる。二号鍛冶炉の規模は、長軸五〇センチ、短軸三八センチ、深さ六センチで平面形は楕円形を呈する。鍛冶炉には粘質土があることから、粘土を貼った構造の可能性がある。二基の鍛冶炉周辺からは、鍛造剥片と粒状滓がごく少量検出されており、鍛造鍛冶が大規模に操業されたものではなく、本住居の構築直後に南側に専業鍛冶工房を構えた可能性がある。そうした状況は、報告書で指摘されているように、二軒の同時操業の可能性や、住居と工房という住み分けがあった可能性もある。

Ｉ区一一号住居は新旧二基の竈を持つ竪穴住居で、Ｉ区一号鍛冶工房と七号住居と同時期で、遺構の主軸が同じであることから、三軒の鍛冶工房が同時に操業していた可能性が指摘されている。この兼業工房の規模は、長軸五・五〇メートル、短軸五・二三メートル、壁高五〇センチである。鍛冶炉は、工房の中央やや西寄りに位置し、底面が被熱により赤色酸化している状況が確認されたが、構造は不明である。鍛冶炉の規模は、長軸三四センチ、短軸三二センチで、平面形は円形を呈する。鍛冶炉には、鍛冶関連土坑はない。

新潟県須沢角地遺跡は、糸魚川市の姫川西岸の扇状地とみられる微高地上にある古代集落で、その一角に古代鍛冶工房が発掘された⑻。これはＳＩ八七三として報告されているもので、竈を持たない浅い竪穴の専業鍛冶工房として、九世紀後半に操業された。遺構は長軸五・一メートル、短軸四・一メートル、壁高五センチで、平面形は僅かにゆがむ長方形を呈する。鍛冶炉は、工房中央のやや東寄りに位置し、規模は長軸二七センチ、短軸二三センチ、深さ五センチで、平面形は円形を呈する。鍛冶炉には東側に隣接して、長軸七七センチ、短軸六四センチ、深さ一八センチの楕円形を呈する土坑がある。鍛冶炉からは、青灰色の炉壁とみられる遺物が出土し、粘土を用いた構造の可能性が高い。鍛冶炉と土坑からは、鉄滓・羽口・鍛造剥片・粒状滓・鉄床石・羽口溶解物などの鍛冶関連遺物が出土しており、鍛冶の操業があったことが確定できる。しかし、鍛冶関連遺物の出土量が少ないことと、鍛冶炉の被熱が少ないことから、小規模または短期間の操業であったと考えられる。この鍛冶工房は、集落内でも北西端の標高が低くなる緩やかな斜面に構築されている。

福井県明寺山廃寺では九世紀中葉から一〇世紀初頭の山林寺院の各種遺構が確認され、鍛冶炉が単独で平場の端部に位置する例と、工房に構築された鍛冶炉の例が発掘された⑼。この遺跡では、中心平場に造営された主要建物の南西に隣接するように鍛冶炉（ＳＫ九五〇一）が構築されていることが特徴である。鍛冶炉の操業時期は、九世紀第３四半期とされており、主要堂舎の創建時期にほぼ重なることから、山林寺院の創建期またはその直後頃に鍛冶の操業があったものと考えられる。これは黒熊中西遺跡の創建に伴う鍛冶の操業に類似するもので、古代山林寺院の造寺に伴う鍛冶の操業とみてよい。その鍛冶によって、必要となる鉄製品を山林寺院の寺域内の主要堂宇の隣接地点で生産したものとみることができる。

鍛冶炉（SK九五〇一）の規模は、長軸八〇センチ、短軸七二センチ、深さ一五センチで、平面形は楕円形を呈する。鍛冶炉には、鍛冶関連土坑はない。鍛冶炉の炉底（炉床下部）には覆土中に炭化物を多量に含むことから、「炉床下部の防湿構造」が残ったとされ、炉底構造（地下構造）は炭化物を用いたものである。

鍛冶工房（SX八二〇三）は、九世紀中葉から後半の操業で、遺跡中心部の平坦面の西側斜面に構築されたが、遺構の半分以上は崩落している。SX八二〇三の規模は、長軸七・四五メートル、短軸二・一五メートル以上で、壁高は四〇センチである。鍛冶炉は工房の東寄りに位置し、規模は長軸七七センチ、短軸六三センチで、平面形は楕円形を呈する。鍛冶炉には、鍛冶関連土坑はない。鍛冶炉の構造は不明であるが、鉄素材としての鉄屑が出土している。

四　古代山林寺院の造寺に伴う鍛冶の操業

群馬県黒熊中西遺跡と福井県明寺山廃寺では、山林寺院の主要堂舎の創建時期に、主要堂宇の基壇上や隣接地点で鍛冶の操業により鉄製品の製造などがあり、このことは古代山林寺院の造寺に伴う鍛冶をほぼ確定付けるものとみてよいだろう。つまりその鍛冶によって、寺院の建築に必要な鉄製品を山林寺院の寺域内で生産したのである。黒熊中西遺跡と明寺山廃寺の古代山林寺院の寺域内では、九世紀中葉から一一世紀前半の間に鍛冶の操業があり、かつて著者は鍛冶炉の構築位置からみた鍛冶の操業形態を1型から5型の五種類に類型区分する提案を行なった。

その中で、山林寺院鍛冶操業形態1型とした黒熊中西遺跡の三号礎石建物の基壇上面鍛冶炉鍛冶工房構築型と、山林寺院鍛冶操業形態2型とした二号礎石建物の基壇内部鍛冶炉構築型の二つの操業形態の鍛冶炉の規模が、他の専業鍛冶工房などの鍛冶炉の規模を大きく上回ることが注目される(第8表)。

黒熊中西遺跡の鍛冶炉では、基壇盛土中と基壇上面の二号・三号礎石建物の大形鍛冶炉が山林寺院創建期の操業である。また同じく創建期とみられる五号建物では、基壇上などに構築された鍛冶炉は通常規模の鍛冶炉であった。このように、黒熊中西遺跡の山林寺院創建期の造寺における鍛冶操業においては、大形の鍛冶炉と通常規模の鍛冶炉の二種類の鍛冶炉が操業されたことが判明した。そして、黒熊中西遺跡では、大形の鍛冶炉以外の鍛冶炉の規模は、第8表に示すように八世紀から一〇世紀の平地や低丘陵の鍛冶工房の鍛冶炉規模とほぼ同じ規模を持つと考えられる。

二号・三号礎石建物での鍛冶は、山林寺院の上段で操業されているのに対し、鍛冶炉が集中する工房的な八号テラス(平場)は、中段から下段に造成されており、それは両者の鍛冶の性格と時期差を反映しているものと考えられる。つまり山寺の創建期には、鉄製品を素材から製造する鍛錬鍛冶だけでなく、その鉄素材を造る段階の精錬鍛冶を含む大形の鍛冶炉が必要とされたのであろう。八号テラス(平場)の工房的な在り方は、明寺山廃寺の主要仏堂の西斜面に構築された、やや規模の大きな不整長方形の鍛冶工房の在り方に類似する位置取りでもある。

次に、鍛冶炉のいわゆる地下構造と呼ばれる炉床部分にあたる炉の基底部・基底面の構築材には、現時点では粘土と炭化物があるとみてよい。粘土を地山の上に貼りめぐらせて炉の底部(炉床・炉底)を構築する遺構例は、八世紀前半の峯山遺跡Ⅰ区一号鍛冶工房一号鍛冶炉で確定されている。また峯山遺跡Ⅰ区一号鍛冶工房二号鍛冶炉と一〇世紀前半の黒熊中西遺跡の五号建物二号鍛冶炉においても粘土を用いている。

炉底に炭化物を敷く構築方法は、山林寺院である黒熊中西遺跡の一〇世紀前半の五号建物一号鍛冶炉と三号鍛冶炉、及び八号テラス(平場)一号鍛冶炉にみられ、炭化物を用いる炉の構造は山林寺院ではない一〇世紀中葉頃の大志白遺跡群一四号竪穴（SI一四）の鍛冶工房鍛冶炉にもみられる。こうした炭化物を炉床に用いる鍛冶炉は、九世紀中葉（第3四半期）の明寺山廃寺鍛冶炉（SK九五〇一）で確定されており、山林寺院における九世紀代から一〇世紀代の鍛冶炉構築に際して用いられたことが判明した。このうち鍛冶炉の炉底に粘土を貼りめぐらす黒熊中西遺跡の五号建物の二号鍛冶炉は、八世紀前半からの鍛冶炉構築技法を山寺においても継承していることを示す遺構例であろう。

山林寺院である黒熊中西遺跡の多くの鍛冶炉と、古代専業鍛冶工房である大志白遺跡群鍛冶工房（SI一四）の鍛冶炉は、炉床に炭化物を用いているという共通点があり、その鍛冶炉規模も同程度である。この二遺跡は、北関東における一〇世紀前半から一一世紀前半の鍛冶が、山寺とそれ以外の遺跡ではほぼ共通ということを示す一例である。

また、古代山林寺院である福島県慧日寺跡戒壇地区では、掘立柱建物跡（SB〇二）に隣接して九世紀前半の鍛冶炉（SX〇一）が発掘され、この場所で鍛冶の操業があったことが確定できる。[10] 鍛冶炉の構築位置は、桁行五間・梁間三間の南北棟の掘立柱建物跡の南西に隣接する場所にあり、こうした鍛冶炉の位置取りは福井県明寺山廃寺の中心堂宇の南西約五メートルに構築された鍛冶炉（SK九五〇一）に類似し、操業時期も近接する。慧日寺跡戒壇地区の鍛冶炉規模は、長軸三五センチ、短軸三二センチ、深さ六センチの楕円形を呈し、その構造は炉底に粘土を貼っており、多量の鉄滓と鍛造剥片が出土した。炉底などには酸化面と還元面があり、実測図にあるように南側から送風された鍛冶炉である。この鍛冶炉の存在から、慧日寺ではその創建期頃に造寺に伴う鍛冶の操業があり、これは北東日本における山寺の寺域内における古期の鍛冶遺構の事例となる。なお、戒壇地区の二棟の掘立柱建物跡の周辺には、九世紀前半の不整楕円形を呈する小竪穴状土坑が複数みられ、工房の可能性があることから、慧日寺が創建された時期には、北東日本の一〇世紀の山寺創建に伴う鍛冶炉と鍛冶工房と同じように、鍛冶炉と小竪穴状土坑とされる工房が共存していた可能性もある。戒壇地区では掘立柱建物（SB〇三）と土坑の切り合いから、二時期以上の変遷が考えられ、その発掘調査資料は、北東日本における九世紀の山寺の造寺に伴う鍛冶を究明する上で貴重である。なお、埼玉県高岡廃寺においても鉄滓が五点出土しており、八世紀後半から一一世紀の古代山寺の創建と存続期間中に鍛冶の操業があった。特に第三建物遺構から鉄滓の出土があり、この建物に伴う鍛冶遺物とみられる。

以上のように上野・黒熊中西遺跡の鍛冶炉の規模と構造を、近隣の諸遺跡の鍛冶遺構との比較を通じて考古学的に分析し、古代山林寺院の造寺・造営に伴う鍛冶炉が、山林寺院以外の平地や丘陵地遺跡の古代鍛冶炉の規模と構造に極めて類似するという実態を示した。

註

（1）上野川勝「古代山林寺院における鍛冶炉と鍛冶工房の考古学的分析―上野・黒熊中西遺跡と越前・明寺山廃寺の発掘遺構から―」『唐澤考古』三二号　唐沢考古会　二〇一三年a

（2）上野川勝「上野国・下野国の山岳寺院（群馬県・栃木県）」『佛教藝術』三一五号　毎日新聞社　二〇一一年

（3）上野川勝「仏堂と諸施設」『季刊考古学』一二一号　雄山閣　二〇一二年b

（4）上野川勝「山林寺院」『季刊考古学』九七号　雄山閣　二〇〇六年
上野川勝「古代・中世の山林寺院について」『唐澤考古』二六号　唐沢考古会　二〇〇七年

（5）須田　茂・小林　徹・鹿沼英輔『黒熊中西遺跡（一）』群馬県埋蔵文化財調査事業団　一九九二年

（6）上野川勝・茂木孝行・穴澤義功・大澤正己・鈴木瑞穂『大志白遺跡群発掘調査報告書―古代・中・近世編―』栃木県河内町教育委員会　二〇〇〇年

（7）谷藤保彦・上野川勝「峯山遺跡発見の古代製鉄遺構」『群馬文化』二七四号　群馬県地域文化研究協議会　二〇〇三年

笹澤泰史『峯山遺跡Ⅱ（古墳時代以降編）―飛鳥時代から奈良時代の製鉄遺跡―第一分冊・第二分冊』群馬県埋蔵文化財調査事業団　二〇一〇年

（8）加藤　学・相羽重徳・上野川勝ほか『須沢角地遺跡―北陸新幹線関係発掘調告書ⅩⅣ』新潟県埋蔵文化財調査事業団　二〇一一年

（9）古川　登・善端　直・白川　綾・松山和彦・田中伸卓・奥谷博之・佐藤　豊『越前・明寺山廃寺』福井県清水町教育委員会　一九九八年

（10）福島県磐梯町教育委員会『慧日寺跡Ⅱ』一九八七年

第三章　古代東国における山寺の成立と出土文字資料

第一節　古代下野における山寺の成立と天台仏教
—大慈寺瓦出現の背景—

一　視点

古代下野における仏教文化を概観する時、下野大慈寺に集った人々の日本仏教史上における活躍は、今まで多くの研究者により論じられてきた。この寺は栃木県下都賀郡岩舟町小野寺字上耕地に所在し、天台宗の高僧を輩出したことで広く知られ、日本仏教史上に輝く寺歴を誇っている。

この下野大慈寺は、旧境内から「大慈寺《だいじじ》」の銘を持つ瓦が出土し、また礎石を持つ建物跡（伝塔跡）の存在が知られている。こうした「大慈寺」瓦をはじめとする考古遺物とそれを出土する遺跡地は、古くから注目を集めてきた。現在までの考古学・仏教史などの研究によれば、創建期となる奈良時代後期から平安時代前期にかけて寺運が興隆し、東国天台仏教の発展に大きな役割を果たしたことが知られている。

史料にみえる大慈寺は、「下野国大慈院」[1]、「下野大慈寺」[2]、「大慈寺」[3]、「下野州大慈山寺」[4]、「下野州都賀県大慈山寺」[5]、「小野山寺」[6]がある。また、古代末の『拾遺往生伝』には「小野山寺」とみえ[7]、『元亨釈書』延暦寺最澄伝には「下野大慈寺」とみえる[8]。以上の史料から、下野大慈寺は「大慈山寺」「小野山寺」と呼称されていたことがわかる。大慈寺出土の考古遺物の瓦類では、型押しの「大慈寺」銘を持つ瓦が複数出土しているほかに[9]、八葉複弁蓮華文鐙瓦[10]をはじめとする各種の瓦がみられる。

こうしたことから大慈寺は古代においては、いわゆる「山寺」としての性格をもった寺院として成立した可能性が考えられる。著者は、古代近江の小野氏との関係を持つ寺であるとの記録[11]と、「小野山寺」と史料にみえることに注目している。

奈良時代後期から平安初期にかけての東国仏教界では、鑑真門下の道忠教団と法相宗徳一教団の活動が、最澄と徳一の三一権実論争に発展していた。こうした宗教情勢の中で、大慈寺はどのように成立したのかを、状況証拠の中から検討し、その変遷と天台仏教との係わりを探ってみたいと思う。そしてその前提として、畿内とその周辺における「山寺」の分布などについて、研究史を交えて確認することから始めたい。

二　考古学からの古代山寺研究史

著者の管見に触れた範囲で、考古学からの山寺（山岳寺院）についての研究を瞥見してみる。はじめに一九七五年に刊行された『仏教考古学講座』では、石田茂作が「仏教伽藍の研究」の中で、寺院の伽藍配置を一七種に分類し、その第七番目に山岳寺院天台宗伽藍配置を挙げた[12]。その中で比叡山延暦寺をその代表例とし、また近江長命寺・近江観音正寺・近江常楽寺・紀伊道成寺・播磨一乗寺・播磨書写山円教寺・出雲清水寺・武蔵慈光寺・羽前立石寺の名を示した。そこでは、仁王門から伽藍地にいたる途中にある削平地（平場）を「坊」と呼んでいる。また藤井直正は、文献にみえる山寺の検討をはじめとし、崇福寺や比叡山延暦寺西塔堂坊跡など、奈良時代から鎌倉時代の山岳寺院の遺跡を紹介し、また結界を示す榜示遺跡について検討している[13]。

景山春樹は、全国各地の山岳寺院の遺跡を示し、かつ修験道との係わりを論じた[14]。そして「山岳寺院の建物では瓦を葺くことをせず、（中略）堂塔には檜皮葺《ひわだぶき》・椽葺《とちぶき》などを用い、僧坊や雑舎には杮葺《こけらぶき》や板葺を用いている例がほとんどである」と指摘した。その後一九八六年に、上原真人は古代寺院をその空間構造からみて分析し、山寺を「古代寺院の外的構造」という項目の中で論じた[15]。そして、崇福寺（志賀山寺）・大和比曽寺を始めとする山寺や、薗田香融の論考にみる本寺と山寺の関係に言及した。

こうした山寺については、早くから仏教史などから研究がなされているが、考古遺物の中でも「山寺」という篦書きの文字を持つ瓦が知られている。愛知県小牧市大山廃寺跡は七世紀末に造営され始めた山岳寺院で、白鳳期から奈良後期（八世紀後半）の瓦類が出土している[16]。その伽藍地は、標高一八〇メートル付近の南面する山腹である。創建期の軒丸瓦は山腹上位の塔跡から出土し、外縁が幅広く作られた単弁八葉蓮華文を飾ったものであり、複弁八葉蓮華文軒丸瓦は藤原宮所用のものに類似しており、これらには軒平瓦が伴わないという。また八世紀後半の瓦は、平城宮所用に類似する単弁十六葉蓮華文軒丸瓦や均整唐草文軒平瓦などであり、この山寺を建立した人物は中央政権との結び付きを持っていたのではないかとされる。これら八世紀後半の瓦類に混じって「山寺」という篦書きの文字を持つ瓦があり、当時の呼称がわかる例として貴重である。北武蔵の丘陵地帯にある埼玉県馬騎の内廃寺においても、大山廃寺跡とほぼ同時期

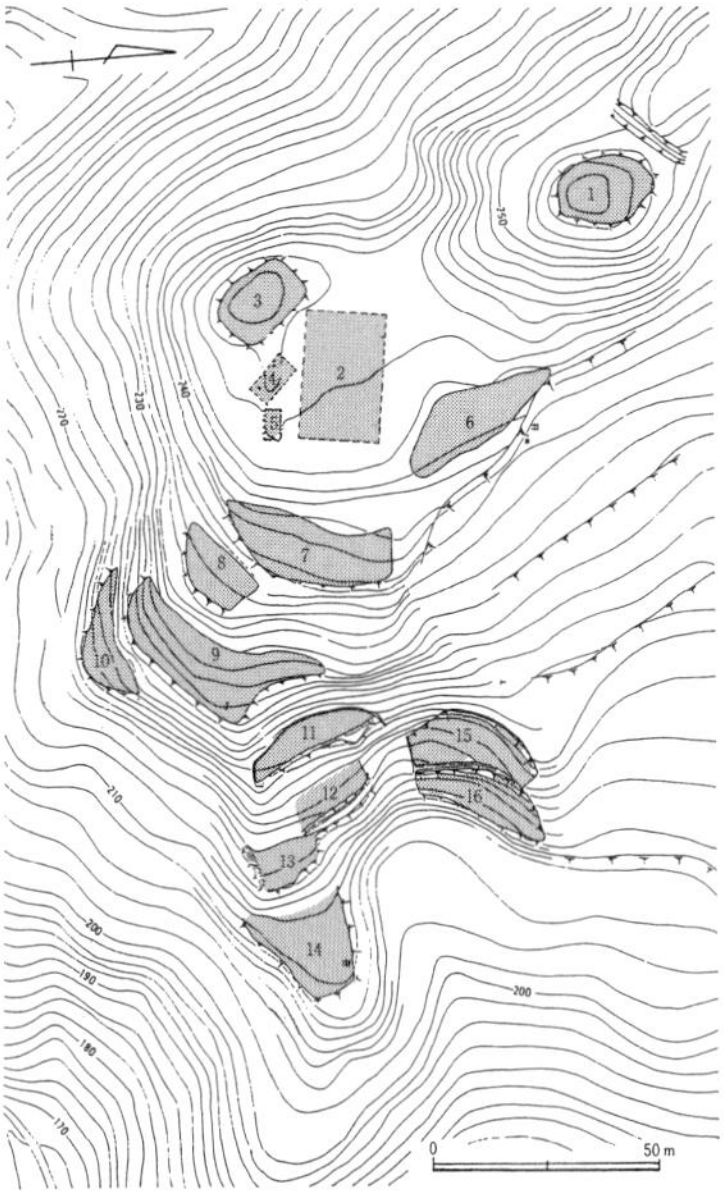

第 33 図　埼玉県馬騎の内廃寺主要部平場分布図（埼玉県 1984）

の瓦類が出土しており、複数の平場の造成もみられ古期の山寺遺跡として注目される。

一九九一年には、梶川敏夫が畿内とその周辺の奈良時代の山岳寺院についてまとめている(17)。梶川が論じた山寺は、比曽寺・南法華寺(壺坂寺)・興善寺跡(香久山寺)・高田寺跡・青木廃寺・駒帰廃寺(安楽寺)・加守廃寺(掃守廃寺)・地光寺(慈光寺)・岡寺(龍蓋寺)・竜門寺・法器山寺(小島山観音院)・高宮廃寺(高宮山寺)・戒那山寺・妙楽寺(談山神社の前身寺院)・毛原廃寺・誓多林廃寺・香山廃寺(香山堂)・室生寺(室生山寺)・長谷寺(泊瀬の上の山寺)・崇福寺(志賀山寺・志郷山寺)・金勝山寺・大山廃寺である。

このうち香山廃寺(香山堂)では、平城宮所用の官窯製品と同じ瓦が出土し、国家の関係する密教的な要素の強い山寺であるとされ、室生寺(室生山寺)は興福寺の別院山寺である。また金勝山寺は、東大寺の創建に係わった良弁が天平五年(七三三)に創建したものである。なお文献上にみられる山寺として、平群山寺・生馬山寺・血淳(珍努)山寺・馬庭山寺・信天原山寺・真木原山寺・竹渓山寺・養徳山寺・河内山寺・瑜伽山寺があるとした。

一九九四年には、『考古学ジャーナル』(三八一号)誌上に古代・中世の山岳寺院が特集された。その中で江谷寛は、三井寺の別院で平安時代に創建された如意寺の遺構を紹介している(18)。また中井均・土井一行は、近江湖北地方の山岳寺院の例を示し、そこに見られる人工的な削平地が耕作地として利用された可能性を指摘した(19)。湖北の松尾寺では、九世紀から一〇世紀にかけて修行の場所として小規模な建物があり、その後一二～一三世紀にかけて本坊の造成が完成したという。また山岳寺院の立地は、「頂上付近の山腹をカットして平坦地を確保し、本堂を中心とした伽藍が配され、下方に坊院が形成されていく」という状況を述べた。そして山頂付近であるにもかかわらず湧水が必ずあり、巨大な池や入定窟を持つ例もあるという。久保智康は、北陸地方の山岳寺院を概観し、考古遺物からみた山寺の成立時期を八世紀後半とし、九・一〇世紀に盛行したと述べ、交通路と山岳寺院の不可分性が窺えるとした(20)。

静岡県湖西市の大知波峠廃寺跡については、後藤建一がその内容を紹介している[21]。この廃寺は、標高約三五〇メートルの尾根近くに造営され、平場には礎石建物跡・池跡などが確認され、尾根と周辺にある巨岩は榜示と見做すことができるという。出土遺物である灰釉陶器の年代から、一二世紀初頭頃まで存続したとされる。

こうして各地で山寺の調査研究が進められてきたが、北関東では群馬県宇通遺跡が山岳寺院として知られている[22]。遺跡地は、粕川村赤城山腹の標高約六五〇～七〇〇メートルの場所である。発掘などの結果、一三棟の礎石建物跡と三鈷鐃鋳型・瓦類・鉄釘・鞴の羽口・鉄滓などが出土し、平安時代の山岳寺院と考えられている。また、群馬県吉井町黒熊中西遺跡においては、低丘陵の頂上部を階段状に削平した場所から、礎石を持つ六～七棟の建物跡が検出され、瓦類・土器類・瓦塔片・鉄釘・地鎮具・銅製経軸端などが出土した[23]。この遺跡は、道忠教団が活動した地域に近接することから、天台系の寺院跡と推定されている。

茨城県内には、筑波山系に千代田町高倉廃寺・新治村東城寺・真壁町山尾権現山廃寺などがあり、奈良時代から平安時代の瓦類・土器類・塔基壇などが見つかっている[24]。なお栃木県内からは、市貝町多田羅遺跡から、土師器に「山寺」と墨書された遺物が出土している[25]。この遺跡では、一一世紀前葉頃の住居内から如来坐像の鋳型(三尊形式阿弥陀坐像)が出土しており注目される[26]。

三　仏教史・文献史学からの山寺と山林修行についての研究

ここでは、仏教史や文献史料から論じられている古代の山寺と山林修行についてまとめ、また日本天台仏教の成立前後における天台宗の動向を確認しておきたい。

　まず古期の山寺では、近江の志賀山寺（崇福寺）が想起される。この山寺は、文献に「近江国志賀山寺[27]」「紫郷山寺[28]」「志賀山寺[29]」とみえ、その後「崇福寺[30]」と出てくる。この山寺は、天智天皇の勅願によって建立された白鳳期の寺院跡で、創建は天智七年（六六八）である。塔心礎埋納品や専仏や瓦類などにその寺格の高さを知ることができ、その性格は、大津宮との一体性があると指摘されている。[31]なお志賀山寺（崇福寺）には、伝教大師最澄の師である行表が止住していたとされ、最澄自身もはじめはこの寺に入ったという。[32]その後の奈良時代に営まれた山寺と、そこに住した僧尼の実態は、『日本霊異記』にみることができる。

　平安時代初期には、天台宗と真言宗が最澄と空海によって開かれ、奈良期の雑密教とは異なる体系的な密教が日本に導入され、それが朝廷などに歓迎されていた。例えば天台宗の成立過程では、平岡定海によれば最澄が比叡山に入山する以前から、多くの山林修行者が山坊を形成していたとされ、「比叡山寺」自体が「一乗止観院を中心とする最澄門下の山坊の結集という山寺」であったとされ、また比叡山寺は律令国家にとっては当初最澄の私寺的な性格の山寺と捉えられていたという。[33]この比叡山寺（延暦寺）の成立以前の比叡山は、原始山岳信仰につながる日吉神社（日枝神社）の神体山である八王子山と、その祭神（地主神）である大山咋命《おおやまぐいのみこと》に由来する宗教的聖地であり、[34]最澄の入山と山林修行の動機についての指摘もある。[35]

　その後天台宗では、天長・承和・嘉祥・仁寿・斉衡年間において、義真・円澄・円仁・安恵（安慧）などの東国出身座主が排出し、円仁のもたらした密教を基礎に台密の充実が計られて行く。[36]そうした中で九世紀末には、相応による回峰修行の創始があり、[37]その後一〇・一一世紀代の天台横川浄土教の発展がある。[38]

　そして古代中期から後期には、密教の修験道化などが進む中で、例えば平安末期に近い頃成立した平信範の日記である『兵範記』（一一三二〜一一七一年間の日記）には、「河内国信貴山寺」とみえる記録がある。[39]『信貴山絵巻』では、

「信貴山寺」の住沙弥命蓮が加持を行うために御前(醍醐天皇)にて病気平癒の祈りを繰り返す。こうしたことから山寺は、奈良朝以前の白鳳期「志賀山寺」(崇福寺)から平安末期に至るまでの古代において存在していたことは、確かである。

こうした山寺については、古く一九四八年に福山敏男が、「竹渓山寺」「法器山寺」「阿弥陀山寺」「瑜伽山寺」「河内山寺」「養徳山寺」「馬庭山寺」「松尾山寺」「真木原山寺」とその他の寺院についての研究を示している[40]。この中の瑜伽山寺・阿弥陀山寺などは、西大寺が所有する田園山野の中に描かれているようで、中井真孝によればこれらの山寺は、西大寺の別院であったとされる[41]。

そうした別院的な場所は、どのような性格を持っていたのかという課題がある。薗田香融は、一九五七年に「古代仏教における山林修行とその意義」と題した論文を発表し、本寺と山寺(山坊・別所)との関係や、山林修行の本質的な意味付けについて解き明かした[42]。そして、「古代の山林修行は、私度僧や民間的な呪者の独占するものではなく、山寺や山坊を中心とする山林仏教は、官大寺や宮廷の国家仏教に対立する性格のものでなく、むしろそれらと切り離すことのできない深い結びつきを持っていた」(大意)と指摘した。その中に示された元興寺の僧法相宗護命の伝に、「僧正伝燈大法師位護命卒。法師俗称秦氏、(中略)、月之上半入深山、修虚空蔵法、下半在本寺、研精宗旨[43]」とあることは、「本寺」と「山寺」と山林修行の関係を示した史料として知られ、その後の研究にしばしば引用されている。

こうした山林修行は、行基とその受戒師をつとめた高宮山寺の住僧「徳光」にもみられるという吉田靖夫の研究がある[44]。吉田は、大宝以前における山林修行の例は行基を含めて四例あるとし、その拠点である山上・山腹に立地する七世紀の山寺として、比曽寺・高宮山寺・志賀山寺・長谷寺・岡寺・法器山寺・鹿谷寺・岩屋峠石窟・古法華山(一乗寺旧跡)の九例を示した。そして大宝令以前では、山林修行を規制するような法が存在しなかったと指摘する。

一九八一年には、これらを含む山寺（山岳寺院）について、逵日出典により詳細な研究が出ている。逵は「奈良朝山岳寺院の実相」において、奈良朝以前の山岳寺院、奈良朝の山岳寺院、官僧の山林修行、奈良朝山岳寺院の終焉などについて論じ、その変遷と変質を追究している[45]。逵が文献史料から研究した山岳寺院は、比蘇山寺・壺坂山寺・長谷山寺・小嶋山寺・室生山寺・清水山寺である。また逵は『奈良朝山岳寺院の研究』（一九九一年）において、比蘇山寺・壺坂山寺・泊瀬の上の山寺他の成立などについての論考を行った[46]。なお奈良朝以前の山寺については、道教的な性格が強いという指摘もある[47]。

四　『日本霊異記』にみる山寺

『日本霊異記』は、奈良薬師寺の僧景戒（きょうかい、きょうがい、けいかい）の撰述になる仏教説話集であり、その成立年代は平安初期の弘仁年間（八一〇～八二四）である[48]。その中で僧尼の関わる話は、約六割強であるという。そこに記されている僧侶は、各地の山寺で修行し民衆に除災招福をもたらすために活躍する。ここでは、そこに記載されている山寺を列記し、その呼称を確認する。

「山寺」という名称の付される寺院とその読み方は、次のとおりである。

①法器山寺（ほうきのやまでら）上巻第二六
②平群山寺（へぐりのやまでら）上巻第三五
③生馬山寺（いこまのやまでら）中巻第八
④血渟山寺（ちぬのやまでら）中巻第一三

⑤珍努上山寺（ちぬのうえのやまでら）中巻第三七
⑥馬庭山寺（まにわのやまでら）中巻第三八
⑦泊瀬上山寺（はつせのうえのやまでら）下巻第三
⑧信天原山寺（しではらのやまでら）下巻第五
⑨真木原山寺（まきはらのやまでら）下巻第九
⑩苑山寺（そのやまでら、そののやまでら）下巻第二〇　（傍線は著者。以下同じ）

『日本霊異記』の研究では、下巻第三の泊瀬上山寺は現在の奈良県長谷寺を指し、血渟山寺は大阪府和泉市槙尾山の吉祥院かと推定されている。また馬庭山寺は、奈良東大寺東北の佐保川上流にあった寺院とみられている。

上記以外の山寺の例として、中巻第二一には「諾楽京東山。有一寺。号曰金鷲。々々優婆塞。住斯山寺。以為字。今成東大寺。未造大寺時。聖武天皇御世。金鷲以行者。常住修道。其山寺居一執金剛神摂像」とみえる。これは東大寺と金鷲菩薩の記事として知られ、東大寺の寺域には早くから私度僧らにより小堂が営まれていた。そこに東大寺の前身といわれる金鍾寺（金鍾山房）が営まれたのは、神亀五年（七二八）のことである[49]。なお、下巻第六には、「吉野山有一山寺。名号海部峯也。帝姫阿部天皇御世。有一大徳。住彼山寺。精勤修道」とみえ、吉野山に「あまべの峯」という一つの山寺があり、一人の大僧がその山寺に止住し、仏道修行に励んでいたという説話もみえる。

仏教史の立場から中井真孝は、『日本霊異記』に書かれている寺院について、寺・堂・山寺の三つに大別している[50]。寺は大安寺・興福寺をはじめとする天皇の発願または国家の造営する官寺、及び貴族や豪族が檀越となる氏寺に多くあるとし、堂は紀伊国弥気堂など村里の人々の合力や富裕な農民により造営された簡素な「村落の寺院」を指し、山寺は俗界を離れた山中に修行の場として営まれた「山岳の寺院」を指すと述べた。

また考古学の発掘知見では、畿内の七・八世紀に建立された古代寺院のうち幾つかはそれを建立した氏族を特定できる例があるという[51]。そうした氏族建立寺院の多くは、その維持に経済的な負担が大きいので建立後一〜二世紀程度で荒廃してしまい再建されることはなかった。以上のように、平安時代初頭の弘仁年間に成立した『日本霊異記』にみえる山寺や畿内の古代寺院には、造営された地名を冠して呼ばれる山寺や、その建立氏族を想定できる寺院が存在することが判明した。事実、仏教伝来以来、蘇我氏の飛鳥寺、藤原氏の興福寺など有力氏族が造営した寺院は多い。

五　「僧尼令」第一三条にみる山居と山林修行

「僧尼令」は、僧尼に対して国家が律令制の立場からその行為を規制したものである。ここでは、山居と山林修行に関する第一三条をみながら、その内容を確認しておきたい[52]。

十三　凡僧尼。有禅行修行。意楽寂静。不交於俗。欲求山居服餌者。三綱連署。在京者。僧綱経玄蕃。在外者。三綱経国郡。勘実並録申官。判下。山居所隷国郡。毎知在山。不得別向他処。

本条では、僧尼が本寺を離れて「山居」する場合の手続きを規定している。山居とは寺院を離れて山に籠ることを言い、その場合当然ながら、本寺に属する何らかの施設が、山中に置かれていたことになる。それは先に見た本寺に対する山寺、あるいは山房であると考えられる。「服餌」とは、神仙の術として不死の薬を服用することであるとされ、このことは道教的な思想が反映されていると言われる[53]。

そして「毎知在山」とは、国府や郡衙(国・郡司)では僧尼の所在する山を把握せよと規定し、他処に行ってはいけないと言う。この僧尼令については、その内容・運用・効力などについての研究がある[54]。吉田一彦よれば、奈良時代の律令国家は「私度僧や私寺に関しては、僧尼令の禁断規定があるにもかかわらず、政府はほとんどこれを禁断しようとしてはいない」ようであるとし、律令国家は「道教的な要素をも吸収した卑俗な呪術活動」を問題としたとする。こうした呪術は、中井真孝によれば「ひそかに他者を呪詛・厭魅する妖術」のことであり[55]、そうした行為や修法を律令国家は警戒したとする。しかし都府寺院（本寺）と山岳寺院（山寺）は、どうしても切り離すことのできない経済的な結合があったとする。

また吉田は私寺については、「僧尼令の規定にもかかわらず、延暦年間まで私寺は是認され続け」ており、「延暦期以降も法を気にしつつも、実際には私寺がかなり造立され、その内より定額寺に列せられるものが出ている」という。そして、『日本霊異記』にみえる紀伊国那賀郡弥気の山室堂に集まった人々と僧尼令について触れ、私造の道場である山室堂には、自度の沙弥が住むと同時に、元興寺という官寺の官度僧も住んでいるというなかで、自度も官度も道場も「僧尼令」に抵触するにもかかわらず処罰されない様子は、「当時の民間仏教の存在形態の典型を示す」ものとした。なお、こうした状況が畿内以外の地にもそのままあてはまるのかどうかは、現時点では言及できないが、少なくとも畿内とその周辺では、そうした社会・宗教情勢があったものと解しておきたい。

こうした研究から、先に触れた「他処」とはどういう場所を指すのかという問題がある。『日本霊異記』にみえるように、当時は私度僧（自度僧）などの国家仏教に属さない民間仏教者が、各所に私的な修行の場や私的な山寺を作り、より呪術性の強い山林修行を行い、仙術を修得すべく活動しており、そうした私度僧が起居する場所などが「僧尼令」で言う他処にあたる可能性があろう。山寺は、修行の場だけではなく山が生み出す産物（薬草・木材・鉱物・動植物など）を確保する権利を示す場所として、大きく意識されていたものと考える。それは、奈良・平安期の豪族や社寺などが競って山林原野を私有しようとした動きとも密接に結びつくのであろう。

また官的な寺に対しては官的な山寺、あるいは山房が存在していた可能性があり(56)、その場合、その属する山は律令国家が管理した場所であったことも考えられる。そして国府や国分寺の造営や改修に際しては、木材などを確保するためそうした杣山的な山が必要とされ、そうした場所に専門的な知識を持った人間を配し、国府などの出先機関としての施設や山寺などが営まれていたのであろう。

先にみた山林修行に関する規定は、「僧尼令」第一三条の山居禅定の他に、養老二年(七一八)一〇月太政官布告(「任意入山、輙造庵窟」)で勝手に山に入り庵窟を造ることを禁じた例(57)や、天平元年(七二九)四月勅(「如有停住山林、詳道仏法(58)」)で山林にとどまり住むことを禁じた例があり、その後も律令国家の仏教政策の中で、禁止や解除がみられるようである。

六　古代下野における山寺の成立と天台仏教

1　平安初期の東国仏教界の状況

以上のように、畿内とその周辺における山寺の成立と変遷などを概観したわけであるが、それでは東国下野においては、古代の山寺は存在していたのであろうか。ここでは、「大慈寺」銘を持つ瓦類が出土し史料にも「大慈山寺」「小野山寺」という寺名がみえる下野大慈寺について、その成立前後の歴史的状況を確認し、主に平安初期の東国の社会・宗教情勢の動向から、大慈寺瓦出現の背景と、古代下野における山寺成立の事例を探ってみたい。

大慈寺から出土する瓦類については、考古学からのまとまった研究は今のところみられないが、仏教史からは大慈寺に関係した古代の高僧についての研究が多くみられる。この寺院は、単に考古遺物の集成や分析では解明しきれないほどの深さがあるものと私考しているので、まず仏教史と文献史料を紐解き基礎的事項をまとめ、「大慈山寺」「小野山寺」と呼ばれた背景からみて行く。平岡定海によれば、伝教大師最澄（七六七～八二二）の六所宝塔院の思想は、「天台教団を弘める範囲を示すと同時に、筑紫の観世音寺と下野薬師寺の東西両戒壇の存在する処に焦点をあてている」とし、それは「諸国講読師の問題と切り離して考えることはできない」と指摘する。(59) 大慈寺に最澄が巡錫した弘仁八年（八一七）(60) 前後には、大慈寺とその周辺では鑑真門下の道忠・広智とその教団が活動していた。道忠（七三五～八〇〇頃）は、鑑真（六八八～七六三）の高弟の一人で「東国の化主」と呼ばれ、上野緑野寺・武蔵慈光寺にも関わることが知られている。

早く田村晃祐は、鑑真と道忠の関係から道忠と下野薬師寺の関係、また道忠の弟子である広智（生没年不詳）・円澄（七七一～八三七）・円仁（七九四～八六四）らと最澄の東国巡錫についてまとめ、下野・上野から武蔵に展開する道忠教団と、会津から常陸にかけて布教していた法相宗の徳一（徳溢。七六〇～八四二頃）が率いる徳一教団の関係を示した。(61) また薗田香融は、平安初期の東国の宗教情勢をこの「道忠門徒」と「徳一門徒」の勢力によって二分されていたと指摘した。(62) この道忠と広智と徳一については、当時の民衆から菩薩あるいは化主と崇められており、この二つの呼称は同じ内容を持った異称であるという。(63) なお、広智と最澄・円仁・円澄・安恵（安慧）との関係についての研究もある。(64) こうした僧侶の活動は、当時の民衆社会に向けられただけでなく、例えば道忠教団と律令仏教の拠点である国分寺との写経を通じた交流があったことなども指摘されている。(65)

先に示した道忠教団と徳一教団の二大勢力は、東国へ先行して布教していた法相宗系の会津慧日寺・筑波山中禅寺（筑波山寺）を結ぶ地域に広がる徳一教団(66) に対し、平安新仏教として立宗した後発の天台宗が同じ天台系の教義などを持つ道忠教団を手掛かりにして、下野大慈寺・上野緑野寺・武蔵慈光寺という三拠点を擁して対峙していたと理解することができ、都における天台宗と南都六宗の関係がそのまま東国に反映していたものと考えられる。大慈寺・慈光寺・緑野寺の三箇寺を、「天台系トライアングル」（天台系三箇寺による三角形の楔）と呼ぶことができ、これに対して会津から筑波山にかけての地域を「南都系ゾーン」（先行布教した南都系仏教地帯）とみることができる。

道忠と広智の影響下にあった大慈寺は、日本仏教史上に残る法論として知られる最澄と徳一の「三一権実論争」(67)の中で、東国天台宗の最北端に位置する寺院として、重要な意味を持っていたと思われる。例えば、最澄の東国巡錫（弘仁八年（八一七））については、東国において法相宗の学匠徳一が天台宗批判を繰り返していたことが一つの契機とされているが、弘仁七年には真言宗空海（七七四〜八三五）が高野山寺を開くといった大きな動きもみられる。そうした中で、まさに天台宗の活路を東国に求めたのであった。そして大慈寺は、その後の東北地方への天台教線伸張の拠点となったのであろう(68)。

特に、九世紀前半の最澄没後の天長・承和年間の天台宗は、都においては空海の率いる真言宗に密教教義上の遅れをとり、また東国においては南都法相宗系の徳一教団との対峙があった。こうした天台教団存亡に係わる時期に、義真・円澄・円仁らが教団を支えていた(69)。この時期の天台教団にとっては、まさに真言密教と徳一教団があたかも「前門の虎」と「後門の狼」のごとく存在していたものと考えることができる。

天台宗は、その後承和の遣唐使の一員として渡海した円仁が入唐求法し帰朝して、密教の充実とそれに伴う朝廷への躍進により、真言密教を凌駕した時点でようやく二つの呪縛から開放され、円仁と天台宗の全盛を迎えるのである(70)。その時期は、円仁が帰朝した承和一四年（八四七）九月、また帰京した承和一五年三月以降である。この頃、円仁帰朝の情報を得ていたという安恵（安慧）は、承和一四年四月に出羽国からの帰途に下野国分寺の塔会に際して、法相宗智公との法論を行い、下野大慈寺菩提院にて反論を記したとされる(71)。

考古学の分野からは、こうした九世紀の天台宗と法相宗などの動向をふまえた古代遺跡の盛衰を見る視点は、少ない。わずかに、岩淵一夫が九世紀中頃における法相宗と天台宗をめぐる宗教情勢と下野薬師寺・下野国分寺の発掘から判明した遺構の変遷について、検討を行っている程度である。(72)岩淵によれば、下野薬師寺をめぐる法相宗智公の活動や下野国分寺塔会における智公と安恵の論争などの史料と、それらからみた両宗の盛衰は、下野国分寺跡の伽藍の変遷に符合するのではないかとした。また、大慈寺出身の慈覚大師円仁は、下野薬師寺の別当職の廃止と講師の設置について中央の貴族を動かしたのではないかという予測を示した。

2　天台仏教と大慈寺瓦出現の背景

こうした平安初期の東国社会にあった下野大慈寺は、先に触れたように「下野国大慈院」「下野大慈寺」「大慈寺」「下野州大慈山寺」「野州大慈山道場」「小野山寺」と史料にみえる。また承和二年(八三五)に円澄が広智に出した書状には、「雄野千部院」とみえ、「雄野」は「小野寺」すなわち大慈寺であるという。(73)そして「最澄授徳円戒牒」の末尾に記す弘仁八年の徳円の疏文には「下野州都賀県大慈山寺」とみえ、天長二年(八二五)八月付「参議伴国道書」には「下野国小野寺」とみえるという。(74)ここで史料上にみえる大慈寺の名称を整理してみれば、次のとおりである。

①「下野国大慈院」『叡山大師伝』(仁忠著、成立の上限は天長二年(八二五)正月)
②「下野国小野寺」「参議伴国道書」(天長二年(八二五)八月)(75)
③「下野州都賀県大慈山寺」「最澄授徳円戒牒」徳円の疏文(弘仁八年(八一七))
④「雄野千部院」「円澄が広智に出した書状」(承和二年(八三五))(76)
⑤「下野州大慈山寺」「徳円阿闍梨印信」『園城寺文書』(承和九年(八四二))

⑥「野州大慈山道場」「徳円阿闍梨印信」『園城寺文書』（承和九年[77]（八四二））
⑦「小野山寺」『日本三代実録』「安恵卒伝」の逸文（貞観一〇年（八六八））
⑧「下野大慈寺」『伝教大師行業記』（円珍著、『比叡山延暦寺元初祖師行業記』、元慶五年（八八一））
⑨「大慈寺」『慈覚大師伝』（天慶二年[78]（九三九））
⑩「小野山寺」『拾遺往生伝』（安恵伝）（天承二年（一一三二））
⑪「小野山寺」『元亨釈書』（延暦寺最澄伝）（元亨二年（一三二二））

なお、一三世紀末の正安元年（一二九九）に完成した『一遍上人絵伝』には、大慈寺の建物の傍らに「小野寺」と記されており、詞書には「下野国小野寺といふ処にて」とみえる[79]。

著者はこの中で、「大慈院」「大慈山寺」「小野山寺」の三者について注目し、若干の私見を述べ、今後の考古資料研究の方向性を探りたい。佐伯有清によれば、『叡山大師伝』の成立は天長二年（八二五）正月以降である[80]。そしてそこには「下野国大慈院」とみえる。承和九年（八四二）には「大慈山寺」とみえ、その後貞観一〇年（八六八）には「小野山寺」とみえる。また「下野大慈寺」の初出は、九世紀中頃から後半にかけて安恵（七九四〜八六八）が著した『愍論弁惑章』と思われ、その頃から元慶・天慶年間という九世紀後半から一〇世紀前半にかけての時期に「大慈寺」の名称が定着してきたことも考えられる。

ここで「大慈山寺」「小野山寺」に用いられた山寺の名称は、奈良朝を中心として畿内で成立した本寺と山寺という概念がそのままあてはめられるのではなく、天台宗が伝教大師最澄以来醸成してきた山林修行と籠山修行の歴史の中で、自然に用いられたものと推察され、また比叡山寺（延暦寺）に属する東国の重要寺院または別院という意味をも含んでいたとも考えられよう。そして「山寺」という呼称は、九世紀代にも広く使われていた例と理解しておきたい。

また「小野山寺」の呼び方は、『日本霊異記』の項で確認したように「おののやまでら」と呼ぶものと思われ、それは地名あるいは建立氏族名を示しているものと思われる。

それでは、この「大慈院」「大慈山寺」「小野山寺」という三者の関係は、いかなるものであろうか。それを解く鍵として大慈寺住持の林慶忠の記録(81)があり、そこには大慈寺に関連した氏族として小野氏の存在が推測されたことがあるという。小野氏は近江国の湖西地方を本拠とした氏族で、小野妹子《おののいもこ》を祖とし、その本拠は近江国志賀郡小野である(82)。遣隋使で有名な妹子に続き、毛野・老・馬養・牛養・田守・少贄・石根・滋野・岑守・篁・千株・滝雄などが輩出し、遣唐使・遣新羅使・遣渤海使や、大宰府の要職や、陸奥・出羽の国司や、征夷副将軍などを務めた中央官人である。その氏族の特性は、対外交渉と辺境防衛であったとされ、老・岑守・篁などは文人としても知られる(83)。小野氏はまた和邇氏の同属であり、志賀郡小野には小野神社がある(84)。近江国志賀郡小野は比叡山の東麓にあたり、最澄の出身地である志賀郡古市郷(85)とは同じ郡内にある。

著者は、この小野氏が律令国家の中央官人として東国経営に携わる過程で、下野国府にも近い下野国都賀郡の諏訪山(諏訪岳《すわがたけ》、標高三二三メートル)の山麓に居住し、そこに小野氏の仏堂を営みそれを寺としたことから、下野大慈寺の歴史が始まるのではないかと私考している。そこは、東山道の間道と思われる交通路に面し、遠方からもよく識別できる諏訪山の山麓にあたる場所である。大慈寺が面する谷は三毳山北麓から細長く北方に延び、大慈寺南方隣接地点で狭くなるような外部から遮蔽されるような谷である。そしてそこに、「小野山寺」と称される近江小野氏建立の寺院が建立されたものと考える。もちろんその山寺は当初は草堂程度のものであり、瓦が葺かれていた可能性はほとんどないだろう。あるいは社会的・軍事的な緊張状況などが生じたとき、氏族の安全を確保するために籠もる場所であったことも想定される。

そうした中で、平安初期に小野氏の中で頂点に立った岑守（七七八～八三〇）は、最澄の入唐帰朝後の高雄山寺（神護寺）での法会について、その事務を管掌するなどした[86]。その岑守は、仁忠が記した『叡山大師伝』には二七人の外護の檀越の一人として、その第七番目に「小野大宰大弐岑」と記されている[87]。こうした関係にあった小野氏は、その氏族寺院として営む寺や寺域周辺の土地などを、最澄の東国巡錫（弘仁八年（八一七））時に提供したとしても不思議ではない。

弘仁八年（八一七）における伝教大師最澄の下野での民衆教化は、『叡山大師伝』にみるごとく多くの人々が集まっているようで、この時までには現在の大慈寺の場所が開かれており、この時最澄によって「下野国大慈院」が小野氏建立の寺院の寺域内に新たに建立された可能性があろう。そして「大慈院」は六所宝塔院の一つとして位置付けられ、安北「下野宝塔院」（最澄『弘仁九年比叡山寺僧院等之記』）となる。その後は、「大慈山寺」（承和九年（八四二））、「大慈山道場」（承和九年（八四二））、「小野山寺」（貞観一〇年（八六八））、「下野大慈寺」（元慶五年（八八一））と呼ばれることとなる。史料からみたこうした過程を考えると、初期の小野氏の氏族寺院の周辺が伝教大師最澄に提供されたことを契機に、天台宗寺院としての位置付けがなされ伽藍地の整備が進められて、「下野大慈寺」となり、大慈寺の銘を持った瓦が葺かれることになるのであろう。その時期は、元慶五年（八八一）に「下野大慈寺」と呼ばれていることから、九世紀後半代かと推定できる。

大慈寺に関係する人物では、慈覚大師円仁が九世紀後半に入って間もなく天台宗第三代座主となり、中央仏教界の頂点にまで登りつめている。円仁が天台座主であった期間は、仁寿四年（八五四）から貞観六年（八六四）までの約一〇年間であった。この間、斉衡・貞観年間に文徳天皇・清和天皇に授戒や灌頂を授けるほどになっていた[88]。円仁はかつて、小野岑守の子で遣唐副使となったが入唐しなかった小野《おの》篁《のたかむら》（八〇二～八五二）とともに承和の遣唐使に選ばれ[89]、天台密教の確立に貢献し、また関東・東北地方の布教に力を注いだ。

先に触れたように、九世紀前半代の天台宗の存亡の危機を乗り越えてきた円仁にとっては、自身が中央仏教界の頂点に立った時、その出身地である大慈寺はまさに師最澄が名付けた「大慈院」「下野宝塔院」として、また師からの授戒・受法があった聖地として、そして師が法相宗徳一との三一権実論争のため東国に下向した法城として、さらに円澄らの付託を受けて入唐求法し、天台密教を充実させた円仁自身を育てた思い出深き寺院として存在したにちがいない。なお円仁の父首麻呂《おびとまろ》（都賀郡三鴨駅長）と円仁の兄秋主の孫宮雄は、それぞれ大慈寺の厳堂（金堂）と観音堂を建立したといわれる(90)。また円仁の後を継いで貞観六年（八六四）に第四代天台座主となった安恵にとっても、下野大慈寺は由緒ある聖地として大きく聳えていたに違いない。

このように、平安初期の九世紀前半から九世紀後半代までの大慈寺の歴史の中で、まさに「大慈寺」の銘を持つ瓦が出現し、大慈寺の伽藍が整備され、東国天台仏教の中心寺院になったものとみられる。さらに推測が許されるならば、大慈寺の伽藍は、円仁あるいは安恵が天台座主であった斉衡・貞観年間、あるいはそれを若干前後する時期に主要堂宇の造営もあったのではないかと想定される。その時「大慈寺」の銘を持つ瓦が葺かれ、官立の下野薬師寺・下野国分寺に続く寺名瓦を持つ寺院となったのであろう。

なお、考古学の発掘成果から判明している九世紀後半における下野国分寺の築地塀・南大門の造営と堂宇の改修、及び国分尼寺の改修(91)、及びそれに伴う瓦類と大慈寺の瓦類の関係については今後の課題である。

以上ここまで、畿内における山寺の事例から『日本霊異記』にみえる山寺を経て、下野大慈寺の成立についての私見を示した。本来は、瓦などの考古資料の集成と分析から大慈寺瓦出現の時期を論ずべきところであるが、別の側面から当時の仏教界の中に下野大慈寺を見つめ、あえて不慣れな文献史料と仏教史を紐解き、下野大慈寺の名称を確認し、その成立の背景と大慈寺瓦出現の時期とその意味を推察してみたものである。

註

（1）佐伯有清『伝教大師伝の研究』（四三八頁）吉川弘文館　一九九二年（仁忠『叡山大師伝』『続群書類従』伝部）
（2）佐伯註（1）前掲書（四三五頁）（『伝教大師行業記』（円珍『比叡山延暦寺元初祖師行業記』）『続群書類従』伝部）
（3）佐伯有清『慈覚大師伝の研究』（三三三頁）吉川弘文館　一九八六年（『慈覚大師伝』『続群書類従』伝部）
（4）佐伯註（1）前掲書（四三六頁）（「徳円阿闍梨印信」『園城寺文書』『平安遺文』四四四九）
（5）佐伯註（1）前掲書（四三六頁）（「最澄授徳円戒牒」）
（6）佐伯註（3）前掲書（三三七頁）（『日本三代実録』逸文（安恵卒伝））
（7）佐伯註（3）前掲書（三三八頁）（『拾遺往生伝』（安恵伝））
（8）佐伯註（1）前掲書（四三七頁）（『元亨釈書』（延暦寺最澄伝））
（9）大川　清・田熊信之『下野古代文字瓦譜』日本窯業史研究所　一九八二年
（10）栃木県史編さん委員会『栃木県史　資料編　考古二』一九七九年
（11）林　慶忠「都賀の文化（一）―古墳と窯跡―」『郷土文化を探る』一九六一年
（12）石田茂作「伽藍配置の研究」『新版仏教考古学講座　第二巻　寺院』雄山閣出版　一九七五年
（13）藤井直正「山岳寺院」『新版仏教考古学講座　第二巻　寺院』雄山閣出版　一九七五年
（14）景山春樹「山岳寺院跡」『仏教考古とその周辺』雄山閣出版　一九七四年
（15）上原真人「仏教」『日本考古学四　集落と祭祀』岩波書店　一九八六年

(16)　山中敏史・中嶋隆ほか『大山廃寺発掘調査報告書』愛知県小牧市教育委員会　一九七九年
(17)　森　郁夫『畿内と東国―埋もれた律令国家―』京都国立博物館　一九八八年
(18)　梶川敏夫「奈良時代の山岳寺院」『季刊考古学』三四号　雄山閣出版　一九九一年
(19)　江谷　寛「古代中世の山岳寺院」『考古学ジャーナル』三八一号　ニューサイエンス社　一九九四年
(20)　中井　均・土井一行「湖北地方の山岳寺院」『考古学ジャーナル』三八一号　ニューサイエンス社　一九九四年
(21)　久保智康「北陸の山岳寺院」『考古学ジャーナル』三八一号　ニューサイエンス社　一九九四年
(22)　後藤建一「大知波峠廃寺跡について」『考古学ジャーナル』三八一号　ニューサイエンス社　一九九四年
(23)　群馬県史編纂委員会「宇通遺跡」『群馬県史　資料編二　原始古代』一九八六年
(24)　群馬県埋蔵文化財調査事業団『黒熊中西遺跡(一)(二)』一九九二年・一九九四年
(25)　黒沢彰哉『東国の古代仏教―寺と仏の世界―』茨城県歴史館　一九九四年
(26)　栃木県教育委員会『栃木県埋蔵文化財保護行政年報―平成元年度―』一九九〇年
(27)　北口英雄「栃木県内出土の仏像」『栃木県考古学会誌』一三集　栃木県考古学会　一九九一年
(28)　『続日本紀』大宝元年八月条　新日本古典文学大系　岩波書店　一九八九年
(29)　『続日本紀』天平元年八月条　新日本古典文学大系　岩波書店　一九九〇年
(30)　『続日本紀』天平十二年十二月条　新日本古典文学大系　岩波書店　一九九〇年
(31)　『続日本紀』天平勝宝元年閏五月条　新日本古典文学大系　岩波書店　一九八九年
(32)　田村圓澄『飛鳥・白鳳仏教史　上下』吉川弘文館　一九九四年
(33)　佐伯有清『若き日の最澄とその時代』吉川弘文館　一九九四年

(33)　平岡定海「延暦寺成立考」『日本宗教史論集 上巻』吉川弘文館　一九七六年
(34)　景山春樹『比叡山と高野山』教育社　一九八〇年
(35)　木内堯央『最澄と天台教団』教育社　一九七八年
(36)　木内堯央『天台密教の形成』渓水社　一九八四年
(37)　村山修一「比叡山の環境と組織」『比叡山と天台仏教の研究』名著出版　一九七九年
村山修一『比叡山史』東京美術　一九九四年
(38)　重松明久「天台浄土教」『日本浄土教成立過程の研究』平楽寺書店　一九六四年
(39)　小松茂美『信貴山縁起』中央公論社　一九八七年
(40)　福山敏男『奈良朝寺院の研究』綜芸社　一九四八年
(41)　中井真孝「都府と山岳の寺院」『行基と古代仏教』永田文昌堂　一九九一年
(42)　薗田香融「古代仏教における山林修行とその意義」『南都仏教』四号　一九五七年（その後『徳一論叢』国書刊行会〔一九六六年〕に所収）
(43)　『続日本紀』承和元年九月条
(44)　吉田靖雄『行基と律令国家』吉川弘文館　一九八七年
(45)　逵日出典「奈良朝山岳寺院の実相」『論集日本仏教史二　奈良時代』雄山閣出版　一九八一年
(46)　逵日出典『奈良朝山岳寺院の研究』名著出版　一九九一年
(47)　田村圓澄「第五章　都市の寺と山の寺」『飛鳥・白鳳仏教史 下』吉川弘文館　一九九四年
(48)　『日本霊異記』日本古典文学大系　岩波書店　一九六七年

(49)『日本霊異記』日本古典集成　新潮社　一九八四年
『続日本紀』神亀五年十一月条(及び補注六―一六頁)　新日本古典文学大系　岩波書店　一九九〇年
福山敏男「東大寺の規模」『新修国分寺の研究　第一巻　東大寺と法華寺』吉川弘文館　一九八六年
(50)中井註(41)前掲論文
(51)広瀬和雄「古代の村落と寺院」『日本考古学六』岩波書店　一九八六年
(52)『律令』日本思想大系三　岩波書店　一九七六年
(53)『律令』日本思想大系三(補注)　岩波書店　一九七六年
(54)吉田一彦「僧尼令の運用と効力」『論集日本仏教史二　奈良時代』雄山閣出版　一九八六年
(55)中井註(41)前掲論文
(56)梶川註(17)前掲論文
(57)『続日本紀』養老二年十月条　新日本古典文学大系　岩波書店　一九九〇年
(58)『続日本紀』天平元年四月条　新日本古典文学大系　岩波書店　一九九〇年
(59)平岡定海「平安仏教の成立と変遷」『論集日本仏教史三　平安時代』雄山閣出版　一九八六年
(60)田村晃祐『最澄』吉川弘文館　一九八八年
(61)田村晃祐「道忠とその教団」『二松学舎大学論集』四一巻　一九六六年(その後『徳一論叢』国書刊行会(一九八六年)に抄録)
(62)薗田香融「最澄とその思想」『日本思想大系四　最澄』岩波書店　一九七四年
(63)吉田靖雄「菩薩僧と化主僧の実態」『日本古代の菩薩と民衆』吉川弘文館　一九八八年

(64) 佐伯有清「慈覚大師の師広智菩薩」『慈覚大師伝の研究』吉川弘文館　一九八六年
(65) 菅原征子「両毛地方の仏教と最澄」『群馬県史研究』一五号　一九八二年
(66) 内山純子「常陸における古代仏教—法相宗徳一の東国布教を中心として—」『東国における仏教諸宗派の展開』そしえて　一九九〇年
(67) 高橋富雄『徳一と最澄』中公新書　中央公論社　一九九〇年
(68) 宮原武夫「最澄・徳一論争と蝦夷問題」『小山市史研究』四号　一九八二年
(69) 小山田和夫「天長から天安年間の天台教団」『智証大師円珍の研究』吉川弘文館　一九九〇年
(70) 『慈覚大師伝』(『続群書類従』伝部)
(71) 佐伯有清『円仁』吉川弘文館　一九八九年
(72) 岩淵一夫「慇諭弁惑章にみる古代下野国の背景」『栃木県考古学会誌』九集　一九八八年
(73) 田村註(60)前掲書
(74) 佐伯註(3)前掲書
(75) 佐伯註(3)前掲書(三四三頁)
(76) 佐伯註(3)前掲書(三五四頁)
(77) 「徳円阿闍梨印信」(『園城寺文書』『平安遺文』第八巻　三三四二頁　東京堂出版　一九六四年)
(78) 小野勝利「慈覚大師伝」『日本仏教史辞典』吉川弘文館　一九九九年(天慶二年〔九三九〕に延暦寺に献呈されたとみえる)
(79) 小松茂美編『一遍上人絵伝』中央公論社　一九八八年

(80) 佐伯註(1)前掲書
(81) 林　慶忠「都賀の文化(一)―古墳と窯跡―」『郷土文化を探る』一九六一年
林の記録によれば、一九五八年一月六〜七日に尾崎喜佐雄が大慈寺・村檜神社・大芝原窯跡・町谷窯跡などを訪れた際に、「私寺である大慈寺は、大氏族である某氏の存在を予想してよい。上野緑野郡鬼石の浄法寺の如く、小野寺氏以前に小野氏の存在を想定し得まいか。寺・古瓦の背景に動いた氏族の研究が必要であろう」と述べたという。
(82) 佐伯有清『新撰姓氏録の研究　本文編』吉川弘文館　一九八一年
(83) 「小野氏」『日本古代氏族人名辞典』吉川弘文館　一九九〇年
(84) 大橋信弥「近江における和邇氏の勢力―小野氏―」『古代を考える　近江』水野正好編　吉川弘文館　一九九二年
(85) 田村晃祐編『最澄辞典』東京堂出版　一九七九年
(86) 勝野隆信「比叡山の宗教」『比叡山と天台仏教の研究』名著出版　一九七九年
佐伯註(3)前掲書(仁忠『叡山大師伝』『続群書類従』伝部)
(87) 佐伯註(3)前掲書(三七八頁)(仁忠『叡山大師伝』『続群書類従』伝部)
(88) 佐伯註(71)前掲書
(89) 佐伯有清『最後の遣唐使』講談社　一九七八年
(90) 佐伯註(71)前掲書
(91) 岩淵註(72)前掲論文
大橋泰夫「下野国分寺」『関東の国分寺　資料編』関東古瓦研究会　一九九四年

参考文献

森　郁夫『畿内と東国―埋もれた律令国家―』京都国立博物館　一九八八年

第二節　古代東国における「山寺」の出土文字資料

―瓦・墨書土器の資料から―

一　視点

日本古代の「山寺」は、考古学・仏教史・文献史学などから研究されてきた。考古学からの研究では、山寺を山岳寺院[1]・山林寺院[2]とも呼称してきた。最近では、山寺遺跡出土瓦の検討から、国分寺と山林寺院がネットワークを構成していたのではないかとの視点が提示されている[3]。古代山寺遺跡の発掘調査では、愛知県大山廃寺跡から「山寺」の文字を持つ複数の瓦が出土しており、八世紀の出土文字資料として貴重な考古資料となっている。

大山廃寺跡の文字瓦以外に、どの程度の資料に「山寺」の出土文字があるのかを概観し、その資料群の所属時期などを検討することは、古代山寺遺跡研究の重要な視点となりうるのではないかと思われる。ここでは、東国における古代出土文字資料の中から、「山寺」の文字を持つ瓦・墨書土器を集成し、その年代や資料の意味を読み解き、あわせて山寺文字資料を出土した遺跡の検討を行なってみたい。

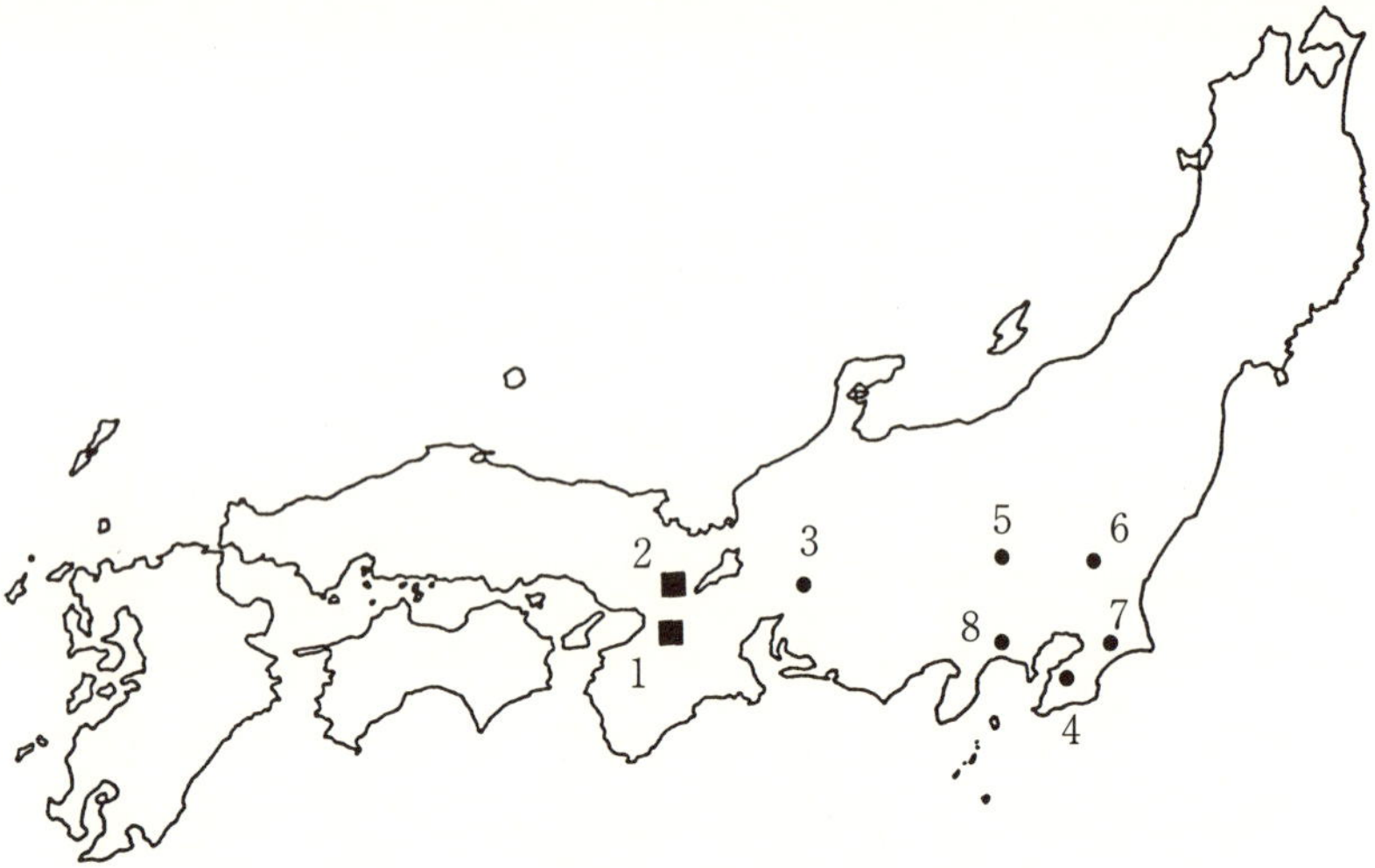

1 平城京　2 平安京　3 大山廃寺跡（国指定史跡）　4 永吉台遠寺原遺跡
5 田篠上平遺跡　6 多田羅遺跡　7 山田宝馬古墳群 1020 地点　8 草山遺跡

第 34 図　「山寺」文字資料出土遺跡等分布図（上野川 2003）

二　大山廃寺跡出土の「山寺」文字瓦

大山廃寺跡は、愛知県小牧市に所在する国指定史跡である[4]。その指定理由は、尾張北東部に造営された貴重な古代山岳寺院跡とされている。遺跡からは、標高一八〇メートル付近の造成面に、奈良・平安期の掘立柱建物跡や石積列や土坑や溝が発掘された。塔跡は、礎石が標高二〇八メートル付近に位置する。遺跡の指定面積は、約一一ヘクタールである。

発掘調査等により、「山寺」の文字瓦が多数出土している[5]。均整唐草文軒平瓦裏面の縄目叩きの中に「山寺」や「山□」の文字が箆書きされており、これらは「山寺」の文字であり、平城京出土瓦との比較から八世紀中葉から後葉の瓦である[6]。大山廃寺跡からは、複数の「山寺」の箆書き文字を持つ軒平瓦が出土している。発掘調査では、「山寺」と判読できる平瓦は、二二点出土している。

大山廃寺跡出土の「山寺」文字瓦は、八世紀中葉（第3

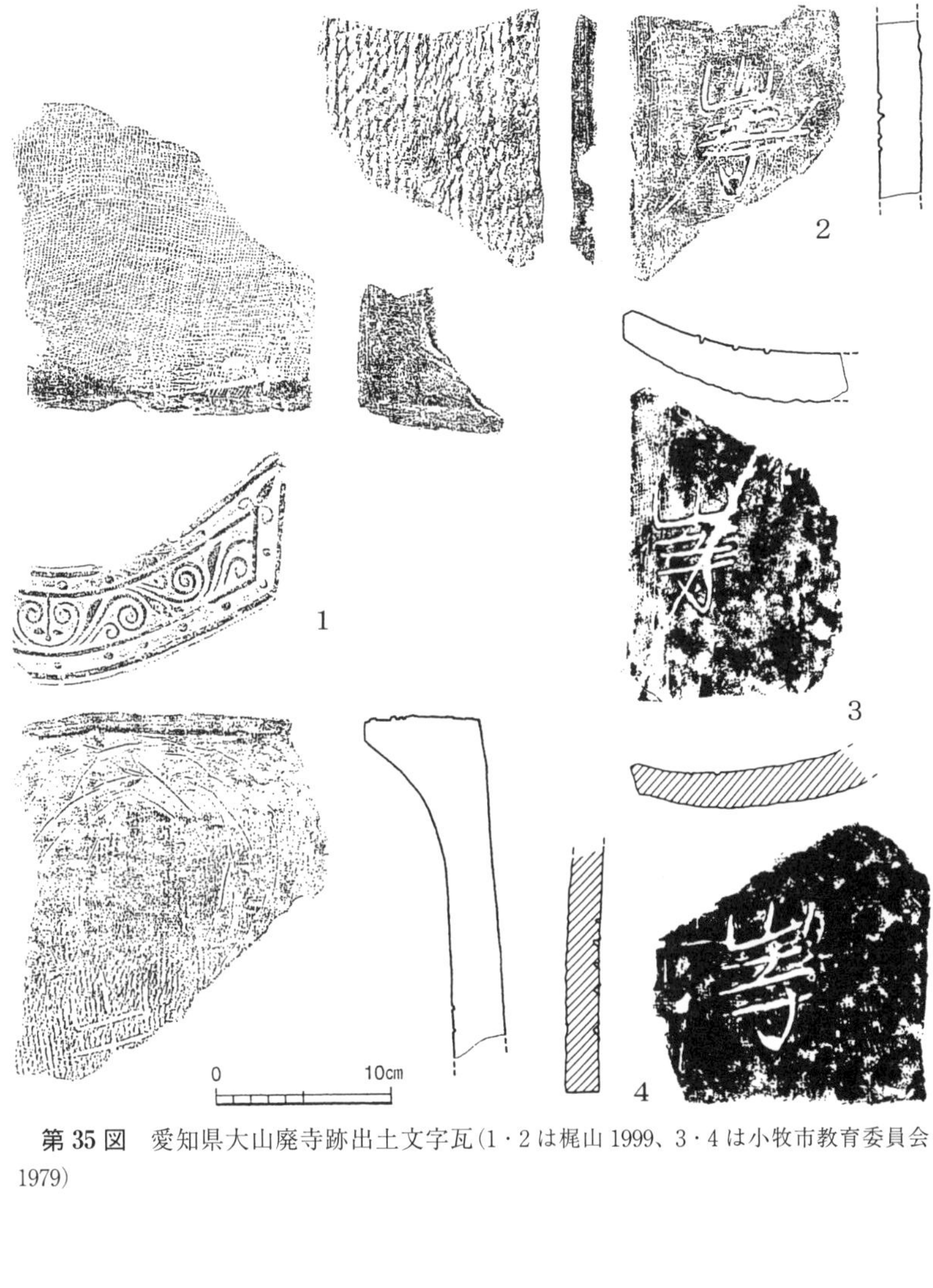

第 35 図　愛知県大山廃寺跡出土文字瓦（1・2 は梶山 1999、3・4 は小牧市教育委員会 1979）

四半期）の出土文字資料であるが、同時期の出土文字資料としては、後述する千葉県山武町に所在する山田宝馬古墳群一〇二〇地点遺跡出土の墨書土器がある。墨書は、「小金山寺」二点と「小金寺」等が出土しており、いずれも土師器坏に書かれている。この時期は各国の国分寺の創建期やそれに続く時期にあたる。

三　東国出土の「山寺」墨書土器

(1) 千葉県遠寺原遺跡出土の墨書土器

遠寺原遺跡は、千葉県袖ヶ浦市に所在する遺跡である。(7) 発掘調査の結果、三四号住居跡（SI-34）・三五号住居跡（SI-35）から「山寺」の墨書を持つ土師器坏が出土している。遺物の時期は、八世紀第4四半期から九世紀初頭とみられている。墨書は坏の体部外面に、正位と横位に書かれている。また四二号住居跡（SI-四二）からは、「□寺」と墨書された土師器坏が出土しており、「山寺」の可能性がある。

この遺跡では台地東側から掘立柱建物跡群を中心とした遺構が、また台地西側には竪穴住居群がある。出土遺物は、多数の墨書土器・各種の土師器・各種の須恵器・瓦塔・香炉蓋・瓦・灯明皿・転用硯など多種類に及ぶ。中心的な仏堂とされる掘立柱建物跡の東側住居跡からは、仏教関連遺物が多数出土しており、寺院の雑舎の一部と推測されている。遠寺原遺跡に隣接して西寺原遺跡があり、住居跡や掘立柱建物跡からは仏教関連遺物が出土している。

(2) 群馬県田篠上平遺跡出土の墨書土器

田篠上平遺跡は、群馬県富岡市に所在する遺跡である。発掘調査の結果、三一号住居跡から「山寺」の墨書を持つ土師器坏が出土している。(8) 遺物の時期は、九世紀前半である。墨書は、坏の底部外面に書かれている。遺跡からは、

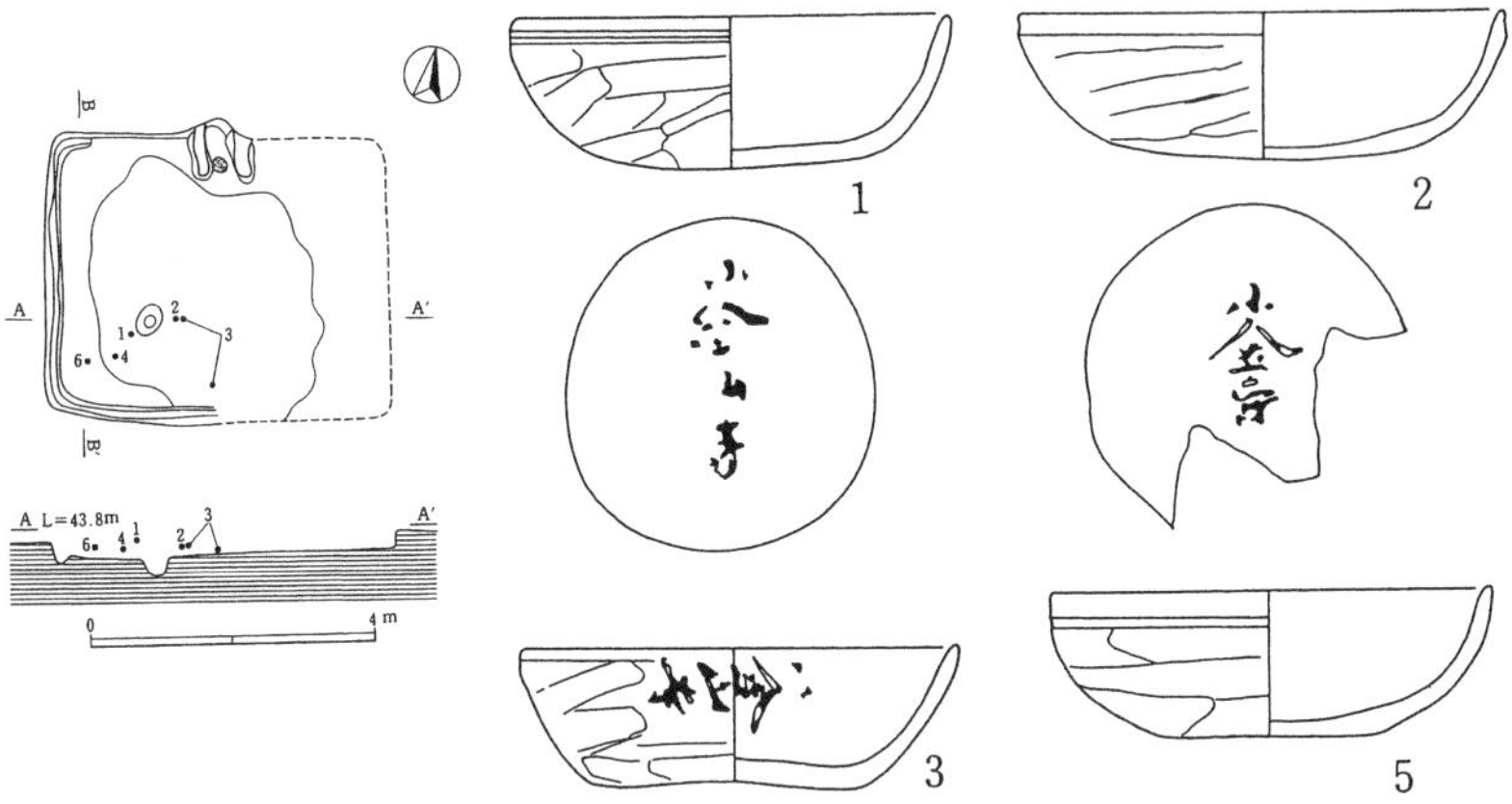

山田宝馬古墳群（1020 地点）H—003 出土遺物

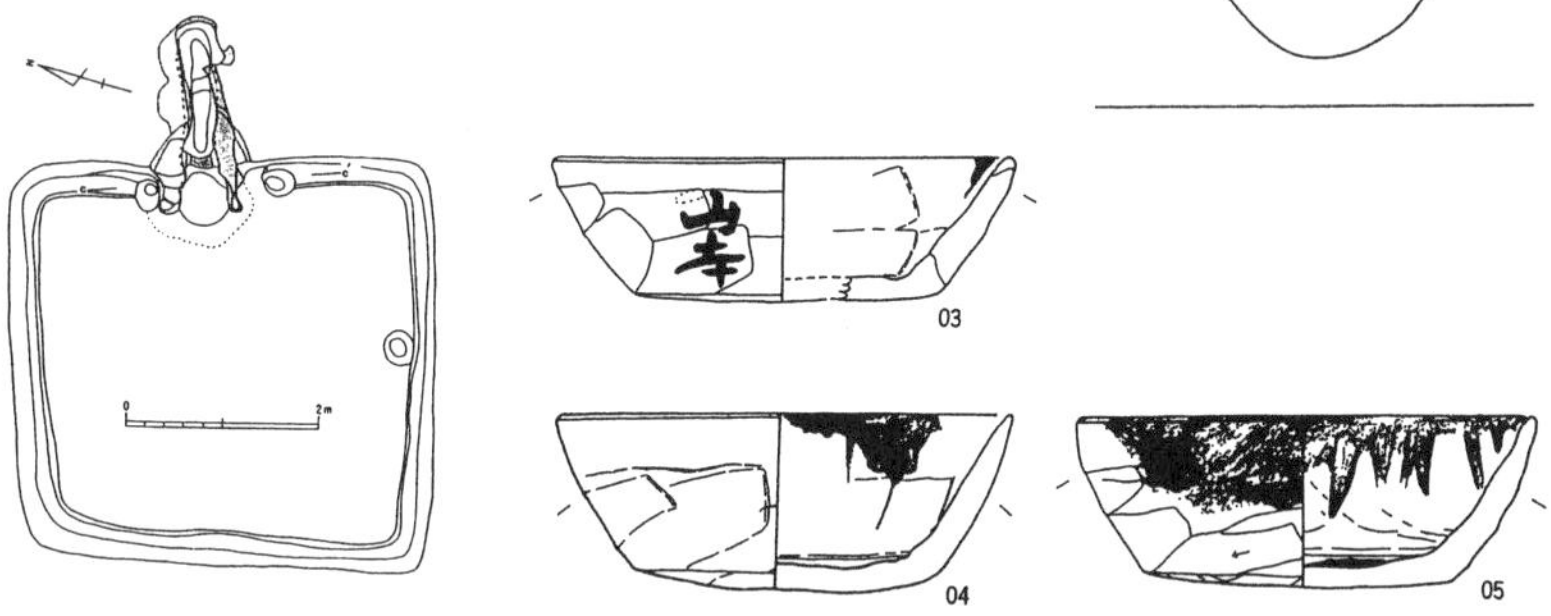

遠寺原遺跡ＳＩ—34 出土遺物

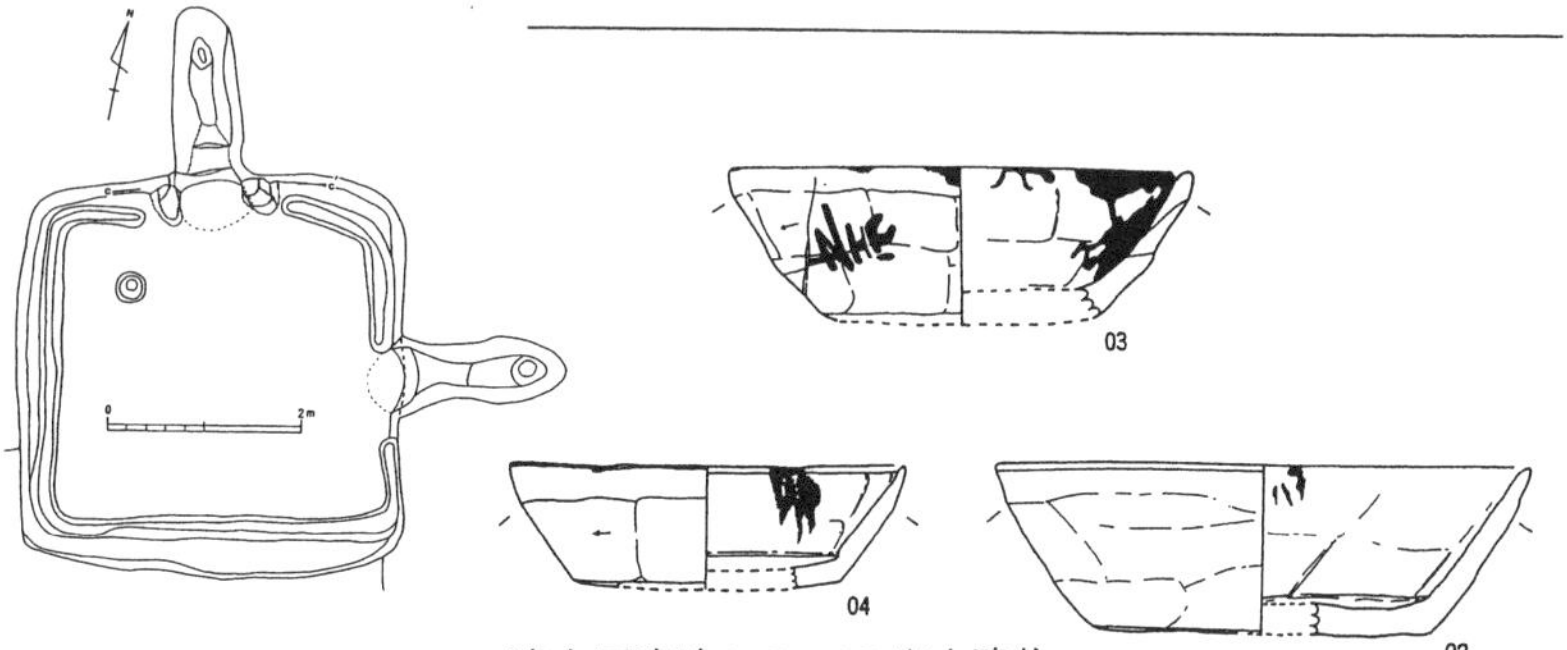

遠寺原遺跡ＳＩ—35 出土遺物

第 36 図　「山寺」墨書土器出土竪穴住居跡と遺物（坏類）実測図(1)（山武郡市文化財センター 1997・君津郡市文化財センター 1985 を改変）

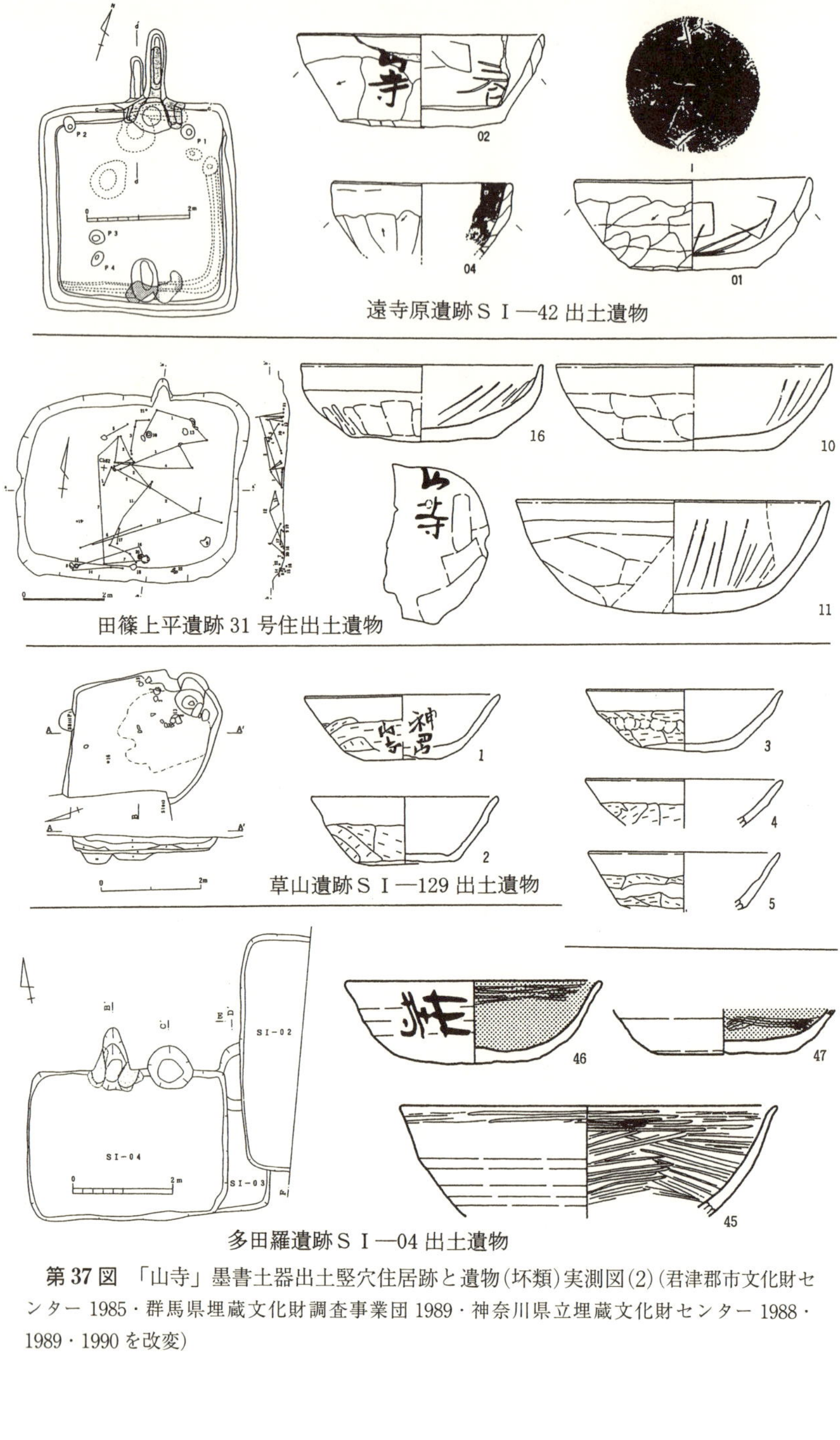

第 37 図　「山寺」墨書土器出土竪穴住居跡と遺物(坏類)実測図(2)(君津郡市文化財センター 1985・群馬県埋蔵文化財調査事業団 1989・神奈川県立埋蔵文化財センター 1988・1989・1990 を改変)

八世紀前半から一〇世紀後半までの住居跡が五〇軒発掘され、掘立柱建物跡も二三棟が調査された。墨書土器では、「仏」「大公」などが出土している。古代山岳寺院とみられている群馬県吉井町黒熊中西遺跡は、この遺跡の東方約五キロに位置する。

(3) 栃木県多田羅遺跡出土の墨書土器

多田羅遺跡は、栃木県市貝町に所在する。発掘調査の結果、四号住居跡（SI-四）から「山寺」の墨書を持つ土師器坏が出土している。[9] 四号住居跡は、一〇世紀中葉とみられている。墨書は、坏の体部外面に横位に書かれている。遺跡からは、平安時代の住居跡八軒・土坑三基が発掘された。そのうち七軒は、一〇世紀中葉から後葉である。なお遺跡の東側には、小高く聳える「伊許山」があり、この山は「いこまやま」と呼称されている。

(4) 千葉県山田宝馬古墳群一〇二〇地点遺跡出土の墨書土器

山田宝馬古墳群一〇二〇地点遺跡は、千葉県山武町に所在する遺跡である。発掘調査の結果、三号住居跡（H-〇〇三）から「小金山寺」の墨書土器二点と「小金寺」等の墨書土器が出土している。[10] 遺物の時期は、八世紀第3四半期とみられる。墨書は、坏の底部外面に書かれているものと、坏の体部外面に横位に書かれているものがある。遺跡からは、八世紀第3四半期の住居跡が合計三軒出土し、墨書土器は合計一〇点に達する。また鉄滓を伴う鍛冶炉とみられる遺構も一基存在する。この遺跡は、上総と下総の境界付近に位置する。

(5) 神奈川県草山遺跡出土の墨書土器

草山遺跡は、神奈川県秦野市に所在する遺跡である。発掘調査の結果、一二九号住居跡（SI-一二九）から「神岡山寺」の墨書を持つ土師器坏が出土している。[11] 遺物の時期は、九世紀末から一〇世紀初頭頃（八九〇～九二〇年頃）とされている。墨書は、坏の体部外面に正位に書かれている。

この遺跡は、六世紀後半から一〇世紀中頃までの大規模な集落である。遺構は、住居跡一九三軒、掘立柱建物跡二〇一軒が発掘された。この遺跡は、空白帯の区画（芯芯約一一〇メートル）を持つ大規模な集落とみられている。

四　結語

以上のように「山寺」の文字を持つ出土文字資料としての瓦と墨書土器の年代は、奈良時代の八世紀第3四半期に属する愛知県大山廃寺跡出土の複数の文字瓦と、同じく八世紀第3四半期の千葉県山田宝馬古墳群一〇二〇地点遺跡竪穴住居跡（H-〇〇三）出土の土師器坏に「小金山寺」と墨書された土器二点が古期の遺物とみられる。そして、奈良末期から平安初期の千葉県遠寺原遺跡三四号・三五号住居跡出土「山寺」銘墨書土器が続く。平安期の遺物では、九世紀前半の群馬県田篠上平遺跡出土の「山寺」墨書を持つ土師器坏があり、九世紀末から一〇世紀中頃にかけての神奈川県草山遺跡出土の土師器坏と栃木県多田羅遺跡出土の土師器坏がそれに続く。

これら七点の「山寺」の文字を持つ墨書土器は、いずれも土師器坏の体部または底部に、正位または横位に墨書されており、墨書の位置などに規則性は認められないが、土器の器種としては坏が用いられている。これらの遺跡のうち田篠上平遺跡・草山遺跡・多田羅遺跡の三遺跡は、平安期の集落跡である。遠寺原遺跡は、仏堂とみられる三間×二間の四面庇の掘立柱建物跡を中心として、その東に隣接する付属住居跡が小規模な雑舎群と捉えられており、多数の仏教関連遺物の出土からみて、奈良時代末から平安初期にかけての何らかの山林仏教の遺跡であることは間違いない。なお集落の住居跡出土例は、その近隣に当時「山寺」と認識されていた寺があり、その集落と何らかの関係を持っていたことを示すとみられる。それは、とりもなおさず「山寺」という宗教施設が集落の近郊にあり、そこに付属する土器が集落に持ち込まれた可能性などを示唆する。

千葉県遠寺原遺跡の遺構群は、上面が平坦な台地上の南斜面に面して中心となる仏堂が構えられ、その東から北側には掘立柱建物跡と雑舎群が展開するものとみられ、台地西側には竪穴住居が少数あるが、中央部には遺構のない場所が大きく広がる⑫。これは、仏堂の西側には建物を持たない何らかの空間が広がることを意味し、植物や薬草や花などを栽培する薗院・花苑院などの平地寺院と同様な空間が構えられていた可能性がある。

栃木県では、下野国分尼寺の伽藍地南西に隣接する遺構のない空間について、薗院・花苑院の性格が推定されている⑬。下野国分尼寺では、伽藍南西隣接地点において、東西五〇メートル、南北八〇メートル以上の範囲に遺構のない広大な空間が広がり、遺物の出土がほとんどないという特異な状況がみられた。その北部には、井戸跡が一基確認され、また創建期の溝跡底部からはソバの花粉が検出された⑭。ソバの花粉は重いため、遠方への飛散が難しいので伽藍南西溝付近で栽培されていた可能性が指摘された。そして創建期からのそうした土地利用の伝統が守られ、伽藍地南西部は寺に付属する建物などを造営しなかったのであろう。また下野国分僧寺跡においても、寺院地内南西隅部では国分寺に係わる建物等の遺構はなく、寺院地内西部においても八世紀後半と一〇世紀には少数の遺構があったものの、九世紀代の遺構がないことなどの特徴を持つ⑮。遺構がないことが薗院・花苑院と短絡的に結びつくわけではないが、下野国分尼寺のソバの栽培は、ソバが救荒作物であることや、短期間に痩せた土地でも栽培できることなどの特性から、古代寺院での生産活動の一端を示す例として重要である。

遠寺原遺跡は「山寺」の墨書土器を出土しているが、遺跡内及び遺跡隣接地点には、山林寺院に特有の雛壇状あるいは階段状を呈する段差を持つ平場群はみられない。遠寺原遺跡とほぼ同時期の九世紀の史料である『日本霊異記』に記載される「山寺」と考古学上の山岳寺院（山林寺院）の概念で捉えられる遺跡は、現時点では考古学的にその関係が規定されているわけではない。遠寺原遺跡は、上総の中枢部から離れた山林に造営され、段差を持つ平場群がない丘陵の仏教関連遺跡である。そしてそこからは、「山寺」の墨書土器が複数出土し仏堂と関連施設を持つことから、当時「山寺」と認識された場所であったとみられる。その中心仏堂の西側に隣接して、薗院・花苑院が造営されたとすれば、なんらかの生産を目的としたような性格を併せ持った「山寺」の姿が現れてくる可能性もあろう。

このように遠寺原遺跡は、奈良後期から平安初期に造営された寺であり、その性格は山寺と認識あるいは呼称された可能性が高く、考古学的には階段状または雛壇状の平場群を持たない山林寺院と捉えてよいのであろう。

八世紀第3四半期に属する千葉県山田宝馬古墳群一〇二〇地点遺跡の三軒の住居跡から出土した「小金山寺」「小金寺」をはじめとする一〇点の墨書土器からは、近隣に山林仏教遺跡が造営されたことも考えられる。また遺跡内には鉄滓を伴う鍛冶炉一基があり、小規模な鍛冶が操業されていたことは確実である。

山田宝馬古墳群一〇二〇地点遺跡の近隣では、南側に基壇二基と瓦類が出土した山田廃寺跡が隣接するように位置し、東方には谷を挟んで瓦類が出土する小金台廃寺跡がある。[16] この両遺跡との関係は現時点では不詳ながら、『千葉県文化財センター研究紀要』一八号の遺跡一覧表の概要に「小金台廃寺跡と山田廃寺跡に隣接する竪穴住居跡から寺銘墨書土器が出土」と記載されているとおり、山田宝馬古墳群一〇二〇地点遺跡の三軒の住居跡は、古代寺院に関連する雑舎や近隣に造成された付属院地などの可能性があろう。そこでは、寺の創建や造営に関連し、鉄製品の製造などが鍛冶炉で行なわれていたことになる。

次に、ここに取り上げた出土文字資料の所属時期を大別してみると、大きく二つの時期に区分することができよう。1期は、東国では国分寺の創建期とそれに続く時期にあたる八世紀中葉から九世紀初頭の瓦と土器類である。2期は、九世紀前半から一〇世紀中葉までの土器類をこれにあてる。

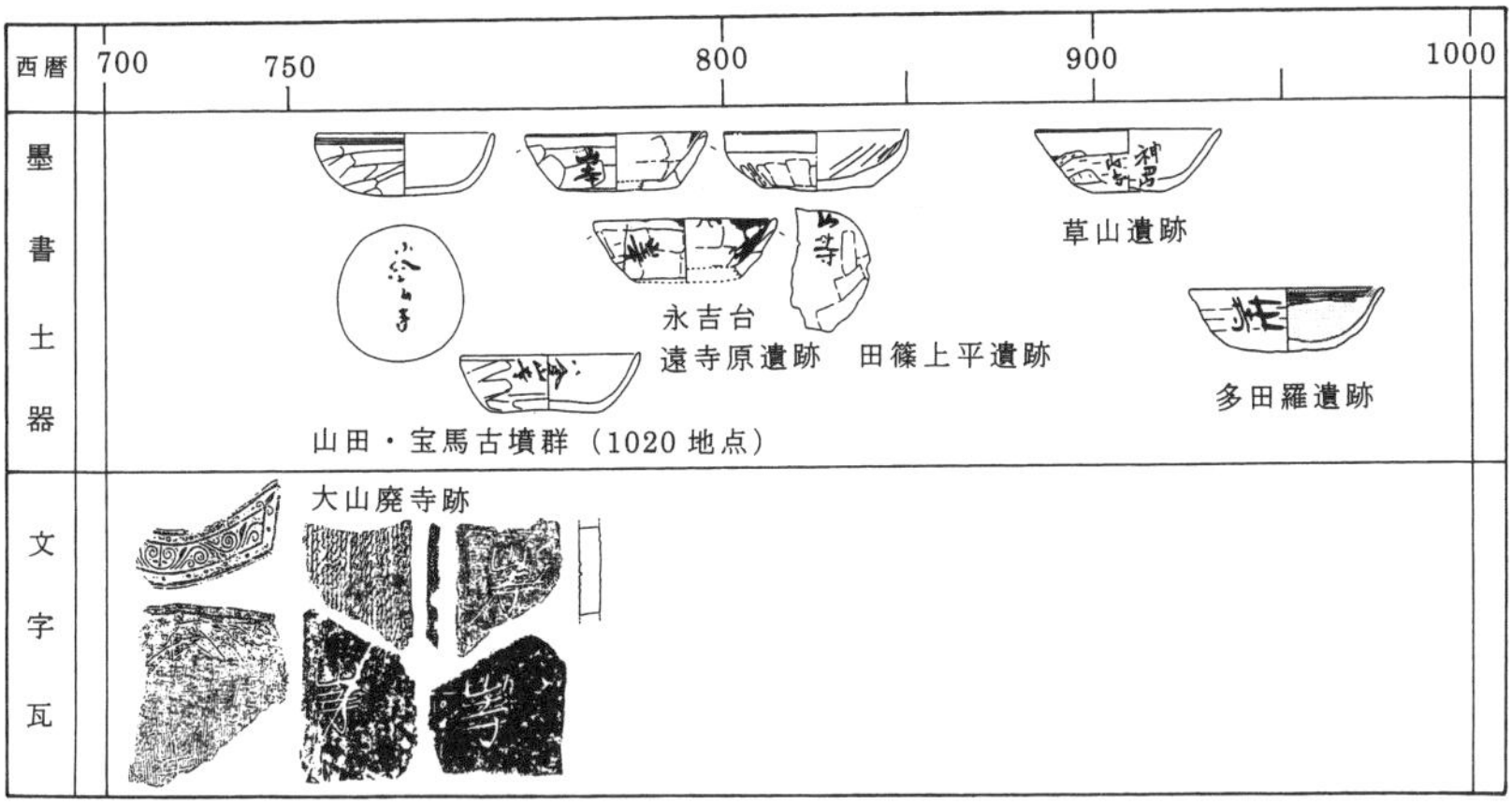

第38図　北東日本における「山寺」出土文字資料の年代(上野川2003)

1期　八世紀中葉から九世紀初頭

・大山廃寺跡出土文字瓦(軒平瓦・平瓦)

・山田宝馬古墳群一〇二〇地点遺跡三号住居跡出土墨書土器(土師器坏二点)

・遠寺原遺跡三四号住居跡・三五号住居跡出土墨書土器(土師器坏二点)

2期　九世紀前半から一〇世紀中葉

・田篠上平遺跡三一号住居跡出土墨書土器(土師器坏一点)

・草山遺跡一二九号住居跡出土墨書土器(土師器坏一点)

・多田羅遺跡四号住居跡出土墨書土器(土師器坏一点)

以上のように「山寺」の文字を持つ出土文字資料の年代は、八世紀中葉から一〇世紀中葉までの約二〇〇年にわたることが確認できる。

管見では、この他に九世紀後半から一〇世紀の福島県荒田目条里遺跡から「山寺」の文字を持つ墨書土器が複数出土しており、近隣の山岳寺院である忠教寺遺跡や夏井廃寺跡との関連性なども注目される(17)。また、金沢市三小牛ハバ遺跡は、八世紀後半から一〇世紀まで存続する山寺で、出土文字資料としての墨書土器には、「三千寺」や「沙弥」が複数ある。特に注目される遺物として、「□山山寺」(八世紀中葉～九世紀後半)の木簡が出土している[18]（第六五図）。

また、愛知県名古屋市から小牧市周辺の出土文字資料である刻書土器と墨書土器には、瀬戸市上品野蟹川遺跡出土の九世紀後半の「山寺」墨書土器（灰釉陶器・碗・底部外面）[19]などが知られるが、七世紀後葉に遡る「山寺」の文字と判断される刻書土器が複数出土しており注目される。これは名古屋市味鋺《あじま》B遺跡の井戸（ＳＫ〇一）から出土した須恵器（壺蓋・外面）に、「山寸」と刻書された遺物があり、この「山寸」という表記を「山」と「寺」の二文字の合わせ文字とみて、「山寺」と判読することができるとの見解[20]が出されている。

八世紀中葉の「山寺」文字瓦を持つ大山廃寺跡の南西に隣接する尾北窯跡においては、篠岡七八号窯出土遺物では七世紀後半須恵器坏底部外面に「山寸」・「尾山寸」の刻書文字があり、篠岡八七号窯・九六号窯では「大山寺」の刻書須恵器が出土している。その他に一宮市門間沼遺跡では「山寸」（須恵器坏・底部外面・七世紀後半）、犬山市楽田では「尾張山寸」（須恵器甕・口縁部外面）、三重県四日市市西ヶ広遺跡では「尾張山寸」（須恵器甕・口縁部外面）、奈良県明日香村石神遺跡では「尾山寸」（須恵器横瓶・体部外面）「山寸」（須恵器短頸長胴壺・体部外面）などの出土例が報告されている。なお篠岡七八号窯からは、七世紀末の瓦が出土しており[21]、七世紀後葉から八世紀前半における須恵器と瓦の生産と、別項で触れた製鉄炉（長方形箱形炉）による鉄生産、山寺としての大山廃寺跡の三者の組み合せからなるこの地域の開発が想定されよう。

最後に、これらの遺跡と遺物の在り方から、次のような想定も可能であろう。例えば、生産遺跡である須恵器窯において、山寺で生産される薬湯・薬酒などの容器としての壺と蓋などが薬壺として生産される時に、その蓋には「山寺」「尾張山寺」「大山寺」などという文字が表記されれば、その薬壺として使用する際の薬湯・薬酒などの生産地が保障されることになる。そうした生産物が消費遺跡である集落遺跡などに必要に応じて配られたとすれば、発掘調査で出土する「山寺」文字資料の意味付けが可能になるのであろう。そこには、山林修行という漠然とした性格付けとは異なる山寺の姿の一端がみえるのかもしれない。

註

(1) 石田茂作「仏教伽藍の研究」『新版仏教考古学講座　第三巻　寺院』雄山閣出版　一九七五年
(2) 斎藤　忠「山林寺院の研究」『仏教考古学と文字資料』斎藤忠著作選集　第五巻　雄山閣出版　一九九七年
(3) 上原真人「山林寺院の考古学・総説」『山林寺院の考古学』大谷女子大学　二〇〇〇年
(4) 文化庁監修『図説日本の史跡　第五巻　古代二』同朋社　一九九一年
(5) 山中敏史・中嶋隆ほか『大山廃寺発掘調査報告書』小牧市教育委員会　一九七九年
(6) 梶山　勝「大山廃寺出土の文字瓦」『名古屋市博物館研究紀要』二二号　一九九九年
(7) 君津郡市文化財センター『千葉県袖ヶ浦町永吉台遺跡群（本文編・図面編・写真図版編）』一九八五年
遺跡の名称は、「永吉台遺跡群遠寺原地区」であるが、ここでは一般に多用されている遠寺原遺跡を用いる。
(8) 群馬県埋蔵文化財調査事業団『田篠上平遺跡』一九八九年
(9) 栃木県文化振興事業団『多田羅遺跡』一九九一年
(10) 山武郡市文化財センター『山田宝馬古墳群（一〇二〇地点）』一九九七年
ここでは、遺跡の名称を「山田宝馬古墳群一〇二〇地点遺跡」とした。
(11) 神奈川県立埋蔵文化財センター『草山遺跡Ⅰ・Ⅱ・Ⅲ』一九八八年・一九八九年・一九九〇年
(12) 千葉県文化財センター「古代仏教遺跡の諸問題　Ⅱ主要遺跡概要」『研究紀要』一八号　一九九八年

(13) 大橋泰夫「下野国分寺」『関東の国分寺　資料編』関東古瓦研究会　一九九四年
(14) 上野川勝『釈迦堂遺跡―下野国分尼寺跡伽藍南西隣接地点確認調査報告―』栃木県国分寺町教育委員会　一九九六年
(15) 栃木県教育委員会『下野国分寺跡ⅩⅣ　遺構編』一九九九年
(16) 千葉県文化財センター「古代仏教遺跡の諸問題　遺跡分布地図」『研究紀要』一八号　一九九八年
(17) 中山雅弘「夏井廃寺をめぐる諸問題」『研究紀要』一四号　いわき市教育文化事業団　二〇一七年
(18) 平川　南「第四章　金沢市三小牛ハバ遺跡出土木簡」『三小牛ハバ遺跡』金沢市教育委員会　一九九四年
石川県埋蔵文化財保護協会『石川県出土文字資料集成』一九九七年
(19) 愛知県史編さん委員会『愛知県史　資料編四　考古四　飛鳥～平安』愛知県　二〇一〇年
(20) 野澤則幸「名古屋市北区味鋺B遺跡出土の刻書土器について」『梅檀林の考古学』大竹憲治先生還暦記念論文集刊行会　二〇一一年
(21) 梶原義実「第二章　主要遺跡解説　第一節　尾張　二一篠岡二号窯、二二篠岡六六窯、二三篠岡七四号窯」『愛知県史　資料編四　考古四　飛鳥～平安』愛知県　二〇一〇年

参考文献

上原真人「奈良時代の文字瓦」『行基の考古学』摂河泉古代寺院研究会編　塙書房　二〇〇二年

第四章　日光と北関東の山岳寺院

第一節　上野国・下野国の古代山岳寺院

一　視点

北関東には、赤城山・榛名山などの上野の諸山と、日光山地から南へ派生する足尾山地などの下野南西部から北西部の山々があり、関東平野の北西部を取り囲むように連なる。

古代下野においては、八世紀前半になって下野国府の造営が開始され、土器類の研究から一一世紀前半までは存続した。(1)下野国分寺は、八世紀第2四半期後半に創建され、一〇世紀代には寺院に関連するとみられる竪穴住居が伽藍地外側に数多く展開する。(2)創建期の仮設的な仏堂の東方では、青銅製品鋳造のための取瓶に使った土師器杯が出土し、八世紀中頃の創建初期に仏具等の鋳造が行なわれていたことが判明している。(3)

上野国分寺跡の調査では、金堂・塔・築垣などの建立状況が判明し、南辺築垣の崩落廃絶後に一一世紀前半の竪穴住居二軒が築垣を掘り込んで構築されていることから、一一世紀前半には金堂や塔など中心部は機能していたが、築垣などは補修されておらず、文献史料と一致する状況が知られている。(4)調査では、金堂の西側隣接地点で平安期の羽口・鉄滓・鉄片・瓦を伴う鍛冶跡が確認された。また、九世紀後半から一〇世紀前半の六七号・八五号・八六号土坑・三八号住居など、銅や鉄に関する工房や鍛冶遺構や鍛冶炉を持つ竪穴住居があり、その伽藍地内などで鍛冶が行

なわれていた。(5)

このように八世紀前半から一一世紀前半までの造営と衰退が判明している下野国分寺跡・上野国分寺跡では、寺院に関連する竪穴住居群が伽藍地に隣接し、これは寺の維持管理に従事する人々の居住状況を示すとされている。また、下野国分寺創建期の鋳銅や上野国分寺跡での鍛冶は、後に述べる山岳寺院の造成に伴う鍛冶がこれに酷似する。国分寺跡の内部に鍛冶跡などがみられることは、こうした金属加工が国司公認のもとに行なわれたこととなろう。なお日本最古の山岳寺院である崇福寺跡では、地点により異なる操業期間を示すものの、自前の小規模な鍛冶・鋳銅工房を構え、(6)また福井県明寺山廃寺では九世紀第3四半期に山岳寺院に付随する鍛冶炉一基と鍛冶工房一軒（SX-八二〇三）が操業されている。(7)

一方、八世紀後半から一〇世紀代には、山では斜面の切り崩しと盛土で平場を造成するという膨大な労力を必要とする作業を経て、山岳寺院が造営された。切土と盛土による平場（平坦地・削平地）の造成は、山岳寺院遺跡の特徴である。例えば群馬県黒熊中西遺跡の基壇建物跡の下層は、しっかりした地盤の層まで表土を除去した後に、盛土による整地面の造成があり、後述するように全体的には大規模な造成という表現を使ってよいだろう。ここでは発掘事例と踏査報告から、山岳寺院の造寺に伴う鍛冶や平場構成などを視点として遺跡を検討する。

二　上野国の古代山岳寺院

黒熊中西遺跡は、上野国分寺創建期の瓦窯である金山瓦窯跡や、国分寺補修期の滝の前窯跡をはじめとする瓦と須恵器の窯跡が多数分布し、かつ古代製鉄炉をも含む藤岡・吉井古窯跡群丘陵地帯の最北端に位置し、その北側の平地

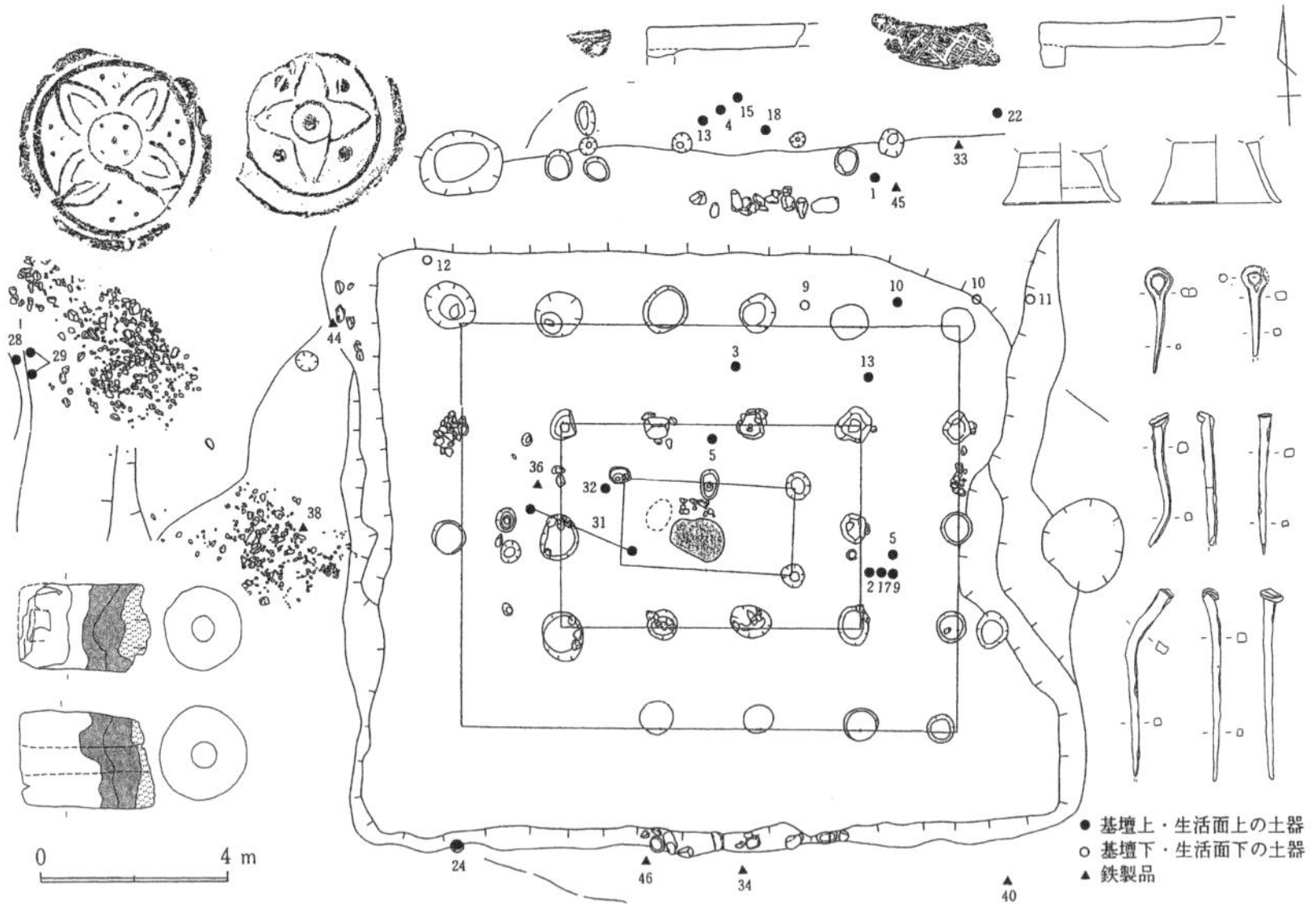

第39図　群馬県黒熊中西遺跡3号建物跡平面図・出土遺物実測図(群馬県埋蔵文化財調査事業団1992を改変)

部との境界領域に、一〇世紀前半に突然出現する山岳寺院といえる。もっとも、寺院中心建物の一つである二号礎石建物の整地面下から出土した土器類から、八世紀後半頃の何らかの先行する建物があった可能性が指摘されているが、判然としない。一〇世紀の山岳寺院造成に伴う一号テラスの盛土下にある一号特殊遺構(相輪橖状遺構)の存在は、遺跡斜面上部には、山岳寺院に先行する何らかの宗教的施設が存在した可能性を示唆するものの、八世紀以来の竪穴住居群を一〇世紀前半に強制的に一度に廃絶させてまでも、丘陵の斜面最上位に山岳寺院の主要堂宇二棟(二号建物・三号建物)と、各種基壇建物や付属施設や薗院または花苑院とみられる平場(七号テラス)を構築する必要性があったわけである。

特に、大規模かつ急峻な一号テラスC斜面(東斜面)や、基壇内に六個の土器を埋設する地鎮を伴う二号礎石建物や、焼土を伴う石組遺構に配置された土器類と、上野国分寺出土の七弁文軒丸瓦と同笵の瓦が意識的に埋置された一号石組遺構と、それに伴う七号建物などは、儀式的

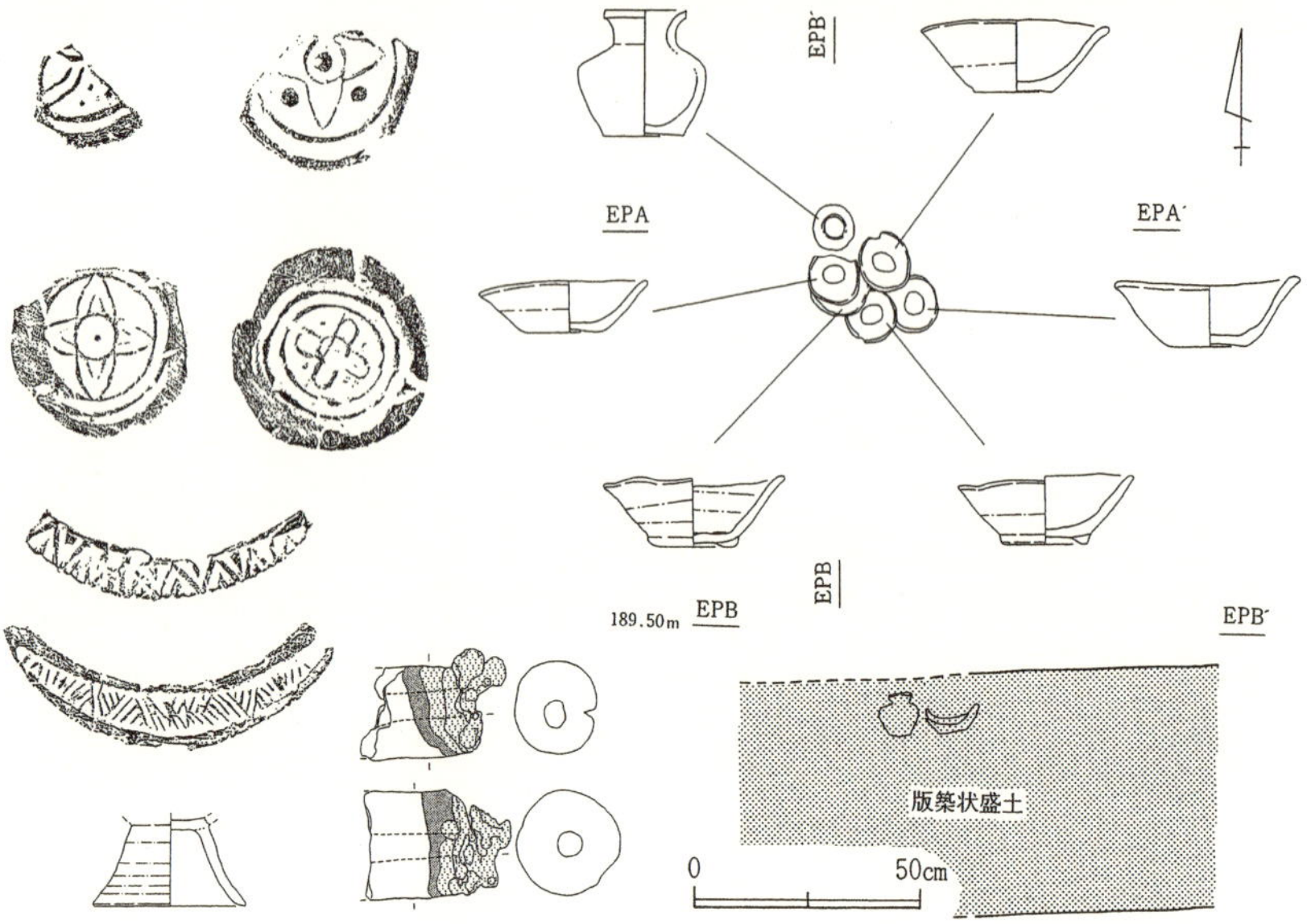

第40図　群馬県黒熊中西遺跡2号建物跡出土遺物・地鎮遺物出土状況実測図(群馬県埋蔵文化財調査事業団1992を改変)

あるいは修法的な痕跡を残す遺構として捉えることができる。そして、複数の建物基壇の内部や上面で繰り返し操業されている鍛冶の在り方とともに、一〇世紀から一一世紀にかけての山岳寺院の造営状況を示す一例なのであろう。

建物の配置と斜面の造成は、当然のことながらこの山岳寺院が北と東を意識して構えられていることを示す。九世紀後半から続く蝦夷の反乱などを含む東国の治安の乱れは、一〇世紀前半に起こる平将門の乱において、下野国衙から上野国衙が将門に陥れられる事態を迎え、その鎮圧がなされ、律令国家の変質が進む時代の中に黒熊中西遺跡の山岳寺院が造営されることは、八世紀以来の伝統的な山林修行のための寺院とみることがよいのか、あるいは本寺と山寺の関係を持たず山林修行のためではない山岳寺院の姿がそこに出現している可能性を見て取ることができるのかは、今後の課題となる。山岳寺院に関連するとみられる竪穴住居群は、六〇号住居の土器類(一〇期)を最後に、一一世紀前半には山岳寺院とともに

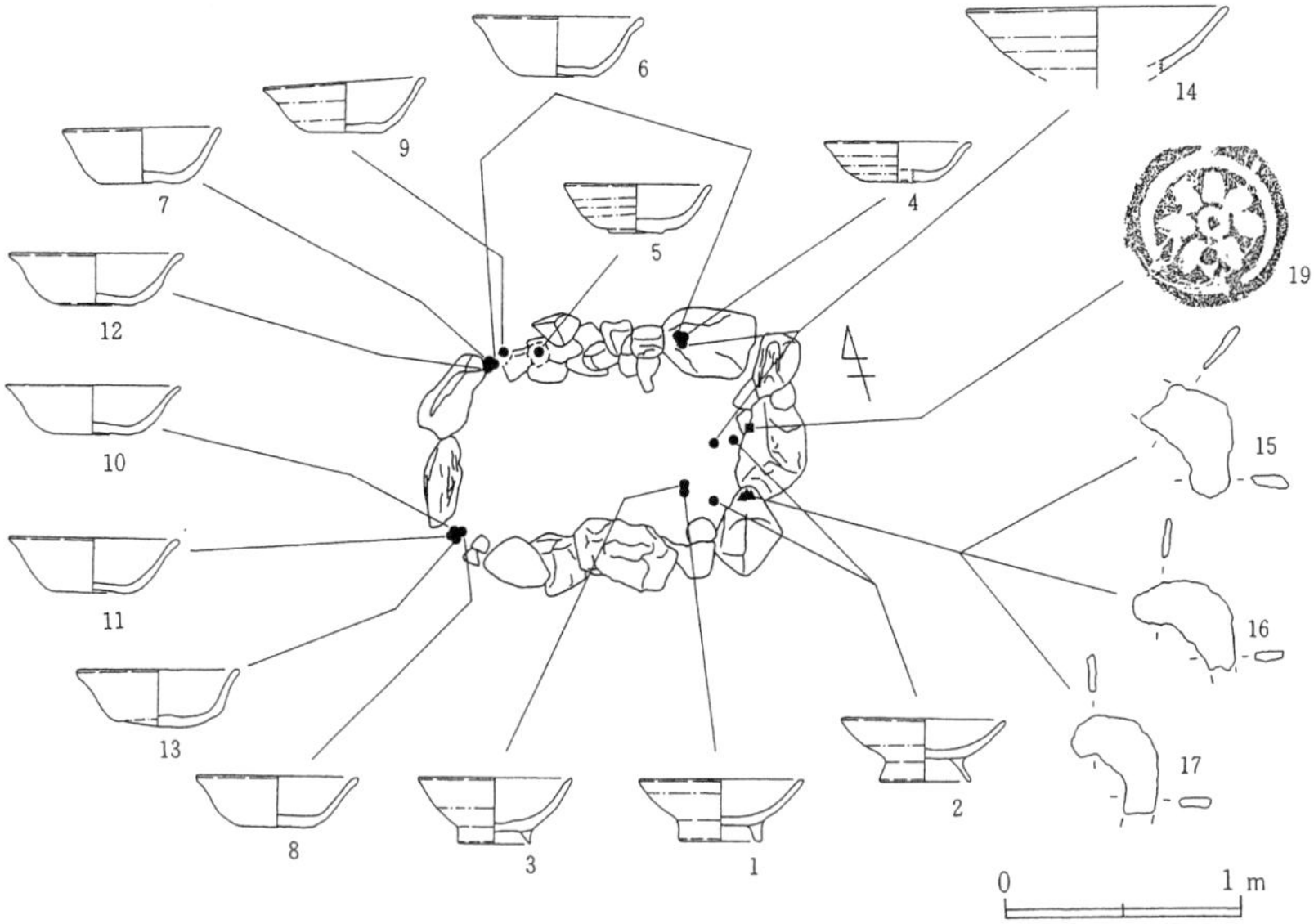

第41図　群馬県黒熊中西遺跡7号建物跡1号石組遺構・遺物出土状況実測図（群馬県埋蔵文化財調査事業団1992を改変）

消滅している。

この遺跡は、群馬県南西部の多野山地牛伏山から続く丘陵北端部の標高一七五〜二〇〇メートル付近に位置する[8]。遺跡地は高い標高ではないが、北から東にかけて眺望がきく場所である。東西方向にのびる細長い尾根の上位部分に、一〇世紀前半から一一世紀の瓦葺礎石建物二棟を含む合計六〜七棟の礎石建物が斜面の平場に構築され山寺を構成する。そして、周辺の斜面や下位のやや平坦な部分などには、八世紀前半から一一世紀前半の竪穴住居群が総数七八軒展開している。

遺構は、礎石建物・道路遺構七条・テラス（平場）九面・掘立柱建物三棟・石組井戸一基・鍛冶炉一〇基・相輪橖状遺構一基などである。礎石建物の瓦類には、軒丸瓦では単弁四弁文・四弁文・七弁文・単弁五弁文が、軒平瓦では格子目文・篦書き格子目文・無文・鋸歯状文・綾杉状文がある。七号建物跡の一号石組出土の七弁文軒丸瓦は陰刻で、上野国分寺跡と唐松廃寺で出土しているのみである。このうち軒丸瓦C・D・E類（ともに四弁文)は、上野国分寺に存在が知られていない瓦であり、上野国分寺の修造期(Ⅲ期)の文様の退化傾向が著しい一本造の瓦とされている(9)。

竪穴住居はその多くが平安時代に属し、寺院と重なる一〇世紀後半の住居には高足高台の脚部に「佛」の墨書を持つ土器がある。また、二号・三号礎石建物出土の高足高台の土器と同様な土器類を持つ住居(10)もみられ、寺院と竪穴住居の強い関連性が看取されよう。この遺跡の竪穴住居群のうち寺院と併存するものは、平地寺院に隣接する竪穴住居と同じように、一〇世紀の山岳寺院に隣接・付随する各種性格を持つ住居群とみてよい(11)。なお、山岳寺院に隣接する竪穴住居や集落の関係は不明な点が多いが、福井県明寺山廃寺では、山上の古代山寺に対して山麓の鐘島遺跡が同時並行して強い結びつきを保持しつつ存在している(12)。

黒熊中西遺跡では丘陵の北斜面に、上下に五～六段程度の平場群がみられ、頂部の礎石建物や中尾根東区の住居密集地を含めると、合計一四～一五面程度に及び、それらは丘陵斜面の削平と、斜面への盛土を同時に行なう大規模な造成によって築造されている。寺院建物は、尾根の頂部に構築されており、中心建物の一つである二号礎石建物(講堂)は、基壇盛土内に鍛冶状遺構と地鎮土器六点の埋納があった。版築基壇を持つ三号礎石建物(本堂)では、基壇上に掘立柱建物(二間×一間)の覆屋を持つ鍛冶遺構が、羽口と鉄滓を伴って発掘された。また、五号建物では鍛冶炉二基があるなど、主要堂宇の建造前に、基壇内外と周辺において、外部から鉄素材を持ち込んで鍛冶が頻繁に行なわれたことを示し、上野国分寺の伽藍内の各所で鍛冶が行なわれたことに酷似する。

遺跡内の道は、中心となる瓦葺化粧基壇の三号建物と、隣接する二号建物から北側山麓へ直線的にのびる一号・一〇号道路や、一号建物に続く四号道路、八号テラスから北西の谷へ下る三号道路と、七号テラスへ続く七号道路などがある。道は、寺院へ北から登る参道や、西の谷から登り広場的な八号テラス(平場)に取り付く参道が寺域外との通

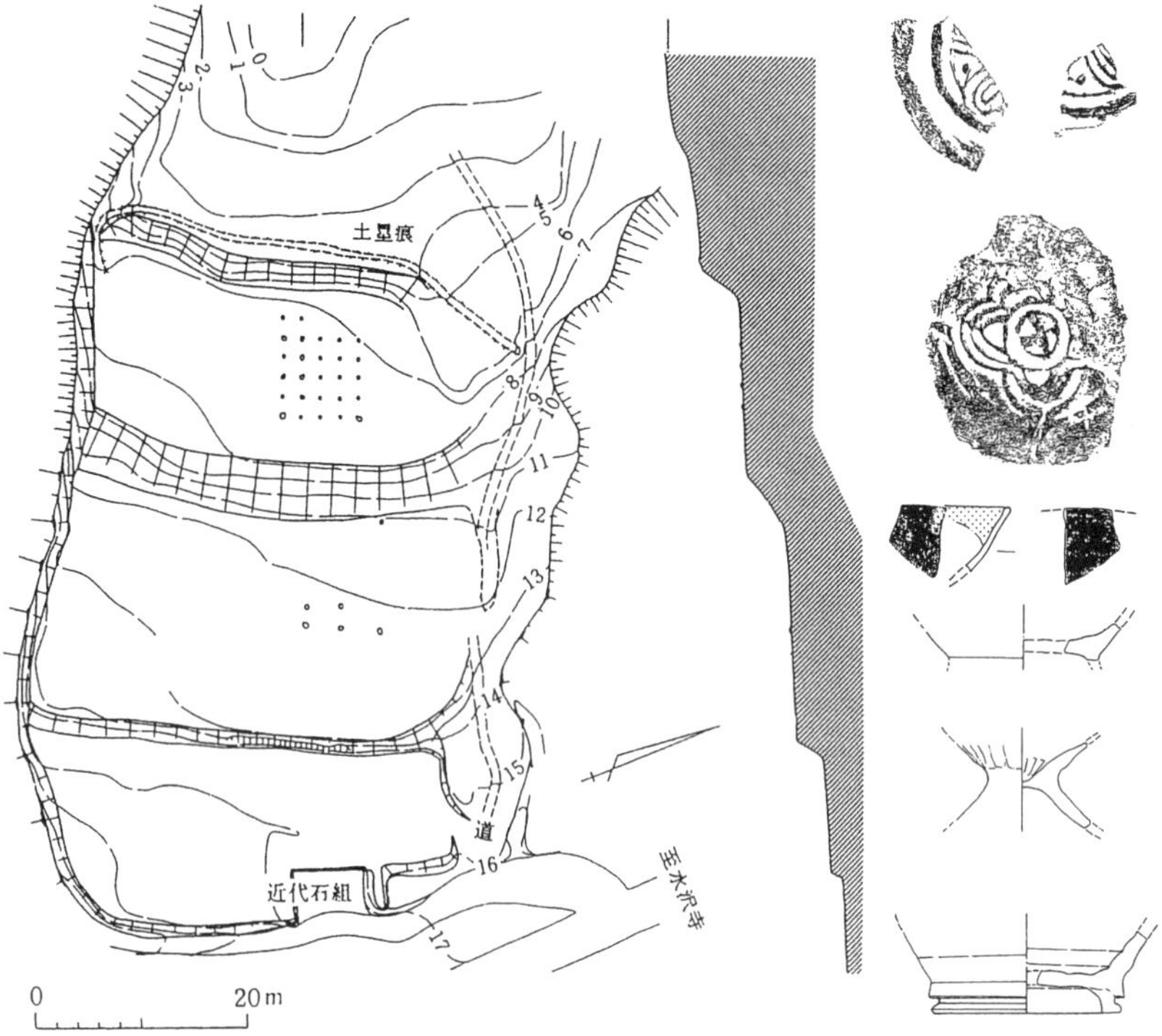

第42図　群馬県水沢廃寺平場平面図・出土遺物実測図（伊香保町教育委員会1970、川原1992を改変）

路となり、その他は寺域内通路となる。寺院西側には、一号建物とそれに付随する井戸を持つ独立した平場（二号テラス）と、そこから寺院中枢に通じる道（四号道路）がある。また、独立したやや長大な区画（平場）で薗院・花苑院などの性格が推定される七号テラスは、東へのびる通路によって遺跡中央の八号テラスへ通じる。これは二号・七号テラスが寺院中枢からやや離れた寺域内に、中枢部の仏堂とは異なる役割を担う区画（院）を構えていたことを示すのであろう。道は、天仁元年（一一〇八）に降った浅間B火山灰を含む土に覆われている。

水沢廃寺は、榛名山東麓の標高五八〇メートル付近に位置し、現在の水沢寺から南南東約五〇〇メートルの場所にある。[13] 発掘調査は行なわれていないが、限られた資料から若干の検討を行なってみる。遺跡では、尾根の斜面を東西約二〇〇メートルにわたり、約一〇段の平場が雛壇状に造成された状況がみられる。県道から西へ第一段目の平場は、南北約八〇メートル、東西二八メートルと広大で、西へ二段目の平場は南北約七〇メートル、東西三二メートルを示す。西へ三段目の平場は、南北約六三メートル、東西二六〜三六メートルと広大な平坦面を持つ。東主要平場の高低差は、約二〜四・二メートルである。西へ三段目の平場には、柱間五・一メートルの等間隔に礎石があるが、建物の規模などは不詳である。四箇所の礎石は、長径約一メートルと大きく、布目瓦の出土が報告されている。西へ四段目の平場では、柱間二・四メートルの礎石が数点あり、五間堂といわれているが、建物の構造などは不詳で、東端部には高さ約五〇センチの土塁状の高まりが南北二〇メートルほど構築されている。

遺跡からは、上野国分寺系軒丸瓦である単弁四葉文軒丸瓦・単弁五葉文軒丸瓦・男瓦・縄叩きの女瓦など、九世紀から一〇世紀前半頃の瓦類と、須恵器（椀・皿・瓶）・灰釉陶器（椀）・土師器（台付甕）など、九世紀前半〜一〇世紀代の土器類が出土し、中世遺物の出土はみられない⑭。

この山岳寺院の西南西約一・五キロ付近には、船尾滝と船尾滝上古瓦散布地がある。船尾滝は、落差約七〇メートルで上野第一の滝とされ、水沢廃寺から谷を遡ると滝を取り囲む大きな空間が広がり、滝とその周辺は一種独特な雰囲気を醸し出し、その北側には水沢山が聳える。水沢廃寺と船尾滝は上野国分寺跡から北西約一一キロに位置し、霊地性と峻険性を兼ね備えた勝地といえるであろう。なお、現在の水沢寺には平場群が展開し、本尊である十一面観音は鎌倉初期頃の製作年代とされることから、古代に廃絶した水沢廃寺に連続する寺であることも考えられよう。

榛名山南麓の標高九〇〇メートル付近に位置する巌山遺跡（榛名神社遺跡）は、榛名神社境内の随神門から本殿に続く参道の西側の山腹斜面にある⑮。発掘調査は行なわれていないが、多数の遺物が出土している。平場は、急斜面に造成されており、榛名川の西側に二二箇所、東側に五箇所が造成されている。そのうち、一号（檀二）〜一九号（檀一九）

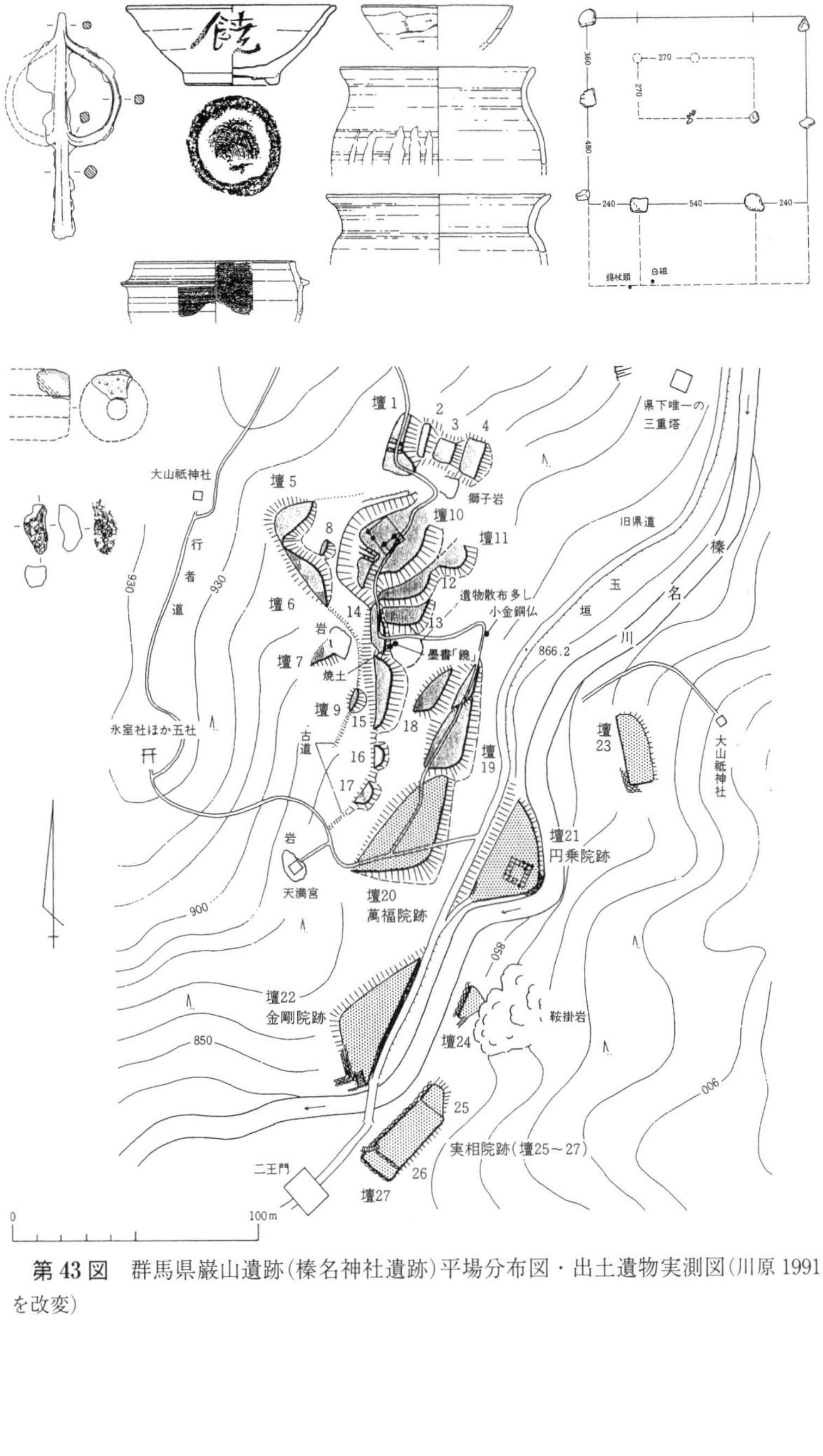

第43図　群馬県巖山遺跡（榛名神社遺跡）平場分布図・出土遺物実測図（川原 1991 を改変）

が古代に属するようである。平場の規模は、長軸七〜一〇メートル程度の一群と、一五〜二〇メートルの一群、三〇〜四〇メートルの一群に分かれ、大・中・小規模の平場で構成される。平場は、上下に約四段の群に分かれる可能性があろう。これは、黒熊中西遺跡の平場群が上下四段程度のまとまりを持つことと、唐松廃寺でも大きくみると上下四段程度に区分できることと共通する。

遺構は、一〇号平場（檀一〇）に礎石建物があり、錫杖頭が出土している。礎石建物は、中央間を大きくとる桁行三間一〇・二メートル、梁行二間八・四メートル程度で、内部の中央北側に何らかの施設があったようである。礎石建物の南西に隣接して、長さ約七メートル、幅四〜五メートル、高さ七〇センチの土塁が構築されている。水沢廃寺と宇通遺跡の土塁は、平場の端部に構築されているが、巌山遺跡では礎石建物に接して土塁がみられる。本遺跡では、中世の平場と遺物があるので、土塁の時期については今後の課題である。

遺物は、一〇号平場の南に隣接する一四号平場からの集中的な出土がみられたが、瓦は出土していない。土器類は、九〜一〇世紀の灰釉陶器（椀・瓶）・土師器（坏・甕）・須恵器（坏・甕）・羽釜・砥・羽口・鉄滓・鉄製品（釘・刀子）・白磁皿（北宋）などがあり、鉄製錫杖頭と小形地蔵菩薩像が注目される。土器類は九世紀代の土師器・須恵器から一〇〜一二世紀の遺物群とみられ、須恵器の転用硯もある。出土した墨書土器「鐃」は、須恵器椀の外面に大きく書かれており、密教的な現世利益を求めた意味合いを示すのだろう。なお鉄滓や多量の鉄釘の出土からみて、鍛冶の存在は確実である。

今回取り上げた上野の山岳寺院では、巌山遺跡だけが瓦を出土しておらず、また狭隘な川沿いに巨大な岩場がみられるなどの地形上の特色があり、他の山岳寺院より山奥で標高が高く、かつ閉ざされた空間に造営されており、現榛名神社境内の地形的な峻険性と霊地的空間を含め合わせると、他の遺跡とは異なる自然環境である。

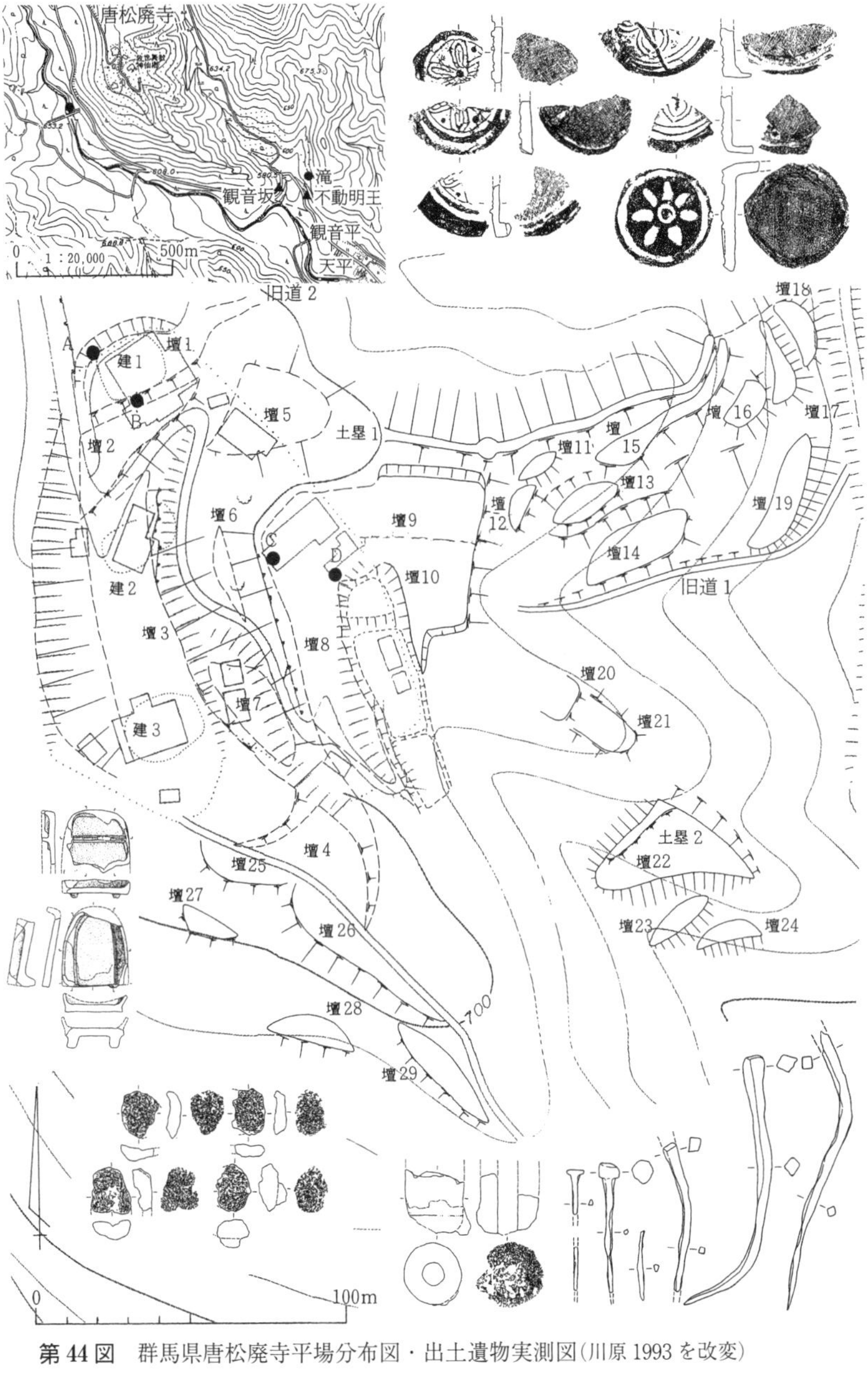

第 44 図　群馬県唐松廃寺平場分布図・出土遺物実測図(川原 1993 を改変)

唐松廃寺は榛名山の南東斜面の尾根上付近に造営された山岳寺院であり、標高六七五～七〇〇メートル付近に位置する(16)。発掘調査はなされていないが、報告に基づき若干の検討を行なう。

遺跡の中心は、尾根上に並ぶ礎石建物とみられ、その東方から南東の斜面下位に大小の平場(削平檀)が二九箇所ほど展開する。一号～三号の三棟の基壇・礎石建物が最上部に並び、二号建物が瓦葺とみられ中心堂宇である。その東側斜面下には、南北四〇～五〇メートルにも及ぼうかとみられる広大な平場(檀八)があり、その下位の平場(檀九・檀一〇)には東方の斜面下から道が続いている。この在り方は、黒熊中西遺跡の八号テラスとその北側の山下に続く参道(一号道路)に類似する構造である。黒熊中西遺跡では、寺院の中心とみられる三号建物の斜め下位に一号テラスが広がるが、唐松廃寺では二号礎石建物の急斜面下に広大な平場(檀八)が位置し、山岳寺院中枢部の斜面下位に大規模な平場が取り付くという共通する構造が窺える。

唐松廃寺の尾根部の最上段(檀一)には、石列を伴う基壇に礎石建物があり、これは黒熊中西遺跡の三号建物に隣接する遺跡最高所の四号建物の配置と類似する。黒熊中西遺跡では、山岳寺院の主要堂宇である二号・三号・四号・五号建物は東西方向の尾根部の最高所近くに、尾根の方向に沿って並ぶように配置されている。これは、遺跡の存続期間からみてほぼ同時期に併存していたものとみられるが、唐松遺跡でも南北尾根の尾根方向に沿って礎石建物が三棟並ぶように配置されている。両遺跡の主要堂宇とそれに隣接する平場の在り方には、共通性がみられる。なお平場に伴う土塁が二箇所で確認されているが、時期は不詳である。

遺物は、瓦・須恵器・土師器・灰釉陶器・緑釉陶器・金属製品(釘)・羽口・鉄滓・風字硯・墨書土器などが多数出土している。瓦は、単弁四葉文鐙瓦・単弁五葉文鐙瓦・陰刻素弁七葉文鐙瓦・男瓦・女瓦などがあり、宇瓦はみられず、瓦類は八世紀代～一〇世紀代とみられる。土器類では灯明皿の出土が多く、また高足高台の土器類がみられる。

なお多量の鉄滓が採取されており、炉底の形状を示す椀形鍛冶滓が複数あることから、山岳寺院の存続中に鍛冶の操業があったことは確実である。

宇通遺跡は、上野国北東部にそびえる赤城山南麓の標高六三〇～六七五メートル付近の尾根上に位置する山岳寺院である[17]。遺跡の立地は、粕川上流の大猿川が東から南に深い渓谷状の谷を形成する南北尾根上に広がる。遺跡は現在山林であるが、その立地・面積・遺構の種類・出土遺物などは、断片的な報告から判断しても日本屈指の古代山岳寺院遺跡とみてよい。群馬大学により昭和四一年から四三年に調査が行われ、その後粕川村教育委員会が昭和五九年から平成三年まで発掘調査を実施しており、関連する僅かな資料から遺跡の概要を記す[18]。

発掘された遺構は、一一棟の礎石建物と掘立柱建物及び竪穴住居などである。これらは、南から北へ大きく三～四段になるとみられる平場群に点在し、先に述べた黒熊中西遺跡・唐松廃寺・巌山遺跡と共通する様子が窺える。宇通遺跡の平場群を仮に最上段・上段・中段・下段と四区分した場合、礎石建物は最上段と上段に展開し、中段と下段には礎石建物はみられず、これは黒熊中西遺跡における中段（一号テラス）・下段（八号テラス）の構成や、唐松遺跡の中段（檀八）・下段（檀九・一〇）の在り方に類似する。

礎石建物は、A・B・C・D・F・G・H・I・J・X・Yの一一棟があり、地形からみると北側上段の一群（C～Y）と南側下段に属する一群（A・B）の二群に大きく分かれるようにみえるが[19]、遺跡東部の窪地状斜面にある礎石建物Fの占地などをみると、二～四群程度に分かれることも考えられる。礎石建物Aからは、塑像片、神像、墨書土器（「寺」）、漆紙、水晶製小形経軸端、「長・大」が墨書された高台付椀、高台付坏、緑釉陶器などが出土し、緑釉陶器は礎石建物Fからの出土もある。なお礎石建物Gは、八角円堂とみられる建物であり、南端付近の平場には堤を持つ池のような小規模な窪地もある。

∴ 礎石建物・掘立柱建物　■ 竪穴住居

第 45 図　群馬県宇通遺跡遺構分布図・出土遺物実測図（群馬県史編さん委員会 1986、粕川村教育委員会 1985 を改変）

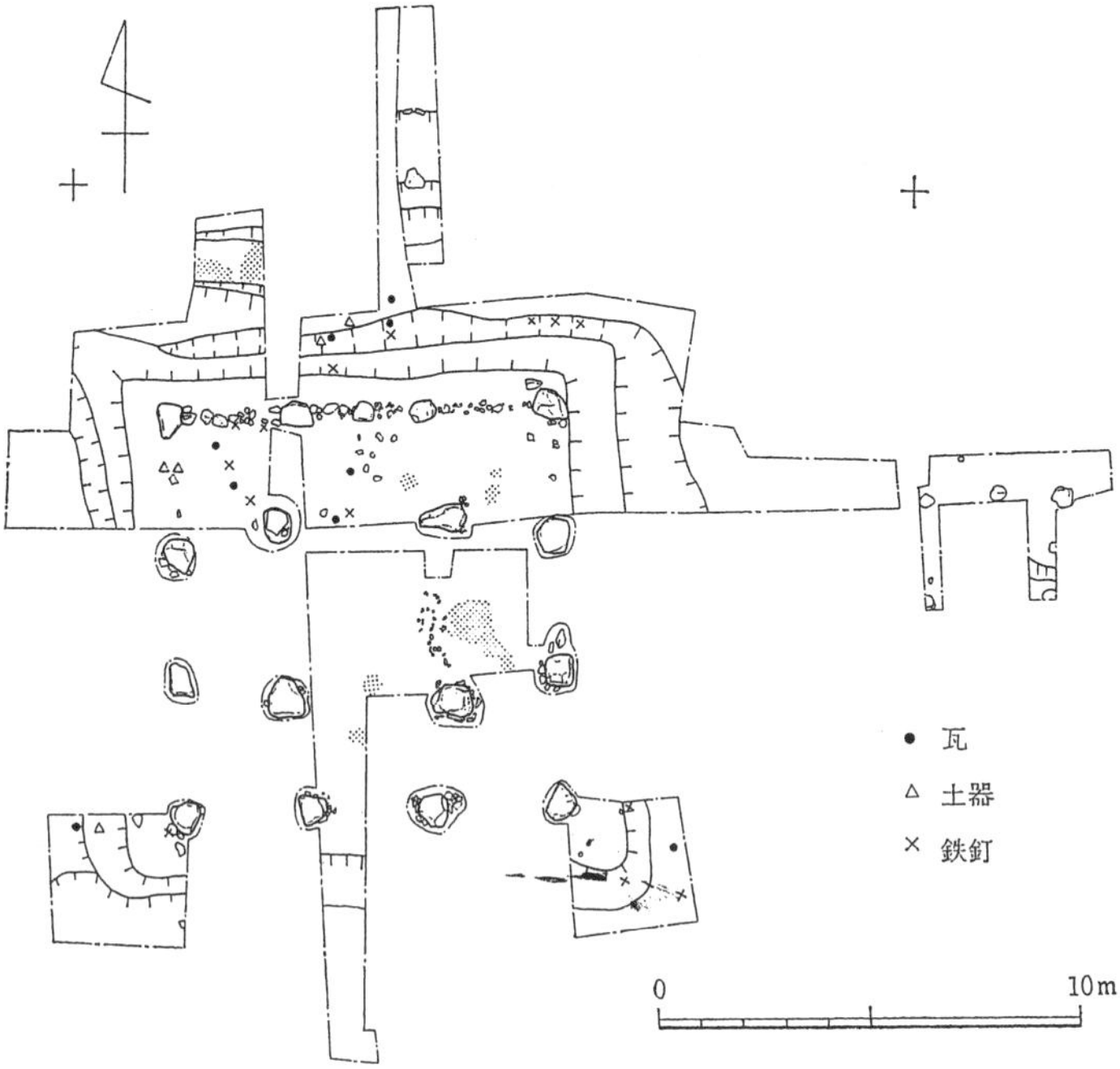

第46図　群馬県宇通遺跡礎石建物Ｄ遺物分布図・平面実測図（群馬県史編さん委員会1986）

『群馬県史』（一九八六年）によれば、礎石建物Ｄは火災によって焼失しているとされ、建物内の北辺を中心に小石大から小破片までの鉄滓類（ポリ袋一杯分の出土）と羽口の出土があったという。これは、鍛冶滓と羽口が礎石建物の縁辺から出土したことを示し、建物内で焼土が検出されていることから、焼土の一部は鍛冶炉そのものであったことも考えられ、礎石建物Ｄの基壇上などで鍛冶が行なわれたことを示す。また遺跡内の各所で鍛冶炉と羽口が出土しているとの記載がある。山岳寺院の基壇構築時における基壇内及び基壇上面で行われた鍛冶の操業は、黒熊中西遺跡における一〇世紀から一一世紀までの断続的な操業例などがあり、この時期の山岳寺院における造寺に伴う鍛冶が一定数の遺跡にみられることを示す。

伽藍地内の中央付近に位置する礎石建物Ｄなどでは、廃絶後に浅間Ｂ火山灰が厚さ数センチの間層をはさんで、遺構の上に堆積していることから、天仁元年（一一〇八）の火山灰降下時点では、礎石建物群は廃絶していたことが確認されている。このことから宇通遺跡は、九世紀後半頃に創建され、一一世紀代には廃絶したことがわかる。本遺跡は、古代に創建され古代のうちに廃絶する山岳寺院の一群に属し、廃絶以後に攪乱を受けていないことに大きな価値がある。

瓦は、上野国分寺系の退化形式とされる重圏文単弁四葉文軒丸瓦が出土しており、赤城山麓の旧赤堀村川上遺跡出土例と同笵である。礎石建物Dからは、斜格子の軒平瓦が出土しているようである。その他に、平瓦・丸瓦・灰釉陶器・土師器・須恵器・椀形鍛冶滓・鉄製品（鉄釘・刀子）などの出土があり、中世遺物の出土はない。椀形鍛冶滓が出土していることからみても、九世紀後半から一一世紀に遺跡内において鍛冶の操業があったことは確実である。なお遺跡南西部では尾根の方向に沿って土塁状の遺構が直線的に構築されており、古代山岳寺院に付随する土塁と考えられる。山岳寺院の土塁は、比叡山延暦寺西塔の北部にある平場に構えられる例[20]などがある。

八木連荒畑遺跡は、妙義山の東方丘陵地に位置する山岳寺院である[21]。遺跡は、東に向かう急斜面のやや窪地になる場所を地業して平坦面を造成し、中心部に一号・二号の礎石建物二棟を配し、その北側上方の標高が高い場所に三号礎石建物を造営している。

一号礎石建物は、桁行三間五メートル、梁行二間三・六メートルで、二号礎石建物は桁行二間三・六メートル、梁行二間三・六メートルの総柱建物であり、ともにごく少量の瓦が出土した。三号礎石建物は、他より大きい建物であるが規模は不詳であり、単弁五葉文・男瓦・女瓦が少量出土した。遺跡の全体像は不詳であり、建物跡の斜面下方には奈良・平安の竪穴住居一四軒が付属し、八世紀末から九世紀前半の山寺とされる遺構群には、数軒の竪穴住居と井戸が伴うようである。

緑野寺《みどのじ》は、旧多野郡鬼石町浄法寺から古代瓦や土器類が出土し(22)、道忠の供養塔とされる中世前期の石塔が現存することからその周辺が寺跡とみられている。道忠は鑑真の弟子で、武蔵・慈光寺を開山し、道忠の弟子で最澄とも関係深い広智は下野・大慈寺の僧であり、また両寺とも山岳寺院である。緑野寺は道忠の創建とされ、九世紀前半の弘仁年間に最澄が訪れた寺である「上野国浄土院」(『叡山大師伝』)は緑野寺と同じとみられており、現在の広厳山般若浄土院浄法寺がそれであるといわれる。著者は、最澄が一級宝塔を建てた浄土院は山岳寺院(山寺)であったのではないかと私考している。

浄法寺周辺からの出土遺物は、八世紀代から一〇世紀頃とみられる単弁四葉文の軒丸瓦が複数出土しており、土器類は、一〇世紀頃の碗などがある。中世遺物では巴文鐙瓦・剣頭文軒平瓦・男瓦・女瓦・火鉢などがあり、鎌倉期から中世後半までの遺物である。瓦当面に「戒壇院」の文字を持つ時期不詳の中世瓦の報告があり、会津慧日寺跡の戒壇の性格(23)に通じる中世の祖師信仰の可能性があろう。

神流川に面する浄法寺は河岸段丘に立地するが、その西方に隣接してそびえる「三ツ山」南麓の永源寺の周辺は、両側に山がせり出し深い谷にはさまれ、斜面に沿って北から南に各種規模の平場群が雛壇状に連続する地形がみられる。そこは武蔵との境界領域にあたり、神流川の北側に屛風のように連なる峻険な峰々を擁する山々は、一種の霊地的な趣を醸し出すような空間を展開させる。三ツ山南麓からは南方に神流川から北武蔵の丘陵が遠望され、この地域が戦国期の動乱に巻き込まれ、部分的には地形が改作された可能性もあるのだろうが、多くの山岳寺院遺跡の平場群と同じ地形がみられることから、古代以降の山寺である可能性が看取される。特に、主要部の階段状平場は、間口が四〇丈(一二〇メートル)を示す大規模平場である横長広大平場の可能性が高い。この場所または周辺には、最澄が弘仁年間に宝塔を建てた浄土院が埋もれている可能性があろう。また藤岡市内からは、「延別緑印」の文字を持つ印が

出土しており、これは延暦寺の別院である緑野寺の意味を表すものとみられている。(24)

三　下野国の古代山岳寺院

下野大慈寺については、仏教史からの研究がみられるが、著者は九世紀の天台宗の状況と小野氏の氏寺から天台宗山岳寺院になったことについて、状況証拠から試論を展開したことがある。(25)この試論の核心については、上原真人が首肯しているが、(26)ここではその続論として、かつて発掘された三毳山麓窯跡群の資料や下野国分寺の瓦類の研究(27)などを用いて、この寺の成立と変遷を素描してみる。

古代における大慈寺(小野寺廃寺)の変遷を積極的な想定を含めて表せば、次のようになろう。八世紀中頃の天平勝宝四年(七五二)に下野国司となった小野朝臣小贄(28)は、平城京の造営に参画しつつ、(29)下野国司として下野国分二寺の創建期の造営に伴い、都賀郡と安蘇郡の境界領域に位置し、かつ遠方からもよく識別でき険しい岩場を持つ諏訪山山麓に小野氏の氏寺として、また「僧尼令」で規定されかつ公認されている山林修行の場(30)としての二つの機能を併せ持った寺として「小野山寺《おののやまでら》」などと呼ばれる大慈寺を創建した。

大慈寺の堂宇には、下野国分僧寺の創建期の瓦である下野国分寺第四型式圏唐草文縁複弁八葉蓮華文鐙瓦(31)が葺かれたが、これは当時の下野国司であった小野小贄の命令があったのであろう。国司の職務の一環とみられる祈雨(雨乞い)などの国家祭祀には、山林修行を経た法力の優れた浄行僧が国分寺などに必要とされ、国分寺の造営と同時に自前で浄行僧を育成する場所が必要であった。

つまり律令国家が各国の国司に国分二寺(僧寺・尼寺)をセットで建立させたように、下野国分僧寺創建期頃(下野国

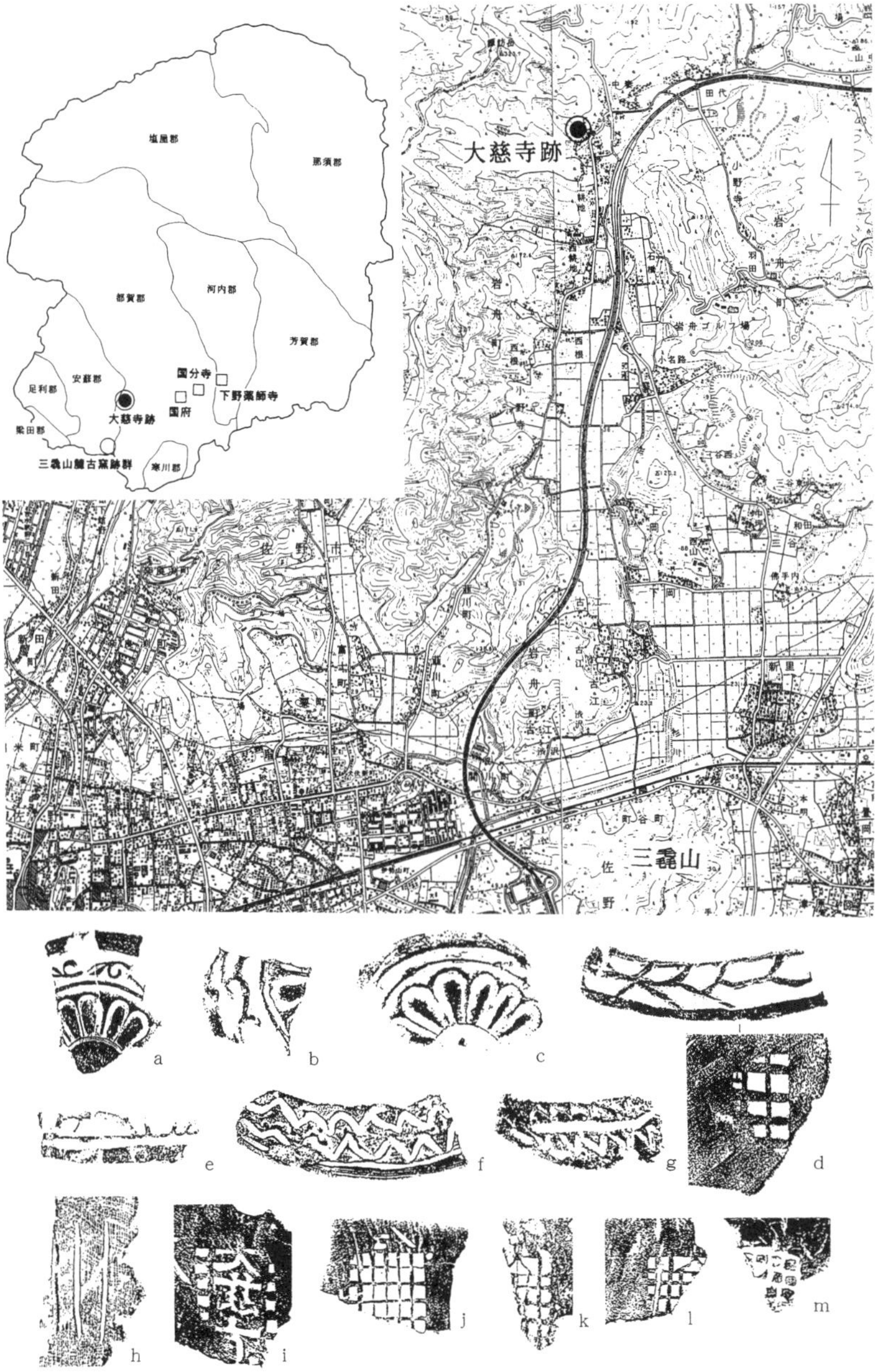

第 47 図　栃木県大慈寺旧跡出土瓦・遺跡位置図(保坂 2000 を改変)

分寺1期～2期初頭）の圏唐草文縁複弁八葉蓮華文鐙瓦と同笵の瓦が大慈寺から出土することは、当時の下野国司である小野小贄が、下野国分寺とセットで国分寺の僧尼の山林修行の場としての大慈寺を創建したことを示す。すでに須田勉により、国分寺に付随する山林寺院が国分寺の造営計画の一環であった可能性は指摘されているが(32)、下野大慈寺出土瓦と下野国分寺跡で出土した国分寺創建期の鐙瓦がそれを示す資料となる。

その後大慈寺は、九世紀前半の弘仁八年（八一七）の最澄の東国巡錫を契機に、小野氏の本拠でもある近江国志賀郡出身の最澄に寺域の一部が提供され、六所宝塔院の一つとして位置付けられ、「下野国大慈院」「大慈山寺」「小野山寺」「小野寺」などと呼ばれることになる(33)。そして、九世紀後半には円仁などの影響の下に、下野国分寺第六型式均整唐草文宇瓦（下野国分寺三期）と同氾でかつ「大慈寺」の文字を持った瓦が国衙工房である三毳山麓八幡窯跡で焼かれ(35)、大慈寺に供給され寺観が整えられ、八世紀中頃からの由緒ある寺歴をさらに顕著なものとしたのであろう。瓦などの考古資料と文献史料を総合的にみれば、上記のような見方ができる(34)。なお鶴舞瓦窯跡の工房からは、「大慈寺」の文字瓦が出土しており、隣接する八幡窯跡から搬入されたものだとされる(36)。

大慈寺の立地は、下野国分寺・国府の瓦窯と須恵器の窯跡が多数分布し、下野国最大級の古代窯業地帯である三毳山麓窯跡群の谷奥の諏訪山山麓に位置する。遺跡は標高一〇〇メートル付近の南斜面から東斜面に位置し、平場は村檜神社から大慈寺の山腹斜面に約十数箇所が分布する。村檜神社境内には、塔跡と呼ばれる礎石を持つ建物跡がある。大慈寺西方の尾根上には、黒岩と呼ばれる巨岩が聳える。瓦や古代の土器類は、村檜神社境内から大慈寺境内及び周辺数箇所から出土するが、発掘調査は実施されていない。

瓦類は、鐙瓦が下野国分寺4型式・7型式・11型式・16型式、宇瓦が8型式・10型式・箆書波状文などが出土している。時期は、下野国分寺1―2期から3期に含まれるが、1期は七四〇年代～七八〇年代に比定されており、国分

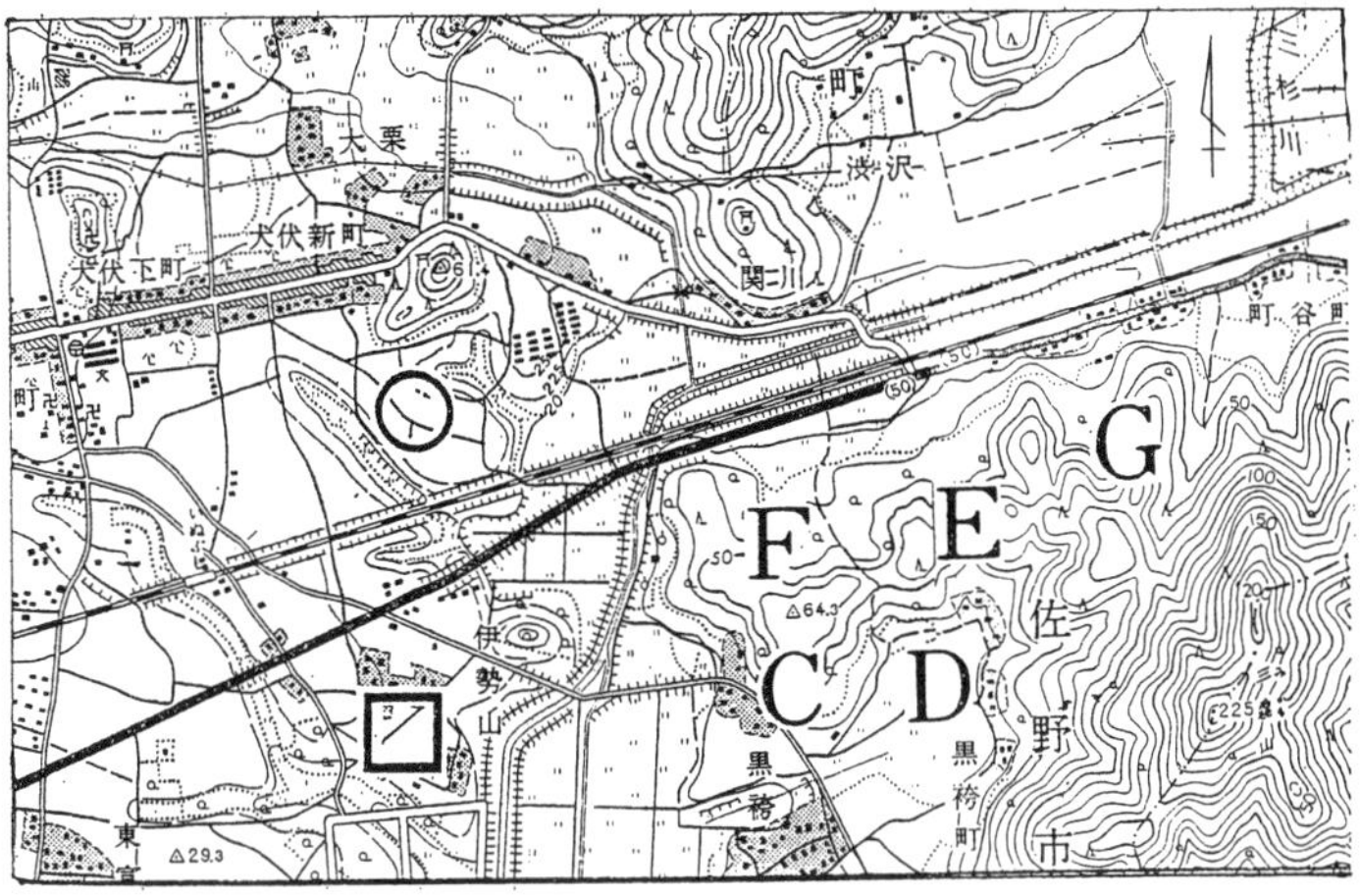

米山・伊勢山集落跡と窯跡関連地形図
○米山　□伊勢山　C東山　D北山　E八幡　F鶴舞　G町谷

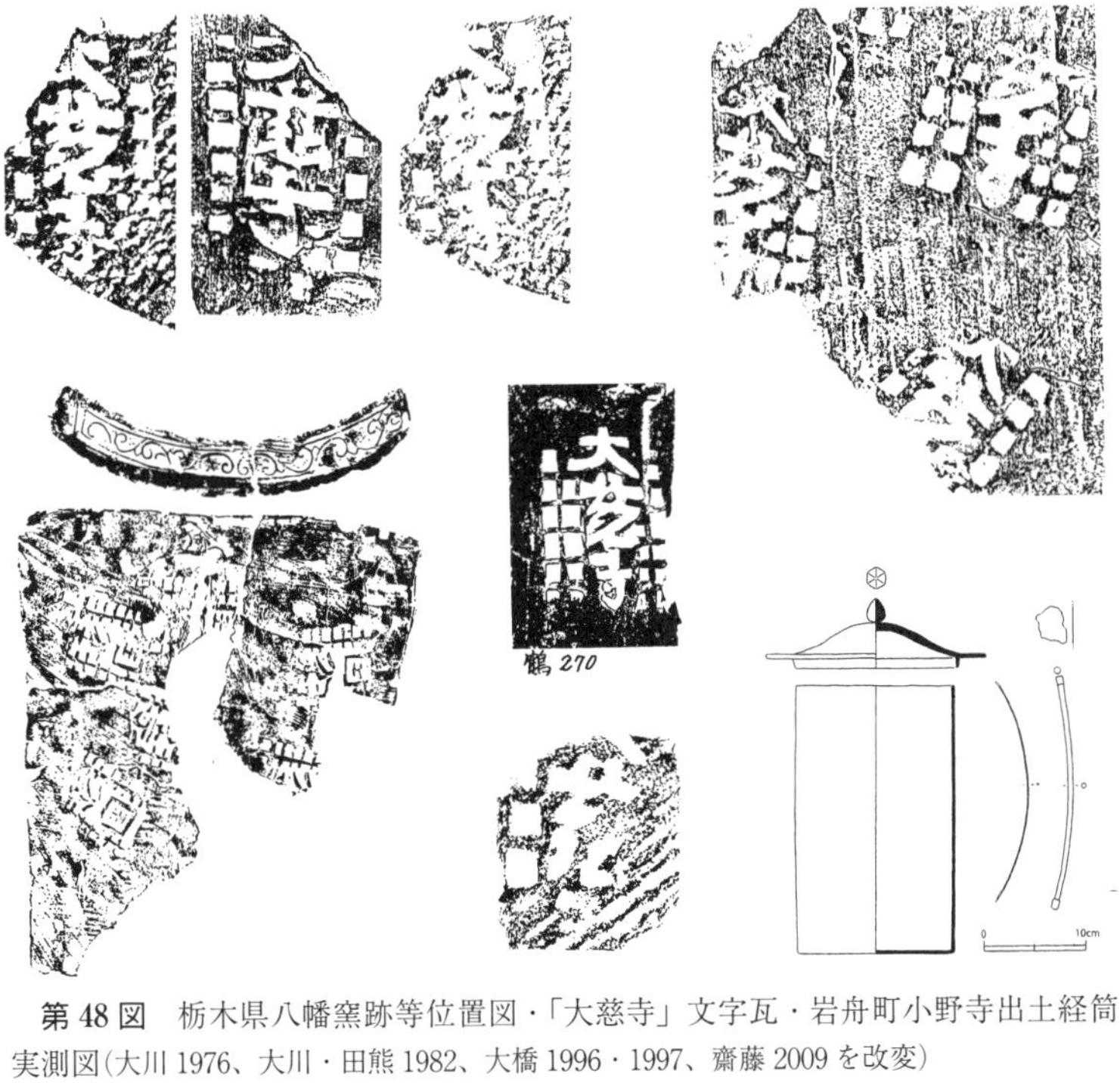

第 48 図　栃木県八幡窯跡等位置図・「大慈寺」文字瓦・岩舟町小野寺出土経筒実測図（大川 1976、大川・田熊 1982、大橋 1996・1997、齋藤 2009 を改変）

寺の創建期からそれに続く時期には大慈寺に瓦が葺かれた。なお大慈寺のある小野寺地内からは、長治元年（一一〇四）の銘を持つ経筒が出土している。

華厳寺跡は、下野国府北西の観音山東斜面に位置する山岳寺院である。発掘調査は行なわれていないが、古くから知られた寺院跡で、標高約一五〇〜二〇〇メートル付近に二〇箇所程度の平場群が展開し、上位の観音堂跡に礎石建物跡がある(37)。現在栃木市指定史跡となっており、日光を開山した勝道に関する遺跡とみられている。この山からは、国府・国分寺・下野薬師寺方面が遠望できる。

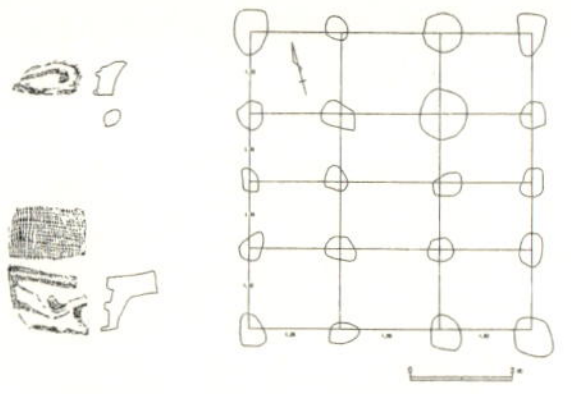

第49図　栃木県華厳寺跡観音堂跡礎石実測図・毘沙門堂出土瓦（斎藤 1980、市橋・齋藤 1995）

観音堂跡の基壇を伴う礎石建物跡は、三間×四間であり、三間のところは中央間を広くとり、四間のところは間隔が狭く、全体では五・六メートル四方となるようである。礎石は直径五〇〜九〇センチ程度であるが、礎石建物はその構造と時期が不詳である。なお、礎石建物と同じ平場には、江戸時代の石碑があることから、中世以降に建物を造り替えている可能性がある。遺物は、少量の土師器などが出土しているが、年代の確定できる資料はほとんど知られていない。この華厳寺跡は、史料では空海の弟子である真済により九世紀に編纂された『遍照発揮性霊集』（『性霊集』）に載る「華厳精舎」そのものであるとの見方がある。勝道関連史料として知られる「沙門勝道、歴山水瑩玄珠碑并序」には、「建立華厳精舎於都賀郡城山」とあり、華厳精舎とはこの遺跡を指し示すとの考え方があり、特に反論はない。現在みられる平場群が勝道によって創建された華厳寺そのものかどうかは不詳であるが、少なくとも観音山の東斜面に雛壇状にみられる山岳寺院の遺構は、古代のものと考えてよい。華厳寺跡は、古代史料にも関連する稀有な山岳寺院といえよう。

太山寺月輪坊跡・円通寺跡は、下野国府西方の太平山東麓の標高約一三〇メートル付近に位置し、数箇所以上の平場がみられる。北側斜面上方には、円通寺跡の平場群がある。太山寺の寺伝では天長一〇年(八三三)に円仁が開山したとされ、両寺はともにもと天台宗であった。ここからは、下野国府・下野国分寺から筑波山方面が一望できる。

昭和五〇年頃に、太山寺北西の谷奥の林道工事が行なわれた際、古代の瓦と土器類が出土した。平成一三年二月に著者と大橋泰夫が太山寺にて遺物を実見し、下野国分寺第一〇類線鋸歯文単弁一六葉蓮華文鐙瓦一点と女瓦ほか土器類を確認した(38)。鐙瓦は九世紀前半の年代(下野国分寺2期)で、土器類は九〜一〇世紀代の灰釉陶器(水瓶)・土師器(坏・椀・甕)・須恵器などで、土師器には灯明具があり、また土器の一部は八世紀に遡る可能性がある。太山寺月輪坊跡と円通寺跡には隣接する平場群が展開し、下野国分寺と同笵の瓦が出土するなど、国府・国分寺に関連する山岳寺院の可能性が高い。

足尾山地南部となる足利市大岩山は、標高約四一〇メートルの険しい山で、毘沙門堂(本堂)は標高約三一〇メートル付近に現存する堂である。保存改修工事に伴い、基壇が部分的に調査された(39)。

基壇は第一面から第三面までの三面が確認され、最下層の第三面基壇に関係する埋土からは、中世瓦・青磁・かわらけなどとともに、一二世紀後半頃の唐草文軒平瓦が出土している(40)。瓦は、瓦当面に唐草文とみられる文様があり、凹面と瓦当面に布目が残る瓦当折り曲げ技法による軒平瓦である。第三面基壇は、東西約一四・八メートル、南北約一一・五メートルで、上位の二面より南北の規模が小さく、東西に長い建物が推定されており、史料にみえる一五世紀の堂宇焼失時の建物に該当するとみられている。中世瓦は、一三世紀中頃の足利・智光寺と同じ瓦が出土している。最下層の第三面基壇では、平場が現在よりも狭いことがわかっており、基壇南側で旧地形が下がり斜面となる。

毘沙門堂では、大岩山に続く谷奥の最上部の急峻な南斜面に、小規模な平場が造成され、瓦を持つ古代末頃から中世初頭頃の山岳寺院が構築された。その後、建長八年(一二五六)銘で足利泰氏の寄進とされる石造層塔が、本堂南方の細い尾根端部の行基堂（開山堂）に隣接して建立された。大岩山行基堂跡付近には巨岩と岩場があり、毘沙門堂は下野と上野の境界領域を望む大岩山の頂上付近に構えられている。

最後に、日光の山岳寺院と男体山頂遺跡について触れておきたい。下野北西部に聳える日光・男体山（二荒山《ふたらさん》）は、標高二四八六メートルの高山である。山頂の祭祀遺跡は、標高二四七〇メートル付近の断崖絶壁に位置し、日本を代表する山岳信仰遺跡である。八世紀後半から九世紀頃には、古代国家の北の国界の山として国家的祭祀が行なわれたとみられ、膨大な遺物の中には「束尼寺印」とされる印がある。[41]

勝道は天応二年（七八二）に登頂に成功しているが、遺物は勝道と弟子により奉納された物を含むとされ、須恵器では八世紀後葉（第4四半期）の三毳山麓萓川三通窯跡のものとみられる一群が山頂から出土しており[42]、印は下野国分尼寺が都賀郡にあることから、「束」を都賀郡にあてて解釈し、下野国分尼寺の印と考える見方がある。

男体山は二荒山と呼ばれ、観音の普陀落信仰に係わるとされ、また法華経の普門品が観音経として知られることから、著者はこうした法華経と観音経に係わる国分尼寺の印を奉納することで、観音経による国家鎮護の願いを二荒山（二荒神）に祈願したのであろうと考えたことがある。[43]また下野国分尼寺だけではなく、多くの国分尼寺を「つか」（束）ねた形として、この「束尼寺印」が奉納された可能性をみた。いずれにしても、国分寺の印が古代国家祭祀の執り行われた山頂遺跡から出土しており、登拝が頻繁になる時点で、登拝に伴う古代の山岳施設が設けられていたのであろう。八世紀後半の下野国司では、小野氏と佐伯氏及び文室氏は軍事氏族であり、八世紀第4四半期の大中臣氏は神祇を司る氏族として史料にみえ、大中臣朝臣宿奈麻呂と大中臣朝臣諸魚が勝道と深く係わったのであろう。

日光山の開創は、勝道により天平神護二年（七六六）に四本龍寺の草創に始まるとされ、日光山輪王寺は弘仁元年（八一〇）に満願寺の号を賜る。[44]大谷川と稲荷川の深い谷に挟まれた四本龍寺の立地は、まさに峻険な山岳寺院の風格を持つが、遺構・遺物は不詳である。四本龍寺観音堂・本宮神社などは、尾根状となる南向き斜面の雛壇状の平場に立地し、観音堂と三重塔は江戸時代の再建であるが、この場所は八世紀後半以来の伝統を保持する可能性が高い。

斎藤忠によれば、男体山麓に広がる中禅寺湖（標高一二六五メートル）の辺に神宮寺を設けたことと、都賀郡に華厳精舎を創めたことの二点は首肯できるという[45]。立木観音（像高約六メートル。平安時代）として有名な中禅寺千手観音立像は、もとは中禅寺湖北岸中宮祠の観音堂にあったが、明治三五年（一九〇二）の山崩れにより仏堂が壊れ、大正二年（一九一三）に現在地に移された。

中禅寺湖の西端には、千手観音堂が昭和初期頃まであり、隣接地には平場が数箇所みられるなど、男体山（二荒山）麓と日光山内の遺跡群は、その実態は現時点では不詳ながら、日本を代表する古代律令国家国界の山岳祭祀遺跡と、その山麓に営まれたであろう山岳寺院と、日光の入口にあたる大谷川と稲荷川に挟まれた峻険な立地に造営された四本龍寺の三点セットになる遺跡が埋もれているものとみられる[46]。山上と山麓に寺を構える山岳寺院の事例からみれば、二荒山麓中禅寺湖畔の山岳寺院は上寺であり、日光山内の山岳寺院は下寺とみてよいのであろう。日光は、寺域としての日光山と、神域としての二荒山という二つの性格を合わせもった神仏習合の霊地という考え方があり[47]、二つの山岳寺院のはるか上方には、男体山頂遺跡が古代以降連綿として営まれ、山岳信仰の聖地であったのである。

四　結語

古代上野国では、国府・国分寺から北西に隣接するような場所にある榛名山中に、水沢廃寺・巌山遺跡（榛名神社遺跡）・唐松廃寺が九世紀から一一世紀頃まで存続した。そこでは、山岳地域における宗教活動はもとより、唐松廃

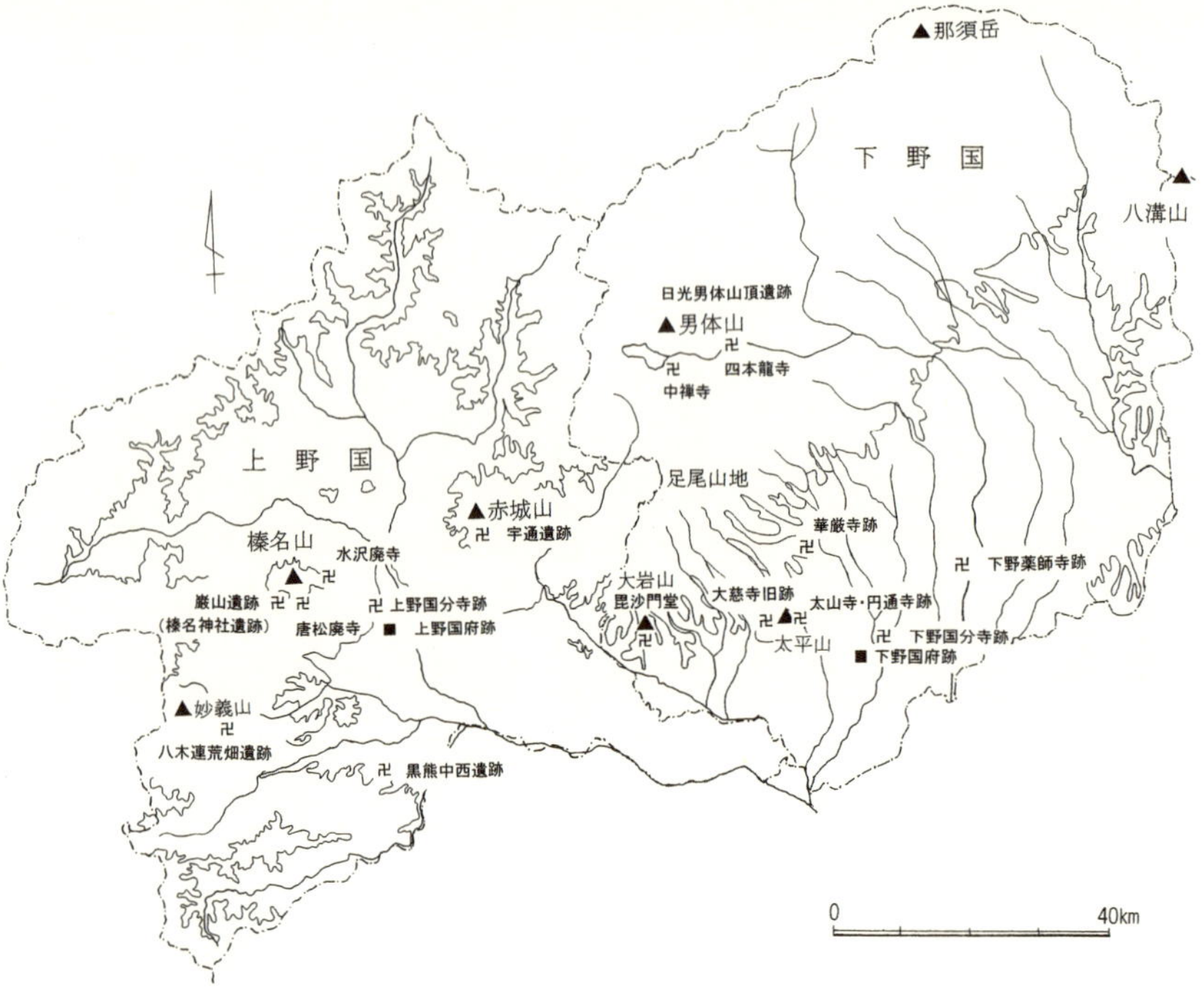

第 50 図　上野国と下野国の古代山林寺院等分布図(上野川 2011)

寺では鉄関連の生産活動があったものと考えられる。多野山地では、藤岡・吉井窯跡群の窯業・製鉄地帯の丘陵北端に、黒熊中西遺跡の山岳寺院が、一〇世紀代から一一世紀前半に存在した。上野東部の赤城山では、七世紀後半から続く大規模な製鉄遺跡群の北側頂点に、宇通遺跡が九世紀後半から一一世紀まで存続し、各種の礎石建物跡がある。上野では巌山遺跡が瓦を出土しないが、他の遺跡は瓦を持つ。また山岳寺院の造営に伴う鍛冶の操業は、建物基壇上や周辺に鍛冶炉が存在し、椀形鍛冶滓や鉄釘をはじめとする鉄製品の出土からみて頻繁に鍛冶が行なわれたものとみられる。これは、九世紀後半から一〇世紀前半に上野国分寺伽藍地内で行なわれていた鍛冶に類似する。

下野国では、国府・国分寺の西にみえる太平山の東側山腹に太山寺月輪坊跡・円通寺跡があり、そこからは国分寺と同笵の瓦や多数の土器類などが出土し、その西方の山間部には大慈寺が位置する。日光・男体山（二荒山）は、国府から北西方向の場所に大きく聳えるが、その広大な山麓の南東端に位置する華厳寺跡は、古代史料にみえる華厳精舎の可能性を持ち、日光を開山した勝道に関連する山岳寺院の可能性がある。大慈寺は、下野国分寺とセットで造営された山林修行の場であり、八世紀中頃に下野国司となった小野小贄または後続の国司が関係していると考えられる。足利市大岩山毘沙門堂は、古代末から中世初頭頃の瓦が出土しており、その立地が足利郡衙とされる国府野遺跡の北方にあたることから、その創建には足利郡衙が係わった可能性もあろう。日光山では、男体山頂で執り行われた古代国家最大級の山岳祭祀遺跡とセットになる二箇所の山岳寺院の存在が推定される。

このように八世紀後半以降は、上野では平野の山王廃寺や国分二寺と同時期に山岳寺院が並立・存続し、下野では下野薬師寺や国分二寺と同時期に山岳寺院が造営され存在していた。しかし一一世紀代には、下野国府や上野・下野の山岳寺院の幾つかは廃絶している。これらの山岳寺院の中には、黒熊中西遺跡・宇通遺跡・大慈寺など古代の大規模窯業生産地域や鉄生産地域に隣接する山岳寺院がある。なお北武蔵でも、須恵器窯跡などが多数分布する末野窯跡群中央部付近に位置する鐘撞堂山の山腹に、馬騎の内廃寺が造営されており、古代山岳寺院の一部には古代窯業や鉄生産に何らかの形で関係する寺があるとみてよい。

足利の毘沙門堂は、中世瓦や中世遺物の出土からみて、一三〜一五世紀には確実に存続していたであろう。石造層塔は足利泰氏の寄進とされ建長八年（一二五六）銘があり、この時代には足利氏が係わる山岳寺院であったとみられる。なお中世足利の平野には、足利氏居館（鑁阿寺）と樺崎寺（浄土庭園）が造営され、同時に山には古代からの伝統を持つ山岳寺院が併存している。

以上のように、古代の上野と下野には、古代に創建され古代のうちに廃絶する山岳寺院の一群があり、これは「古代創建古代廃絶型」(48)の山岳寺院として区分できる。その代表は黒熊中西遺跡と宇通遺跡である。この類型のほかに、日本の山岳寺院には、古代に創建され中世に存続する一群（古代創建中世存続型⑷⑼）と、中世に創建され中世末頃に廃絶する一群（中世創建中世廃絶型⑸⑽）があり、それらの類型区分などについての検討は、今後の課題となる。

註

（1）田熊清彦『下野国府Ⅷ　土器類調査報告』栃木県教育委員会　一九八八年
（2）大橋泰夫『下野国分寺跡XⅣ　遺構編』栃木県教育委員会　一九九九年
（3）大橋泰夫『下野国分寺跡XⅢ　遺物編』栃木県教育委員会　一九九八年
（4）前沢和之「第三節　仏教の展開と国分寺」『群馬県史　通史編二』群馬県史編さん委員会　一九九一年
（5）前沢和之・髙井佳弘『上野国分寺跡』群馬県教育委員会　一九八九年
（6）梶原義実「最古の官寺・崇福寺（滋賀県）―その造営と維持―」『佛教藝術』二六五号　毎日新聞社　二〇〇二年
（7）古川　登ほか『越前・明寺山廃寺』福井県清水町教育委員会　一九九八年
（8）須田　茂・小林　徹・鹿沼英輔『黒熊中西遺跡（一）』群馬県埋蔵文化財調査報告一三五集　群馬県埋蔵文化財調査事業団　一九九二年
（9）髙井佳弘「上野国における一本造り軒丸瓦の導入と展開」『研究紀要』二二号　群馬県埋蔵文化財調査事業団　二〇〇四年
（10）山口逸弘・神谷佳明『黒熊中西遺跡（二）』群馬県埋蔵文化財調査報告一六九集　群馬県埋蔵文化財調査事業団　一九九四年
（11）高島英之「第四節　刻書砥石―群馬県吉井町黒熊中西遺跡出土の元慶四年銘砥石を中心に―」『古代出土文字資料の

研究』東京堂出版　二〇〇〇年
(12) 古川ほか註(7)前掲書
(13) 伊香保町教育委員会「一、水沢廃寺跡」『伊香保誌』伊香保町役場　一九七〇年
(14) 川原嘉久治「西上野における古瓦散布地の様相」『研究紀要』一〇号　群馬県埋蔵文化財調査事業団　一九九二年
(15) 川原嘉久治「延喜式内上野国榛名神社をめぐって」『研究紀要』八号　群馬県埋蔵文化財調査事業団　一九九一年
(16) 川原嘉久治「榛名山麓の古代寺院Ⅱ―唐松廃寺―」『研究紀要』一一号　群馬県埋蔵文化財調査事業団　一九九三年
(17) 石川克博「宇通遺跡」『群馬県史　資料編二　原始古代二』群馬県史編さん委員会　一九八六年
(18) 井上唯雄「第四章　律令体制の崩壊と上野国」『群馬県史　通史編二』群馬県史編さん委員会　一九九一年
(19) 大澤伸啓「発掘された平泉以前の東国寺院」『兵たちの極楽浄土』高志書院　二〇一〇年
(20) 久保智康「古代山林寺院の空間構成」『古代』一一〇号　早稲田大学考古学会　二〇〇一年
(21) 妙義町遺跡調査会ほか『古立東山遺跡・古立中村遺跡・八木連狸沢遺跡・八木連荒畑遺跡』一九九〇年
(22) 川原註(14)前掲論文
(23) 上原真人「慧日寺「戒壇」とは何か」『徳一菩薩と慧日寺』磐梯町　二〇〇五年
(24) 菅原征子「第三章第四節　写経活動と天台・真言宗の進出」『群馬県史　通史編二』群馬県史編さん委員会　一九九一年
(25) 上野川勝「古代下野における山寺の成立と天台仏教―大慈寺瓦出現の背景―」『唐澤考古』一五号　唐沢考古会　一九九六年
(26) 上原真人「古代の平地寺院と山林寺院」『佛教藝術』二六五号　毎日新聞社　二〇〇二年
(27) 大橋泰夫『下野国分寺跡Ⅻ　瓦　本文編』栃木県教育委員会　一九九七年

(28)　栃木県史編さん委員会「第二章第三節　奈良時代の下野国司」『栃木県史　通史編二　古代二』一九八〇年
(29)　中井　公「寺の瓦と役所の瓦―古市廃寺の出土瓦を中心に―」『季刊考古学』三四号　雄山閣出版　一九九一年
(30)　上原註(26)前掲論文
(31)　保坂知子「岩舟町大慈寺跡採集の遺物」『栃木県考古学会誌』二一集　栃木県考古学会　二〇〇〇年
(32)　須田　勉「国分寺・山林寺院・村落寺院」『季刊考古学』八〇号　雄山閣出版　二〇〇二年
(33)　上野川註(25)前掲論文
(34)　大橋泰夫「下野の瓦生産について」『栃木県考古学会誌』二二集　栃木県考古学会　二〇〇一年
(35)　大川　清『古代下野の窯業遺跡(資料編)(本文編Ⅰ・Ⅱ)』栃木県教育委員会　一九七四年・一九七六年
(36)　大川　清・戸田有二「八幡窯跡」『佐野市史　資料編二』佐野市史編さん委員会　一九七五年
(37)　斎藤　忠「第三章第二節　神祇と仏教」『栃木県史　通史編二　古代二』一九八〇年
(38)　上野川勝「古代東国山岳山林寺院瞥見(二)」『唐澤考古』二〇号　唐沢考古会　二〇〇一年
(39)　市橋一郎・齋藤和行「大岩山毘沙門堂第一次発掘調査」『平成五年度埋蔵文化財発掘調査年報』足利市教育委員会　一九九五年
(40)　大澤伸啓「瓦でみる下野の中世」『歴史と文化』一一号　栃木県歴史文化研究会　二〇〇二年
(41)　斎藤忠ほか『日光男体山』角川書店　一九六三年
(42)　津野　仁「岩舟町日陰沢・大芝原窯跡採集の須恵器と瓦」『栃木県考古学会誌』八集　栃木県考古学会　一九八四年
(43)　上野川勝「国分寺建立の詔と下野国分寺の創建について―古代国家の宮都造営祭祀と山岳鎮祭の視点から―」『唐澤考古』一九号　唐沢考古会　二〇〇〇年

(44)　菅原信海「日光山輪王寺の歴史」『古寺巡礼　東国 2　輪王寺』淡交社　一九八一年
(45)　斎藤註(37)前掲論文
(46)　大和久震平『古代山岳信仰遺跡の研究』名著出版　一九九〇年
(47)　千田孝明「神と仏の聖地・日光」『聖地日光の至宝』NHK　二〇〇〇年
(48)　上野川勝「山林寺院」『季刊考古学』九七号　雄山閣　二〇〇六年
(49)　上野川註(48)前掲論文
(50)　上野川勝「古代・中世の山林寺院について」『唐澤考古』二六号　唐沢考古会　二〇〇七年

参考文献

上原真人「古代の造瓦工房」『古代史復元　九　古代の都と村』講談社　一九八九年
時枝　務「山岳寺院」『季刊考古学』一〇八号　雄山閣　二〇〇九年
神谷佳明「Ⅲ　出土土器の変遷」『高井桃ノ木Ⅲ遺跡　総集編』群馬県埋蔵文化財調査事業団　二〇〇六年
粕川村教育委員会『粕川村の遺跡―遺跡詳細分布調査報告書―』一九八五年
大川　清・田熊信之『下野古代文字瓦譜』日本窯業史研究所　一九八二年
齋藤　弘「岩舟町小野寺出土の経筒について」『野州考古学論攷』中村紀男先生追悼論集刊行会　二〇〇九年

第二節　「模本日光山図」に描かれた中世寺社の伽藍と施設とその系譜

一　視点

中世末期の日光山内とその周辺、及び中禅寺湖畔などの堂塔社殿等の状況などを描いた史料に、「模本日光山図」（東京国立博物館所蔵）がある。ここでは、日光山の中世末期の寺社群を中世山岳寺院の一形態と捉え、その古図の一部を考古学的視点から分析することを目的とする。

歴史的には、日光山の開創は、勝道により天平神護二年（七六六）の四本龍寺の草創に始まるとされ[1]、勝道による登頂の成功は天応二年（七八二）とされる。日光男体山頂出土遺物中の須恵器坏のうち、底部を回転糸切り後に周縁に回転箆削りを施す一群[2]は、栃木県佐野市韮川三通窯跡出土の八世紀第4四半期の須恵器坏の製作技法に類似する[3]という考古学的事実がある。三毳山麓窯跡群においては、九世紀以降に器形が小型化する以前の須恵器で、底部に回転糸切りと回転箆削りを併用する遺物は、八世紀中葉から後葉の時期であることから[4]、この時期には男体山頂への遺物の奉納があったことは確実である。そして山頂出土遺物には、勝道とその弟子により奉納された物を含むという指摘[5]があり、膨大な奉納品は、二荒山（二荒神）に対する山岳信仰の表れである。

日光男体山麓の日光山内には、多くの堂塔社殿が展開するが、四本龍寺の創建位置とその変遷については、発掘調査が実施されていないので、現時点では不詳と言わざるを得ない。しかし、少なくとも現在の四本龍寺の観音堂と三重塔が江戸時代に再建されていることからみて、現在の場所とその周辺であることが考えられる。現在の四本龍寺の立地は、大谷川と稲荷川の深い谷に挟まれた、日光連山東端の峻険な山麓部にあるということが最大の特徴であり(6)、古代においては下野の中央部や東山道駅路からはるかに離れた場所に位置している。八世紀後半から九世紀代の四本龍寺の立地は、交通路が不詳とはいえ、平野部から遠方に離れた山の中で、さらに大谷川の深い谷と激流を渡らなければ辿り着けないという峻険性を保持し、かつ男体山頂遺跡の山麓に祀られているという霊地性もあった。日光山内の寺社は、この峻険性と霊地性が通例の山岳寺院に比べてはるかに大きいことが特徴であり、神橋を渡った日光山内は峻厳な雰囲気が漂う聖地でもある。著者は、古代山岳寺院の存続と廃絶に関しては、この峻険性と霊地性の二つの要素が大きく関わっているものと想定している(7)。

中世山岳寺院の様子を伝える絵図などの史料では、京都府如意寺跡に関する古図が知られている。この遺跡は、平安京の東方山岳域に、平安中期に創建され、応仁・文明の乱などで大きく被害を受けて中世末までに廃絶している。如意寺は、園城寺三別所の一つであった。平安京の東方山中の如意ヶ嶽（四六六メートル）の南側斜面に本堂が構えられ、東西方向の尾根に沿って広範囲に堂宇が造営された山岳寺院であり、一四世紀前半の『園城寺境内古図（如意寺幅）』などの絵図によって、その堂舎の概要を知ることができるという。梶川敏夫により、絵図に描かれた建造物について、建物名・構造と形式・桁行と梁間・建物の向き・特徴が報告されている(8)。如意寺跡では、最盛期には山岳域が五箇所に分かれ、絵図には六七の堂塔社殿等が描かれている。また、如意寺跡では発掘調査が実施されており、江谷寛・坂詰秀一による発掘調査報告がある(9)。

それによれば、如意寺本堂地区では、平安時代から鎌倉時代の本堂基壇・石段・法華堂礎石・講堂基壇が調査された。土器類は、本堂基壇では九世紀代から一四世紀後半のものが出土し、講堂基壇では九世紀末から一〇世紀前半の灰釉陶器などが出土している。鎌倉期から廃絶する室町期にかけての多器種の遺物が多量に出土し、瓦は本堂地区では平安期と鎌倉期の二時期の遺物が出土した。古図のように、三重塔は瓦葺であったが、その他は檜皮葺建物であったとされる。

ここで取り上げる「模本日光山図」は、東照宮(東照社)が元和三年(一六一七)に造営される前の古絵図(写本・模本)で、日光山内の寺社の堂塔が描かれ、中禅寺湖の北側には中禅寺・二荒山神社中宮祠の堂宇がみえ、湖岸には舟が浮かぶ。この絵図の貼り紙によって、この図が寛政一二年(一八〇〇)に模写されたものと判明している。本図は、東照宮の造営以前の中世期の堂塔の配置や参道や中禅寺などの状況を今に伝える古図として貴重な資料であることは、千田孝明によっても指摘されている[10]。日光山は、千田によれば「神域としての二荒山と、寺域としての日光山という双方の性格を併せ持った神仏習合の霊場として発祥した」とされ[11]、この指摘は正鵠を射ているものである。日光に関する考古学的な研究では、斎藤忠などによる山頂遺跡発掘調査報告書である『日光男体山』[12]の刊行があり、また大和久震平[13]や時枝務[14]による研究がある。

二　「模本日光山図」に描かれた四本龍寺・滝尾社の伽藍類型の系譜

四本龍寺は、日光山内の東部に位置し、大谷川と稲荷川に挟まれた山麓の東端部付近にあたる。この場所は、日光連山の女峰山(標高二四八三メートル)から南東に延びる尾根筋の南東端部付近にあたる。現在の四本龍寺の場所には、二荒山神社別宮の本宮神社と四本龍寺の観音堂と三重塔などが鎮座している。古図にみる日光山内は、鉢石から神橋を渡った場所に堂塔が展開しているが、時枝務によれば本宮・滝尾・新宮などの複数の地区に区分される宗教空間では、中核となる寺社を中心に、多くの宗教施設が配置され、周囲には僧侶の住む院坊が造営されたとされる[15]。四本龍寺と日光山内は発掘調査が実施されていないので、現時点ではその創建と変遷は不詳であるが、ここでは古図の堂塔の在り方と各地の山岳寺院の立地の様子などから、四本龍寺に関する幾つかの特徴を指摘してみたい。

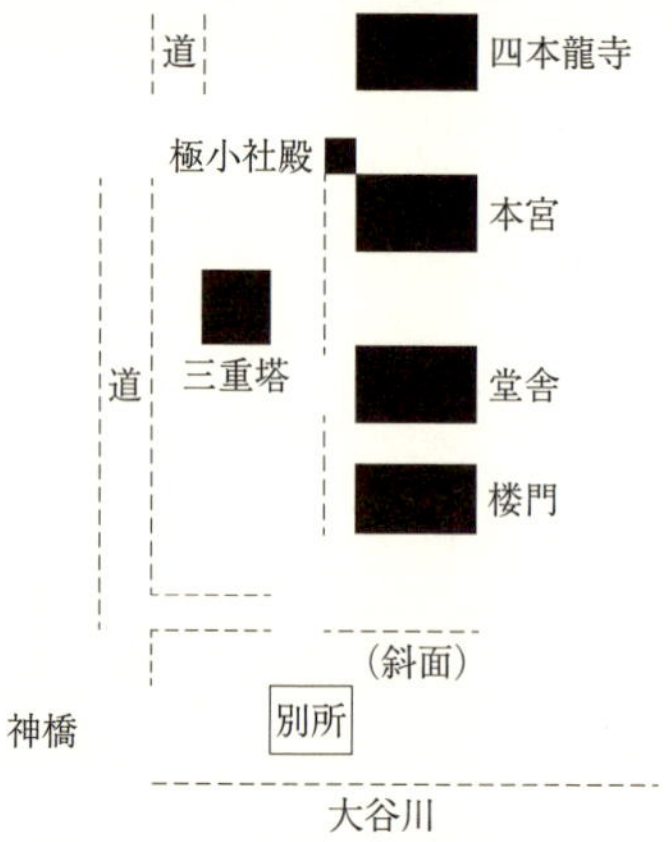

堂塔社殿の名称は、千田孝明「下野国の山の寺―日光を中心として―」（山の寺研究会、栃木県足利市・日光市開催資料、2010年）に依拠した。

第51図　栃木県四本龍寺中世伽藍模式図

現在の四本龍寺と本宮神社の立地の最大の特徴は、大谷川と稲荷川に挟まれた南東向きの台地の東端部に、堂舎が南面して位置することである。このように、二本の川に挟まれた南向きの高台から東方に視界が開ける山岳寺院の立地では、まず初めに奈良県比曽寺が想起されるのである。比曽寺は世尊寺とも呼ばれ、現在まで法灯をともす寺院であるが、日本では最古級の山林修行の寺として名高い[16]。比曽寺の立地は、吉野川の支流を細長い谷に沿って遡り、その谷部の最奥部の山麓に位置し、寺域は二本の川に挟まれた平坦な場所にある。つまり、飛鳥の南部を画する高取山方面から流れ出る二本の川の合流部に造営され、谷と川は大規模ではないが、古代においては、周囲から十分に隔絶されている位置取りである。日光山内の四本龍寺の場所は、比曽寺の両脇の川に比べはるかに深く、激流となっている大谷川と稲荷川という相違はあるにせよ、類似する状況であると考える。

こうしたことを念頭におき「模本日光山図」をみると、楼門・本宮などの堂舎は、南から北へ縦列的に連続して描かれている。堂舎は、ほぼ南から北に延びる尾根上の主軸に沿って配置されているものと考えることができる。ただし、三重塔は縦列的に並ぶ堂舎から西側に離れて描かれており、この点が現時点では不詳である。三重塔以外の堂宇は、基本的には南北に縦列系の配置を意図して建立された可能性が看取される。これは、古図にみえる三仏堂・三重塔・常行堂・法華堂などの堂舎が、並列的に並んでいる様子とは、対照的である。

このように、「模本日光山図」に描かれた中世末期の四本龍寺の堂舎は、尾根上に南から北に縦列的に配置されたとみることができよう。この伽藍配置は、現在でも観察される低い尾根状の地形に制約されて、縦列的に南面しており、いわゆる古代以降の縦列系伽藍[17]を持つ山岳寺院遺跡の系譜を引く可能性がある。ここでは、四本龍寺の古代中世の伽藍配置に関する一つの視点として記しておきたい。

滝尾社は、日光山内の北部に位置し、稲荷川とその西側の支流に挟まれた北西から南東に細長く延びる尾根上に造営されている。現在は、二荒山神社別宮として、滝尾神社と滝尾稲荷神社などが境内に鎮座する。この場所は、四本龍寺の北西に隣接するとみてよいのだろうが、石畳の参道の途中には江戸時代に建立された開山堂がある。

滝尾社の南西隣接地点斜面下には、白糸滝が南東方向に流れ下り、約三〇〇メートルで稲荷川に合流する。滝の落差は大きくはないが、滝尾社の尾根はこの滝と川によって区画され、独立性を保つ。つまり、滝尾社の立地の最大の特徴は、二本の川に挟まれた細長い尾根上にあることだが、これは古代山岳寺院の多くの事例にみられるように、細長い谷奥の両側に尾根がせり出す細い尾根上の立地状況に該当するとみてよい。

滝尾社の社殿などの立地は、南東から北西に延びる細長い尾根の上面を複数の平場に造成したもので、寺域の長軸は約一五〇メートル程度かとみられる。尾根の幅は、南東部では上幅が約一五～五〇メートルである。低地から尾根上までの高さは、約一〇～一五メートル程度で、平場は南東から北西へ連続して六箇所(六段)程度が確認でき、平場間の段差は少ない。現存する滝尾社の堂宇は、南から別所跡・楼門・拝殿・本殿などが鎮座しており、最南端に位置する別所跡から北西に連続する現在の社殿の両側の斜面は急斜面となっている。別所跡には平坦な面が広がるが、平場北東部などには土塁状の盛上りがみられ、何らかの遺構と考えられる。

こうした現況を踏まえつつ「模本日光山図」の古図をみると、楼門から境内に入ると絵図の右から左に堂舎が連続して並ぶ様子がみえる。堂舎の向き（主軸）と楼門の向き（主軸）は異なるが、これは現地の地形からみて、堂舎が南東から北西に延びる尾根上の主軸に沿っていたものを、古図のように表現した可能性もあろう。また楼門から続く場所には、懸造りの建物が描かれている。この場所に懸造りがあったかどうかは、発掘調査を経た検討をする必要があろうが、懸造りの場合は滝尾社の尾根の東側斜面に構築されたことになるだろう。現時点では「模本日光山図」に描かれた堂舎と現地の地形から判断して、滝尾社の中世期における伽藍配置は、尾根上に南東から北西方向に縦列的に平場が連続し、その平場上に堂舎の配置があったとみることができるのではないかと思われる。滝尾社の伽藍類型の系譜は、古代山岳寺院の伽藍配置におけるⅠ類縦列系配置型[18]の系譜を引くのであろう。

三　「模本日光山図」に描かれた行者堂東の薗院の系譜

薗院とは、寺院に付属する場所にある蔬菜（野菜）などを栽培する畠である。古代の出土文字資料では、九州・大宰府宝満山遺跡群の原遺跡において、八世紀後半代から九世紀代の遺物中に「薗地」の墨書土器三点が出土しており、そこに野菜などを栽培する畠があり、いわゆる「薗院」を構成していたものとみられている[19]。一般に薗院とは複数の畠が耕作され野菜などを栽培する場所を指すようであるが、古代国分寺の寺域内で花を栽培する場合などは「花苑」

または「花苑院」とされる。

古代では、平地寺院に付属する寺域のうち、伽藍地の外側に広がる寺院地に薗院や花苑院があったことが、東国の国分寺跡の発掘調査で判明していると言ってよい。花苑とは花を栽培する畠のことで、仏に供える花々やあるいは花からの産物を採取するために有用植物を栽培していた可能性もある。例えば油菜（菜の花）は、花は黄色で葉は食用にもなり、種子からは菜種油がとれる。上総国分尼寺跡では、寺院地北部の西側が薗院（畠）と考えられており、伽藍の南から南西に花畑（花苑）があったものと想定されている[20]。上総国分僧寺の周辺遺跡では、僧寺東の荒久遺跡において「薗」の墨書土器が出土しており、畠が広がる薗院が付属していたものとみられる。なお平地寺院である下野国分尼寺の伽藍南西隣接地点では、八世紀中葉から後半頃の創建期の溝の最下層から、栽培植物のソバ属の花粉が検出されており、創建初期にこの場所または近隣においてソバの栽培が行なわれていたことが判明している[21]。ソバ（蕎麦）は痩せ地でもよく生育するうえ、夏ソバ・秋ソバともに短期間で収穫できるという利点もある。古代には「曽波牟岐」（そばむぎ）・「久呂無木」（くろむぎ）とも呼ばれており、開墾地では最初の年にソバを播く場合も多いとされる[22]。日本では、五世紀中頃にはソバが存在していたことが、長野県野尻湖の花粉分析によって判明しており、ソバの花粉は生産量が少なく、大きくかつ重いことから遠距離の飛散は考えにくいとされ、たとえごく少量の出現率であっても、ソバの栽培を裏付ける重要な証拠となる[23]。なお文献史料では、『続日本紀』の養老六年（七二二）七月条の詔が最も古く、八世紀第1四半期には諸国で栽培されていたことが確認できる[24]。

山岳寺院の発掘調査で確認された遺構のうち、現時点では群馬県黒熊中西遺跡七号テラス[25]と、石川県浄水寺跡Ⅱ-1・2テラスの二つ[26]が、薗院または花苑院、あるいは両者の性格を併せ持つ院地と判断できる。黒熊中西遺跡の七号テラスは寺域の北西端部に位置し、斜面中位から下位に造成された平場である。平場は標高一七八メートル付近を等高線に沿って、南東から北西に細長く山の斜面を造成しており、その規模は東西(長軸)約三〇メートル、南北(短軸)の最大幅が約四・五メートルである。この平場には大きな遺構は全くなく、小穴(ピット)一〇基と土坑二基が確認されただけであり、遺構のない平坦面が広がる状況であることから、作物栽培を行なう畠としての機能が考えられる。なお調査時点では、畑の耕作痕は確認されなかったようである。この平場は、主要堂宇から離れた寺域内の縁辺部に位置し、一つの「院」的な空間と考えることができる。

七号テラスの斜面上位に続く切土の壁には、一号堀込遺構と二号堀込遺構が隣接して構築されており、七号テラス(平場)に付属する遺構とみてよい。この一号堀込遺構は、幅二・〇メートル、奥行一・三メートルで、奥壁の高さは一・二メートルである。二号堀込遺構は、幅二・五メートル、奥行〇・六メートルで、奥壁の高さは約一・二五メートルである。これらの堀込遺構内からは、高台を持つ須恵器坏や羽釜が出土していることから、一〇世紀代には七号テラス(平場)が使用されていたものとみられ、二基の堀込遺構は平場に隣接する斜面に掘られた室状の遺構とみておきたい。その用途は、畠で作った蔬菜などの作物を一時的に保管しておく遺構と考えることができよう。

石川県浄水寺跡Ⅱ-1・2テラス(平場)は、東西約一五メートル、南北約七メートル以上の場所に遺構が全くない部分がみられ、この場所が寺域内の南西部にあたることから、九世紀末頃から一一世紀頃に畠のような機能を持った場所であったと考えられる。古代平地寺院である国分寺の発掘事例においても、伽藍地に隣接する寺域(寺院地)内の南西部や北西部に薗院・花苑院などの畠があったことがほぼ確実視されており、山岳寺院の寺域内でも、同じように北西部や南西部に畠(薗院・花苑院)が耕作された可能性は十分にあろう。

「模本日光山図」に描かれた薗院とみられる場所は、行者堂の東側にあたる斜面の中位付近に位置し、常行堂・法華堂の北側にあたる。常行堂・法華堂は、三仏堂と三重塔の東方に隣接して並列的に並んでおり、三仏堂の南側には

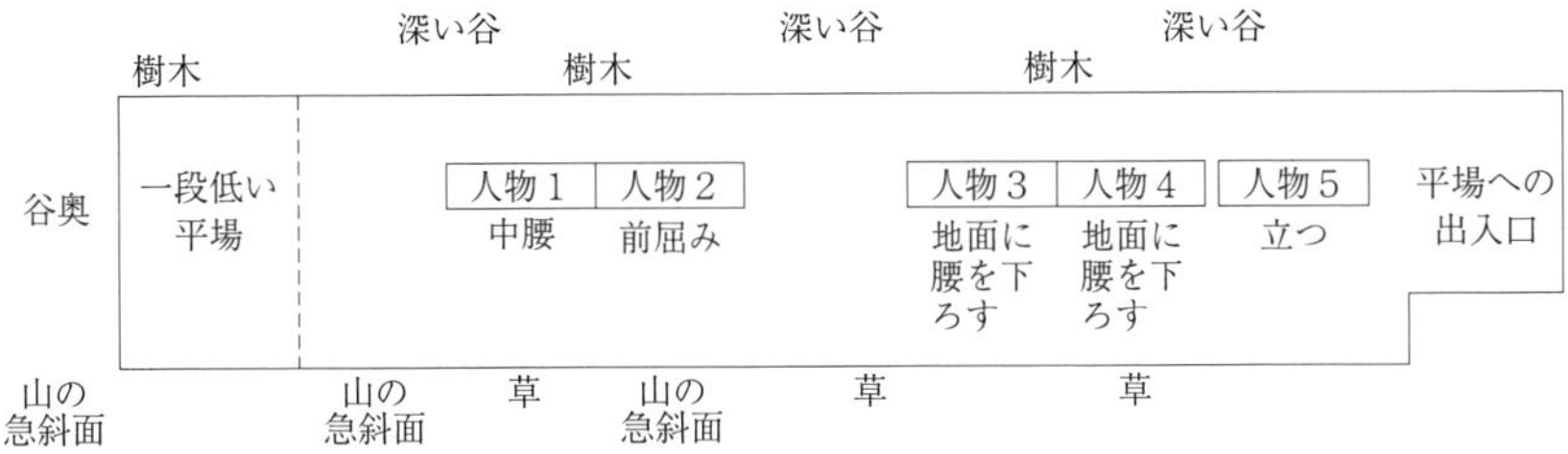

第52図　栃木県日光山内中世薗院等模式図

広場を挟んで僧坊が立ち並ぶことから、薗院は伽藍の北側となる堂塔の後方に造営されていることになる。描かれている畠は、斜面を切土し、細長い平場(平坦地)を造成しており、南に出入りの通路(小道)があり、ほぼ南北方向に細長く伸びる様子がみられるが、平場には堂舎はない。畠の西側は急斜面になっており、畠は斜面の中位を細長く南北に削平した造成地である様子がわかる。谷側にあたる畠の東の縁辺は、曲りくねっており浸食されている様子が描かれ、先に触れた黒熊中西遺跡の七号テラスの縁辺の浸食状況に酷似する。

この場所を薗院とする根拠は、山の中腹に開墾された平坦な地面が広がり、周囲は自然地形で樹木が生い茂っているのに対し、平場の上面には樹木や草がないこと、そして平場上に五人の人物が描かれ、農作業や種を蒔く仕草が描かれていることなどである。畠仕事をしている複数の人物がみられ、この場所が畠などの農耕地であると確定できよう。

次に、描かれた人物の動作について確認しておきたい。ここでは、「模本日光山図」に描かれた人物を北側から、人物1・人物2・人物3・人物4・人物5と仮称する。人物1と人物2は隣接して描かれており、夫婦のようにみえる。人物3から人物5は三人が並んで描かれている。この五人は一つの家族のようにもみえる。

人物1は北から南に五人が縦列に描かれている中で、最も北側に描かれている成人男子で、中高年の人物である。人物1は南向きで、その動作は中腰で何らかの作業を行なっているようにみえる。

人物2は北から南に五人が縦列に描かれている中で、北から二番目に描かれている成人女子とみられ、頭に菅笠のような被り物をしている人物である。人物2は東向きで、その動作は少し前かがみになり、胸の前に何かを持って、まるで手で種をまくような仕草をしているように見受けられる。つまり、女の人が畠で種まきをしている状況を描いているのであろう。

人物3は北から三番目に描かれている人物で、しゃがんで何かをしている女性のようである。人物3は北向きで、あるいは老婆のような様子も見うけられる。

人物4と人物5は、菅笠のようなものを被った北向きの人物で、南にある畠の出入り口の小道から畑に入って来たような状況かとみられる。人物5は、手に棒状のものを持っている。

このように、人物は農作業などをしている家族が描かれているものとみてよいだろう。このことからも、この場所が種を蒔き、作物を栽培する畠としての機能を持つ平場であることがわかる。またこの畠内の西部には、踏み固められたような状況が描かれていることから、北側の平場に通じる通路を描いているとみてよいだろう。この絵図から読み取ることができるこうした情報からは、畠と薗院が寺院地の北側部分に付随していた可能性が指摘できようが、薗院の廃絶後に仮に堂舎が建立されれば、その痕跡が平場上に遺構として残ることになり、薗院と見極めるには難しい場合もあろう。なお日光山内にそのような平場が造成されているかは、今後の調査研究に待ちたい。

四　中禅寺湖北岸の寺社と日光山周縁の山岳寺院

次に「模本日光山図」に描かれている中禅寺湖畔の中禅寺と二荒山神社中宮祠は、中禅寺湖の北岸に鳥居・仏堂・祠などの堂塔が描かれており、神仏習合を表しているものとみられる。古図には、中禅寺湖に面する湖畔の低地に鳥居と二棟の堂舎があり、斜面の上の一段高い平場には三重塔と複数の建物群がみられ、その北方には本堂などがまとまって描かれている。伽藍中心部への参道は、南側湖畔の鳥居から北へ延びるものと、寺域の東に位置するやや小規模な鳥居付近から西へ延びるものがみられる。古図にみえる建物は、三重塔の他に小祠を含めて一五棟ほどとみられ、幾つかのまとまりを見せている。その建物の配置と性格についての詳細な言及は控えるが、湖畔の鳥居付近から北へ延びて伽藍中心に向かう参道の西側に三棟の建物があり、同じ平場の東部には三重塔と小祠を含む五棟がみえる。伽藍の中央奥には、本堂などの主要堂宇三棟とやや小規模なお堂が二棟描かれている。

全体的には寺域の南部は、東西方向に細長い平場であるのに対して、北側の主要堂宇の場所は、北側山麓へ取り付くように描かれていることが特徴であろう。古図の堂宇の並びからは、最大で三段程度の平場を想定することが可能かとみられる。なお中禅寺本尊の立木観音は、明治年間に現在の中禅寺に移される前は中禅寺湖北岸の中宮祠観音堂に安置されていたもので、時枝務はその年代が一〇世紀に遡ることから、中禅寺が古代に創建された寺院であるとする(27)。立木観音として有名な千手観音立像は、像高約六メートルである。

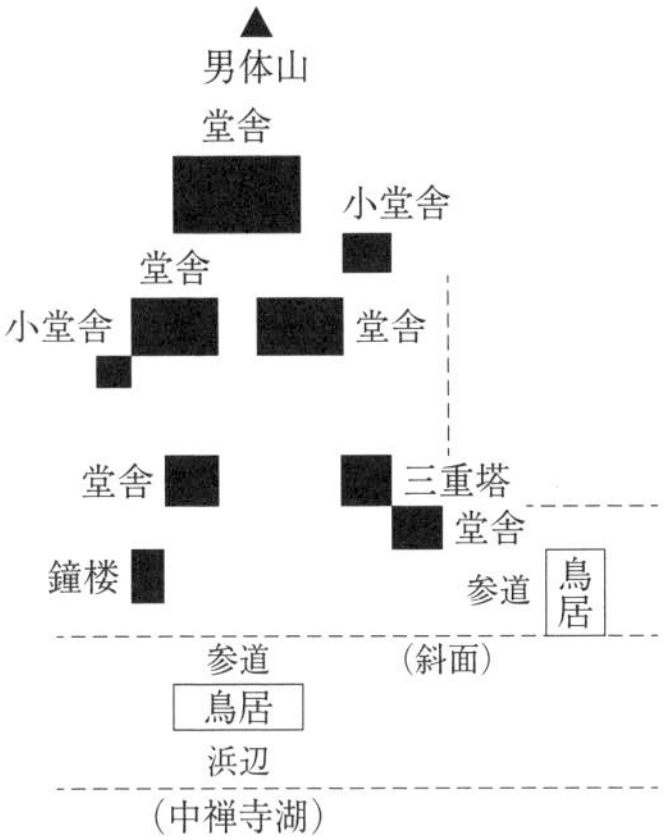

第53図　栃木県中禅寺中世伽藍等模式図

現在の二荒山神社中宮祠は、中禅寺湖北岸に接する低地部分に国道が東西に通過しており、国道の北側の急斜面の上に広がる東西方向の細長い平場からは、前面に中禅寺湖を見渡すことができる。その北側の一段高い平場は、拝殿・本殿などが造営されており、北東側に隣接して男体山の登山道入り口がある。本殿の北側にも、平場状の場所がみられようであるが、中宮祠の平場群の構造の解明は今後の課題とな

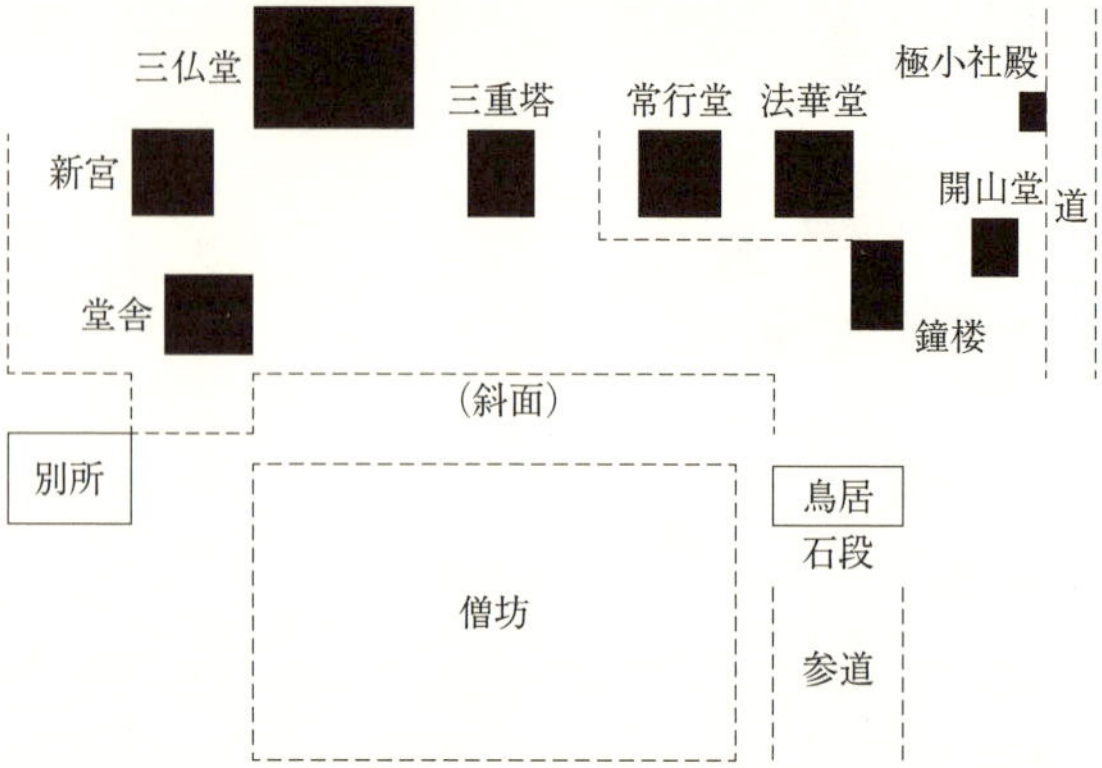

主要堂塔社殿の名称と僧坊の場所は、千田孝明「下野国の山の寺—日光を中心として—」（山の寺研究会、栃木県足利市・日光市開催資料、2010年）に依拠した。

第54図　栃木県日光山中枢部中世伽藍等模式図

ろう。

古図では、南側に東西方向の細長い平場が造成されており、その北側の山側にはやや奥行きのある平場が描かれ、現在の地形状況に類似している可能性がある。中禅寺は度重なる山津波（山崩れ）に遭遇しているとされ、明治三五年（一九〇二）の山崩れでは仏堂が壊れているが、古図と現地形を比較してみると類似する状況が看取されると言ってよいのではなかろうか。

参道は、湖岸に隣接する鳥居から伽藍の中央部の広場状の場所に向かっており、中世期には湖岸付近まで寺域となっていた可能性があろう。鳥居をくぐった上にある一段高い平場は、斜面が切土により急傾斜になっており、先に触れたように平場の平面形は東西方向に細長く延びる造成である。ここではこのように山の斜面の等高線と並行するように、横方向に長く造成され、広い間口を持ち面積が大きい平場を「横長広大平場」[28]と仮称しておきたいと思う。中禅寺の伽藍の造営時期とその変遷、及び平場の造成過程などは現時点では不詳であるが、こうした横長の平場は、現在の中宮祠にも残されており、「模本日光山図」に描かれた平場や堂塔社殿の信憑性を高めるのではなかろうか。

こうした横長広大平場は、栃木県華厳寺跡観音堂跡・栃木県大慈寺旧跡（村檜神社境内）・埼玉県旧慈光寺跡・京都府補陀落寺跡・比叡山寺（延暦寺）西塔など、全国のいくつかの山岳寺院の主要堂宇を造営した伽藍中心部にみられ、その幅は四〇丈と三〇丈の二形態がある。なお、古絵図の三仏堂と三重塔の南側前面にも不整長方形の長大で横長の平場が描かれており、四本龍寺の寺域と堂塔の在り方とは対照的な様相を示している。こうしたことから推測が許されるならば、中禅寺の創建は中禅寺立木観音(千手観音立像)が平安期に遡ることと、別章で論じた横長広大平場が九世紀〜一二世紀代には造成されたとみられることから、少なくとも古代から中世初期には、二荒山麓の中禅寺湖北岸には、大規模平場を持つ山岳寺院が造営されていたと考えられる。このことは、日光男体山頂遺跡の画期が一〇世紀後半と一二世紀末(29)にあることからも首肯されよう。

また中禅寺湖西端の遺跡では、湖岸に隣接する場所に、昭和初期まで千手院が実在していた。現在の千手堂跡は、湖岸の小高い場所の西側斜面に、平場が造成されており、礎石が複数確認できる。男体山頂遺跡は、山麓の中宮祠からは直接みることはできないが、この千手堂跡からは台形状に遠望される男体山の山頂中央部に、祭祀遺跡の断崖絶壁が確認できる。ここでは、新発見の遺構群である千手堂跡南側に隣接する平場群について、若干触れておきたい。

千手堂跡の標高は、中禅寺湖の湖面から数メートル高いことから、一二七〇メートル程度とみられる。その南側の山林中には、湖畔から西側に標高差の少ない平場が五〜六箇所ほど連続して確認でき、この一帯が山岳寺院としての千手院の可能性がある。湖岸に隣接する場所の平場は、南北長軸三〇メートル、東西短軸一五〜二〇メートル程度の長方形を呈し、その西側には南北長軸二五メートル、東西短軸八メートル程度の長方形の平場が隣接し、さらに西側にも不整長方形とみられる平場がある。湖岸に隣接する大規模平場の南側には、一段高い南北長軸一五メートル、東西短軸一〇メートル程度の平場があることから、湖岸には、独立小丘的な千手院平場の南側に南北に並ぶように複数の平場が造成されている。その特徴は中禅寺湖の西岸の山の斜面に、段差の大きい階段状の平場を造成しているわけではないが、それに準ずる多段性の平場を造成していることである。

この場所は、峻険な立地を持つ山岳寺院遺跡とみてよい。現在の千手堂跡礎石群は、これらの平場の北側に隣接する一段高い斜面中位に造営されており、湖岸の平場状の場所はまさに「模本日光山図」の中禅寺湖北岸に描かれた鳥居と二棟の建物の在り方に類似する状況と言えよう。このことから、この場所にも中世期またはそれに前後する時期の山岳寺院が造営されたとみてよいだろう。これは、中世期における男体山の「船禅定」などと係わるのかもしれない。

千手堂跡は、日光山の西端に位置する中世山岳寺院と考えられるが、日光山東方においても中世日光山に関連するとみられる山岳寺院遺跡がある。円満寺跡は、日光東方約二〇キロの高原山麓の谷奥に造営された寺跡である。(30)その特徴は、高原山と鬼怒川に挟まれた東西交通路に隣接する立地を持つことである。鬼怒川北岸の断崖には平安時代から鎌倉初期頃に彫られた磨崖仏である佐貫石仏があり、円満寺跡はその北方約五キロの場所にあたり、東方から日光に入る、日光北街道の北側に隣接する交通の要衝とみることができる。この付近は、中世日光山の東側を画する重要地点の可能性があり、佐貫石仏が日光山とその外側の領域を区切る境界標識的な役目を持っていたかどうかは即断できないが、ここに取り上げる円満寺とのセットで日光北街道と鬼怒川の河川交通を押さえる役割を想定させる。

円満寺跡は、塩谷町船生寺小路の両側から山の尾根がせり出し、北東から南西に延びる山麓の緩斜面に立地し、両側には泉川の支流が南流する。現地は、寺入遺跡として確認調査が行なわれており、その結果とその後の踏査資料に基づいてその中世的遺構を検討する。遺跡の規模は、南北約一五〇メートル以上、東西約一二五メートル程度で、主要部の方形区画は南北約一〇〇メートル、東西約一二五メートルであるから約四〇丈の幅となり、全体は方一町の規模である。主要部の方形区画は、両側に流れる小川の内側に構築されている土塁によって防御される構造となり、西側と南側の土塁の規模が大きく、南側の土塁外側には溝が伴う。方形区画の南側中央部付近には石列があり、これは石積みの上部が地表面に現れているもので、出入り口遺構の可能性が高い。方形区画の土塁南東部から谷の入口に向かっては、土塁状の遺構が小川に沿って築造され、水田面より一段高い南西部の寺域先端部まで達しており、南北に広大な遺跡となっている。方形区画の中央部には基壇があり、その上面には礎石建物跡がある。礎石建物跡基壇の東側には、低い基壇状の遺構が隣接するように併置されており、その東には石を伴う池や井戸の可能性がある窪みなどがある。西側土塁付近には、石段付きの長方形石組みがあり、確認調査では土師質火鉢・石臼が出土している。

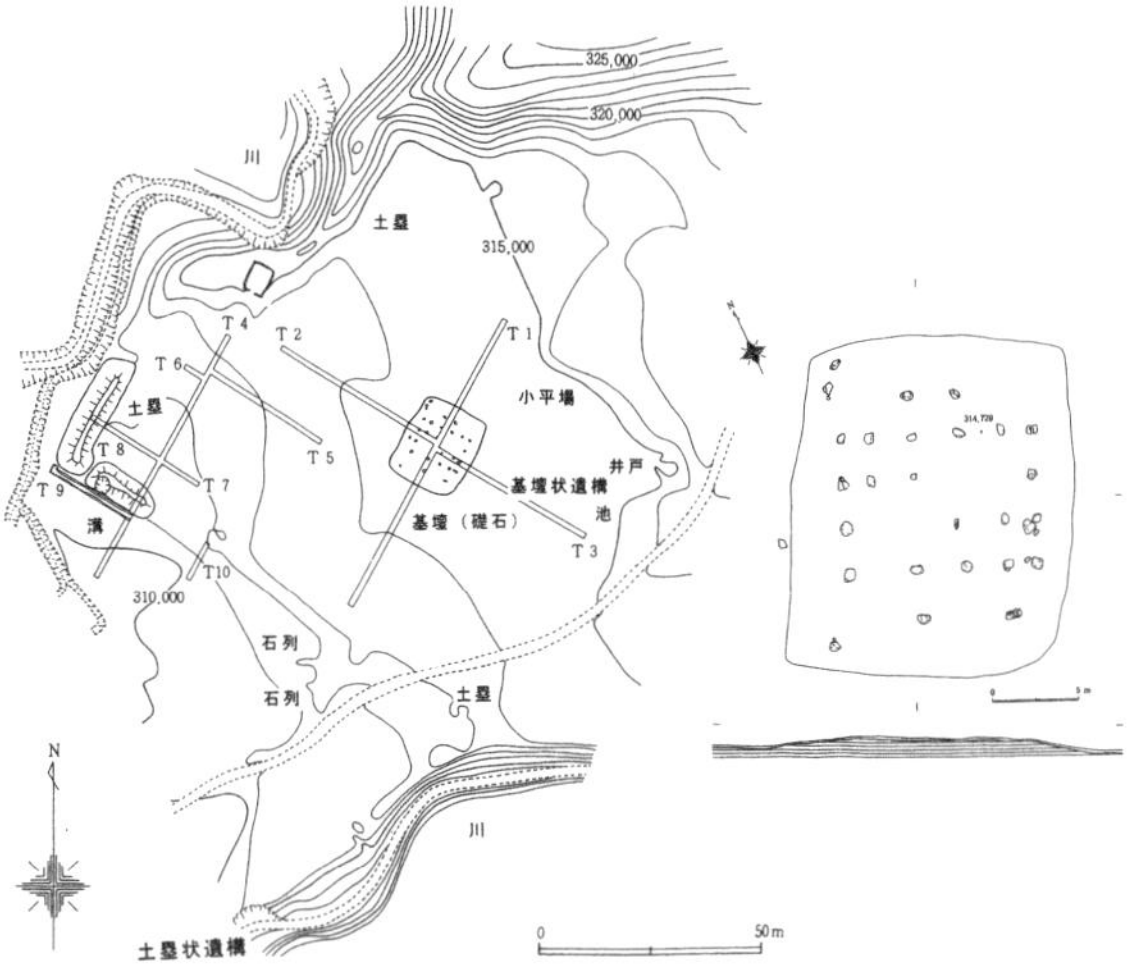

第 55 図　栃木県円満寺跡遺構分布図・礎石建物跡実測図（上野川 2012c）

礎石建物跡は、桁行五間・梁間五間で、三間×三間の身舎に四面庇が付く。南側の庇の柱間が他より長いため、入口が南面する建物である。礎石建物跡は床束を持ち、南の部分に礼堂を持つとみられる。主要部の方形区画の南側には、複数の平場が連続して造成されているが、その高低差は少ない。この寺院跡の平場は、古代山岳寺院に多くみられる比較的大きな高低差を示す多段性の階段状・雛壇状に造成された平場ではないことが特徴である。

円満寺に関する史料では寺の創建は一一世紀後半頃とされ、一六世紀前半（大永七年〈一五二七〉）以降の一六世紀後半から一八世紀前半に、堂の移動と再建があったようである。遺跡南側に隣接する現在の円満寺境内に残る中世五輪塔群の存在からみ

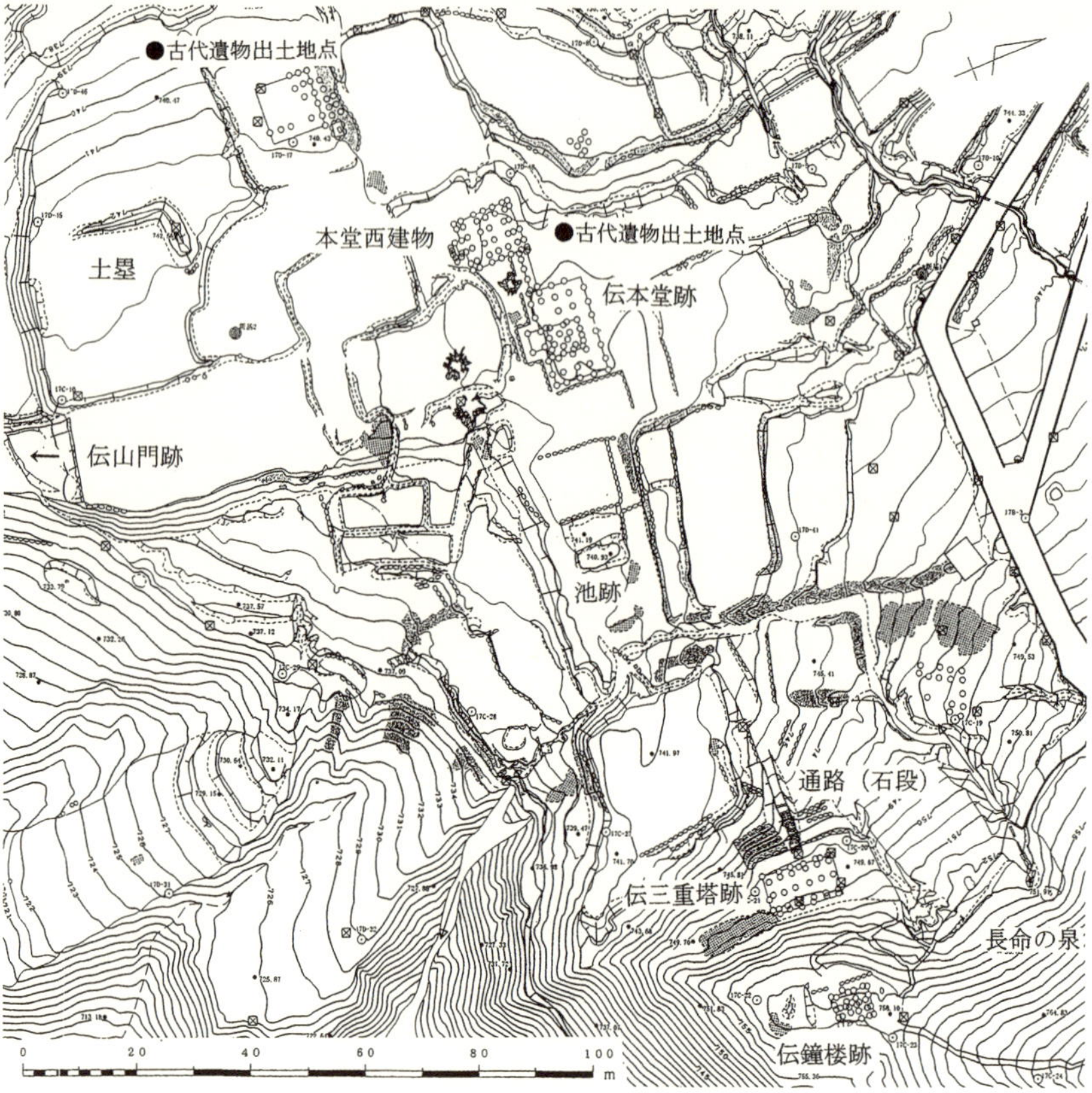

第56図　岐阜県大威徳寺跡遺構分布図(下呂市教育委員会 2007)

て、北東日本の中世山岳寺院が一六世紀代に戦乱に巻き込まれ、廃絶や再建があったという事実と、一七世紀初頭から前半には山中や山腹にあった山岳寺院が山麓に移動し存続したという動向に合致する。

こうした山麓に位置する中世山岳寺院の調査事例は、飛騨南東部の美濃との国境の峠に造営された岐阜県大威徳寺跡がある(31)。この遺跡は美濃から飛騨に入った場所の峠道に隣接する寺院跡であり、平安後期から江戸時代まで存続した。出土遺物は一〇世紀前半の灰釉陶器（折戸五三号窯式）から一七世紀代の陶磁器であり、中世遺物が多数を占めるが、その創建は平安期に遡る。主要部となる広大な平場には、複数の礎石建物跡・

土塁・石列・石積・石段・築地塀跡などがあり、池は主要堂宇に並ぶように隣接する。主要部の南側には、土塁の外側に平場と参道があり、門跡に続く。主要部に隣接する東側の一段高い斜面上の平場には、礎石建物跡があり、小規模ながら多段性平場群を構成しており、隣接する湧水点の存在など古代創建山岳寺院の特徴を保持する。寺院主要部北側には、中世石造物が集積されているほか、遺跡からは古代からの遺物が出土する。大威徳寺跡の主要堂宇を載せる中世期の平場は、古代山岳寺院特有の高低差を持つ階段状の平場ではなく、高低差の少ない平場と建物跡である。

円満寺の主要部の平場と礎石建物跡などは、この中世山岳寺院である大威徳寺の主要部に類似する状況である。円満寺跡では、本堂の基壇礎石建物跡を中心に各種の遺構が規則的に配置されており、土塁や石列（石積遺構）などの防御機能を持つ寺院跡で、東西一〇〇メートル以上、南北二〇〇メートル近い規模を持つことから、この地域の中心的な中世寺院であり、その立地の形状などからみて中世山岳寺院に含められよう。その創建地は、中世日光山とその外界の境界領域に構築された高原山（鶏頂山。標高一七六六メートル）南麓の山寺と言えるであろう。

五　結語

以上のように「模本日光山図」を考古学的な視点から検討するにあたり、ここでは著者が提案している古代中世山岳寺院の存続期間からみた類型[32]と、古代山岳寺院の堂塔の配置からみた類型[33]の二つの視点を用いた。現時点では、男体山頂出土遺物には、多量の八世紀後半代などの古代の土器群が含まれていることから、山頂への登頂の経路は不詳ながら、日光山内またはその周辺から登頂したものとみられ、山麓に位置する四本龍寺の草創が古代であることも間違いないことであろう。

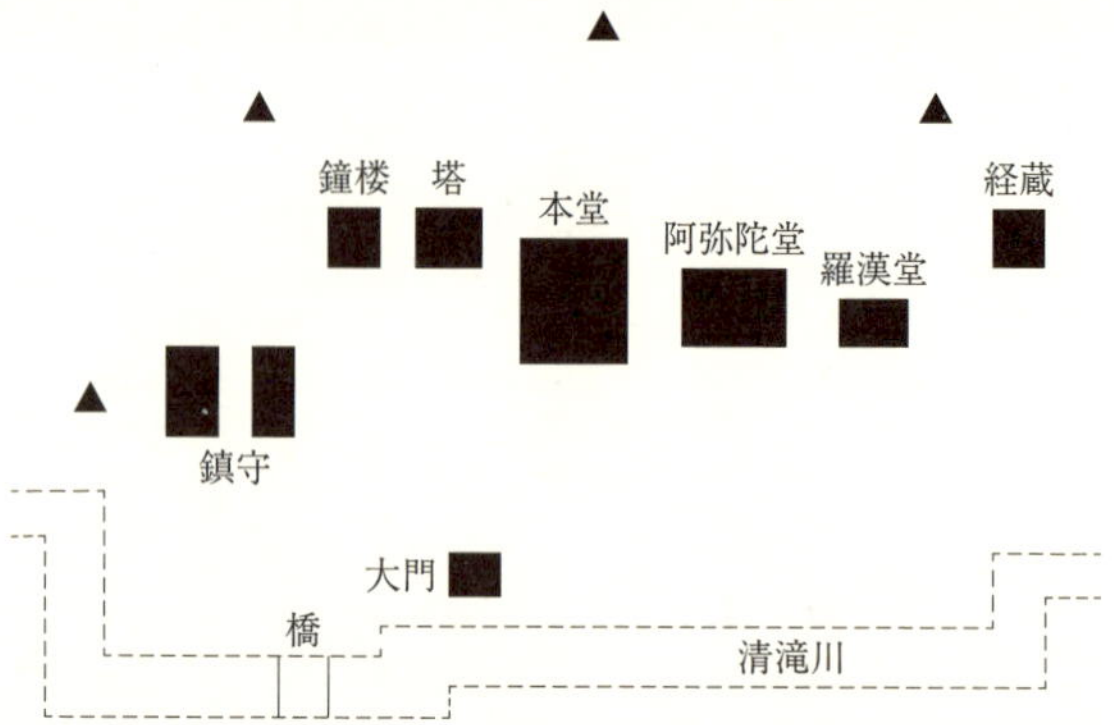

第57図　京都府「高山寺絵図」(13世紀前半)にみえる堂塔社殿の位置関係模式図(『日本仏教史辞典』1999を模式図化)

四本龍寺は、古代に創建され中世から近世を経て現在まで存続しており、古代創建中世存続型で近世以降も存続する形態の山岳寺院として2b類(古代創建中世近世存続系)とみておきたい。堂塔の配置は、「模本日光山図」では、南北に直線的に縦列に描かれており、これが古代以降の伝統を継承しているならば、I類の縦列系配置型の可能性が浮上することとなる。また滝尾社の堂舎も、基本的には四本龍寺と同じ類型を示していると考えられる。なおこれに対して「模本日光山図」にみる三仏堂・常行堂・法華堂などの輪王寺の堂塔群は、古図では鳥居をくぐると、東西方向に細長い平場に沿って複数の堂塔が南面して、東西方向に並列的に配置されている。少なくとも古図からみた主要堂塔の配置では、古代山寺のII類並列系配置型の系譜を引いている。

ここで、京都府高山寺の一三世紀前半の「高山寺絵図」[34]にみえる堂塔社殿の配置状況について若干触れておきたい。一三世紀初頭に明恵によって再興される以前の高山寺は、神護寺の別所であったとされる。高山寺絵図は一三世紀前半の寛喜二年(一二三〇)に描かれたもので、『日本仏教史辞典』に掲載されている部分には、伽藍中枢部に本堂・阿弥陀堂・塔・鐘楼・経蔵・羅漢堂・鎮守の建物と大門がみえ、中枢部の南面には、川(「清瀧河」)と橋が描かれている。本堂は、平場の中央奥に位置し、両側に堂塔社殿が並ぶ配列となり、大門と並列系建物群の間には特に何も描かれていないが、現在の高山寺境内の状況からみて、階段状の平場が展開していたことが想定される。絵図からみると、本堂は懸造りであり、大門は楼門であろう。大門は川に面しており、川の南方から橋を渡り、大門をくぐり抜け本堂にいたる参道とみられる通路が描かれている。本堂を中心とする中央の五棟は南面しほぼ横一列に並び、東端の経蔵がやや山側に少しずれ、鎮守も中央の五棟より少し南にずれて東面するが、堂塔はほぼ東西に一列の伽藍配置になっているとみることができよう。そこには堂塔社殿が並列的に並ぶ様子が描かれていると解釈され、一三世紀前半には並列系伽藍配置が成立していたことを示す資料として貴重であろう。南北朝から室町期には、紅葉と茶園が知られたと言われ、この中世山寺ではいわゆる茶畑(茶園)でお茶の栽培があったのであろう。

またこの本堂域に隣接する二筋の山麓尾根の外側には、二棟の堂舎がL字型とみられる位置関係で配置される区画があり、川を渡る橋と通路がみえる。高山寺では、承久の乱後に堂塔が次第に構えられたとされ、嘉禄元年(一二二五)に説戒会が始められると参詣者が群集したという。こうした一三世紀前葉の堂塔社殿の伽藍配置は並列系を示し、尾根の外側に少数の堂舎を付属させる状況は、発掘調査資料にみえる静岡県大知波峠廃寺跡の寺域内堂舎の配列に類似する部分もある。高山寺では山麓に山寺が展開するが、川によって画される古代以降の系譜を保持する中世山寺として再興されたとみられる。

次に、中世末期の「模本日光山図」にみえる四本龍寺と滝尾社の伽藍配置は、北東日本の幾つかの山岳寺院にみられるように、八～九世紀にみられる縦列系配置型(Ⅰ類)の系譜を引くと考えられ、古い伽藍配置の系譜を保持している可能性が窺える。そして、堂塔社殿は近世以降も存続していることから、存続期間による類型では2b類または3b類となろう。三仏堂周辺の伽藍は、一〇世紀から出現する並列系配置型(Ⅱ類)を示し、一三世紀の京都府高山寺絵図にみられる並列系伽藍配置と同様な堂塔の造営があったものと考えられよう。ここで推測が許されるならば、古代の縦列系伽藍配置を持つであろう四本龍寺旧跡に続き、隣接する寺域に中世山寺としての日光山の中枢部が並列系伽

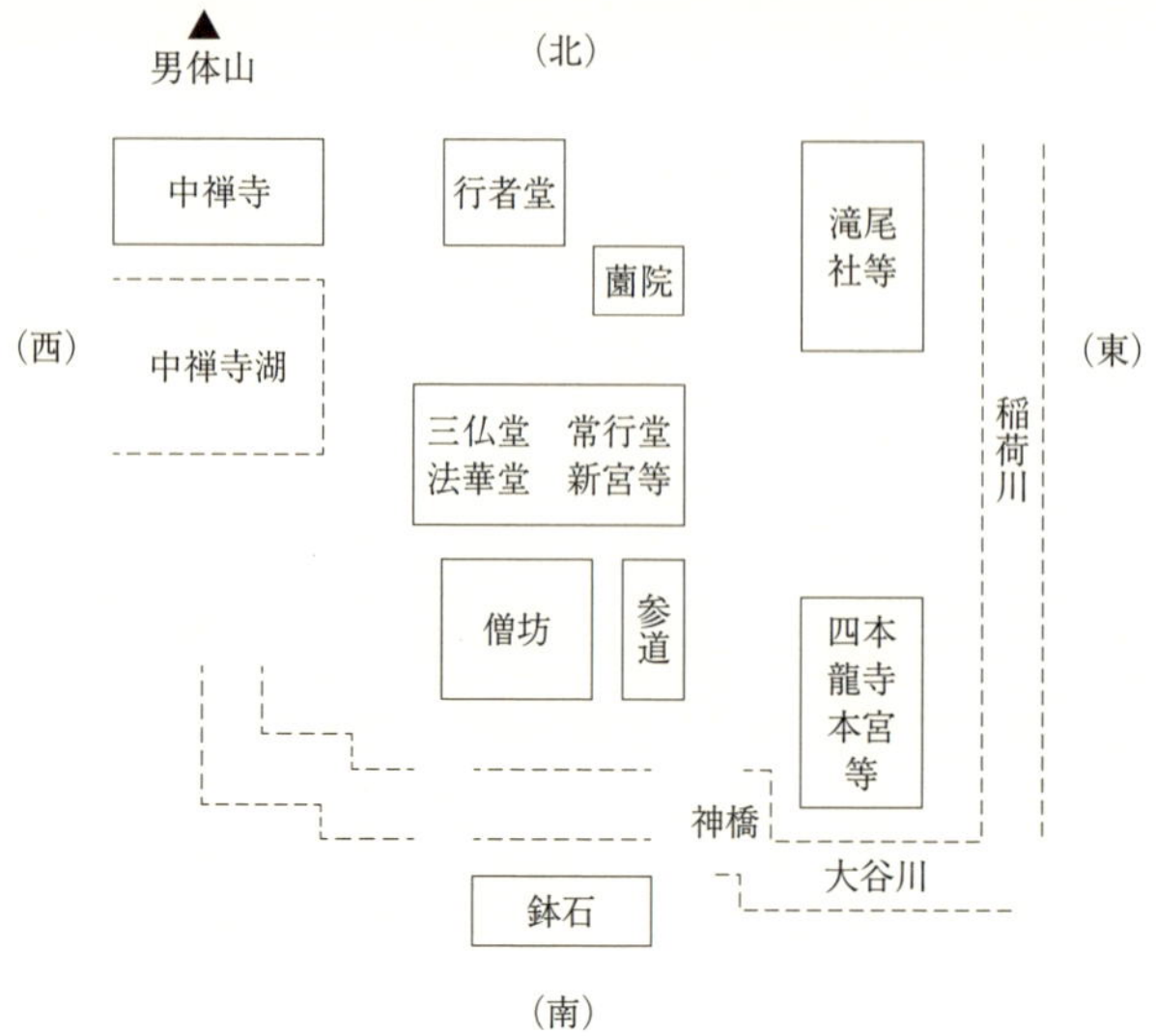

第58図　日光の地形と寺社群の位置関係模式図（「模本日光山図」を模式図化）

藍配置を持って造営された可能性があろう。

日光連山の東端部に位置し、大谷川と稲荷川の深い谷と激流によって隔絶された現在の四本龍寺付近は、最も峻険な霊地性が保障された聖地としての役割を永く保持する最高の地相であり、そこに最古期の山寺が創建されたと考えることができる。日光山内から日光連山及び男体山頂遺跡を含む二荒山域は、憤怒型三鈷杵の出土などから考えて、古代山岳信仰に裏打ちされた聖地として、八世紀後半代から九世紀代には浄行性のある古代山林修行の場であり、そして現時点ではその寺域が不詳ながらも山岳寺院としての四本龍寺の創建と、その後の中世期における堂塔社殿の造営にも、古代以来の山岳寺院の旧態の伝統が温存され、「模本日光山図」にみる二系統の山岳寺院の伽藍が出現したものとの一視点をここに提示してみたい。また先に触れたように、日光山行者堂の東側には、畠と畠作業をする人々の様子が描かれており、これは発掘調査から想定されるいわゆる薗地遺構の系譜を引くものとみられ、薗院は日光山寺社群伽藍の後方に造営された可能性をも示唆することになるのであろう。

日光山では、二荒山自体が神体山であろうから、古代における二荒山の山体と山麓は神がましますす土地であったと考えられる。そして二荒山は、二荒神の「神地」ともいうべき聖域であったと捉えることが可能であろう。古代における土地の神は地主神と呼ばれ、平安初期の古代山岳寺院の創建には、地主神を祀り、そこに仏教伽藍を造営した。古代日光では、その神を二荒山の山麓にあたる日光中宮祠などに祀り、そこに山岳寺院を造営したと捉えることができよう。

註

（1）菅原信海「日光山輪王寺の歴史」『古寺巡礼 東国 2 輪王寺』淡交社　一九八一年
（2）斎藤　忠・佐野大和・亀井正道・三宅敏之・永峯光一・近藤善博『日光男体山』角川書店　一九六三年
（3）津野　仁「岩舟町日陰沢・大芝原窯跡採集の須恵器と瓦」『栃木県考古学会誌』八集　栃木県考古学会　一九八四年
（4）上野川勝「5　安足地区窯業遺跡　イドの沢東窯跡」『栃木県生産遺跡分布調査報告書』栃木県教育委員会　一九八八年（田熊清彦の年代観による）
（5）時枝　務「山岳信仰に用いられた品々」『日本の考古』東京国立博物館　一九九九年
（6）上野川勝「上野国・下野国の山岳寺院（群馬県・栃木県）」『佛教藝術』三一五号　毎日新聞社　二〇一一年
（7）上野川勝「古代山林寺院の社会的立地からみた四類型とその概念―北東日本を中心に―」『考古学論究』一五号　立正大学考古学会　二〇一三年b
（8）梶川敏夫「平安京周辺の山岳寺院」『佛教藝術』二六五号　毎日新聞社　二〇〇二年
（9）江谷　寛・坂詰秀一『平安時代山岳伽藍の調査研究―如意寺跡を中心として―』古代学協会　二〇〇七年
（10）千田孝明「作品解説72　日光山之図（中世期）写本」『世界遺産登録記念 聖地日光の至宝展』ＮＨＫ　二〇〇〇年

(11) 千田孝明「神と仏の聖地・日光」『世界遺産登録記念 聖地日光の至宝展』ＮＨＫ　二〇〇〇年
(12) 斎藤ほか註(2)前掲書
(13) 大和久震平『古代山岳信仰遺跡の研究』名著出版　一九九〇年
(14) 時枝　務「第二章　山岳寺院と行場」『修験道の考古学的研究』雄山閣　二〇〇五年
(15) 時枝註(14)前掲書
(16) 坂詰秀一編『仏教考古学事典』雄山閣　二〇〇三年
(17) 上野川勝「仏堂と諸施設」『季刊考古学』一二一号　雄山閣　二〇一二年ｂ
(18) 上野川註(17)前掲論文
(19) 森　弘子「宝満山―大宰府鎮護の山―」『山岳信仰と考古学Ⅱ』同成社　二〇一〇年
(20) 山路直充「寺の空間構成と国分寺」『国分寺の創建　思想・制度編』吉川弘文館　二〇一一年
(21) 上野川勝『釈迦堂遺跡―下野国分尼寺跡伽藍南西隣接地点確認調査報告書』栃木県国分寺町教育委員会　一九九六年
(22) 『世界有用植物事典』平凡社　一九八九年
(23) 足利市教育委員会「法界寺跡第六次発掘調査自然科学分析報告書」『法界寺跡発掘調査基本計画書』一九九五年
(24) 『続日本紀』養老六年七月条　新日本古典文学大系　岩波書店　一九九〇年
(25) 須田　茂・小林　徹・鹿沼英輔『黒熊中西遺跡(一)』群馬県埋蔵文化財調査事業団　一九九二年
(26) 上野川註(17)前掲論文
(27) 時枝註(14)前掲論文
(28) 二〇一三年一二月に著者が創案した概念と用語で、「よこながこうだいひらば」と読む。

(29)　時枝　務「日光男体山頂遺跡出土遺物の性格」『MUSEUM』四七九号　東京国立博物館　一九九一年
(30)　上野川勝「下野北部・円満寺跡について(覚書)」『唐澤考古』三一号　唐沢考古会　二〇一二年c
(31)　堀　正人・二村陽子・丹羽忠幸・小池三次『岐阜県指定史跡鳳慈尾山大威徳寺跡』下呂市教育委員会　二〇〇七年
(32)　上野川勝「古代中世の山林寺院について」『唐澤考古』二六号　唐沢考古会　二〇〇六年
(33)　上野川註(17)前掲論文
(34)　今泉淑夫編『日本仏教史辞典』吉川弘文館　一九九九年

参考文献

千田孝明「第一部第六章第三節　日光山常行堂の成立」『鹿沼市史　通史編　原始・古代・中世』鹿沼市史編さん委員会　二〇〇四年
箱崎和久・中島俊博・浅川滋男「山林寺院の研究動向―建築史学の立場から―」『鳥取環境大学紀要』一一号　鳥取環境大学　二〇一三年

第五章　畿内と北東日本における大規模平場の出現とその特質

第一節　奈良朝山林寺院と平安期山岳寺院の特質

一　奈良朝創建山林寺院の堂宇と平場―一面性平場構造山寺の提唱―

多くの山寺遺跡では、山の斜面に平場が複数造成され、地表面には建物の礎石が遺存している場合もみられる。その平場の発掘調査で、各種遺構や古代から中世の遺物が出土する場合は、その遺物の年代観が遺構の時期を決めることになり、その山林寺院・山岳寺院の平場は存続していた当時の遺構の形状をほぼそのまま今日まで伝えていることになる。発掘調査されていない遺跡についても、各平場遺構の立地場所や形状やその分布状況を考古学的に資料化し、そこに遺された基壇や礎石建物跡の状況を、発掘調査された考古資料と対比させることによって、伽藍配置を類推することもある。ここでは、主に八世紀中葉から後半における各国国分寺の創建期と、それに続く時期に建立された古代山寺の特質を示し、当該期の平場遺構の持つ意味を考察する。

古代日本山林仏教の一拠点とされる奈良県比曽寺《ひそでら》(比蘇寺・吉野寺)は、大和と吉野の中間地点に位置し、東から西に流れる吉野川から延びる、細長い谷の最奥部の山麓に南面して造営された(1)。その遺跡地は、平安期以降に普遍的にみられる多数の階段状の平場群を持たない平坦地となっている。その占地は、二本の平行する小河川に挟まれ、合流部がY字状になる場所に位置する。寺域には東塔・西塔の礎石が残り、その北側に金堂などが推定される伽藍配置が

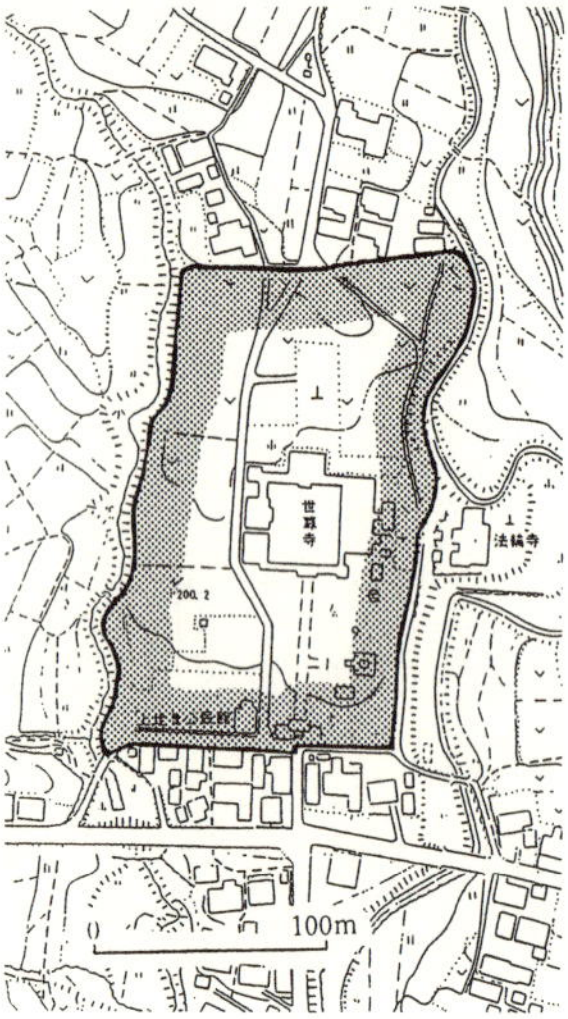

第59図　奈良県比曽寺跡地形図及び史跡指定範囲(今尾1991)

考えられている。この寺の立地自体が藤原京・平城京から隔絶しており、峻険な山地・山岳に造営する必要がなかったために、あえて川に区画された山麓の平坦部に山林修行の場所を構えたとみてよい。つまり古代山林寺院の一部は、寺域を区画する溝として川を利用し、川に平地寺院の回廊や寺院地区画溝などの役割を持たせたとみてよいのであろう。

　山地の中やその縁辺を川が流れている場合、その山麓と川に挟まれた斜面に山寺が立地する事例では、交通路から川を渡って山寺の寺域内に入る構造となるが、北東日本においては奈良県室生寺(室生山寺)・京都府神護寺(高雄山寺)・山形県立石寺などがある。なお比曽寺は高取山の南方山麓に位置するが、高取山の西側山腹の標高三一〇メートル付近には南法華寺(壺阪寺)がある。出土した瓦の年代が七世紀末から八世紀前半の時期とされ、憤怒型三鈷杵の存在からは古密教の儀礼が行なわれたと想定される古期の山寺であり、奈良朝における大和の山寺ではすでに二系統の山寺群が存在していた可能性が指摘された[2]。

　古代遺跡における遺跡や遺構の性格の認定には、出土文字資料からの判断が用いられる場合があり、そこには多くの情報が内包されていることは周知の事実である。北東日本の発掘調査における古代出土文字資料の中には、「山寺」の文字を持つ墨書土器が、千葉県遠寺原遺跡・千葉県山田宝馬古墳群一〇二〇地点遺跡・群馬県田篠上平遺跡・神奈川県草山遺跡・栃木県多田羅遺跡など複数ある[3]。それらは、八世紀第3四半期から一〇世紀中葉の時期である。北陸の石川県金沢市三小牛ハバ遺跡では、「□山山寺」(または「□山寺」か)・「道寺」と書かれた木簡が出土し、「三千寺」

「三千」「寺」「沙弥」などの墨書土器も出土したことから、古代の有力氏族である「道氏」の山寺とみられる。その遺物群の年代は、八世紀後半から一〇世紀である。愛知県大山廃寺跡では、「山寺」の文字が箆書きされた八世紀後半の瓦が多数出土し、礎石を持つ塔跡が標高二一〇メートルの山腹に存在することから、そこは古代は山寺と認識された施設であり空間であった。(4)

このように考古資料からは、山寺という仏教施設が北東日本には複数存在していたことが判明している。古代国分寺は、地名にその名が遺り、「国分寺」の文字を持つ古代瓦が出土し、礎石建物跡などが規則的に配列されていることからそこが国分寺跡であると認定されてきた。同じく発掘調査で「山寺」の墨書土器が出土しておりかつ仏堂などが配置されている遺跡は、古代において山寺と呼称され認識されていた遺跡であり、また仏堂などがなく集落から「山寺」墨書土器が出土している場合は、山寺と何らかの関係や交流があった遺跡と考えることができる。遺跡の種類と性格を考える場合、遺構群と遺物群に加えて、出土文字資料によりその遺跡の性質を認定する手法からは、「山寺」の古代墨書土器は有力な考古資料である。しかし、八世紀後半には出現しているいわゆる「山寺」の遺跡が、律令仏教に従属する古代山林修行の施設であったかどうかは、各遺跡の遺構と遺物群の慎重な検討を経る必要があろう。

千葉県遠寺原遺跡は、八世紀第3四半期に創建され一〇世紀に廃絶した1類(古代創建古代廃絶型)の山寺遺跡である。(5)発掘調査の結果、丘陵上の平坦部東側に、ほぼ同一地点で建て替えられている掘立柱建物跡の仏堂二棟と、その東から北側に展開する堂舎遺構があり、仏堂の南には遺構がないことから前庭とみられている。仏堂西側の台地中央部は、遺構がない空間となっていることから、薗院であったと考えられ、寺域内西側には竪穴住居群が展開する。中心仏堂東側から南東に展開する竪穴住居のうち、三四号・三五号・四二号住居跡からは、八世紀第4四半期から九世紀初頭の「山寺」の墨書を持つ土師器坏が三点出土した。墨書は、坏の体部外面に正位と横位に書かれている。寺域

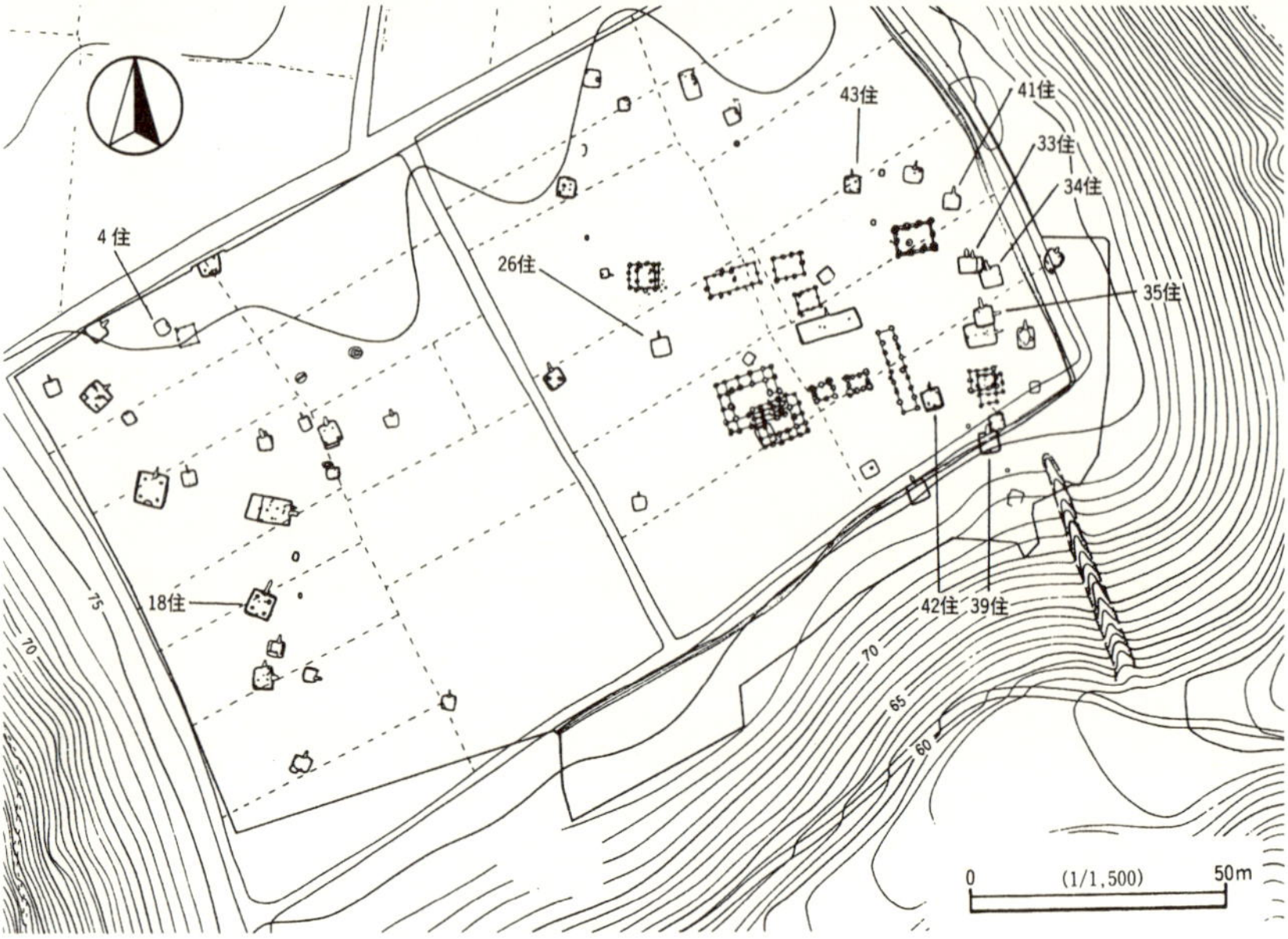

第60図　千葉県遠寺原遺跡遺構配置図(君津郡市文化財センター 1985)

内からは、多数の墨書土器・土師器類・須恵器類・鉄鉢形土器・瓦塔・香炉蓋・瓦・灯明皿・転用硯などが出土しており、中心的な仏堂である掘立柱建物跡の東側雑舎群からは仏教関連遺物が多数出土している。仏堂近辺から「山寺」墨書土器の出土があり、掘立柱建物の仏堂が桁行五間・梁間四間で中央の身舎が桁行三間・梁間二間であることなどから、仏堂を中心とした山寺遺跡であることがわかる。

丘陵上面の標高は、約七五メートルであるが、遺跡の周囲は深い谷に画されており、その規模は、東西長軸約二〇〇メートル、南北短軸約一〇〇メートルである。この丘陵上面には、階段状の平場は造成されておらず仏堂と雑舎群と竪穴が丘陵上面の同一面に構築されている。この遺跡では、前面が川に面するのではなく、山寺周囲が深い谷となっているため、谷によって外界から隔てられる立地となる。この八世紀中葉に創建された山寺は、奈良県比曽寺跡と同類の系譜を持つ、奈良朝の一面性平場構造山寺という概念で考えることができる。ここでは、遠寺原遺跡を山寺遺跡として捉え、山寺の堂舎と付属施設などが、広大な一面的平場に造営され機能したことから、そうした在り方の山寺を一面性平場構造山寺と規定してみたい。

同じ千葉県内では、旧上総国の北東部にあたる丘陵地帯の東端部に小食土《やさしど》廃寺《はいじ》が発掘されている。(6) その立地は、九十九里平野に近接する深い開析谷に囲まれた標高約九五〜九七メートルの丘陵上である。上総国分寺に付随する山林寺院(7)として八世紀第3四半期に創建されたが、古代の内に廃絶している。遺構群は、丘陵上面の平坦部に溝の区画に囲まれた仏堂（基壇建物跡・金堂）一棟と掘立柱建物跡二棟以上と竪穴住居群などである。基壇建物跡を囲む溝外の北側からは鍛冶遺物が出土していることから、中枢部に隣接して鍛冶工房が操業されたことが確定できる。各種の軒丸瓦・軒平瓦類や、土師器鉄鉢形土器、「富」や「千」の墨書土器が出土していることから、山林の仏教遺跡としての一面性平場構造山寺である。

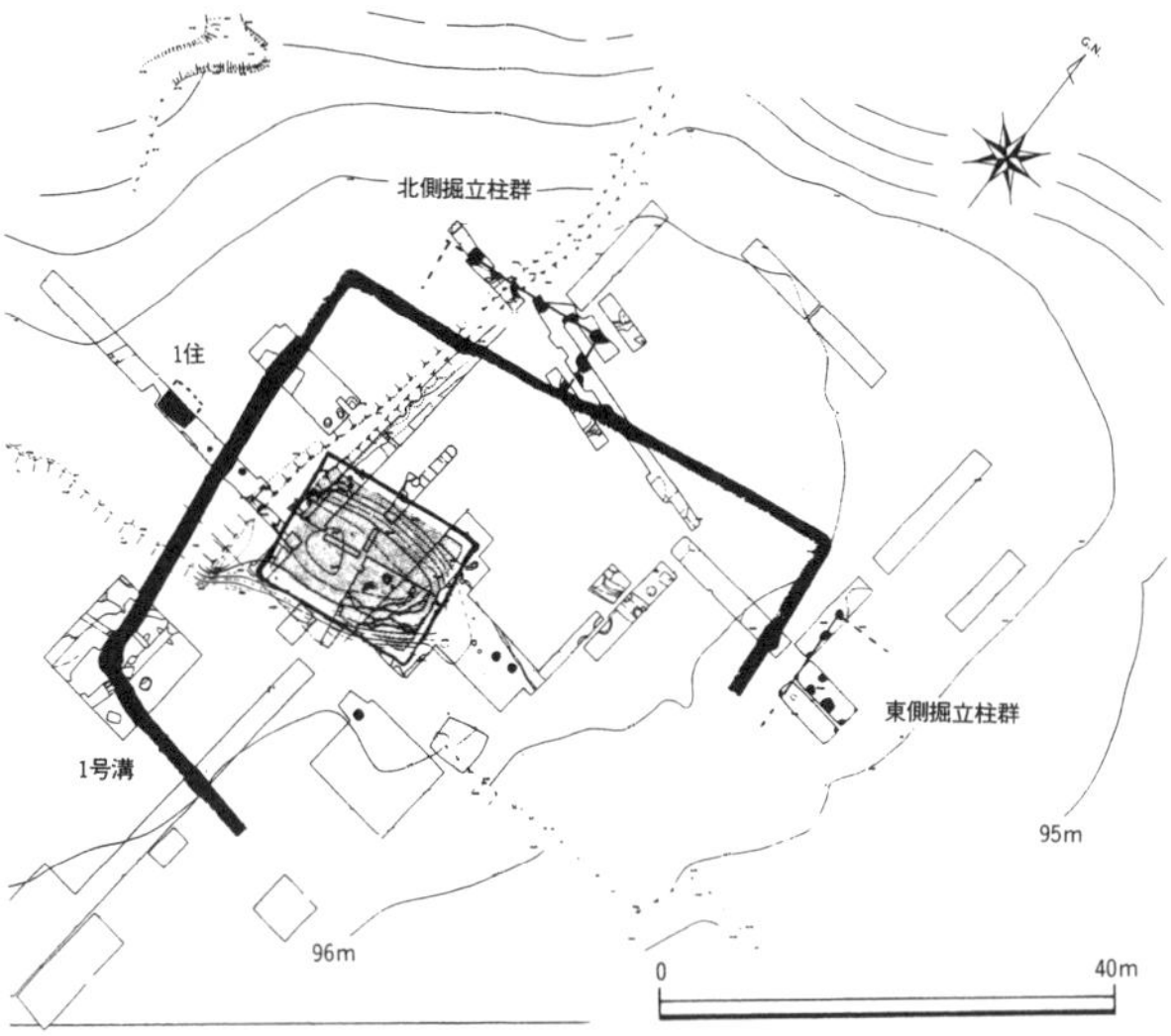

第61図　千葉県小食土廃寺遺構配置図（千葉県文化財センター1997）

また安房国分寺に関連する山林寺院の可能性があるとされる増間廃寺は、千葉県南部の大日山南山腹の標高二三〇メートル付近に立地し、少数の平場群はほぼ同一標高に展開し一面性平場構造に類するが多段性平場構造山寺の階段状平場群

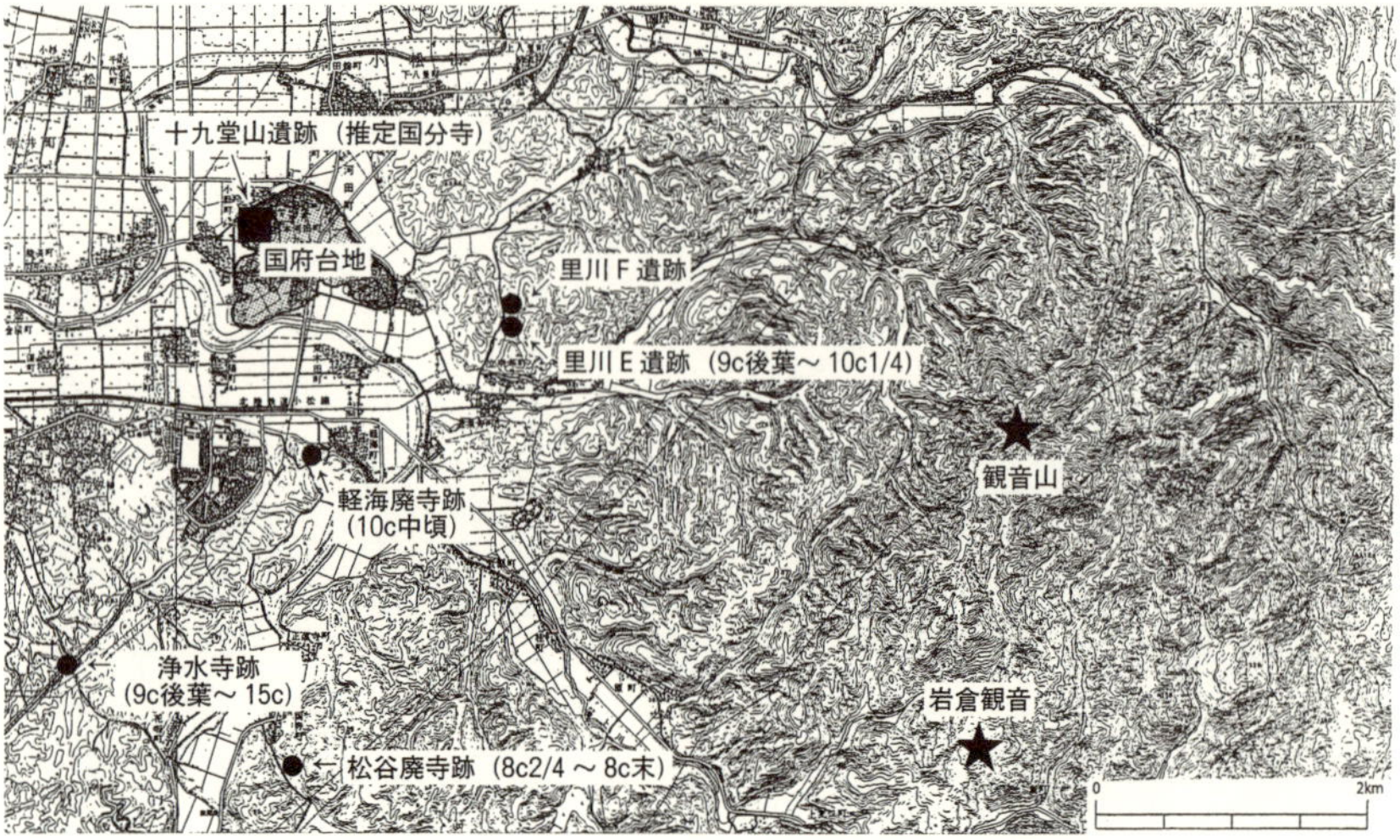

第 62 図　石川県加賀国府周辺の古代山林寺院分布図（望月 2011 を改変）

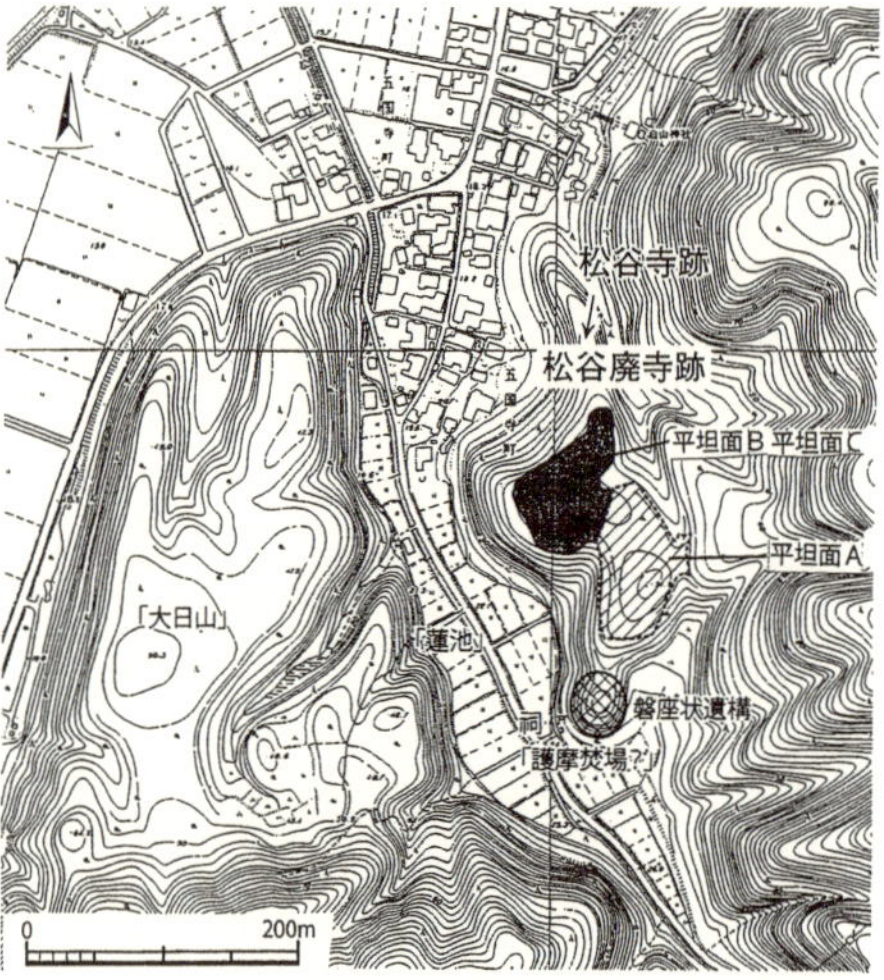

第 63 図　石川県松谷廃寺跡位置図（望月 2011）

が未発達の山寺である可能性も排除できない⑧。発掘調査が実施されていないので詳細は不明であるが、複数の礎石が地表に露出し基壇状の盛上りがみられる。寺域には、山腹斜面に小規模な平坦部が造成されており、小規模な山寺である。

石川県松谷廃寺跡は、加賀国分寺の成立以前の山林寺院とされ、国府・国分寺の南方約四キロの丘陵上に、八世紀中頃から末に短期間存続した⑨。この遺跡は、遠寺原遺跡や小食土廃寺と同じく八

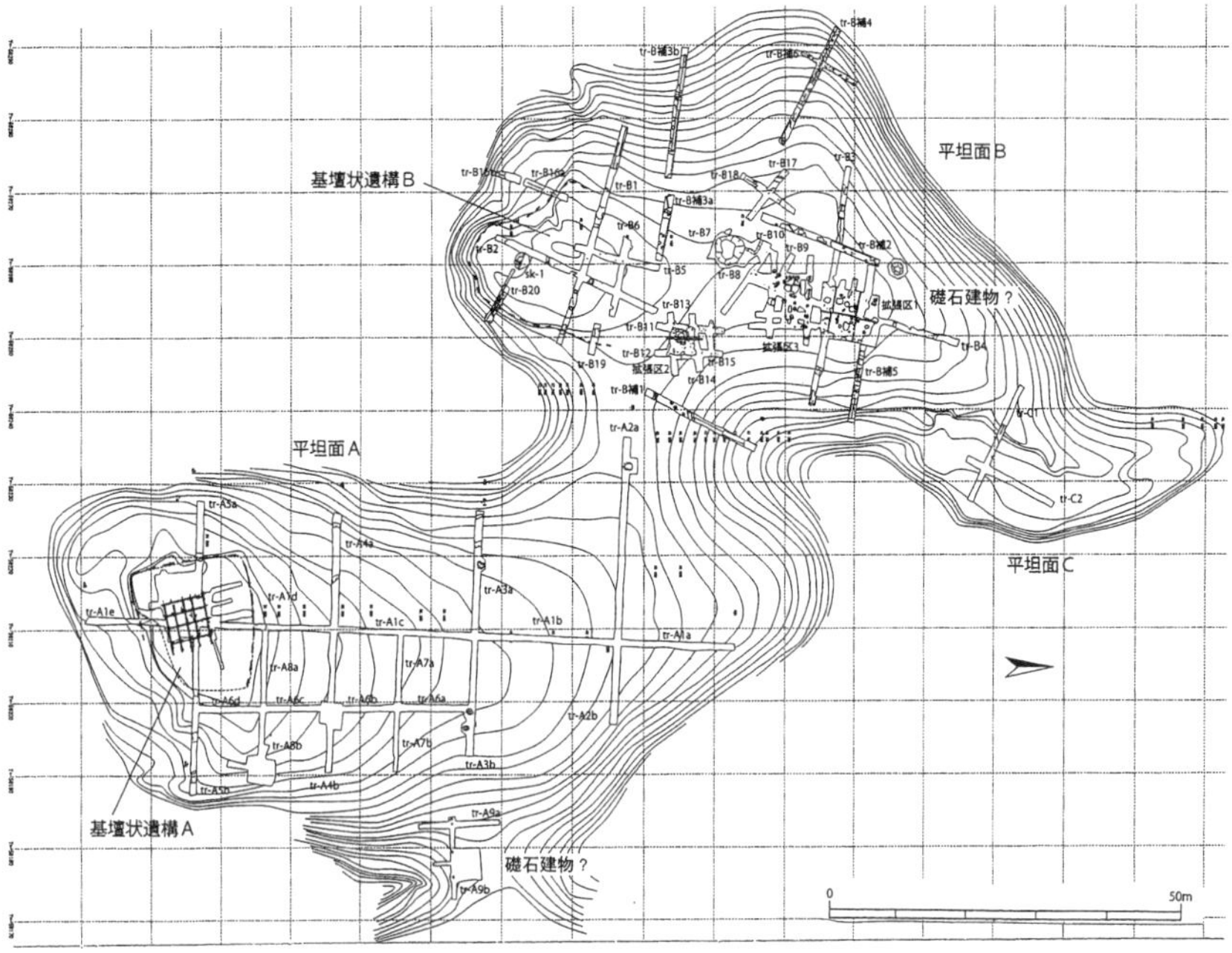

第64図　石川県松谷廃寺跡遺構配置図・全体図(望月 2011)

世紀中葉創建の山林寺院の特徴として、階段状の平場を持たないことが指摘でき、標高五〇メートル程度の丘陵上面に位置する。寺堂とされる礎石建物跡は、東西短軸五〇メートル、南北長軸一〇〇メートルのほぼ平坦な丘陵上面に一棟が構築されたのみである。その北西に隣接する東西短軸五〇メートル、南北長軸七〇～八〇メートルの丘陵上面には、基壇状遺構などがみられるが、八世紀中葉(第2四半期)の土師器・須恵器の出土からみて、その時期が創建とみられ、八世紀末には廃絶している短期間の山寺とみられる。遺跡中心部から約一五〇メートル南方の丘陵端部にある岩場は、凝灰岩の巨岩露頭があり、磐座とみられており、加賀国府・国分寺域の南方約三キロに位置する水源や磐座信仰の場所でもあろう。この遺跡の性格は、その後に西北西約二キロに位置する浄水寺跡に受け継がれる可能性もあろう。松谷廃寺跡は、短期間に廃絶する一面性平場構造山寺の事例とみてよいだろう。

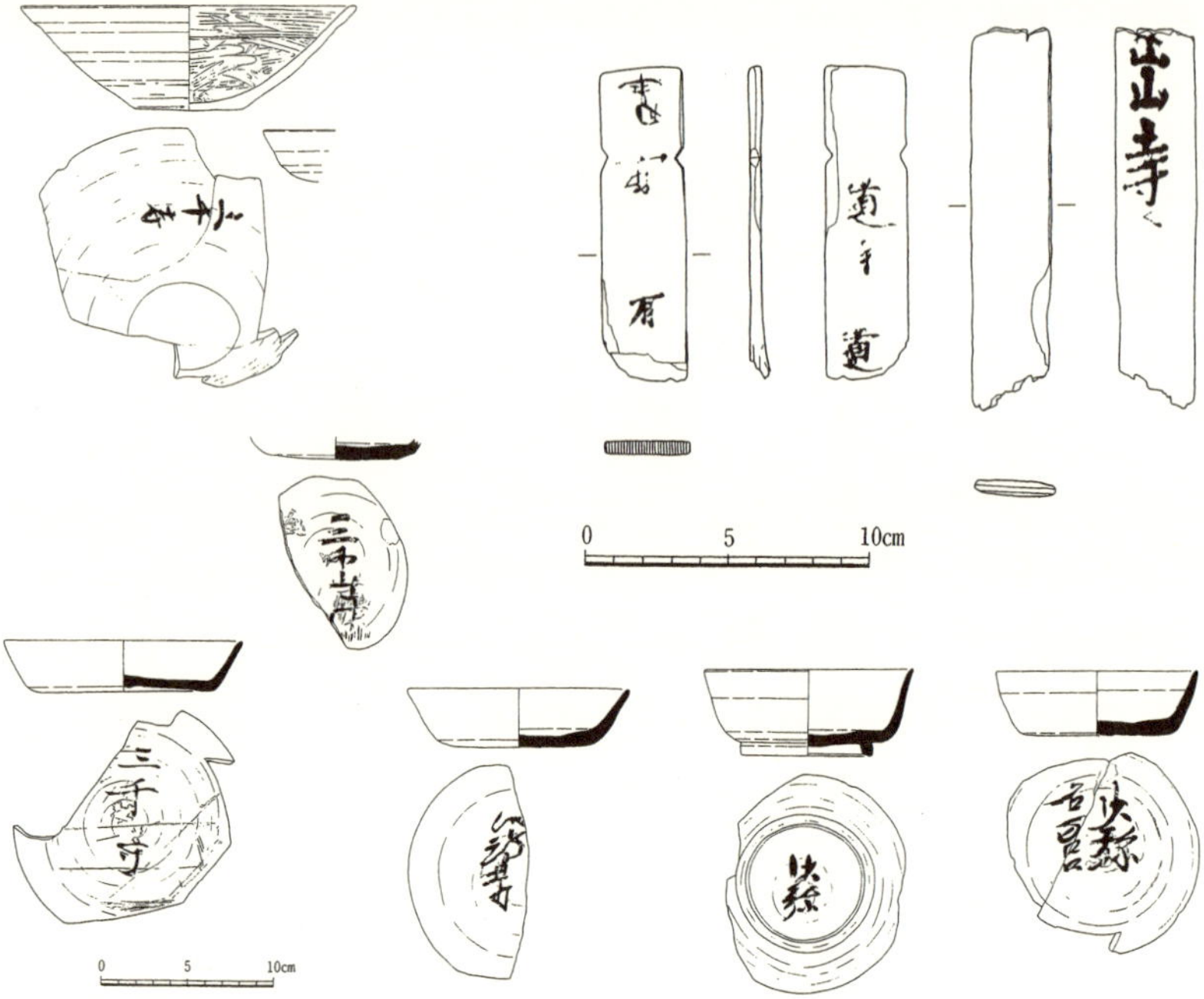

第 65 図　石川県三小牛ハバ遺跡出土「山寺」木簡・墨書土器実測図（金沢市教育委員会 1994 を改変）

また石川県三小牛ハバ遺跡は、八世紀後半の創建で、一〇世紀頃までは存続したとみられるが[10]、深い谷に面する丘陵斜面の平坦部に構築された山寺である。伽藍配置の類型は、中枢部がコの字型を呈する一面性平場構造山寺と考えられる。先に触れたように、「□山山寺」「道寺」「三千寺」などの木簡や墨書土器があり、関東・東海地方以外での「山寺」の出土文字資料を持つ。

茨城県山尾権現山廃寺は、筑波山北側の東西交通路の山道に面する山寺で[11]、縦列系集中型の伽藍配置を持ち九世紀初頭頃の瓦を出土するが、平場と堂塔は縦列系配置を示す一面性平場構造山寺と考えられる。

東海では、静岡県油山寺が遠江国分寺の北東丘陵部の細長い谷奥の尾根上に、やや大きな平場を構え本堂を構築し、その周辺から八世紀の須恵器や瓦が出土し灰釉陶器もある[12]。中世遺物の出土もみられ現代に続く山寺であるが、その立地は古期の様相を持つ。岩室廃寺の古代における中枢部は、遠江国分寺北方の丘陵端部の緩斜面に高低差の少ない平場を持ち、そこに礎石建物跡などを構築した一面性平場構造の山寺として造営され、その後中世期に中世墳墓が隣接地に展開する。

浜名湖北方山中の標高約四〇二メートル付近の尾根上平坦部に位置する幡教寺跡は、中世墓から中世期の活動があったが、出土遺物がないために存続した時期は不詳である⑬。礎石建物跡一棟が平場中央部に保存されており、階段状の平場構造ではないことから、古代創建の一面性平場構造山寺の可能性があろう。なお、隣接する奥の院とされる場所には、長方形の池跡があり、斜面には多くの石が林立し、池から流れる滝状の小川があるなど、庭園遺構と思われる。幡教寺は、中世庭園を持つ大福寺の故地との伝承があることなどから注目される遺跡である。同じ富幕山麓には、伝真萱寺跡（観音堂跡）が多段性平場構造山寺としてあり、また瓦塔出土地点もごく小規模な階段状の平場構造を持つ山寺である。その西方山麓には、日本中世庭園の代表格である摩《ま》訶《か》耶《や》寺《じ》があることなど、古代中世山寺と山麓の中世庭園を持つ寺院群の在り方がどのような関係を持つのか注目される。

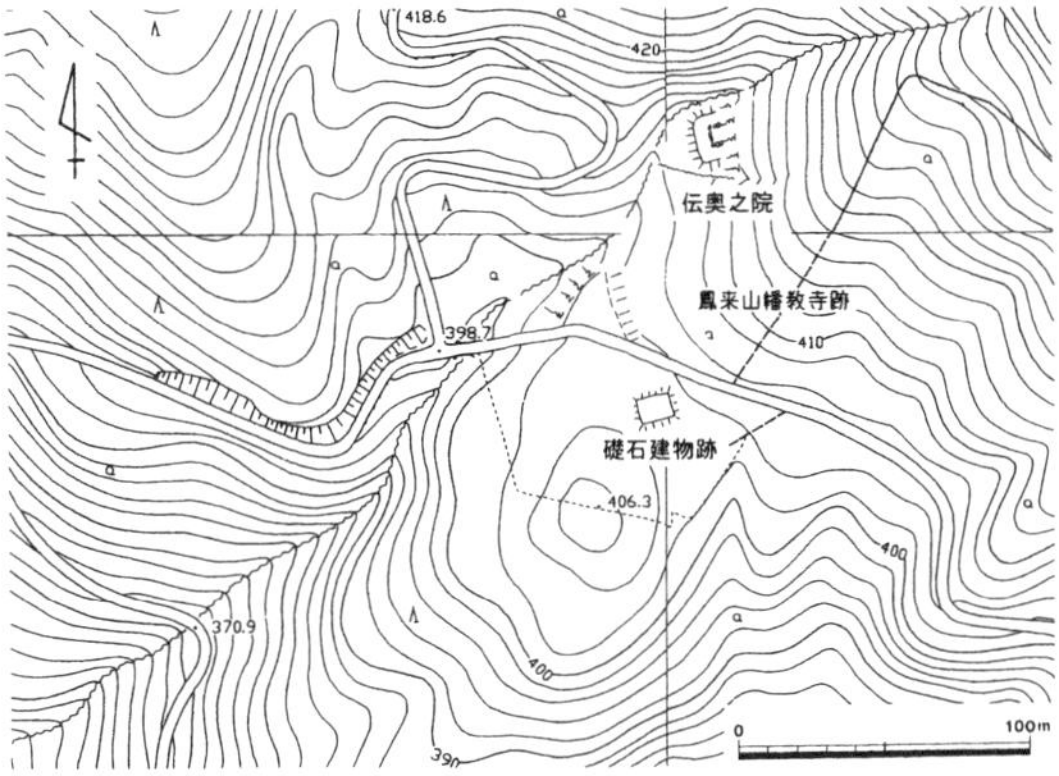

第66図　静岡県幡教寺跡周辺地形図（石川 2010）

愛知県全福寺跡は、旧三河国に属する海岸を見下ろす山上尾根部の窪地状地形内の標高二四五メートル付近に二棟の礎石建物跡を構える⑭一面性平場構造山寺である。山寺の南東隣接尾根上には、横穴式石室を持つ七世紀末の古墳があり、古墳に隣接して山寺が創建された点が特徴である。古墳が造られ

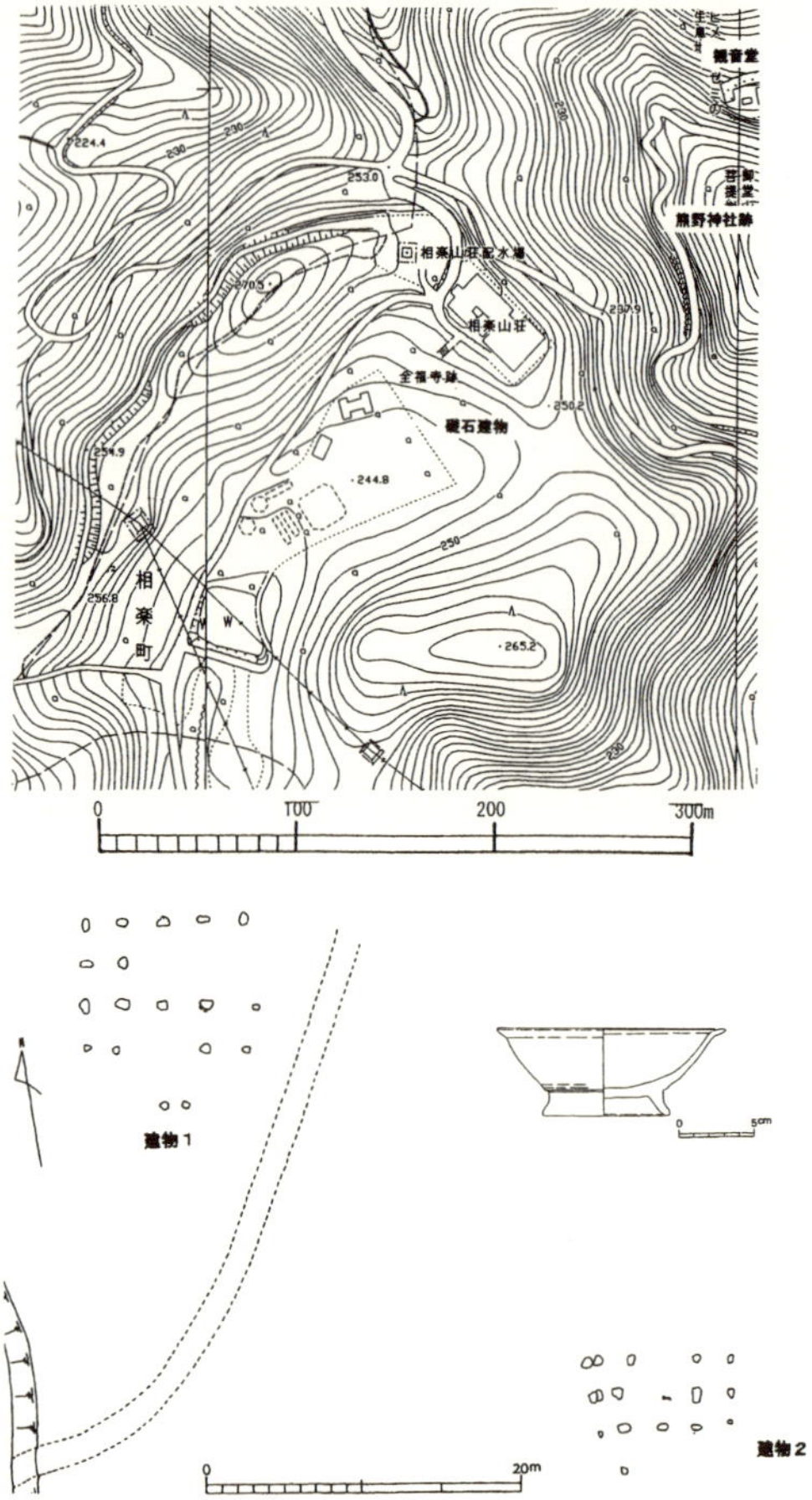

第 67 図　愛知県全福寺跡周辺地形図・礎石建物跡・出土土師器実測図（中島 2010 を改変）

た由緒ある霊地に山寺を建立した可能性や、古墳を神聖視しあるいは地主神と見立てた可能性が考えられよう。礎石建物跡の礎石脇からは、地鎮具とされる高足高台土師器椀（H－72号窯式以降の時期）が出土しており、窪地状の寺域内には高低差のある階段状の平場はない。寺域北東隣接地点には、谷部に面して五箇所程度の平場からなる熊野神社跡とその上方に南面して位置する観音堂があるが、両者の関係は今後の調査に待つことになる。

愛知県高隆寺は、現本堂の西側丘陵尾根部の平坦部に桁行七間・梁間七間と桁行三間・梁間三間の二箇所の基壇礎石建物跡が南北にややずれて隣接しながら構築されている(15)。山上には、二～三段の平場がみられるが、一面性平場構造山寺となるのかもしれない。東海では、一面性平場構造山寺は、現時点では三河全福寺と遠江幡教寺が該当するとみられる。全福寺出土の高足高台椀の時期が一一～一二世紀であるので、その時期までは古期の系譜を持つ山上の山寺は存続したが、中世には存続しない1類の山寺であったことになる。

遠寺原遺跡のように、「山寺」の墨書土器が寺院関連の竪穴住居から出土し、中心となる仏堂と最小限の堂舎を持つ遺跡は、いわゆる山寺であったとみることができる。国分寺の創建期と、その直後の八世紀後半における国分寺に付属する山林修行の場である山林寺院遺跡は、上総においてその実態の一部が解明されていると言っても過言ではないが、その時期の山林寺院は、丘陵や台地上の平坦地に堂宇を建立しており、一〇世紀創建の山岳寺院のような階段状または雛壇状の平場群は持たないことが一つの特徴でもある。

また国分寺に付属する山林寺院の多くは国分寺と同范の瓦を出土し、一定の仏教関連遺物を出土するが、国分寺の衰退と同時に古代の内に廃絶し遺跡として残される場合も多い。この八世紀後半創建の山林寺院の一群は、国分寺の運営に必要とされる各種の物資の調達のためにも、八世紀後半の浄所的な位置取りを持つ国分寺周辺の山林原野の開発に伴う過程での役割を持つとともに、浄行僧の育成もあったのであろう。

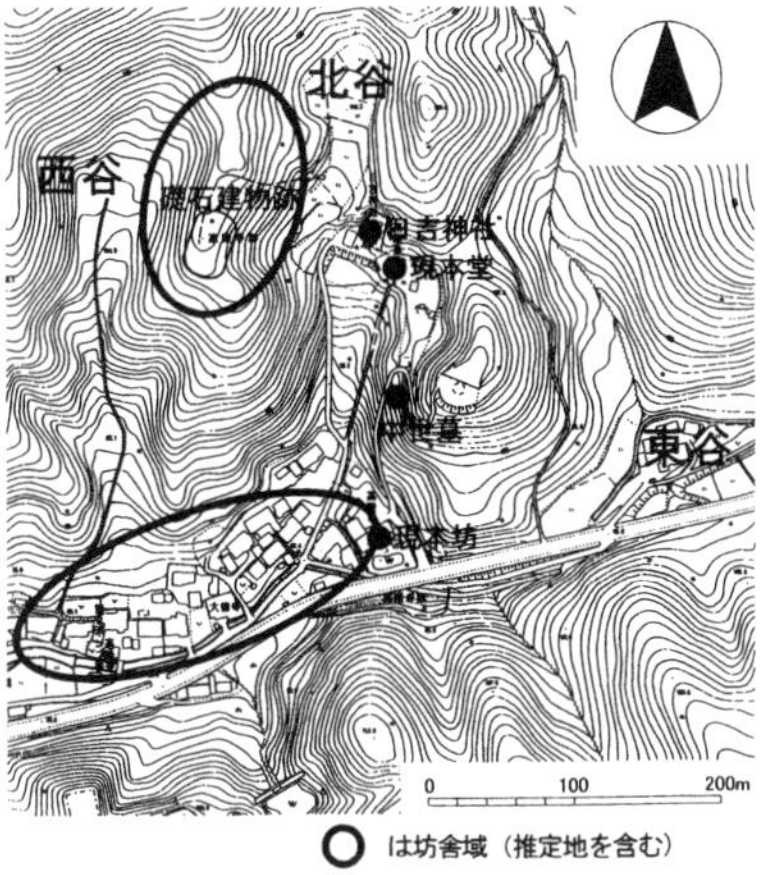

第68図　愛知県高隆寺現況図（荒井 2010）

加賀国分寺の成立以前の山林寺院とされ国府・国分寺の南方約四キロの丘陵上に八世紀中頃から末に短期間存続した松谷廃寺跡などは、古期の山林寺院として、階段状の平場を持たないことが特徴である。八世紀後半における、丘陵上面の平坦地に造成された仏堂と付属施設と付属院地（薗院など）からなる山寺は、いわゆる山林修行のための山林寺院とみることができるかもしれない。茨城県山尾権現山廃寺のように複数の階段状平場が造成されない山岳寺院の一群は、Ⅱ類並列系

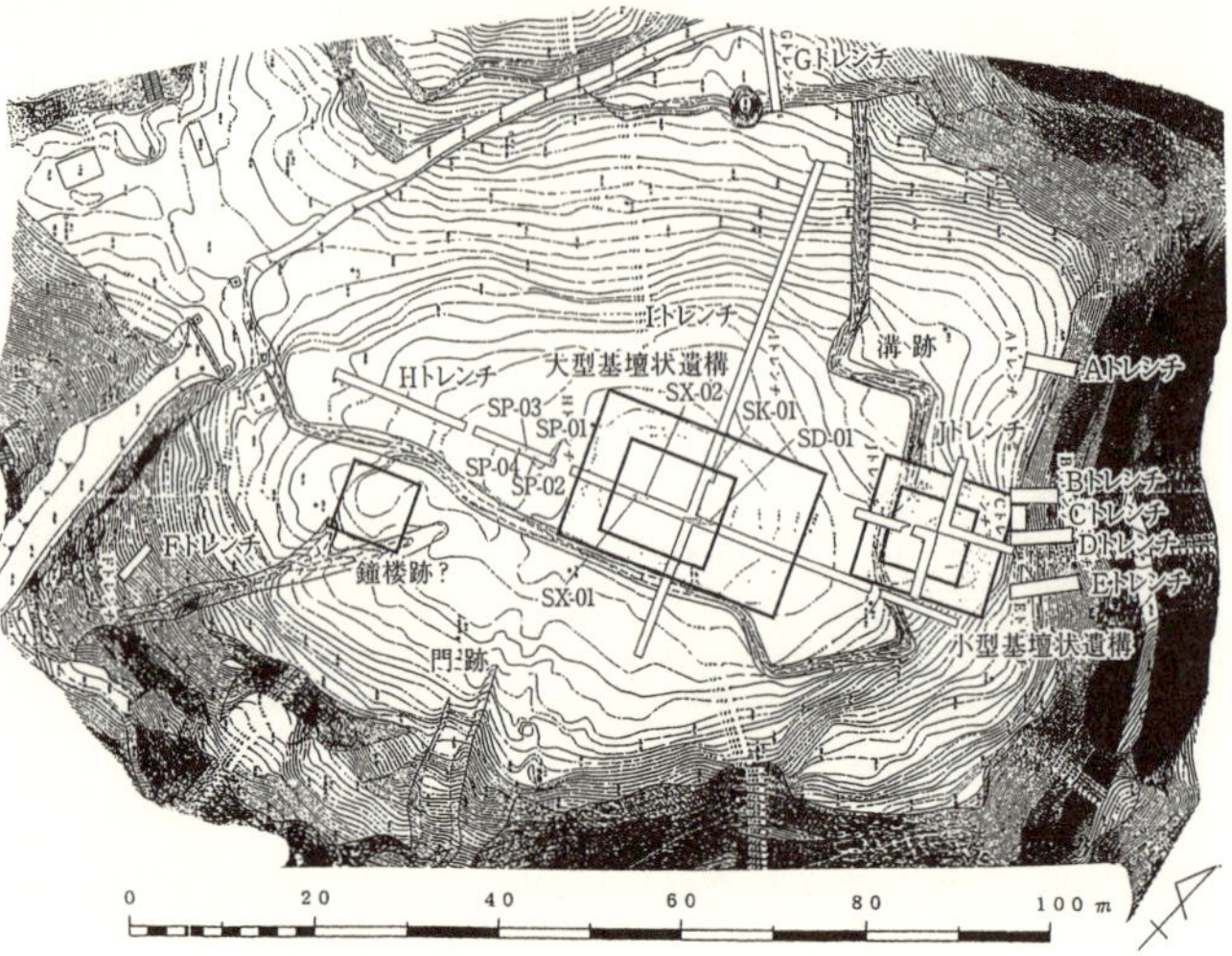

第69図　福井県大谷寺遺跡遺構配置図（堀 2011 を改変）

伽藍配置の山岳寺院の一群が成立する前段階の山寺・山林寺院とみてよいだろう。

こうした丘陵上面に位置し、深い谷によって周囲から隔絶された場所に仏堂と付属堂舎を構え仏教系遺物群を保持する遺跡は、一〇世紀後半まで存続した千葉県西寺原遺跡（遠寺原遺跡隣接地点）まで存続するが、その占地の淵源は先に示した奈良県比曽寺に求められる。溝に区画される構造を持つ八世紀第3四半期創建の小食土廃寺は、そうした造営思想を継承したものと考えられる。(16)

福井県大谷寺遺跡は、九世紀後半から一四世紀前半の存続時期であり八世紀後半の創建ではないが、中枢平場と堂舎からみて一面性平場構造山寺の範疇に入るかとみられる。こうした概念と類型を基に、福島県慧日寺本寺地区の伽藍と占地を検討すれば、正に巨大な一面性平場構造山寺の慧日寺本寺地区の姿が浮かび上がってくる。慧日寺本寺地区は、稲荷川に画された広大な寺域を持つ一面性平場構造山寺なのであろう。

以上のように、奈良朝の八世紀中葉から八世紀末までに創建された山寺の一群は、丘陵上面の平坦部や山腹の尾根上、または緩斜面上の平坦部を利用して寺域とした。この時期の山寺は、一堂または複数の堂舎の場合がみられるが、階段状の平場の造成は基本的に行なわれなかった。山寺の立地は、自然地形を利用して深い谷や川で外部と隔絶され、小食土廃寺のように方形の溝で仏堂を区画する場合もある。中心堂宇などを載せる平場は、一辺が五〇～一〇〇メートルの丘陵平坦部がほぼそのまま使われた。次に述べる多段性平場構造山寺の黒熊中西遺跡では、薗院や僧坊が標高の下位の場所に離れて構えられており、一面性の山寺とは全く対照的である。ここに示した八世紀中葉から九世紀前葉頃に創建され前述した特徴を持つ一群に、「一面性平場構造山寺」との類型を付与し、これらを主に山林寺院という考古学的概念で捉えておきたいと思う。

二　平安期創建山岳寺院の出現とその平場―多段性平場構造山寺の提唱―

ここでは発掘調査された遺跡の中から、伽藍配置などの状況が判明している事例を検討し、九世紀から一〇世紀に出現する山寺の特徴を考える。平安期創建の山岳寺院の代表でもある群馬県黒熊中西遺跡では、付属院地の薗院が中枢部の仏堂から下方に約一〇メートル低い寺域内端部に位置し、中枢部からは北西に約六〇メートル離れている(17)。僧坊は、講堂から約五メートル低い標高に構えられ、本堂・講堂から西方に約五〇メートル離れている。こうして金堂・講堂域の伽藍中枢部からは、独立した位置取りで、いわゆる階段状に近い平場に堂舎を配置している。ここでは、こうした複数の階段状平場を山の斜面に造成し、そこに堂塔を造営して存続した山寺を「多段性平場構造山寺」という概念で捉え、検討する。

黒熊中西遺跡では、多段性平場構造山寺において、山寺伽藍の中枢部が金堂講堂から成り、僧坊が遠方に分離される配置を取る状況が出てくることは注目される。これは一面性平場構造山寺の茨城県山尾権現山廃寺や一面性平場構造山寺ともみられる福島県慧日寺観音寺跡の縦列系に伽藍が並んでいる遺跡や、一面性平場構造山寺である石川県三小牛ハバ遺跡のコの字型・L字型伽藍配置を持つ遺跡とは、大きく異なる伽藍配置状況を示す。これらの山寺の存続期間は、1類（古代創建古代廃絶型）であるにも拘わらず、伽藍配置が全く異なることが指摘できる。

群馬県榛名山南麓の標高九〇〇メートル付近に位置する巌山遺跡（榛名神社遺跡）は、榛名神社境内への参道西側の山腹斜面にある。平場は、急斜面の上下右方向に二七箇所が造成されており、一号（檀一）～一九号（檀一九）が古代の平場とみられる。[18] 平場の規模は大・中・小規模で構成され、約四段の群に分かれる可能性がある。中枢平場は礎石建物跡を載せる一〇号平場（檀一〇）であり、そこから錫杖頭が出土し、礎石建物に隣接する一四号平場からは遺物が集中して出土した。土器類は、九～一〇世紀の灰釉陶器・土師器・須恵器・墨書土器（「鐃」）・羽釜・硯・羽口・鉄滓・鉄製品・白磁皿（北宋）・鉄製錫杖頭などで、瓦の出土はない。また鉄滓の出土があり、鍛冶の操業があった。本遺跡の特徴は、標高の高い山奥に造営された点であり、九世紀代には高山に多段性平場構造山寺が進出した事例と考えられる。遺跡の存続時期は土器類からみて九世紀代から一二世紀であり、1類（古代創建古代廃絶型）の遺跡である。

群馬県宇通遺跡は、赤城山南麓の標高六三〇～六七五メートル付近の尾根上に位置し、一一棟の建物群と竪穴住居などが、南から北へ三～四段にまとまるような構造で点在する。[19] こうした建物跡を持つ多段性の平場が同一標高に近い群で、上下に三～四段のまとまりを持つ山寺の事例は、群馬県内では黒熊中西遺跡・唐松廃寺・巌山遺跡にみられる。その平場群の在り方は別項に触れてあるが、上野国では九世紀代から多段性平場構造山寺が出現しているとみてよい。

埼玉県高岡廃寺は八世紀後半に創建されているが、一一世紀までの間にⅠ期からⅣ期までの変遷があるとされ、三段程度の平場造成があったとみられるが、高低差の大きな階段状の平場群は持たない。また最上段の本堂（第一建物遺構）は、桁行五間・梁間四間で石垣状の遺構を前面に持つ礎石建物跡であり、基壇の規模は東西一六メートル、南北一四メートルである。最初の仏堂は第二建物遺構とみられ、須弥壇の礎石を持つ礎石建物跡であり、火災に遭っているようである。その後上方に大形の礎石建物跡(第一建物遺構)が構えられるようであるが、多数の平場が造成された多段性平場構造山寺とはならないようで、古代に廃絶している。第二建物遺構(仏堂)基壇上東部から鉄滓の出土があり、また基壇北部には焼土がみられ、初期の仏堂を創建するにあたり、基壇で鍛冶の操業があった可能性が高い。(20)この他に寺域内東部の三号建物遺構西側でも鉄滓の出土があり、時期の異なる鍛冶が寺域内で操業されたようである。

埼玉県旧慈光寺跡では、開山塔と釈迦堂を載せる伽藍中枢部の平場(№1地点)周辺の複数の平場や、寺域南東部平場からの土師器・須恵器の出土があり、古代瓦は、中枢部北側斜面上の小規模平場や現本坊西方から出土している。(21)中枢平場である釈迦堂の礎石建物跡は江戸時代の建物跡でありその下層の状況は不詳であるが、開山塔と並列する建物跡であることから、この場所が古代以来の山岳寺院中枢部とみられ、その近辺斜面に古代の平場が複数造成された多段性平場構造山寺であろう。

山梨県大善寺は、武蔵と甲斐を結ぶ甲州街道に隣接する甲府盆地北東部の山麓斜面に位置する。一三世紀後半創建の本堂である薬師堂は、最上段付近に構えられ、その前身本堂とみられる往生院の平場の一部が現存するとみられるが、境内からは発掘調査により平安期の土師器甕と布目痕を持つ平瓦が、斜面下位となる本堂南方約一〇〇メートルの平場(平成五年(一九九三)・第一トレンチ)から出土している。また境内からは、表面に布目を持ち裏面が格子目叩きとなる平瓦の出土もある。一三世紀初頭から一五世紀後半の中世墳墓出土の骨蔵器や、中世かわらけの出土からみて、おそらく九世紀から一〇世紀には、南北六段程度の多段性平場構造山寺が成立しており、その後に中世山寺として東国で初期の経塚を一二世紀初頭に造営したと考えてよい。(22)

東海では、静岡県建穂寺跡において、多段性平場構造山寺の遺構がみられる。遺跡は、静岡市の安部川西側の山地

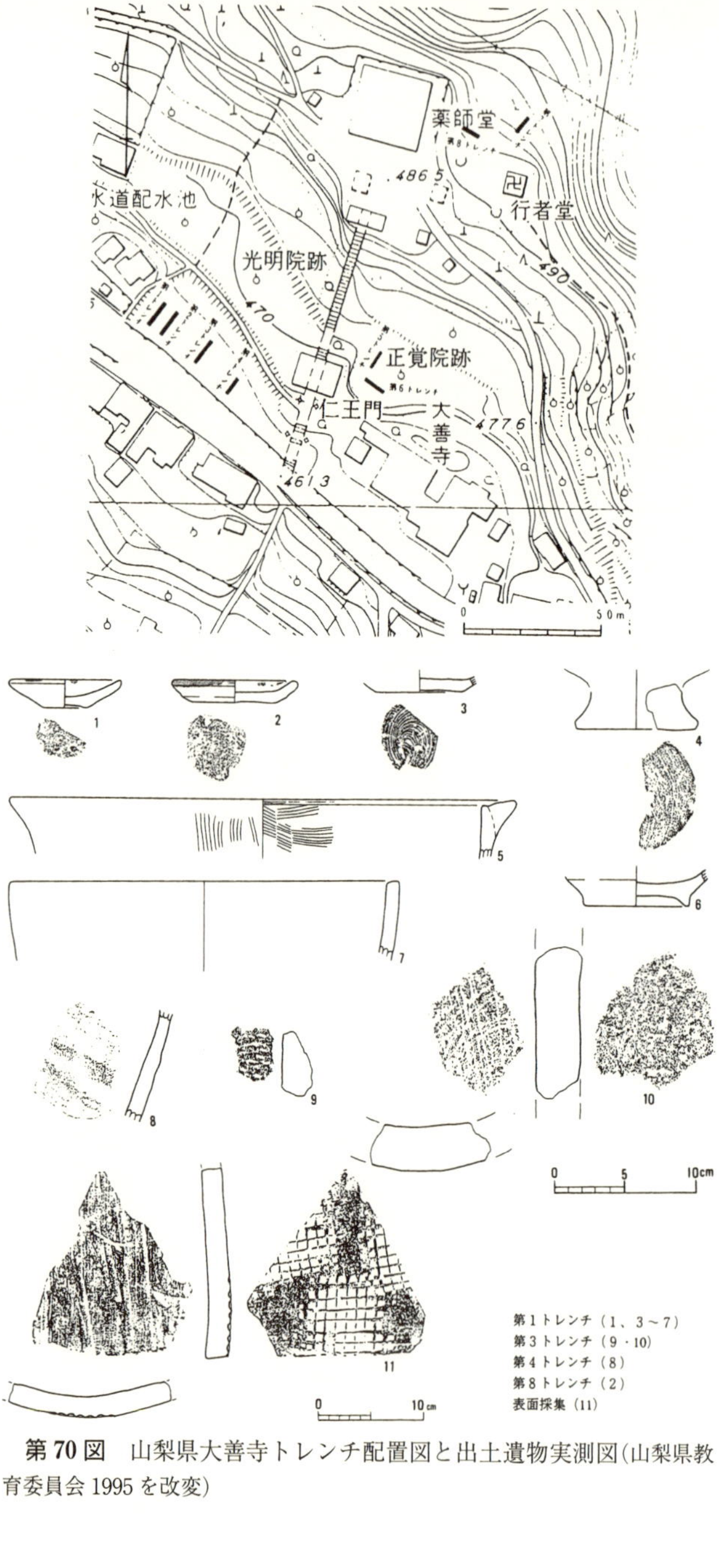

第70図　山梨県大善寺トレンチ配置図と出土遺物実測図(山梨県教育委員会1995を改変)

尾根上から山麓に、複数の平場が連続するように造成された山寺である。山上の本堂付近からは、尾張産の黒笹九〇号窯式（K-90号窯式）の灰釉陶器が出土しており、[23] 九世紀中葉から後半[24]には山寺での活動があったことが判明している。最上部には、礎石建物跡（桁行七間・梁間六間）が南面し、同じ平場上に二箇所程度の基壇状の遺構が南北に縦列的に位置するが、大型礎石建物跡の前面は前庭になるのであろう。上部尾根上には五段程度の平場があり、尾根中位にも五段、山麓部に広い平面を持つ三段の平場が造成されており、中世陶磁器類などが南麓の谷部から発掘されている。遺物の時期からみて存続期間は九世紀から一六世紀代となり、2類の古代創建中世廃絶型山林寺院である。本堂の規模からみて駿河国分寺に付属する山林寺院の可能性が指摘されているが、この山寺は多段性平場構造の範中で捉えられよう。

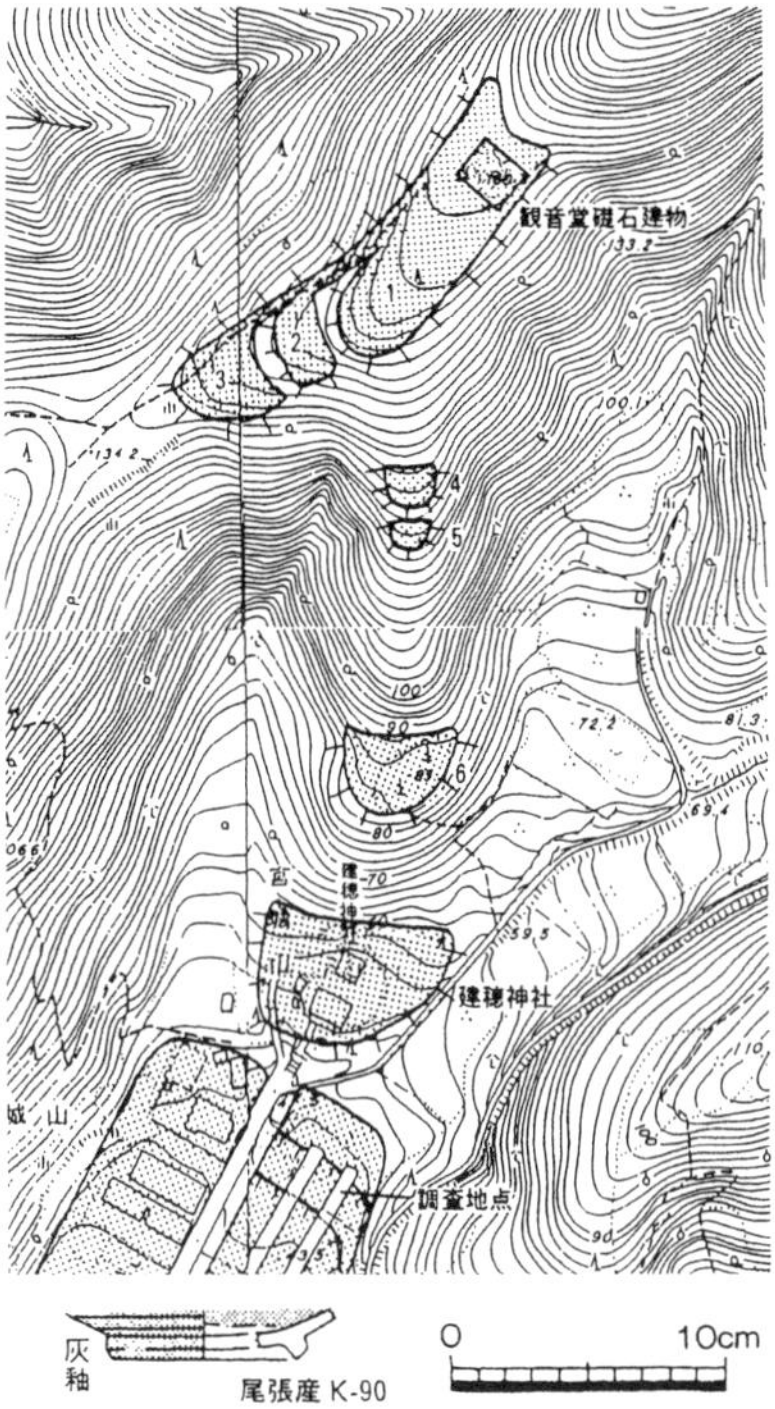

第71図　静岡県建穂寺と出土灰釉陶器実測図（松井2010を改変）

片山廃寺の東側約二キロの隣接山地にある平沢寺は、斜面にやや大規模な平場を造成しているが、古代に遡る遺物の出土はない。しかし北方七キロの霊山寺と同様に、境内から南北朝期の石塔類が出土しており、古代に遡る山林寺院の可能性が指摘されており、国分寺との関係も想定されている。片山廃寺の東方四キロ弱に位置する久能寺は、海辺の山頂に造営された山寺である。江戸時代の東照宮の造営で大規模に改変さ

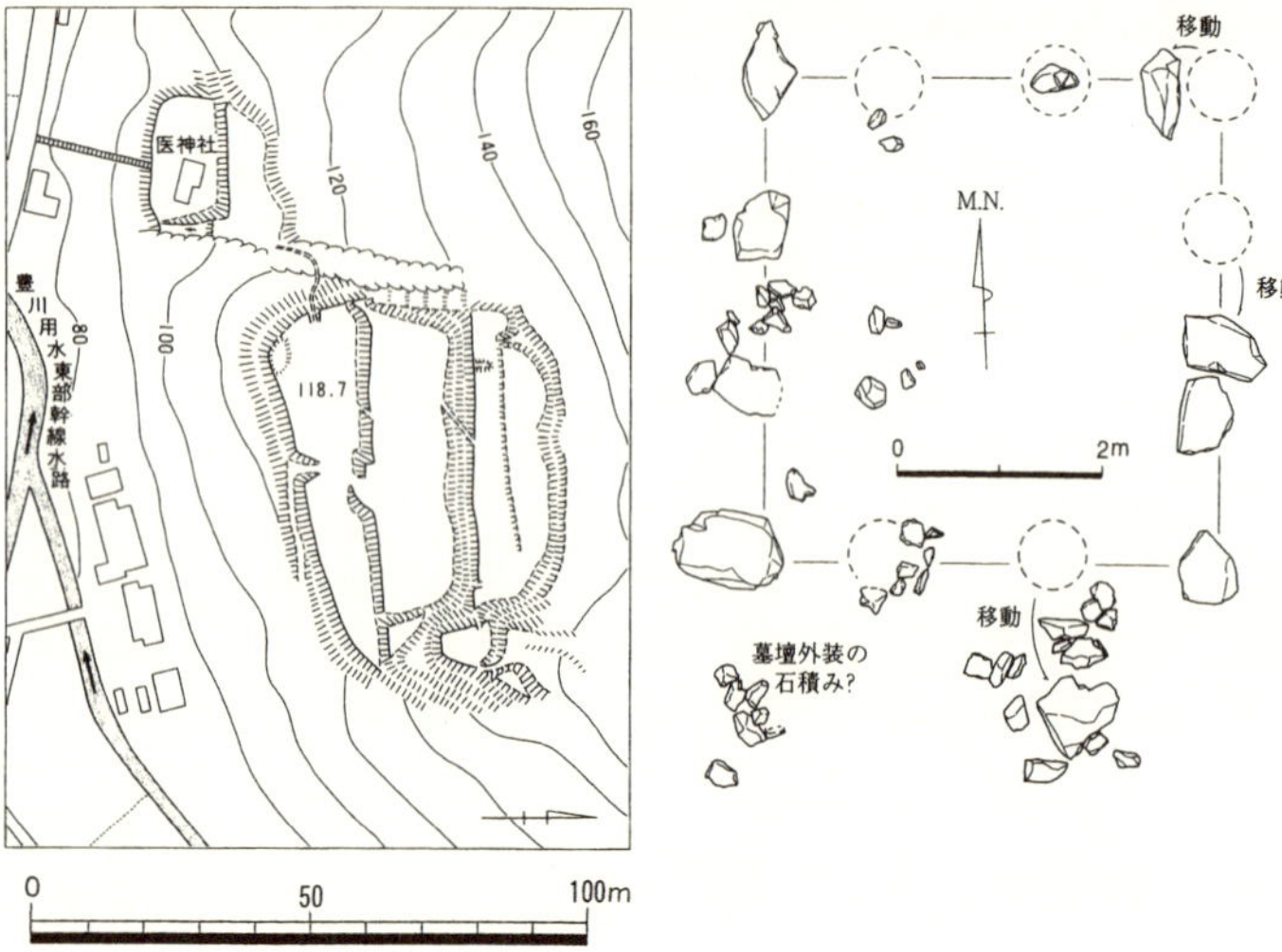

第72図　愛知県太陽寺址境内概略図・礎石建物跡平面図（岩原2010を改変）

れているが、元は南北に延びる尾根上に二〇段程度の平場が階段状になっていたものとみられ、多段性平場構造山寺であった可能性が高い。片山廃寺の北西約一三キロの山中にある法明寺においては、平安時代中葉の灰釉陶器が出土しており山林寺院とされている。旧駿河国では、静岡平野周辺部の山地を取り囲むように、古代から中世の山寺群が展開する。

　愛知県の太陽寺址は旧三河国の山寺であり、折戸五三号窯式（O-53号窯式）の灰釉陶器の出土からみて一〇世紀には活動があったとみられ、戦国期の瀬戸美濃・常滑まで出土するが、一四〜一五世紀の遺物は持たないとされる㉕。東西長軸約五〇メートルで、奥行二〇メートルの規模を持つ大形平場が山腹に三段に造成されている。「東」の押印を持つ東大寺瓦窯跡産の瓦が出土しており、生産地との関係が確認できる事例として東三河では数少ない中世寺院の瓦とされる。複数の礎石建物跡があり、一〇世紀には存在していた多段性平場構造山寺の範疇で考えてよいだろう。

　愛知県財賀寺は、旧三河国に属する山寺である。寺域内最上部の標高約一六〇メートルの観音堂付近が最初に創建された山寺であり、そこから黒笹九〇号窯式（K-90号窯式）の灰釉陶器の出土があった[26]。本堂域は一面性平場構造にもみえるが、周辺に階段状の平場が造成されていることからみて、九世紀後半には創建されていた多段性平場構造山寺とみられる。

　愛知県桜井寺は山間部に入る細い谷を上り、僅かに開けた狭い空間の尾根上に立地する山寺である[27]。現在の伽藍地の北方、標高約一七五メートルにある薬師堂が本堂とみられている。薬師堂へ上る谷部の平場群から灰釉陶器や山茶碗が出土し、灰釉陶器の器形などからみて、九世紀後半の時期が想定され、その時期には創建されていたのであろう。尾根上は小規模な平場であるが、谷部の遺構と遺物から多段性平場構造山寺である。

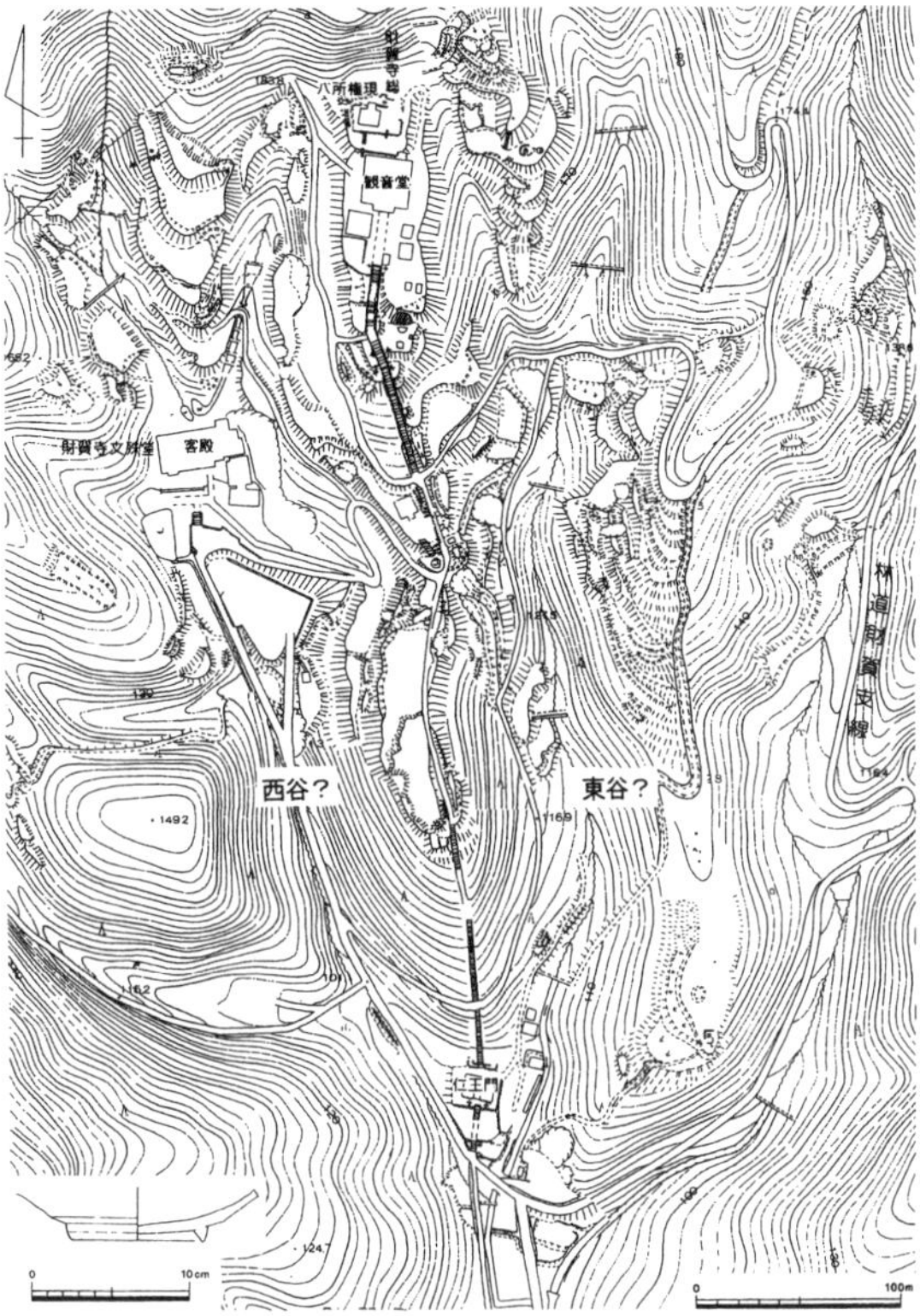

第 73 図　愛知県財賀寺旧境内概略図・採集遺物実測図
（岩原 2010 を改変）

　愛知県猿投神社（西ノ宮遺跡）は、旧三河国に属する山寺である[28]。出土した一〇世紀以降の灰釉陶器（O-53〜H-72号窯式）の時期には創建され、その後に平場が階段状に造成された多段性平場構造山寺とみてよいだろう。

　このように東海の複数の山寺の中枢平場などでは、九世紀中葉から後半の黒笹九〇号窯式（K-90号窯式）から一〇世紀前半折戸五三号窯式（O-53号窯式）

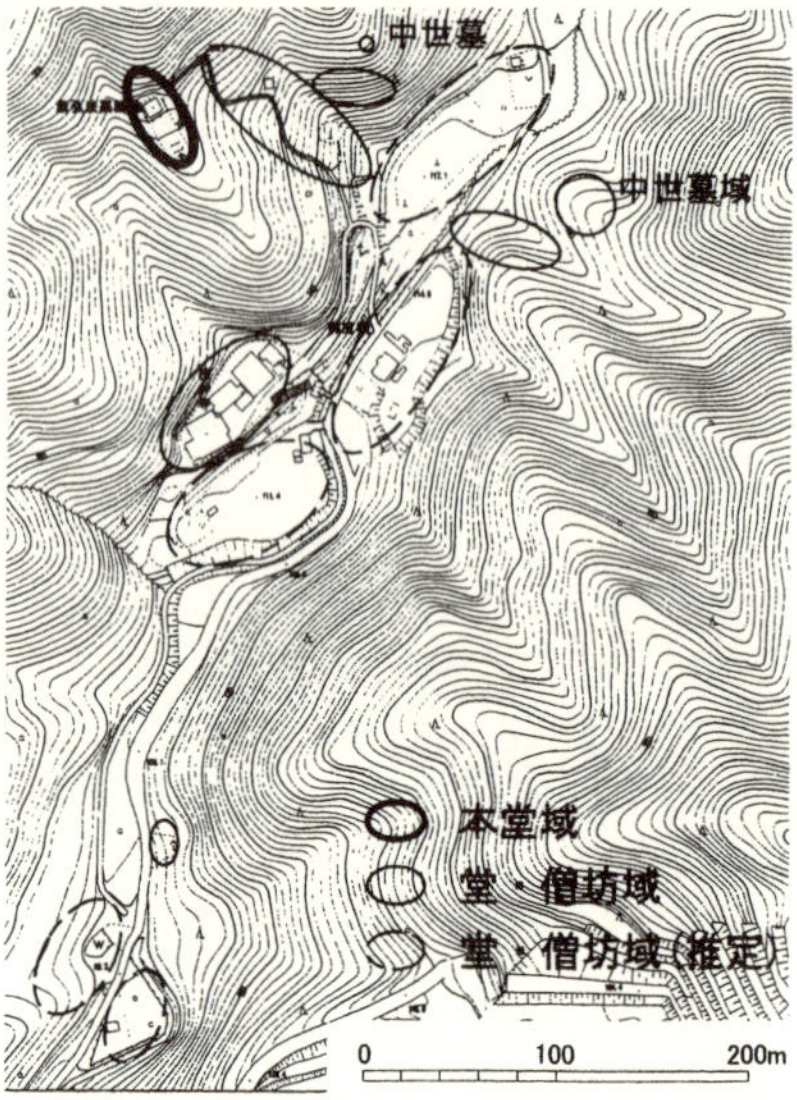

第74図　愛知県桜井寺現況図（荒井 2010）

の灰釉陶器が出土し、黒笹一四号窯式期（K-14号窯式）の灰釉陶器は出土していないので、九世紀中葉から一〇世紀前半には多段性平場構造の山寺が創建されたか、または造営されていたと考えられる。

北陸では、石川県浄水寺跡において、八世紀後半代からの祭祀地点に、九世紀後半に山林寺院が造営され、大知波峠廃寺跡に類似する墨書土器による祭祀が行なわれたとみられる。南面する本堂を載せる平場が、丘陵谷部奥の最上段部に位置し、その斜め前方や南側に多段性の平場群が展開する構造を持つ。[29] 中枢仏堂は、一一世紀前半に桁行五間・梁間四間の本堂に建て替えられ、本堂南西下位の古代平場は中世平場の造成によって崩され縮小することから、古代の多段性平場が中世期にもその構造を保持しつつ、新たな中世平場が造営されたことを示す遺跡事例として貴重である。

この遺跡では、古代平場と中世平場の切り合い関係が発掘調査により確定できる。この古代平場には、建物跡などの遺構がないことから、本堂南西下方に位置する古代の薗院であることを指摘したが、古代薗院を縮小してその下位に切土により中世平場を造成したことがわかる。なお平場上面に遺構が全くない事例は、黒熊中西遺跡の七号テラス（平場）があり、この両者の平場ともに本堂西側斜面下位に位置することが共通点である。これは下野国分尼寺や上総国分尼寺の薗院が、寺域中軸線の西側に位置する構造を持つものと想定されていることに通ずるものである。

こうした浄水寺跡の平場構造は、浄水寺跡の南南東方約一・五キロに位置し、加賀国分寺の山林寺院と想定され、八世紀に創建され八世紀の内に廃絶する松谷廃寺跡とは異なる構造である。松谷廃寺跡が一面性平場構造山寺であるのに対して、浄水寺跡は九世紀後半に創建され存続した多段性平場構造山寺である。浄水寺跡は、一五世紀代まで本堂が三期にわたり存続した山寺であり、存続期間からみた類型では2類（古代創建中世存続型）である。

滋賀県松尾寺跡では、江戸時代元禄年間再建の本堂（礎石建物跡）周辺の中枢部が発掘調査され、九世紀後半から一〇世紀中葉頃の土器を伴う建物跡などがあった。(30) 山岳寺院最上段に位置する中枢部周辺の平場群は、斜面に構築された階段状の遺構であり、江戸時代に僧坊として使われた平場と建物などがあることから、埼玉県慈光寺の江戸時代の遺構群などと同じように近世まで存続した多段性平場構造山寺である。

兵庫県旧金剛寺跡は、山岳寺院の大部分が保存された画期的な遺跡(31)であるが、中枢部の上下に階段状に複数の平場が構築された多段性平場構造山寺である。その存続時期は、出土遺物からみて九世紀前半から一四世紀末までであるが、最上段のE地区が創建当初から小堂を祀る場所であったとされ、注

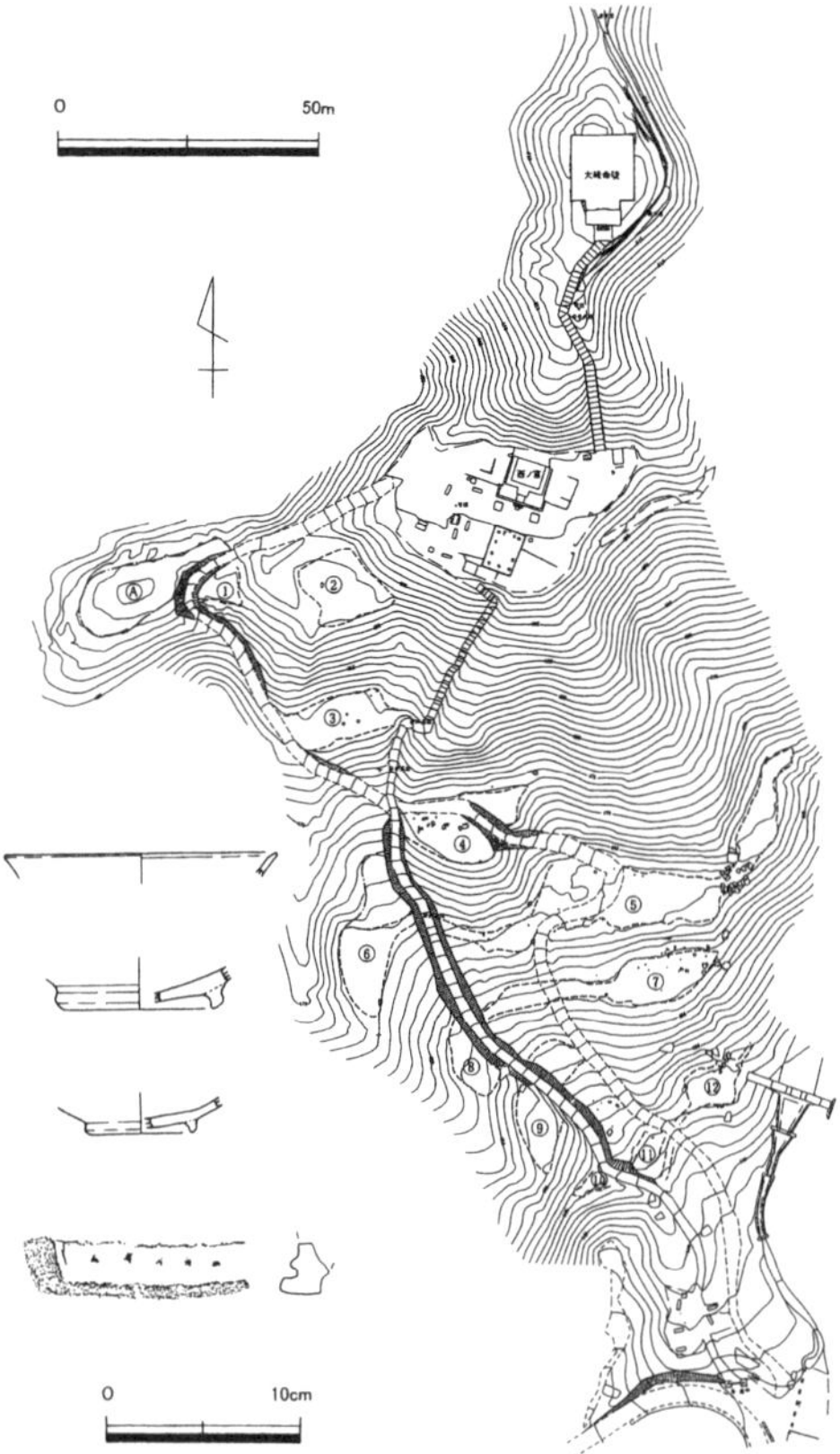

第75図　愛知県猿投神社（西ノ宮遺跡）全体測量図・採集遺物実測図（杉浦・井上2010を改変）

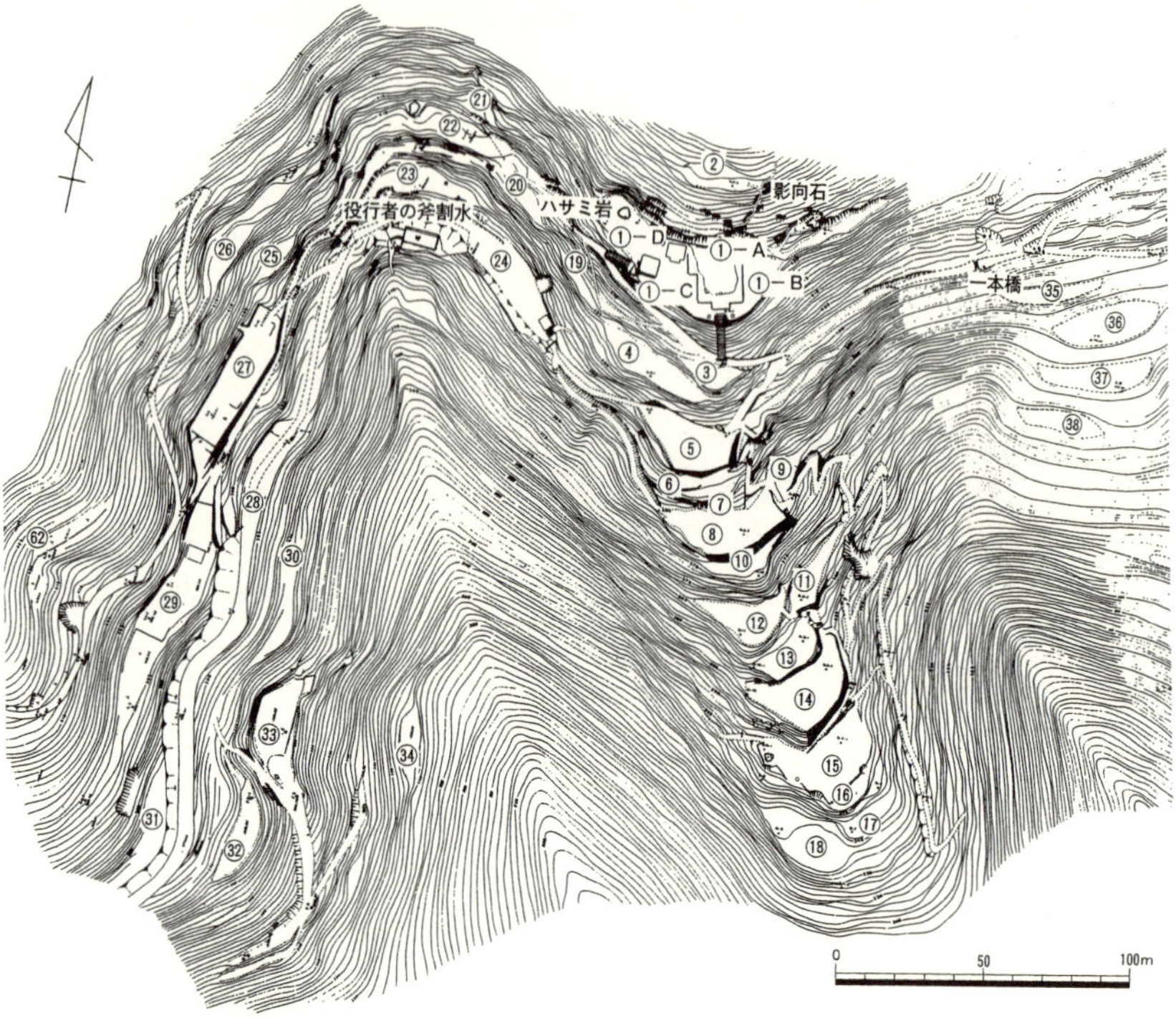

第 76 図　滋賀県松尾寺遺跡平場平面図（米原町教育委員会 1999）

目される発掘調査であった。また兵庫県一乗寺は、寺域北部に巨岩と湧水があり多くの山寺にみられる構成要素を保持し、一二世紀後半に創建された三重塔が斜面に位置する平場に建立され、多段性平場構造山寺の様相を示すが、伽藍は古相の縦列系の伝統を引くのか、または散在系となるのかなど、今後の研究が待たれる。

　このように、平安期の主に九世紀前半から一〇世紀前半までに創建された山寺の一群は、主峰を持つ高山の尾根上や山腹斜面や丘陵斜面などに構築された平場に仏堂や堂舎を持ち、多数の平場が主に本堂の斜め前方や前方部に階段状に造成される構造を示す遺跡例が多い。これは、奈良朝山林寺院が主に丘陵上面に占地され、一面性平場構造を持つこととは対照的に、平安期山岳寺院は、山頂近くの尾根上や山腹の尾根や谷部などを利用し、斜面に多段性の平場構造を意図して山寺を造営した。

　九世紀に創建された比叡山寺と高野山寺は、まさに高山に占地する山林仏教の要地であり、高山に山岳という概念を付与すれば、そこに展開した仏教遺跡は山岳仏教遺跡となろう。比叡山寺と高野山寺の成立は、日本山岳寺院の成立とみてよいのだろうが、比叡山寺では、東塔・西塔は九世紀前半の創建で、九世紀代の開発があり、横川は九世紀中葉から後半の創建となろう。奈良朝にはほぼ開発されてしまった平地や丘陵からは離れた山地に、後発の仏教施設として占地した山岳寺院の一群は、当然のことながら急斜面まで利用して、仏堂から付属堂舎の建立や、薗院などの付属院地となる土地の確保を行なわざるを得なかったのであろう。

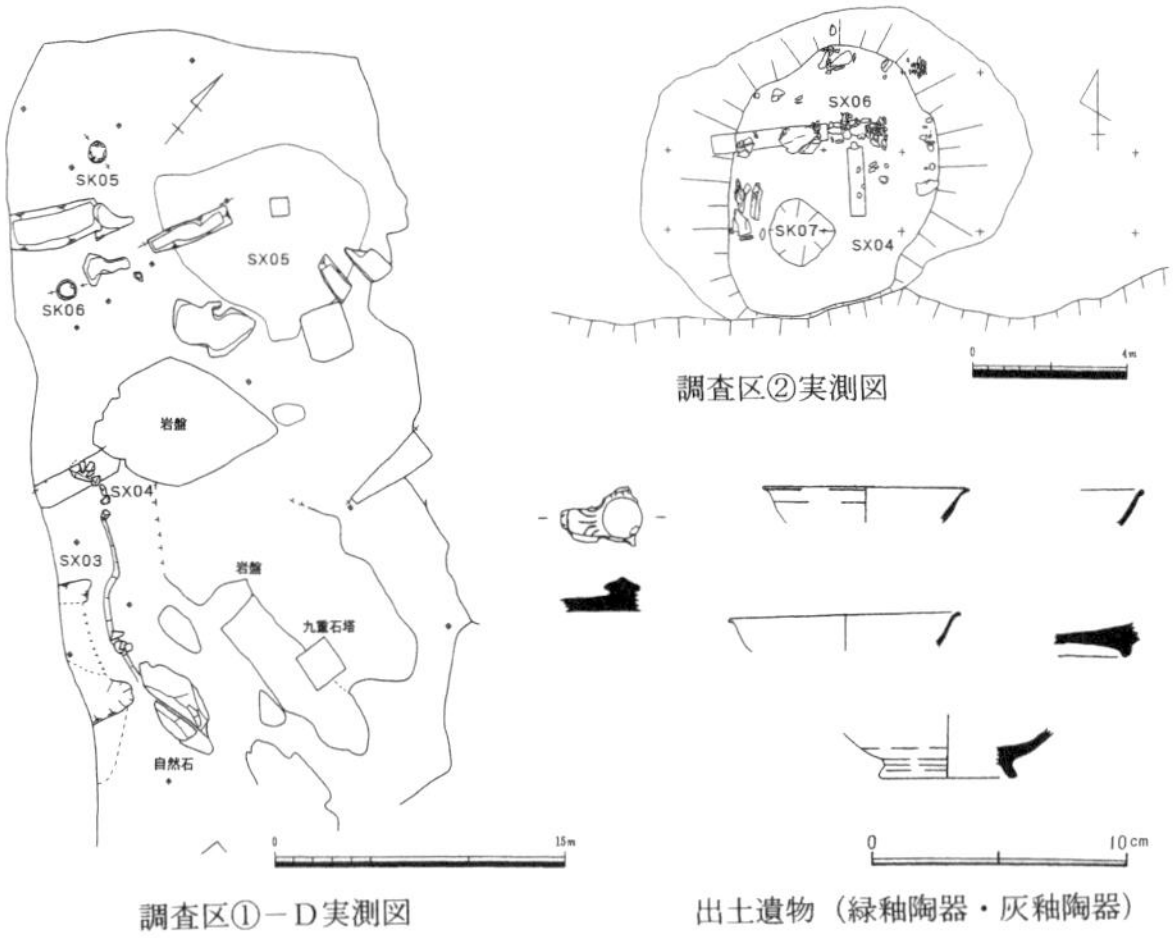

第 77 図　滋賀県松尾寺遺跡中枢部遺構・出土遺物実測図（米原町教育委員会 1999 を改変）

　以上、九世紀代から一〇世紀前半頃までに創建され一一世紀代に廃絶する山寺と、その後に中世期に存続する山寺の一群には、「多段性平場構造山寺」が多数存在しており、これらを主に山岳寺院という考古学的概念で捉えることとしたい。その特質は、本堂が斜面上位に構えられ、その前方下位や横方向に任意的な配置で講堂や僧坊や寺域内堂舎や薗院が多段性を示す独立的な平場に構築造営されることである。しかし伽藍中枢の造営順序は、如意寺跡本堂地区にみられるように、本堂より講堂が先行したとみられるなどの状況もある。なお、高野山寺の初期伽藍は、全国でも最も標高の高い場所に造営された一面性平場構造山寺の可能性も考えられようが、今後の検討課題となるであろう。

また、本堂を載せる上段または最上段の平場には、その隣接地点の上位に小規模な平場が造成されることが北東日本の複数の山岳寺院で確認できる。滋賀県松尾寺跡の発掘調査においては、本堂北側後方の約一八メートル高所に、東西長軸二〇メートル程度の平場があり、その平坦部中央に「マウンド状の若干の盛り上がり」がみられたとされ、そのマウンド上に集石遺構（ＳＸ〇六）がある。(32) この場所が居住空間ではないことは確実視されており、神聖な場所であろうとの想定が示されている。集石を載せる盛土は周囲が崩落している状況が窺え、集石が石列状を呈するようにも見受けられ、方位に合致する方形の建物跡が存在した可能性がある。中央部付近に東西方向の石列があり、その規模は、東西三・六メートルで、礎石状の石が一・五メートル間隔で二箇所にあり、その西側にも一・五メートル離れて集石がみられる。西辺石列は二・一メートルが現存し、北辺から直交する。その外側にも方位に合致する東西南北方向の石列がみられ、規模は不詳ながらも礎石建物跡の痕跡が窺えるようである。

この遺構は本堂跡の上位にあることから、本堂と同等かそれ以上の位置付けを持つ遺構であったことは、間違いないであろう。そうした役割は、本堂の仏像以外では土地の神が考えられ、地主神を祀った堂塔社殿の類とみることができるのではないかと考える。かつて、石田茂作が示した真言・天台系伽藍地内の堂舎の一つである鎮守の可能性が考えられよう。鎮守とは、仏寺を鎮め守るために建てた神社のことであり、天台系では天台の神を祀る場合もあろう。

こうした本堂上方に隣接する最上段の平場遺構は、栃木県華厳寺跡観音堂跡の最上段平場にある礎石建物跡の斜面西側上位の小規模平場や、京都府補陀落寺跡の最上段の横長広大平場の上方にある小規模平場が同類と考えることができる。華厳寺跡観音堂跡では、最上段の礎石建物跡を載せる横長広大平場の西方上位比高約五メートル、平面距離約五メートルの場所に、南北長軸八メートル程度、東西短軸五メートル程度の小規模平場が付属するように構えられている。奈良朝の国分寺には山林修行の山寺が計画的に配置されたように、九世紀以降に開創された山寺の中には、地主神を祀ったのではないかと推定することができる小規模な空間（平場）が併設されたと考えることができるが、発掘調査による遺構と遺物からの論証をすることが今後の課題となろう。

なお、福島県慧日寺本寺地区では、一面性平場構造山寺の縦列系集中型伽藍の中軸線の北側最奥に年代を決定する遺物は出土していないものの、社祠跡とされる遺構がある(33)。これは三メートル四方の身舎の前に、二・一メートルの庇が付く推定春日造の建造物であり、地主神である磐梯明神を祀ったものとされており、古代縦列系集中型伽藍配置の中に伽藍と同時期に地主神が祀られたのか、時期差を持って祀られたのかの検討が必要となろう。多段性平場構造山寺の中には、中世に存続する山岳寺院が多く出現するとみられる。その事例は、栃木県大慈寺旧跡・群馬県巌山（榛名神社）遺跡・埼玉県旧慈光寺跡・愛知県普門寺旧境内・愛知県大山廃寺跡・京都府如意寺跡本堂地区などがあり、石川県浄水寺跡もその類に含めてよいだろう。

三　古代創建古代廃絶型山林寺院の細分と大規模平場の出現

著者は、山林寺院はその存続期間を古代から中世末頃までの長い時間軸の中で考えた場合、古代に創建され古代のうちに廃絶する一群と、古代に創建され中世に存続する一群に大きく区分することができることをかつて指摘した。前者は古代創建古代廃絶型山林寺院（1類）、後者は古代創建中世存続型山林寺院（2類）と提唱し(34)、その他に中世初頭頃から中世前期に創建され中世のうちに廃絶する一群を中世創建中世廃絶型山林寺院（3類）と類型区分した(35)。

なお1類は古代に廃絶し遺跡として残り、2類は中世に存続するが中世後期から中世末に廃絶し遺跡として残る一群（2a類・古代創建中世存続型中世廃絶系）と、中世に廃絶し遺跡となるものの寺院機能は近世に山麓に移動したり、または同じ場所で近世に堂宇が復興されるなどして、その後も近世寺院として存続する一群（2b類・古代創建中世存続型中世廃絶近世復興系）に区分され、3類は中世に廃絶したまま遺跡として残る一群（3a類・中世創建中世廃絶型中世廃絶系）と、中世末頃に廃絶し遺跡となるが、寺院機能は近世に山麓や隣接地などに移動したりして、近世に堂宇が復興され近世寺院として存続する一群（3b類・中世創建中世廃絶型中世廃絶近世復興系）に区分できる。[36]

ここでは、上総国分寺周辺における八世紀後半に創建され古代のうちに廃絶する山林寺院である小食土廃寺などの在り方や、加賀国分寺に隣接する場所に造営され、国分寺に付属するとみられる山林寺院である松谷廃寺跡などの存在から、古代創建古代廃絶型山林寺院（1類）がさらに細分されるべきものと考える。武蔵国分寺では、寺域北西に近接する恋ヶ窪廃寺が山林修行の場であろうとみられている。[37]こうした国分寺に関連する山寺のほかにも、七世紀第3四半期に創建された崇福寺や、七世紀後葉から八世紀初頭の複数の軒丸瓦を持つ北武蔵馬騎の内廃寺の存在から、現時点では、国分寺創建期を遡る白鳳期から八世紀前半に創建された山寺の一群が、厳然として存在していることも周知の事実でもある。

また、国分寺創建期以降では、国分寺に付属する山林寺院の一群は、国分寺の衰退と同時に古代の内に廃絶するものが多いが、一〇世紀前半の創建になる黒熊中西遺跡や大知波峠廃寺跡などは、一一世紀中頃には衰退・廃絶することから、中世には存続しない一群である。一〇世紀創建の山岳寺院の一部は、加賀浄水寺跡のように同一地点で古代と中世に仏堂が再建され多段性平場構造の山寺を維持しながら、本堂の再興などにより寺院機能を継続させ、一五世紀代まで存続するものも複数ある。

創建時期からみた古期の山寺には、先に触れた七世紀後葉から八世紀初頭の複数の単弁軒丸瓦類を出土する埼玉県馬騎の内廃寺と、(38)七世紀末から八世紀前半の単弁軒丸瓦などを出土する愛知県大山廃寺跡が知られるが、当該期の確実な遺構が少なく、その実態を論ずることは、現時点では難しい。例えば大山廃寺跡では、塔跡とその南方下位に一〇〇メートル以上離れた中枢平場から、単弁軒丸瓦が出土し、その時期は八世紀前半の中に収まるとされるが、遺構群の実態は不詳と言わざるを得ない。初期の大山廃寺跡は、主峰を持たない山地の山腹中位に山寺が造成されたわけであるが、山腹尾根部を一面性の平場構造に造成している可能性もあり、奈良朝の国分寺創建期頃から九世紀初頭の山寺群の祖型であった可能性を示唆する。あえて言及すれば、茨城県山尾権現山廃寺の占地がその系譜を引くのであろう。

埼玉県馬騎の内廃寺の主要部は、発掘調査がなされていないので、山寺の構造は不詳であるが、細長い谷の最奥部の舌状の尾根上に造成されており、滋賀県崇福寺跡の立地に類似する。また南に隣接して流れる荒川の北岸には、末野窯跡群と製鉄遺跡群が展開し、窯業製鉄地帯に付属する山寺とみてよい。馬騎の内廃寺出土の瓦類は、三重弧文軒平瓦などが八世紀第１四半期とみられており、軒丸瓦と桶巻造り平瓦も八世紀第２四半期などの古い様相とされている。(39)その他に、複数の軒丸瓦が出土しており、七世紀後葉から八世紀初頭の軒丸瓦が存在するとされる。(40)土器類には、糸切りの底部を持つ須恵器や灰釉陶器の出土があることと、中世陶磁器がみられないことから平安期までは存続していた。

馬騎の内廃寺を取り巻く荒川北岸の丘陵などに分布する末野窯跡群における須恵器生産は七世紀末から始まり、(41)東国で七世紀後半から八世紀後半に操業された古期の製鉄炉である長方形箱形炉も末野窯跡群と同じ場所で操業されている。馬騎の内廃寺は、窯業地帯の中央部に構えられた山寺であるだけでなく、古期の製鉄遺跡地帯に隣接し、八世紀前半には確実に造営されていた山寺であるとみてよい。

こうした山寺と須恵器窯と古期の製鉄炉である長方形箱形炉（箱形製鉄炉）の三者の組み合せは、愛知県大山廃寺跡とその近隣においてもみられる。大山廃寺跡南西約五キロの小牧市桃ケ丘から上末には、須恵器・瓦等を生産した尾北窯篠岡支群の篠岡二号窯・篠岡六六窯・篠岡七四窯と、製鉄炉の長方形箱形炉を持つ狩山戸遺跡が発掘調査されている。篠岡丘陵は尾北古窯跡の中心とされ、標高一〇〇メートル程度の独立した丘陵地に、七～一一世紀の須恵器窯・灰釉陶器窯約一三〇基が分布している。篠岡二号窯の須恵器と瓦は、七世紀後葉の年代とされ、篠岡六六号・七四号窯は八世紀前葉の年代が与えられている(42)。

狩山戸遺跡の長方形箱形炉は、関東や東北と同時期の七世紀後半から八世紀前半とみられている(43)。長方形箱形炉は、炉床底面に長さ三〇センチの川原石を敷く構造で、炉本体の上位の排滓坑は、直径二・四メートルの円形を呈し、下位の排滓坑は長楕円形である。この製鉄炉は、地形の等高線に対して炉体の長軸を直交させる、いわゆる縦置の長方形縦型炉である。この中で篠岡二号窯と狩山戸製鉄炉は、東西に約七〇〇メートル離れるものの、七世紀後葉にほぼ同時に操業を開始したとみれば、その後、篠岡六六号・七四号窯の八世紀前葉の時期までは、大山廃寺跡の山寺と、近隣の製鉄炉と須恵器窯などは、同時に存在していたと考えられる。

狩山戸遺跡の南方約一・六キロでは春日井市西山製鉄遺跡において横置き型の長方形箱形炉が発掘調査されている(44)。炉底には扁平な石を敷き、粘土を用いた炉体構造を持っていたとみられ、箱形炉本体と排滓坑の規模や構造は、北関東の箱形炉とほぼ同じである(45)。西山製鉄遺跡では鋳造も行なっていたとみられ、そうした技術が、隣接する大山廃寺跡における一一世紀の鋳造遺構へと継承されていたかどうかなどの課題がみえてくる。こうしたことから篠岡丘陵は、窯業だけではなく、鉄の生産にも関係する場所であった。

これは末野窯跡群における、七世紀末の須恵器の生産開始と、八世紀代の長方形箱形炉の操業があった時期に、馬騎の内廃寺が創建されたことと酷似する事例である。山寺の創建、須恵器と瓦の生産、長方形箱形炉操業の組み合せがあった可能性を強く示唆する。篠岡二号窯の瓦は、中央との密接な関係を示すとされ、古代における鉄生産遺跡も官衙などの関連が考えられる。なお、群馬県赤城山麓の東日本最古級の七世紀中葉から後葉の長方形箱形炉を持つ三ヶ尻西遺跡の周辺地域には、長方形箱形炉に続く時期の製鉄炉である竪形炉が広く分布し、その山腹上方の標高六七〇メートル付近に、山岳寺院である宇通遺跡（宇通廃寺）が造営されている。山寺研究においては、古代における鉄生産の視点も忘れてはならない。

こうした最古期の山寺に続き、八世紀中葉から後半に創建される山寺の一群は、先に触れた一面性平場構造山寺である。発掘調査で確認されている遺跡には、千葉県遠寺原遺跡・千葉県西寺原遺跡・千葉県小食土廃寺・千葉県萩ノ原遺跡・埼玉県高岡廃寺・石川県三小牛ハバ遺跡・石川県松谷廃寺跡がある。同じ系譜を引く山寺には、茨城県山尾権現山廃寺・福井県明寺山廃寺・福井県大谷寺遺跡がある。これらの山寺の多くは、一面性平場に中心仏堂が一棟建立され、付属の掘立柱建物の堂宇や、山寺に属する竪穴住居が周囲に展開する構造を持つ。千葉県西寺原遺跡は、一〇世紀末から一一世紀前半頃には廃絶し、中世には存続しない遺跡であるが、遠寺原遺跡に隣接する一面性平場構造の山寺遺跡として考えることができる。土馬の出土から八世紀代以降の雨乞いの伝統を保持する山寺であり、また温石の出土からは、医療に関する行為があった可能性が指摘されている。

その後の九世紀後半から一〇世紀前半代における山寺の創建は、群馬県黒熊中西遺跡に代表され、多段性平場構造山寺の山岳寺院が多数を占める。同時期創建の山岳寺院には、群馬県宇通遺跡・静岡県大知波峠廃寺跡・石川県浄水寺跡・兵庫県旧金剛寺跡などがあり、滋賀県松尾寺跡もその類である。こうした古代山寺の創建時期から考えると、

1類の古代創建古代廃絶型を次のように三つに細分することができる。

1a類　古代創建古代廃絶型白鳳期系
1b類　古代創建古代廃絶型国分寺創建期系
1c類　古代創建古代廃絶型平安期系

これら1a類・1b類・1c類は、古代のうちに廃絶することに変わりはない。1a類は七世紀後葉から八世紀前半の遺物を持つ山寺の一群であり、その実態については現時点では多くを語ることはできず、遺跡数も北東日本でわずかに知られるにすぎない。北東日本では、滋賀県崇福寺を除けば埼玉県馬騎の内廃寺と愛知県大山廃寺跡が該当するのみである。その立地は、山地の縁辺部から丘陵性の山が選ばれ、小規模な尾根上に少数の平場が小規模な階段状を呈するものとみられる。白鳳期系山寺の寺域は、1b類の国分寺創建期系の山寺に比べて、はるかに狭い範囲の山上に立地することが特徴でもある。

山寺遺跡と窯業製鉄遺跡の相互位置関係と、遺跡の同時性などを考古学的視点からみれば、北東日本における最初期の山寺は、純粋な山林修行のための施設ではなく、山林における官衙主導の須恵器生産や鉄生産と共存した可能性を窺うことができるかもしれない。このことから、国分寺創建期の山寺が小食土廃寺のように、上総国分寺の瓦窯跡である南河原坂窯跡群の近隣に位置することや、氏族系山寺である栃木県大慈寺が三毳山麓窯跡群に隣接し、かつ下野国分寺の瓦類を焼成した窯跡から同范の瓦の供給を受けたことを始めとして、山寺と窯業製鉄遺跡の深い関係を見て取ることができよう。これは、古代山寺の立地分類において、D類窯業製鉄地域隣接型という類型設定ができるほどの遺跡群が知られていることにもつながる。

古代創建古代廃絶型国分寺創建期系とした1b類は、八世紀中葉から後葉に創建された一群であり、現時点では一面性平場構造山寺が多数を占めるとみられるが、八世紀後半創建の山寺がすべて一面性平場構造山寺となるかどうかは不詳とせざるを得ない。埼玉県高岡廃寺の立地は一面性平場構造山寺と同じ丘陵平坦部の端部であるが、伽藍中枢から南前方に比高の少ない少数の階段状平場が造成されていることから、多段性平場構造山寺とせざるを得ず、両者の特徴を併せ持つ山寺とも考えることができる。１ｃ類は、九世紀代から一〇世紀前半に創建された山岳寺院の一群として設定した。黒熊中西遺跡と宇通遺跡（宇通廃寺）は、古代伽藍の廃絶が一一世紀代であり、１ｃ類と捉えることができる。これらは一一世紀中葉から後葉には衰退・廃絶し、一二世紀以降の中世には存続しない。１ｂ類では遅くとも九世紀代から一〇世紀には衰退し廃絶する場合が多くみられると言ってよい。これは、律令仏教の国分寺の盛衰に呼応するものと考えられる。こうした１ｃ類と同時期の九世紀代に創建された山寺のうち、埼玉県旧慈光寺跡は、中世以降に存続する古代創建中世存続型（２ａ類）山寺である。そしてその中枢部平場は、九世紀から一二世紀の間に、大規模平場として造営されることになる。

註

（1）今尾文昭「比曽寺跡」『図説日本の史跡　第五巻　古代二』同朋舎出版　一九九一年
大西貴夫「宮都と周辺の山寺―飛鳥・奈良時代を中心に―」『日本の古代山寺』久保智康編　高志書院　二〇一六年
（2）大西貴夫「古代の山寺の実像―南法華寺を例に―」『山岳信仰と考古学Ⅱ』山の考古学研究会　二〇一〇年
（3）上野川勝「古代東国における山寺の文字瓦と墨書土器について」『唐澤考古』二二号　唐沢考古会　二〇〇三年
（4）山中敏史・中嶋隆ほか『大山廃寺発掘調査報告書』小牧市教育委員会　一九七九年
（5）君津郡市文化財センター『千葉県袖ヶ浦町永吉台遺跡群（本文編・図面編・写真図版編）』一九八五年

（6）千葉県文化財センター「古代仏教遺跡の諸問題　Ⅱ主要遺跡概要」『研究紀要』一八号　一九九七年
（7）須田　勉「国分寺・山林寺院・村落寺院」『季刊考古学』八〇号　雄山閣出版　二〇〇二年
（8）上野川勝「海辺の山岳寺院―安房にみる廃絶した山寺と存続した山寺―」『唐澤考古』二七号　唐沢考古会　二〇〇八年
（9）望月清司「加賀国府周辺の古代山林寺院（石川県）」『佛教藝術』三一五号　毎日新聞社　二〇一一年
（10）南　久和『三小牛ハバ遺跡』金沢市教育委員会　一九九四年
平川　南「第四章　金沢市三小牛ハバ遺跡出土木簡」『三小牛ハバ遺跡』金沢市教育委員会　一九九四年
（11）真壁町史編さん委員会「Ⅱ山尾権現山廃寺」『真壁町史料　考古資料編Ⅲ―古代寺院遺跡―』真壁町　一九八九年
（12）松井一明「遠江・駿河の山林寺院（静岡県）」『佛教藝術』三一五号　毎日新聞社　二〇一一年
（13）石川明弘「No.二九　鳳来山幡教寺跡」『三遠の山寺』三河山寺研究会・三河考古学談話会　二〇一〇年
（14）中島啓太「No.八　全福寺跡」『三遠の山寺』三河山寺研究会・三河考古学談話会　二〇一〇年
（15）荒井信貴「No.三　高隆寺」『三遠の山寺』三河山寺研究会・三河考古学談話会　二〇一〇年
（16）堀　大介「越智山山岳信仰の遺跡群（福井県）―大谷寺遺跡を中心に―」『佛教藝術』三一五号　毎日新聞社　二〇一一年
（17）須田　茂・小林　徹・鹿沼英輔『黒熊中西遺跡（一）』群馬県埋蔵文化財調査事業団　一九九二年
（18）川原嘉久治「延喜式内上野国榛名神社をめぐって」『研究紀要』八号　群馬県埋蔵文化財調査事業団　一九九一年
（19）石川克博「宇通遺跡」『群馬県史　資料編二　原始古代二』群馬県史編さん委員会　一九八六年
（20）柿沼幹夫・高橋信一・鈴木徳雄・伊藤研志・中村倉司・織戸一郎・高橋一夫・大護八郎・大沢正己『高岡寺院跡発掘

調査報告書』高岡寺院跡発掘調査会　一九七八年
(21)　石川安司「第三章第四節　旧慈光寺跡　平場採集の遺物」『都幾川村史　資料二　考古資料編』埼玉県都幾川村　一九九八年
(22)　末木　健・村石真澄・高野玄明・野代幸和・大谷満水『山梨県古代官衙・寺院跡詳細分布調査報告書』山梨県教育委員会　一九九五年
石神孝子『山梨県内中世寺院分布調査報告書』山梨県教育委員会　二〇〇九年
(23)　松井一明「遠江と駿河の山寺」『三遠の山寺』三河山寺研究会・三河考古学談話会　二〇一〇年
(24)　齊藤孝正「東海地方の施釉陶器生産―猿投窯を中心に―」『古代の土器研究―律令的土器様式の西・東3―施釉陶器の生産と消費』古代の土器研究会　一九九四年
(25)　岩原　剛「No.一六　太陽寺址」『三遠の山寺』三河山寺研究会・三河考古学談話会　二〇一〇年
(26)　岩原　剛「No.一〇　財賀寺旧境内」『三遠の山寺』三河山寺研究会・三河考古学談話会　二〇一〇年
(27)　荒井信貴「No.四　桜井寺」『三遠の山寺』三河山寺研究会・三河考古学談話会　二〇一〇年
(28)　杉浦綾子・井上直己「No.六　猿投神社(西ノ宮遺跡)」『三遠の山寺』三河山寺研究会・三河考古学談話会　二〇一〇年
(29)　柿田祐司『小松市浄水寺跡』石川県教育委員会・石川県埋蔵文化財センター　二〇〇八年
(30)　中井　均・土井一行「湖北地方の山岳寺院―松尾寺を中心として―」『考古学ジャーナル』三八二号　ニューサイエンス社　一九九四年
土井一行『松尾寺遺跡発掘調査報告書』滋賀県米原町教育委員会　一九九九年
(31)　浅岡俊夫・古川久雄・中野益男・中野寛子・菅原利佳・長田正宏『三田市旧金剛寺跡―E地区を中心とする調査―』

六甲山麓遺跡調査会　一九九三年
(32) 土井註(30)前掲書
(33) 福島県耶麻郡磐梯町・磐梯町教育委員会『史跡慧日寺跡―中心伽藍第Ⅰ期復元整備事業報告書―』二〇一二年
(34) 上野川勝「山林寺院」『季刊考古学』九七号　雄山閣　二〇〇六年
(35) 上野川勝「古代中世の山林寺院について」『唐澤考古』二六号　唐沢考古会　二〇〇七年
(36) 上野川勝「古代中世山林寺院の存続期間からみた三類型の細分とその概念」『唐澤考古』三一号　唐沢考古会　二〇一二年ａ
(37) 有吉重蔵「国分寺と都市計画」『季刊考古学』一二九号　雄山閣　二〇一四年
(38) 佐藤博之・永井智教「寄居町馬騎の内廃寺採集の瓦について」『土曜考古』二一号　土曜考古学研究会　一九九七年
(39) 高橋一夫「寄居町馬騎の内廃寺」『埼玉県古代寺院跡調査報告書』埼玉県県史編さん室　一九八二年
(40) 佐藤・永井註(38)前掲論文
(41) 埼玉県「末野窯跡群」『埼玉県史　資料編三　古代一　奈良・平安』一九八四年
(42) 梶原義実「第二章主要遺跡解説　第一節尾張　二二篠岡二号窯、二三篠岡六六号窯、二三篠岡七四号窯」『愛知県史　資料編四　考古四　飛鳥～平安』愛知県　二〇一〇年
(43) 城ヶ谷和広「第二章主要遺跡解説　第一節尾張　七五　狩山戸遺跡」『愛知県史　資料編四　考古四　飛鳥～平安』愛知県　二〇一〇年
(44) 城ヶ谷和広「第二章主要遺跡解説　第一節尾張　八三　西山製鉄遺跡」『愛知県史　資料編四　考古四　飛鳥～平安』愛知県　二〇一〇年

(45)　笹澤泰史『峯山遺跡Ⅱ』群馬県埋蔵文化財調査事業団　二〇一〇年

参考文献

出越茂和「古代北陸における官寺・山寺・里寺」『北陸の考古学Ⅲ』石川考古学研究会会誌四二号　石川考古学研究会　二〇一〇年

第二節　畿内と北東日本における山岳寺院の大規模平場とその特徴

一　山岳寺院における大規模平場の概念とその造営時期

山岳寺院では、山の斜面を切土と盛土によって階段状などに造成する場合が多くみられ、その結果、平坦な平場が斜面の縦横に連続する地形となることが多い。その中の主要な堂塔社殿が造営された場所が伽藍の中心部であり、平場に構築された基壇上に、礎石建物跡が確認される場合などがある。この階段状または雛壇状に造成された平坦な遺構のことを、梶川敏夫は「平坦地」と表現し[1]、浅岡俊夫は「平場」という表現を用いている[2]。中井均は、松尾寺跡の調査概要報告の中で、「削平地」と呼び[3]、山腹に寺院の中心伽藍を配置するために平坦な場所が必要であり、滋賀県松尾寺跡では斜面の半分を削り、残り半分に削り出した石を埋めて土地を造成したことが発掘調査から判明している。この造成技法は、群馬県黒熊中西遺跡における切土と盛土による平場造成の技法と同じである。埼玉県旧慈光寺跡の遺構群については、都幾川村史編纂に伴う現況図の作成時に、浅野晴樹らがその分布と規模などを調査しており「平場」という表現を用いている[4]。

ここでは、こうした山岳寺院の平場の中で、斜面の等高線に沿って同一標高の地表面が等高線に沿うように細長く造成された結果、平場の間口幅が約一二〇メートルまたは九〇メートルの規模になっている平場遺構が、北東日本の山岳寺院の中に散見され、これは伽藍中心などから横方向に、意識的に広く造成されているものと捉えることができ、これらに山岳寺院の大規模平場という概念を設定し、この遺構に「横長広大平場」[5]という新たな遺構概念を当てはめて検討する。

これは、著者が「模本日光山図」に描かれた中世日光山の伽藍と施設について、考古学的視点から検討した際に創案した概念と用語である。中世末期頃の日光山の主要堂宇南側前面の平場は、東西方向に間口が大規模な平場となっており、また中禅寺湖畔の中禅寺と二荒山神社中宮祠の平場でも、奥行に比べ特に間口の幅が広い平場がみられることから、北東日本の古代中世山岳寺院の伽藍と横長広大平場の関係に着目したものである。そして、踏査資料上の事例なども確認した結果、北東日本から畿内での複数の山岳寺院の古代から中世初頭頃の遺構において、横長広大平場の造成があったと考えられた。

現時点でのその類型を提起するために、発掘調査資料などを検討したところ、幾つかの存在形態を示しながらこうした大規模平場が造成されていることが判明した。ここで検討する横長広大平場の規模と形状については、山腹斜面の等高線に沿う方向の平場の幅を間口幅と呼び、平場の奥の方向に向かう平場の幅を奥行と呼称する。最初に東国の遺構を確認し、次に東海・北陸・畿内などの大規模平場の有無などを示す。

古代下野の山岳寺院である栃木県華厳寺跡観音堂跡[6]を現地調査したところ、最上段の主要堂宇である基壇・礎石建物跡を載せ東面する平場は、間口幅約九三メートル、奥行最大約二七メートルであった。この平場は、北側端部では基壇と同一面で奥行が半分以下に狭くなる部分があるが、間口幅が三〇丈の規模である。観音堂跡では、平場の南半部に基壇・礎石建物跡があり、北半部は南半部の半分以下に奥行が狭くなる。こうした構造は、南半部が谷部に造成されているのに対し、北半が尾根部にかかることによるものであるが、平場全体は同一標高の構造を持つ。あえて言及すれば、南半部は本堂域であり、北半部は何らかの付属院地であったことも考えられよう。華厳寺跡観音堂跡では主要堂宇は谷部に面する場所に構えられたが、平場全体は北半部においては地形に左右されながらも、広大な平場を指向したことを示す。栃木県南部の大慈寺においても中心平場は、(7)間口幅約九〇メートルで、最大奥行約二五メートルを示すことから、間口幅三〇丈の規模であった。この平場には西側に小規模な平場が隣接し、そこを含めると間口幅約一一〇メートルとなる。

武蔵北部となる埼玉県旧慈光寺跡の開山塔のある平場(No.1地点)は、『都幾川村史』では間口幅四七メートル、奥行二九メートルと報告されているが、これはこの平場に南東から通じる現道が、平場の東部を大きく崩しているためそのようにみえるのであろう。開山塔と釈迦堂を載せる平場は、その東側と南東側にも同一面などが連続しており、本来は間口幅約一二〇メートルの規模であった可能性が高い。この平場の東側に隣接する平場(No.4地点)は、西側より約二メートル低く、報告では間口幅一三八メートル、奥行最大二四メートルとされているが、開山塔と釈迦堂の平場が東に延びるため、現況からみた間口の最大幅は約一二六メートル程度とみられる。

『都幾川村史』付図に示されたNo.1地点(平場)とNo.4地点(平場)の地形図に見られるように、この二つの平場は東西に隣接並列しており、二つの平場の西端から東端までは、約二四〇メートルである。このうちNo.4地点(平場)の間口幅は、一三八メートルではなく約一二〇〜一二六メートル程度であるから、No.1地点(平場)が次に述べるように若干の高低差を持つ平場であるにせよ、本来は約一二〇メートルの間口幅を持つ平場であったと考えられる。つまり、武蔵慈光寺の開山塔・蔵王堂・釈迦堂を載せる山岳寺院の中枢とみられる平場は、四〇丈(一二〇メートル)の横長広大平場であり、その東方にも並列して四〇丈の横長広大平場が造成されていると判断することができる。現時点では、四〇丈の間口幅を持つ二つの横長広大平場が、東西に連続するという他に類例をみない遺構状況があると考えられる。

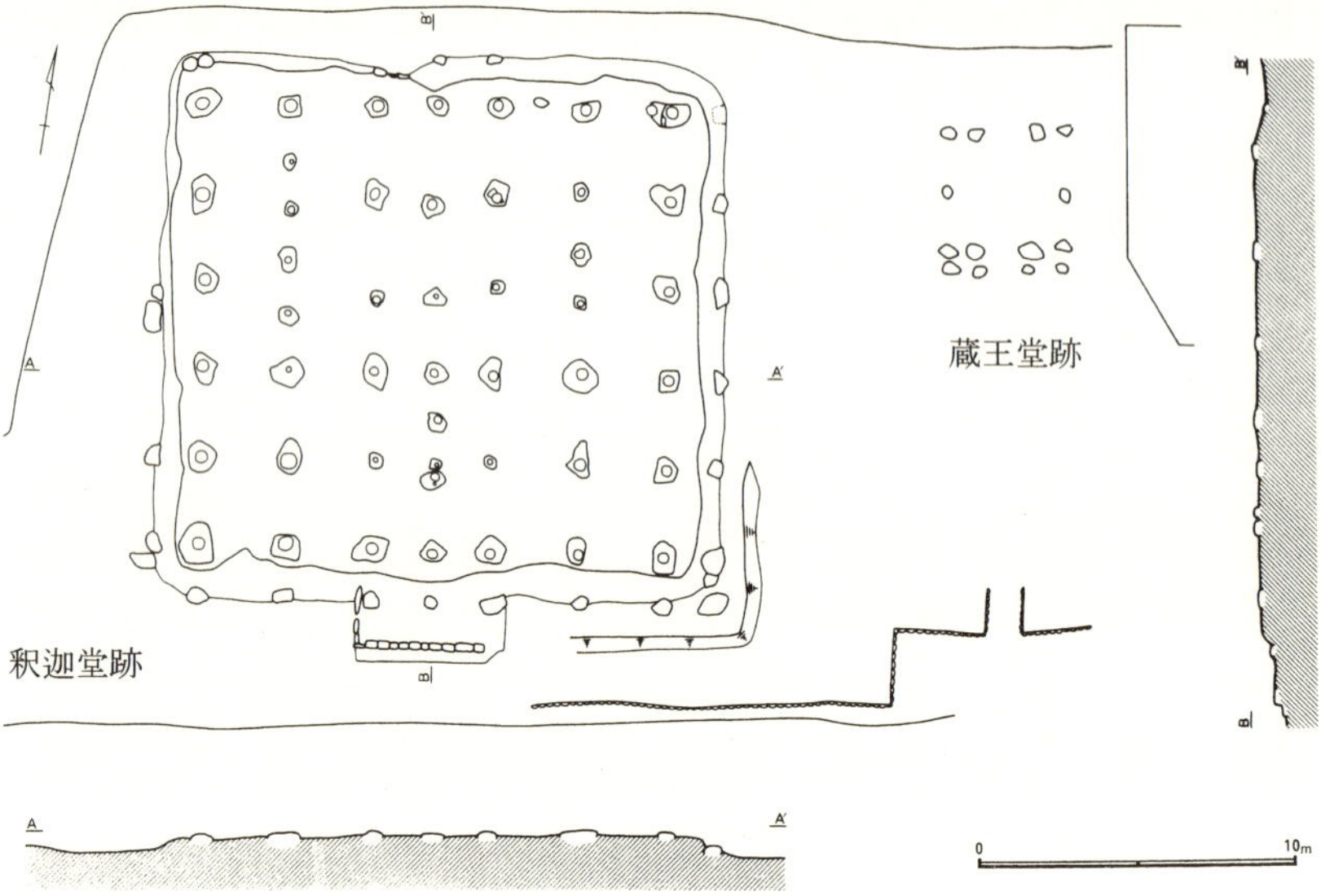

第78図　埼玉県旧慈光寺跡蔵王堂跡・釈迦堂跡実測図（都幾川村教育委員会 1998）

古代慈光寺の中枢部と目される№1地点（平場）の開山塔の下からは、八世紀末から九世紀の須恵器甕を用いた骨蔵器が出土し、その中には一体分の焼骨が収められていた[8]。この骨蔵器の当初の蓋は、同じ時期の須恵器大甕破片であり、その後一二世紀前葉になって大甕片に代えて常滑甕が蓋に用いられ、この時に開山塔が造立されたことが発掘調査で判明している。このことから、この開山塔と釈迦堂の平場は、九世紀代には造成されているとみられる。そして一二世紀前葉の平安末期には、開山塔の造立に伴って骨蔵器の蓋を常滑甕に取り換え、古い須恵器大甕の破片をその上に再びのせるという行為があったことから、この場所が古くからの伝統を保持する霊地であった可能性を強く示唆する。なお現在の開山塔は、弘治二年（一五五六）に再建されていることから、一二世紀前葉に骨蔵器に常滑甕が用いられた時には、その前身の施設が建立され、この山岳寺院の古代からの威厳を示したのであろう。

　開山塔のある平場（№1地点）では、その東部に幅約五メートルの溝状の地形がみられるが、その東方にも同一標高面が二〇数メートル続き、さらにその東にも№4地点(平場)との間に僅かな段差を持ちながらも二面の平場が造成されているものとみられ、その結果№1地点(平場)の間口幅は東西約一二〇メートルとなる。そして東に隣接する平場(№4地点)との間には、地形図に見られるような一～二メートルの明確な段差を示す。この№1地点の平場の南東部には、山麓からの参道が№5地点の西端を通って和田の井の所に取り付き、参道は開山塔の平場の南側を西方に進み、鐘楼の西側山腹に切通として現在でも残る参道跡に続くとみられる。そして事実、開山塔の平場(№1地点)の南縁には和田の井付近から続く東西方向の細い平場が連続しており、この部分が参道であった可能性があろう。参道の作道時期は、開山塔の骨蔵器に常滑甕が用いられた一二世紀前葉頃と考えることもでき、この時に蔵王堂も開山塔の西側に建立された可能性があろう。

蔵王堂跡には、蔵王権現が祀られたのであろうから、平安後期の蔵王権現信仰が広まった時に、慈光寺も修験道を取り入れ、九世紀からの由緒ある開山塔の平場を荘厳整備した結果、この平場の南側を一段下げる造成などを行なって、堂宇の正面を参道が東から西へ通るようにした可能性も浮かび上がってくる。開山塔東の平場(№4地点)からは、九世紀の須恵器などが出土していることから、九世紀には開山塔の平場が整備され、一二世紀前葉までには開山塔東の平場(№4地点)も大規模平場(横長広大平場)として並列的に造成され、開山塔の平場(№1地点)に本堂・蔵王堂・開山塔が並列的に造営されたと考えられる。このように平場の間口幅が四〇丈または三〇丈という横長広大平場が確認できる山岳寺院は、北東日本においては複数みられるものの、数少ないことが特徴である。

こうした四〇丈・三〇丈という規模は、一二〇メートルまたは九〇メートルの間口幅を持つ平場が、山腹斜面に造成されたことを示し、その大規模な平場の造成時期とその出現の背景や必要性などが問題となってくる。平安京周辺の山岳寺院を調査研究する梶川敏夫は、比叡山の寺域は全体で三六町(四・三二キロ四方)と広大であると指摘し(9)、事実『続天台宗全書　神道1　山王神道Ⅰ』に掲載される「山家最要略記」には「延暦寺　在近江国志賀郡比叡峰　寺大界地三十六町。周山四方各六里　此一里四〇丈為一丁。六丁為一里」とみえる。[10]この中で著者は、「四十丈を一町」の部分に注目し、比叡山寺における平場の造成単位には、四〇丈を一町とする考え方があったことが想定され、また山岳地形からの制約により、四〇丈に準ずる三〇丈という規模が採用された場合もあるのではなかろうかと考える。

古代においては、例えば東山道駅路として知られる栃木県北台遺跡では、両側溝の芯々距離が一二メートルを示すことから、道路幅が四丈の駅路が下野薬師寺を目指して作道されたことが判明している。[11]古代上野国内の東山道駅路においても、これと同規模の両側溝の芯々が一三メートルを示し、路面幅は約一二メートルとなる場合が多く、これもほぼ四丈幅の道路遺構とみることができる。こうした八世紀の官道などの建造規格には、約三メートル（一丈）を基本とする場合が一定程度見受けられる。東山道駅路幅が四丈であったことなどが、九世紀創建とみられる山岳寺院の大規模平場にどのような影響を与えたかは判然としないが、四〇丈が一二〇メートルとみられることから、何らかの関係性があった可能性も考えられよう。

延暦寺西塔では、奥比叡ドライブウェイの建設に伴い発掘調査が実施されたが、久保智康によれば釈迦堂の北方から北東には五箇所の発掘調査地点を含む一七箇所程度の平場が、標高六七〇〜六九〇メートル付近の尾根上や斜面に造成されており、[12]堂跡の土塁や尾根上の土塁等も確認されている。釈迦堂北側に展開する平場群からは、平安前期の須恵器・灰釉陶器・瓦などが出土し、その北方では複数の平安期の堂坊跡が展開している。ここで比叡山寺における古代から中世前期の大規模平場について概観すれば、西塔・北谷においては、九世紀後半から一〇世紀前半の灰釉陶器が出土し、釈迦堂北側では平安前期の土器類と瓦がみられることから、釈迦堂南方隣接地点の担い堂周辺の場所も古代以降の系譜を引く遺構群である可能性があろう。

西塔では、その中心となる釈迦堂は、窪地状の平場に建立されており、その南方正面の小高い山頂には、常行堂と法華堂（通称にない堂）が位置する。この担い堂の東斜面下には西塔政所があり、その平場は東面し間口幅が約八五～八六メートルと広く、奥行は約二二・二三～最大で約三〇メートルである。[13]この平場の北端部斜面は、北から大きく削られた形状を呈している。これは一六世紀末頃、釈迦堂と周囲の再建・復興があった時に、西塔政所平場の北端が数メートル程度削り崩された可能性を示す。この平場遺構は、元は南北の間口幅が約九〇メートル（三〇丈）であったと考えられる。なお西塔政所の平場は、近世初期成立の『山門三塔坂本惣絵図』では、描かれていないという。この平場が造成された時期は、現時点では発掘調査資料がないため不詳と言わざるを得ないが、畿内と北東日本の山岳寺院遺構の事例からみて、中世末期までには造成されていた可能性があろう。

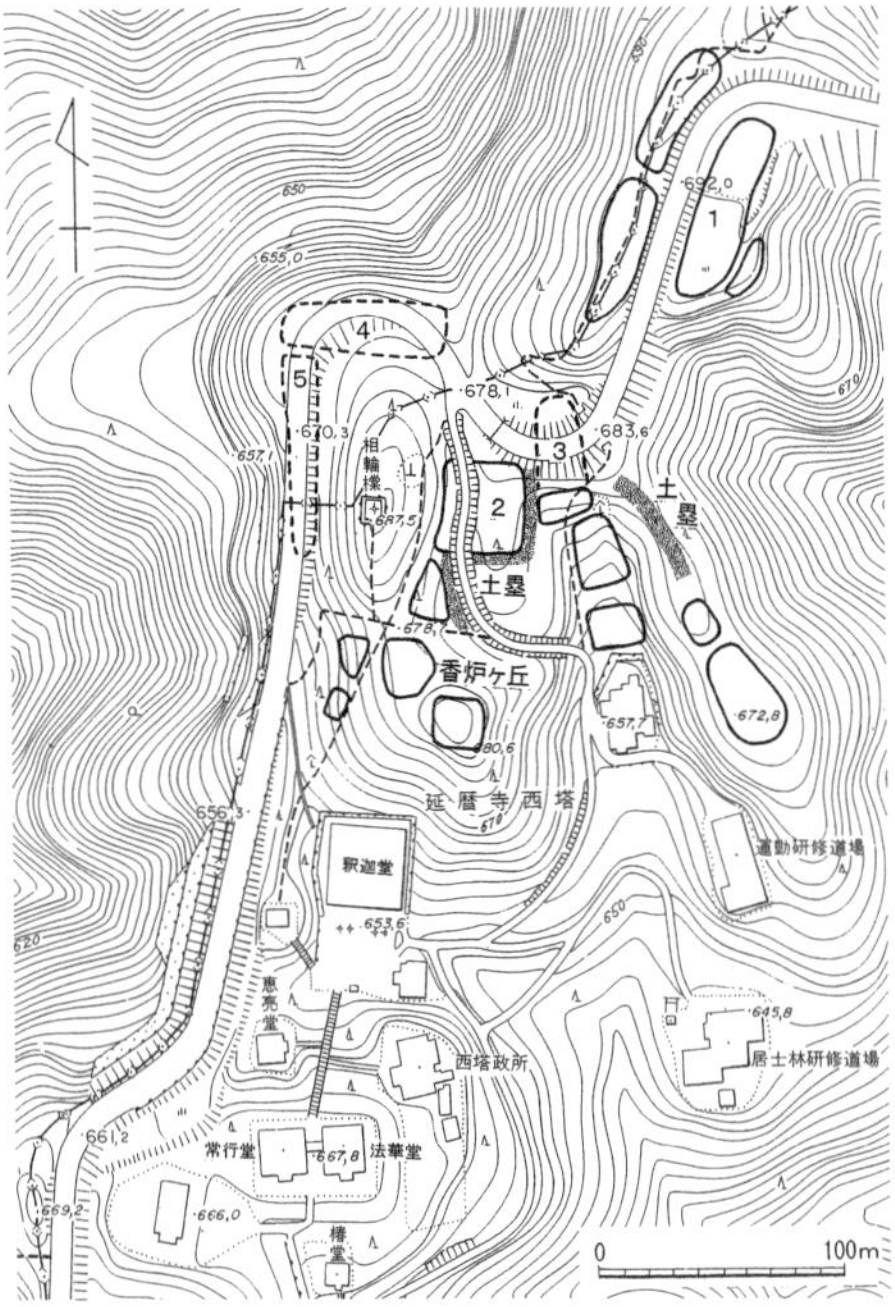

1：1号堂跡　2：2号堂跡　3：1号坊跡　4：2号坊跡　5：3号坊跡
（1～5は1962年調査地）

第79図　比叡山延暦寺西塔の伽藍と平場等分布図（久保2001）

常行堂・法華堂の東側に造成された広大な平場の造成時期等については、調査研究の進展に待つ以外にないが、ここではこの西塔政所の平場が、西塔の中枢部に造成された横長広大平場であると考えておきたい。武蔵慈光寺の開山塔下の九世紀の骨蔵器とその横長広大平場の存在を考えれば、天台宗総本山の比叡山寺（延暦寺）西塔に幅三〇丈・奥行一〇丈の横長広大平場が九世紀代に造成されていて

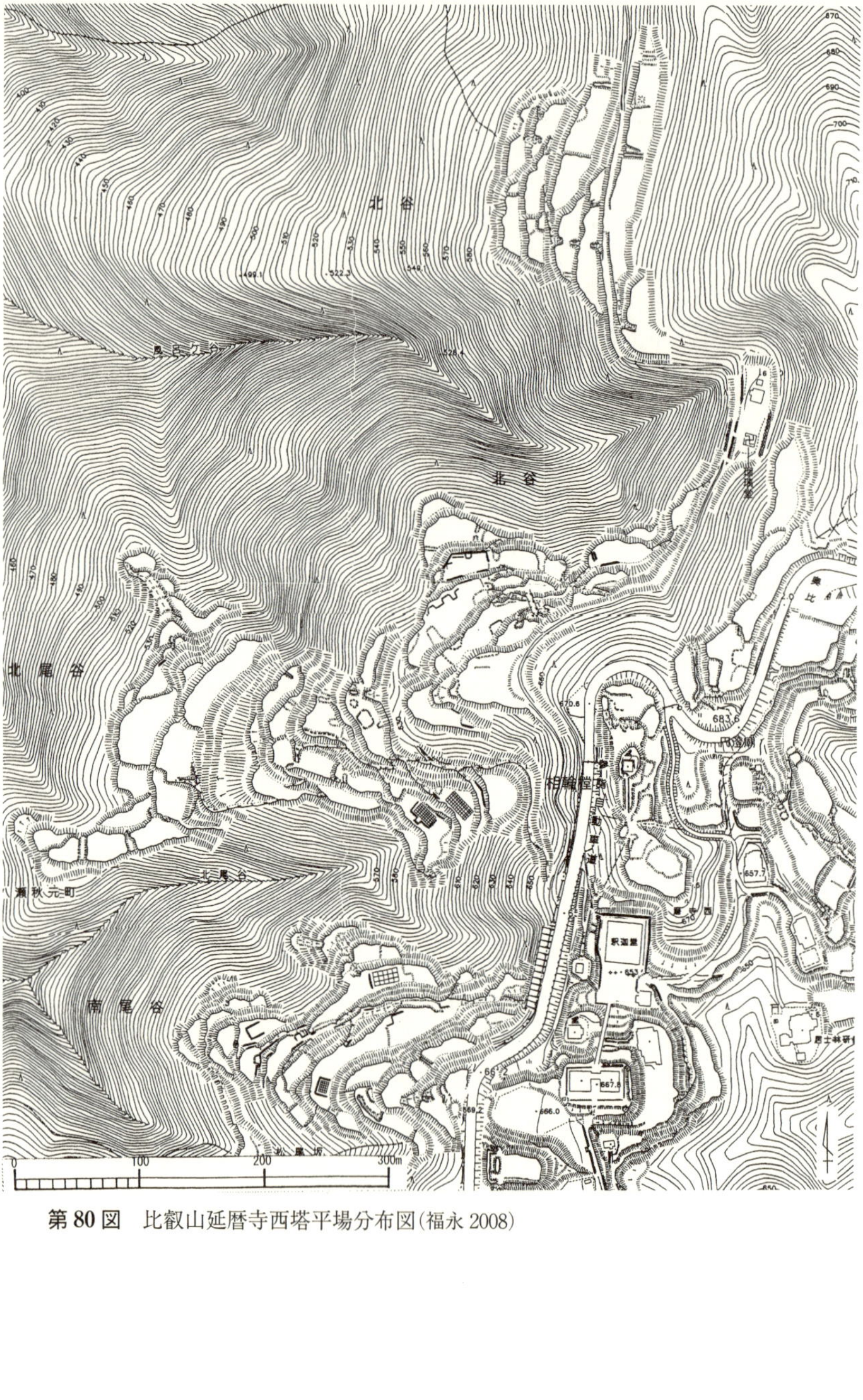

第 80 図　比叡山延暦寺西塔平場分布図(福永 2008)

も、何ら不思議はないであろう。なお仏教史では、西塔の創建は承和元年（八三四）に北武蔵出身の円澄によってなされた[14]とされることから、九世紀前半の草創となる。

釈迦堂北北東の奥比叡ドライブウェイ北西下には、南西から北東方向に細長く延びる間口幅約九〇メートル、奥行約一五～二〇メートルの平場がみられ[15]、中枢部以外の大規模平場の造成状況も問題となろう。

西塔の中枢部周辺では、北谷において、九世紀後半から一〇世紀前半の灰釉陶器広口壺、一三～一四世紀の青磁四耳壺、一四～一五世紀の青磁三脚盤が出土している。灰釉陶器は、西塔北谷平場群北西部末端の法然坊推定地からの出土遺物であり、瀬戸美濃の灰釉陶器や一三～一四世紀代の備前大甕も出土しており、平安期から南北朝期までの遺物が確認されている。これらの遺物からみて、一〇世紀前半までには、現在の平場群はほとんど造成されていたとの見方がある[16]。西塔の西側から北西部には、間口幅約八〇～九〇メートルの平場や、間口最大幅が一一〇メートルの平場が複数造成されており、西向きの広大な尾根空間に平場が東西南北に整然と並んでいる場所もあり、計画的な造成があったのであろう。

横長広大平場は、その間口幅を基準にみた場合、四〇丈型（一町型）と三〇丈型という二つの種類に区分できよう。そして奥行は、二五メートル以上から三〇メートルを示すことから、一〇丈を指向しているのであろう。

二　畿内と北東日本における山岳寺院の大規模平場

このように、古代山岳寺院の平場の中には、大規模な平場が存在し、その遺構は東山道諸国から東海道を経て、畿内までの北東日本の広範囲に分布する。大規模平場を持つ山岳寺院の一群は、古代から中世初期の各地域に君臨した寺社勢力の拠点となる山岳寺院とみられるが、そうした一群とは別に、横長広大平場を持たない大規模山岳寺院が存在することも事実である。

先に触れたように、栃木県大慈寺旧跡では村檜神社境内地の本殿を載せる平場が間口幅約九〇メートルで、これは横長広大平場の三〇丈型である。この平場の西側には、小規模な平場が隣接しており、そこを含めた平場の間口幅は約一一〇メートルとなる。村檜神社本殿がある中心平場は、戦国時代末期の一六世紀中頃に、本殿が造営されたため北側に数メートルほど拡張されたが、以前からの横長広大平場の上に、中世末期の社殿が建造されている。

栃木県華厳寺跡観音堂跡では、最上段の基壇・礎石建物跡を載せる平場の間口幅が約九三メートルあり、これは約三〇丈の規模と言える。武蔵北部の旧慈光寺跡主要部の横長広大平場は、間口幅約一二〇メートルの平場と、その東側に間口幅が約一二六メートルの平場が並列する状況である。慈光寺では、九世紀代以降に開山塔を載せる四〇丈（一町）の間口幅を持つ横長広大平場が造成され、一二世紀までにはその東にも四〇丈の横長広大平場が造られるなど、北東日本最大規模の平場造成があったとみてよい。

また、八～一〇世紀に存続した群馬県唐松廃寺の西側最上位に並列する平場である壇三は、間口幅が約九〇メートル、奥行約三〇メートルを示し、礎石建物跡二棟が並列する配置をとることから横長広大平場とみてよい⑰。壇八とされる斜面中位の平場も幅約九〇メートル、奥行約二〇メートルであったとみられる。なお現時点では詳細は不詳ながら、群馬県永源寺の中枢部にみられる大規模な階段状平場は、間口幅四〇丈の横長広大平場の可能性が看取される。

岩手県黒石寺では、川に面する山の斜面に階段状の平場が展開する。中枢平場は、間口幅一二〇メートル前後で、奥行は一〇～三〇メートル程とみられることから、大規模平場と考えられる。

岩手県国見山廃寺跡では、山腹斜面などとなる国見山神社地区・ホドヤマ地区・薬師堂山地区と、山麓部となる内門岡地区の平場分布図が作成されているが、間口幅九〇メートル以上の平場は造成されていない[18]。大規模な平場でも、間口幅（長軸）四〇～五〇メートル程度までの規模のものが多い。現極楽寺南東の平場は、間口幅約六〇メートルを示し、その東側の下位に位置する平場は間口幅約八〇メートルであり、今後の検討を要する。現如意輪寺北西の上方や西側に位置する平場でも、間口幅約七〇～八〇メートルに止まる規模である。

岩手県中尊寺では、横長広大平場は造成されていないとみられる。しかし一二世紀前半に造作された大池は、一二世紀後半代には一部が埋め立てられる[19]。著者はその規模に注目し、初期の大池の規模は、北東から南西の長軸が約一二〇メートルと計測したが、発掘調査報告書においても一二世紀前葉の初代清衡期（Ⅰ期）の池の規模は、南北推定長軸一二〇メートル、東西短軸約七〇メートルで、その後一二世紀後葉の三代秀衡期（Ⅱ期）には池の北部が埋め戻され、南北長軸約九〇メートル、東西短軸七〇メートルになると報告されている[20]。このことは中尊寺の創建期遺構である大池が南北四〇丈（一町）の規格を持って造成され、その後三〇丈になることを示す。一二世紀の中尊寺では、平場ではなく池の規格に天台系の四〇丈（一町）が採用された可能性が看取される。

現時点においては、中尊寺大池周辺では、建物遺構と土器類や木製品などの遺物が発掘調査において確認されており、大池跡が人工的に作られた池であったことが確定されている。大池の西側から北側には、古代山寺遺構の特徴である階段状の平場が五段程度以上造成されており、その場所は天治元年（一一二四）に創建された中尊寺の金色堂に隣接する山の斜面である。大池周辺の一二世紀代の遺構群は、古代山寺遺構の系譜を引き、中尊寺は北東日本を代表する中世創系山寺（3ｂ類）と捉えることができる。なおその創建の主体者は、仏教史からの見方を援用すれば、比叡山延暦寺と藤原清衡であったことになろう[21]。

中尊寺の北側の丘陵下を東流する衣川遺跡群の接待館遺跡では、幅七メートルから一〇メートル、深さ二メートル

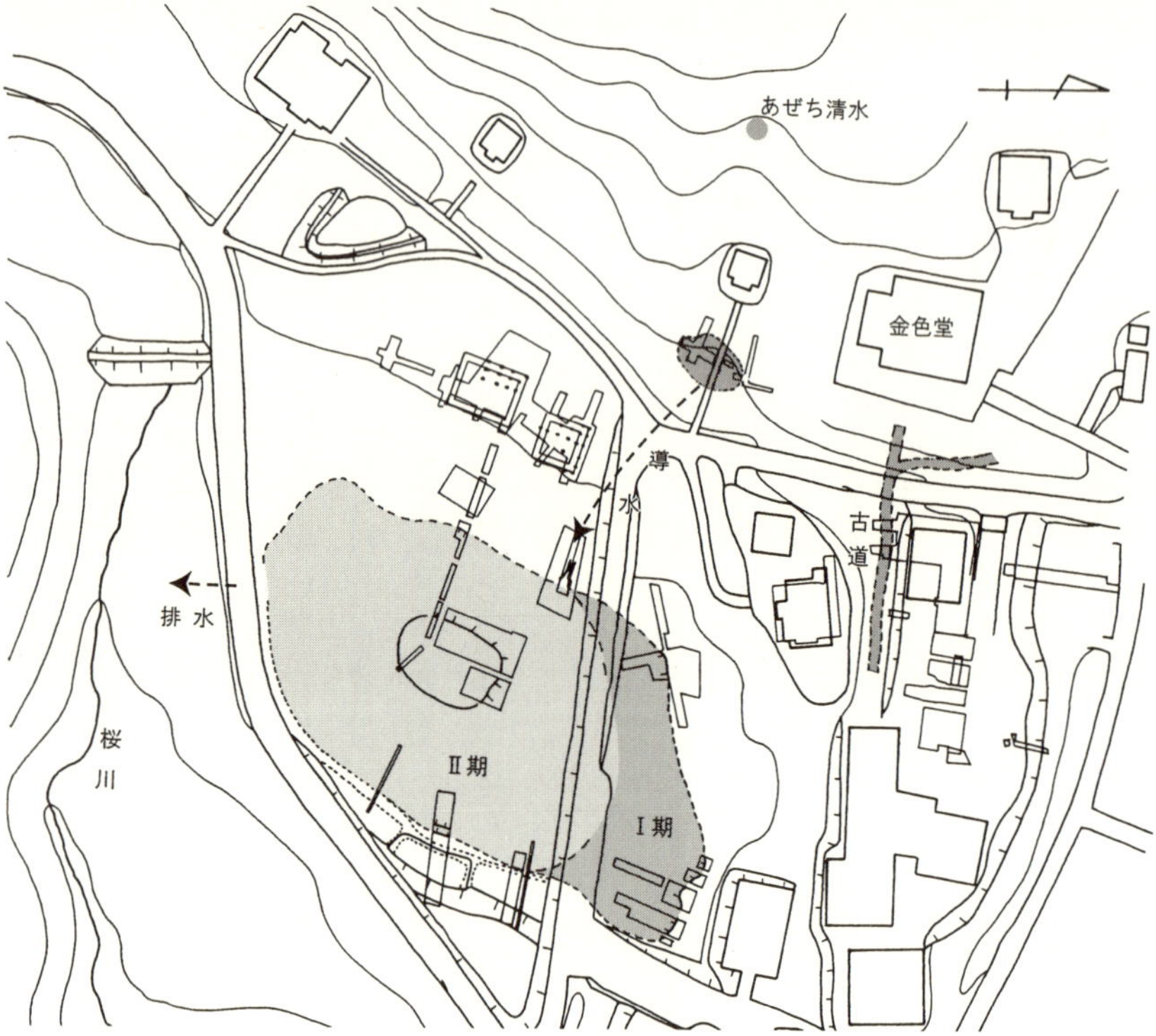

第81図　岩手県中尊寺の12世紀における大池の変遷と周辺の遺構（平泉町教育委員会2006を改変）

の規模をもつ堀が東西に二本並行するように確認されたことから、伊藤博幸によれば、南は衣川につながり東西と北側の三方が堀で囲まれた二重区画構造の遺構とされた[22]。東西の溝幅は、約一四〇メートルであるが、東西の堀の内側の距離は一二〇メートル（四〇丈）であり、約一町の規模となる。内部の中央付近には幅三メートル、深さ一・三メートルの内堀（SD〇三）が、一辺約四〇メートルの規模で方形に巡る。内側での東西幅は約三六メートルであり、これは九丈である。

堀の埋土中位からは一二世紀後半の土師器《かわらけ》皿が一括出土しており、一二世紀代には堀と居館が機能していたこととなろう。この遺跡においても、横長広大平場の四〇丈規模の平場と同じ数値を示す一二〇メートルの中世遺構が成立していたことになろう。

一二世紀までには成立していた四〇丈（一二〇メートル）の間口幅を持つ山岳寺院の平場は、畿内から東国の拠点的な山岳寺院に造営されていたが、平泉では、一二世紀代には大池の長軸や接待館遺跡の二本の堀間距離に、四〇丈という数値が採用されていた可能性が看取される。なお、岩手県黒石寺境内の中心平場は、間口幅約一二〇メートル、奥行三〇メートル規模であったとみられ、近世以降に平場の一部が改変されているにせよ、間口幅四〇丈型の大規模平場（横長広大平場）であるとみられる。

山形県立石寺（山寺）では、山麓の根本中堂を載せる平場が間口幅（東西）約一二〇メートル、奥行（南北）約三〇メートルを示す。この大規模平場は、根本中堂東側の寺域内東方から、日枝神社西側までの範囲が、一つの平場として造成されており、間口幅が四〇丈規模の横長広大平場とみてよい。立石寺ではこの横長広大平場の西方に隣接して一段低い大規模平場が造成されており、これは間口幅（東西）約九〇メートル、奥行（南北）約二五メートルであるから、この平場は間口幅三〇丈の横長広大平場と考えられる。根本中堂と日枝神社を載せる四〇丈の中枢平場が高位にあり、池などを持つ三〇丈の平場が二～三メートルほど低くなり、共に平面形が長方形を呈する横長広大平場となろう。

こうした二つの並列する横長広大平場の造成事例は、北東日本では埼玉県慈光寺で四〇丈の横長広大平場が約二メートルの高低差を持って二つ並列する形状で造成されたものが最大であり、円仁開創とされる立石寺の中枢に慈光寺中枢と同じ横長広大平場の並列的な造成があったことは、九世紀創建の天台系山岳寺院の共通点として捉えることができよう。立石寺では一四世紀中葉に中枢平場の奥行が一部拡張されたとしても、基本的な構造は横長広大平場が並列すると考えることができる。

福島県流廃寺跡は、福島県東部の阿武隈山地と北関東の八溝山地の間を南流する久慈川の東岸に隣接する古代創建古代廃絶型で、並列系伽藍配置を持つ山岳寺院であるが、横長広大平場は造成されていない。福島県慧日寺跡（本寺地区）は、磐梯山麓の稲荷川に画された広大な緩斜面に造営されているが、磐梯神社境内地に、南から中門・金堂・講堂・食堂が南北一直線に縦列的に並び、回廊はない。この伽藍の在り方は、縦列系集中型とみることができ、回廊を伴わない平地伽藍をそのまま山中に持ち込んでいるとみることができよう。その中心部伽藍配置の系譜は、奈良朝系山寺であり、平安期系の多段性平場構造山寺ではない。慧日寺観音寺地区は、細い尾根上に縦列的に少しの段差を持ちながら堂塔が配置されており、創建が九世紀以降としても一面性平場構造山寺の系譜を保持する奈良朝系縦列系集中型とみられ、横長広大平場の造成はない。

慧日寺跡の特徴は、慧日寺跡本寺地区に隣接する戒壇地区と、北東に離れる観音寺地区を含めたその寺域を取り巻く寺院付属地とも考えられる土地の広大さであり、そこに慧日寺跡の特異な存在を見て取ることができる。九世紀前半には平安仏教の開創と、弘仁年間の最澄による東国巡錫を経て、比叡山寺と高野山寺の創建と造営が始まり、九世紀後半は円仁による比叡山横川の開創と続く。あえて記せば、こうした比叡山寺と高野山寺の山上伽藍とその寺域に匹敵するか、あるいはそれを凌駕しようかというような構想のもとに造営された可能性さえ感ぜられる。古代慧日寺(23)の本体（本寺地区伽藍中枢部）は、この時期の一面性平場構造山寺の代表と考えることもでき、そこに縦列系集中型の伽藍を出現させているのであろう。

本寺地区中枢伽藍には、縦列系伽藍に隣接して、東側に初期金堂や講堂より大きい堂東堂が九世紀半ば以降に建立されるが、一〇世紀まで下る遺物はほとんどなく、短期間に廃絶するという実態がみられる。これは、散在系伽藍配置を指向した時期があったにも拘わらず、古相の縦列系伽藍配置を守った可能性があるのではなかろうか。中枢伽藍は一面性平場であるが、その東側は多段性となるのであろうが、それらは今後の調査研究に委ねられる。なお戒壇地

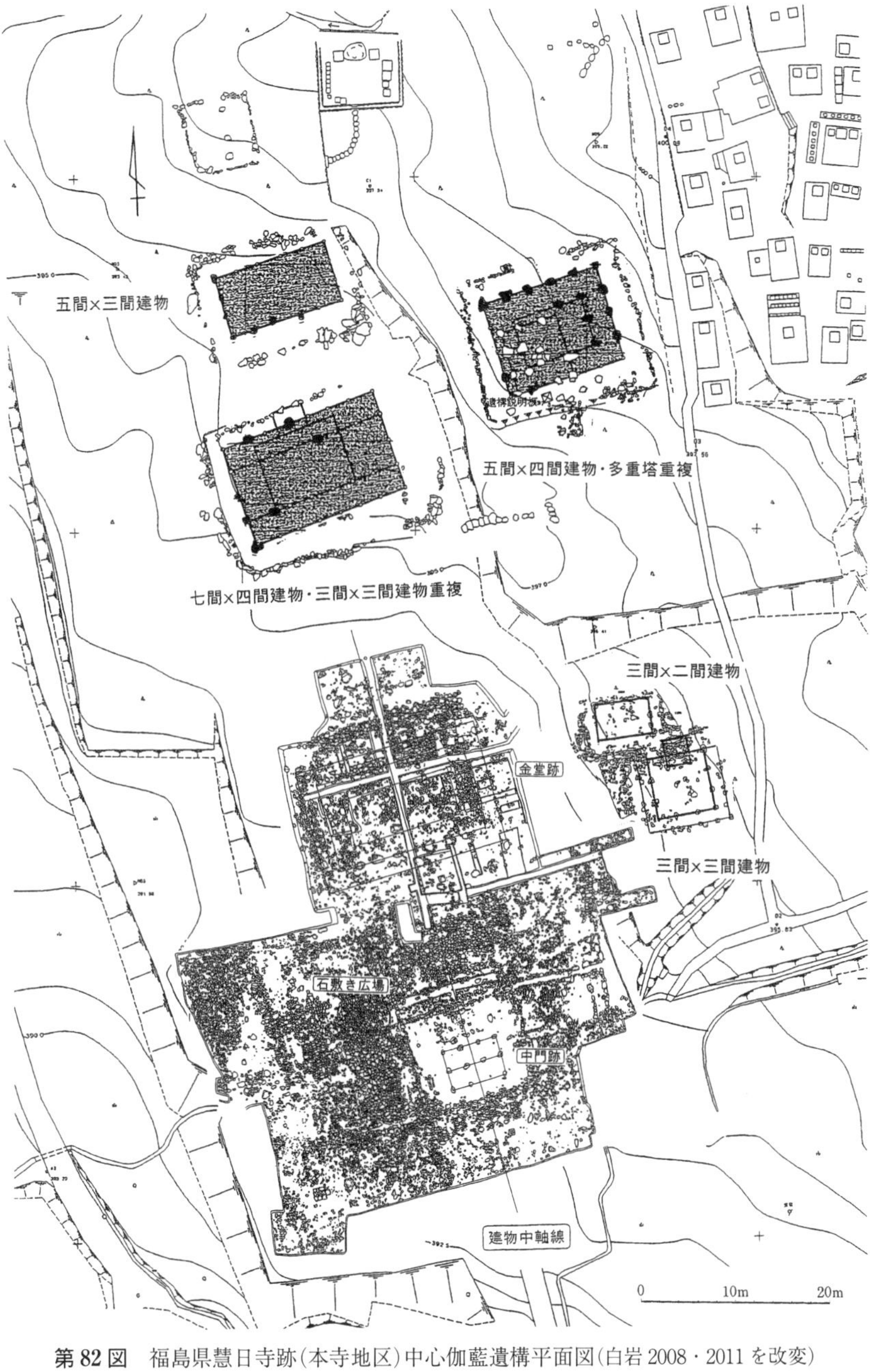

第82図　福島県慧日寺跡(本寺地区)中心伽藍遺構平面図(白岩2008・2011を改変)

区では、南面し敷石の出入り口を持つ桁行五間・梁間五間の四面庇礎石建物と、桁行五間・梁間三間の掘立柱建物など九世紀前半の三棟の建物跡が、方位と地形を意識してL字系に配置されており、あるいはコの字系配置の可能性もあろう。これは一面性平場構造山寺とみられ、北陸地方との関連性を含めて今後の精査が待たれる。

慧日寺では、本寺地区・観音寺地区・儀式山遺跡(地区)が磐梯山と直線的な配列を示し、山岳の神祇を意識しているとみられる。九棟の建物跡と九世紀の土器が確認されている標高約八〇〇メートルの儀式山遺跡(地区)が慧日寺と一体であれば、その両者の距離は約六キロであり、延暦寺の東塔・西塔・横川間の距離を超えようかという広大さとなる。慧日寺は、九～一〇世紀の大規模山岳寺院である福井県白山平泉寺旧境内や、埼玉県旧慈光寺跡とその東側約五キロに位置し慈光寺と同じ「都幾山」の山号を持つ医光寺跡を含む山岳寺院に比較しても、それらをはるかに超える規模の周辺寺院群を含むのであろう。

会津慧日寺山寺群と武蔵慈光寺山寺群の二群の山岳寺院は、あるいは平安初期の南都仏教と天台仏教の二大勢力による、三一権実論争などの宗教的対峙が、山岳寺院遺跡群として表出した結果かどうかは、今後の研究に委ねられよう。なお医光寺跡は、五箇所以上の平場から成る山寺遺跡で、礎石建物跡と九世紀中葉の軒丸瓦・軒平瓦・平瓦・丸瓦・須恵器・土師器・鉄釘・馬歯などの遺物群が出土し(24)、慈光寺の東側入口に構えられた多段性平場構造の山寺遺跡である。

関東では、群馬県黒熊中西遺跡では横長広大平場の造成はなく、榛名山麓の水沢廃寺では、中規模の長方形平場が尾根上に沿って東西方向に整然と階段状に造成されているが、横長広大平場はみられない。同じ群馬県内の赤城山中腹に広大な寺域と多数の平場を持つ宇通遺跡(宇通廃寺)においても、横長広大平場の造成はない。

群馬県西部の妙義山南東約五キロで発掘された八木連荒畑遺跡は、中小規模の山岳寺院であり横長広大平場の造成

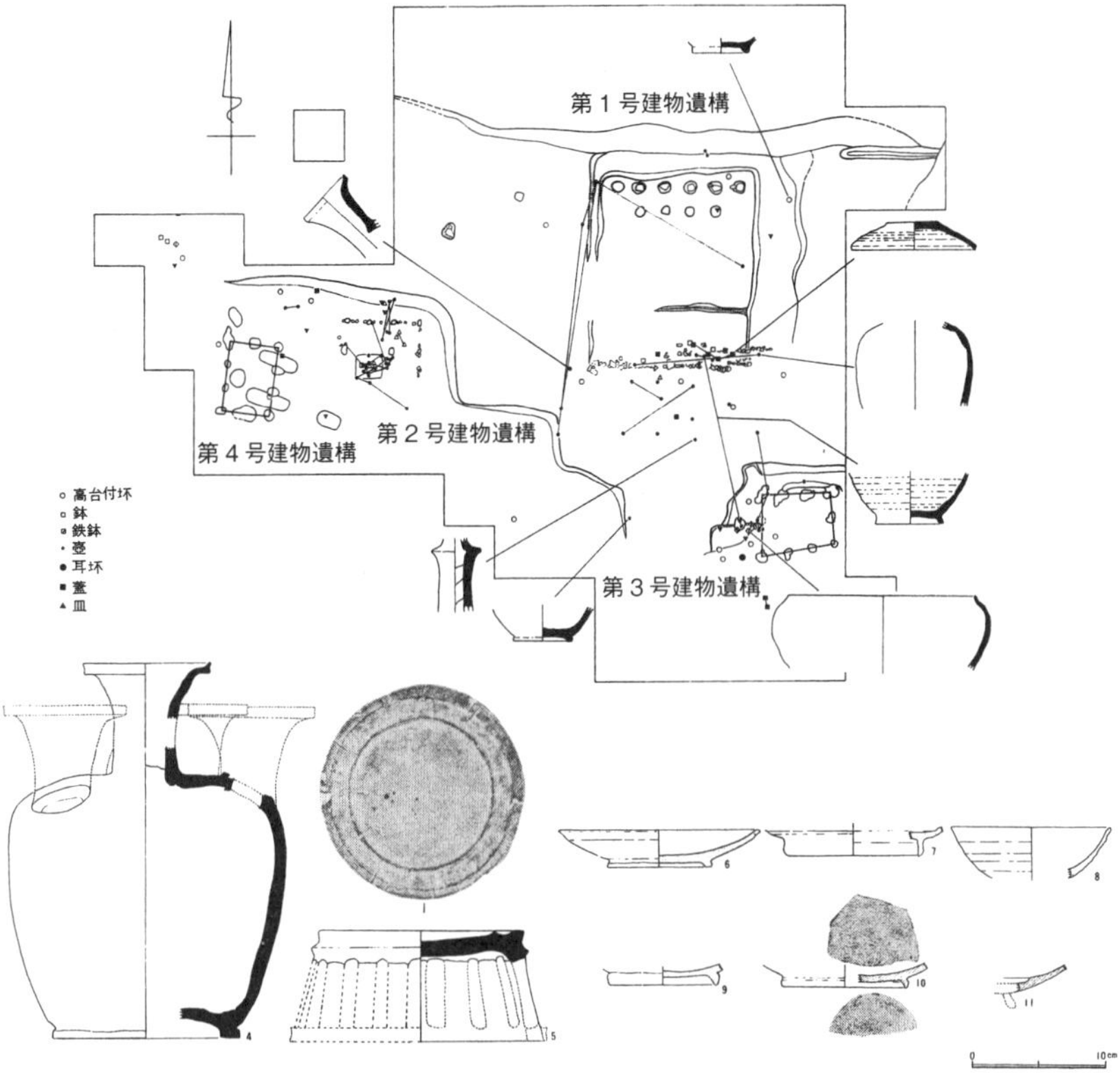

第83図　埼玉県高岡廃寺出土須恵器・灰釉・緑釉分布図（高岡寺院跡発掘調査会 1978を改変）

はない。群馬県神流川中流域の浄法寺西方の永源寺は、斜面に添って北から南に平場群が雛壇上に造成されている。主要部の平場は、間口幅が四〇丈（一二〇メートル）を示し、横長広大平場の可能性がある。

　埼玉県馬騎の内廃寺と高岡廃寺や千葉県増間廃寺においても横長広大平場はみられず、茨城県筑波山の南方山腹に位置する東城寺においても、横長広大平場の造成はない。東城寺の中心平場の本堂背後斜面には、間口幅約一五メートル、奥行約一〇メートルの小規模な平場が造成されており、現在は社が鎮座する。東城寺経塚は、その斜面上方に造営されているが、本堂と社と経塚が一直線に並ぶ位置取りを示す。東城寺の小規

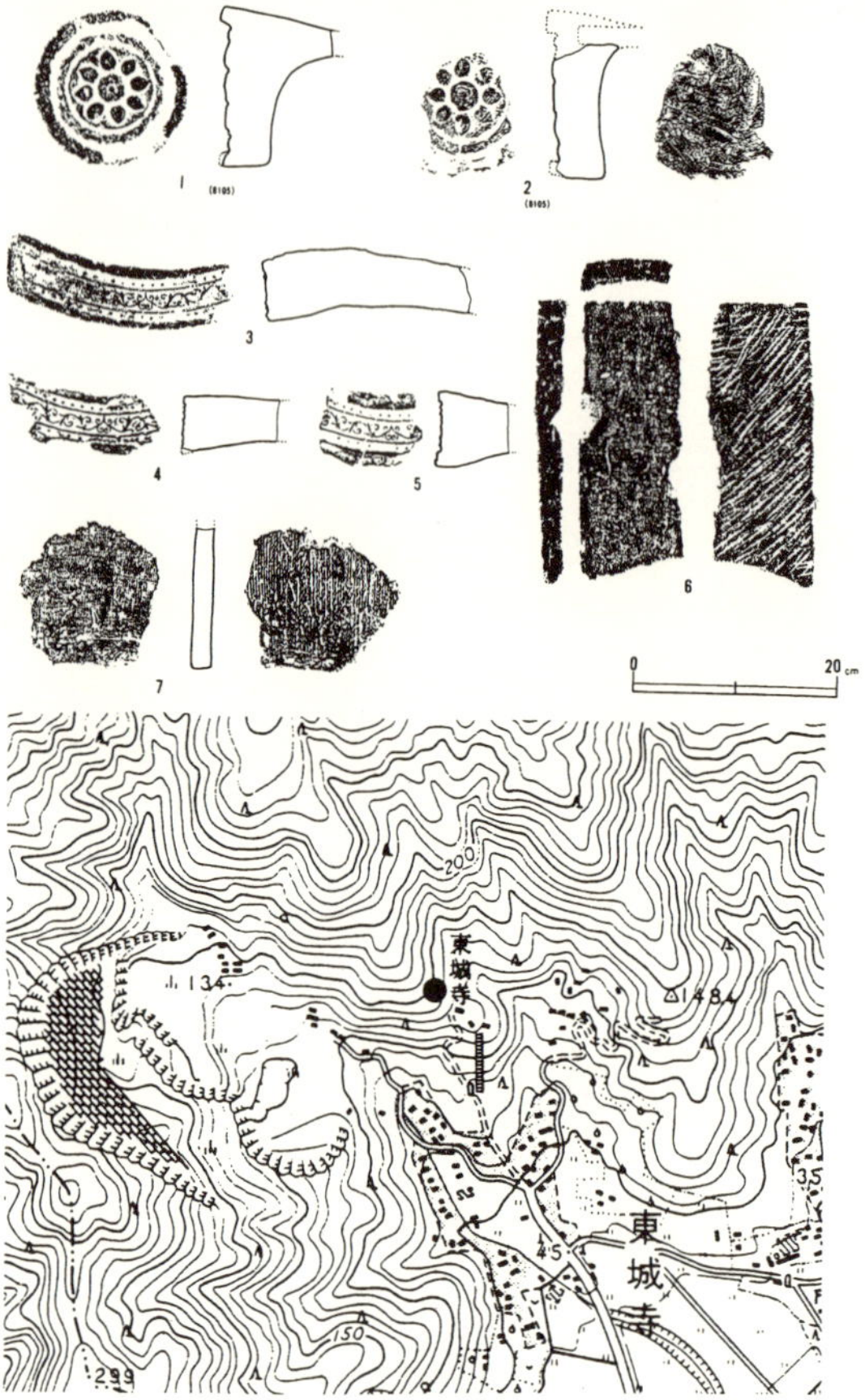

第 84 図　茨城県東城寺位置図・出土瓦実測図（茨城県立歴史館 1994）

模平場からは、滋賀県松尾寺跡の本堂背後の小規模平場とその遺構が想起され、天台の神や地主神が祀られているのであろう。

　筑波山西麓の椎尾薬王院では、中枢平場が江戸時代に本堂と塔が築造されるなどの改変を受けているが、山腹斜面に東西に約一五〇メートにも及ぼうかという段差の少ない三段の平場がみられ、中央西側の江戸時代の本堂と塔の平場が近世の改作を受けている可能性があるにせよ、東半部は約九〇メートルの規模を持つことから、横長広大平場の三〇丈型あるいはそれより大規模な平場の可能性があろう。

　東城寺では、九世紀後半となる常陸国分寺と同范の均整唐草文軒平瓦が創建瓦とされ、また中世五輪塔もみられ、椎尾薬王院では、境内から九世紀の須恵器と一〇世紀の土師器や中世瓦が出土しており、九世紀まで遡る山寺である。㉕なお、筑波山標高二六〇メートル付近に位置する筑波山神社境内からは、桶巻痕と並行叩きを持つ平瓦や、布目と格子叩きを持つ平瓦が中世瓦と共に出土しており、八世紀の寺院跡と考えられている[26]。現境内地が古代の平場を踏襲しているとすれば、大規模平場を含む多段性平場構造山寺となろう。

東海においては、横長広大平場の範疇に入る山岳寺院の遺構が散見される。愛知県普門寺旧境内は、三河と遠江の国境山地に位置する古代から中世にかけて存続した山岳寺院である。平安期の一〇世紀に山腹尾根上に基壇・礎石建物跡を持つ元々堂址が造営され、そこからは山内最古の一〇世紀の遺物(灰釉陶器)が出土するのに対し、その北東にある元堂址では基壇・礎石建物跡に隣接する池があり、一二世紀前葉からの遺物がみられる。元堂址は間口幅約八〇メートル、奥行約二五メートルの細長い平場に二基の基壇が構築されておりその中間に池があるが[27]、元堂址の築造当初の規模は東西約九〇メートルであったと報告されており[28]、間口幅三〇丈の横長広大平場と考えられる。小型の基壇である基壇二は、その造成土中から一二世紀の山茶碗が出土していることから、一二世紀中葉には基壇が造成されたことが判明しており、大規模平場の造成時期に関する貴重な資料を提示する天台系山岳寺院である。

渥美半島西部の山中には、愛知県泉福寺がある。その主要部の標高は、一二〇～一五〇メートル付近である。平場は、中央部で六～七段の横方向に幅が広い形態のものが階段状に造成されており、山岳寺院の特徴を顕著に持つ。本堂を載せる平場は、最上段付近にあり、東西方向に間口幅約八〇～九〇メートルを示し、奥行は約二二メートルである[29]。発掘調査では、寺域内東部の舌状斜面上に多数の中世墳墓群が造営されたことが判明しており、一二世紀後半から一五世紀後半の渥美・古瀬戸・常滑が出土している。その草創が古代に遡る可能性もあろうが、最上部の幅広の平場は改造されてはいるが、本堂を持つ横長広大平場の可能性があり、今後の検討が必要である。

愛知県の旧三河国に属する財賀寺・今水寺・高隆寺・桜井寺・浄土寺・全福寺・勝善寺・冨賀寺・大脇寺・猿投神社(西ノ宮遺跡)では、横長広大平場は造成されていない。

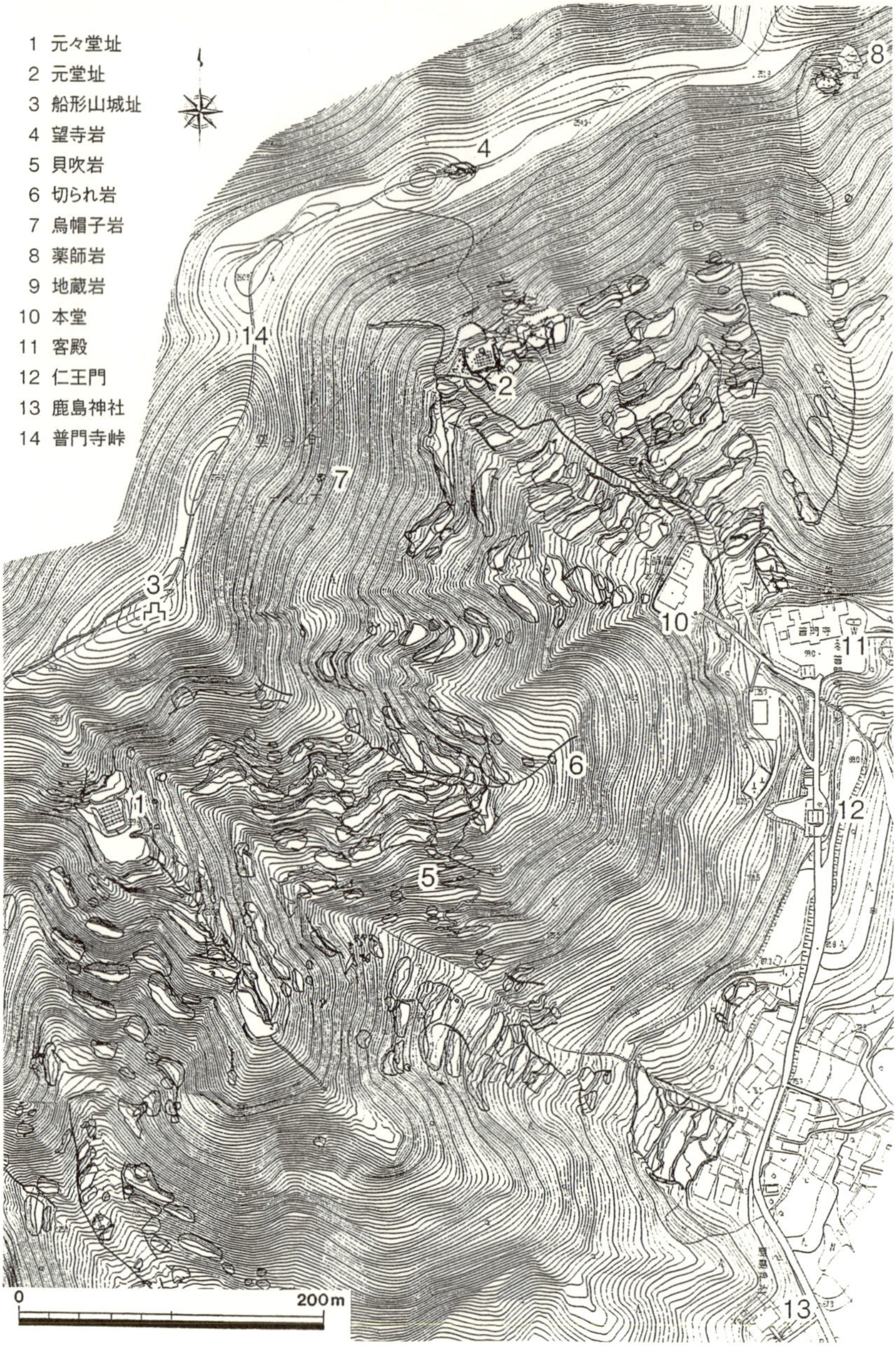

第85図　愛知県普門寺旧境内全体図（豊橋市教育委員会 2016 を改変）

新城市南部の丘陵地となる吉祥山（標高三八二メートル）西側の斜面や尾根に、一五〇箇所以上の平場群を持つ今水寺跡は、主に中世の遺物群が出土する山寺であり、その創建時期は不詳ではあるが、西谷では一〇〜一一世紀の集石墓群が確認されている。創建期の本堂跡は、ほぼ最上段にある平場と考えられ、標高は一六〇メートル付近である。その後、北西下位の熊野神社付近が大規模に造成され、広大な平場や礎石建物跡が造営される。熊野神社下方には、出入り口を伴う土塁に囲まれた方形の平場の中に近世の延寿院跡があり、中世の山岳寺院が近世初期に廃絶した事例である。この遺跡には、参道・階段状平場群・土塁を伴う井戸跡・伝仁王門跡・大規模な池跡とみられる隠し田（近世）とされる場所などがあり、各種遺構がみられる。本遺跡は、中世城郭に改造されていないながらも、土塁を持つ山寺として、岐阜県大威徳寺跡や栃木県円満寺跡とともに貴重な事例である。推定本堂跡の平場は、大規模平場ではない。

豊田市猿投神社（西ノ宮遺跡）は、標高四五〇〜五〇〇メートル付近の山腹に一二箇所の平場が造成され、一〇世紀の灰釉陶器（折戸五三号窯式）から一四世紀までの遺物を出土する遺跡であるが、横長広大平場の造成はない。岡崎市真福寺は、東側の独立丘に白鳳期の瓦や瓦塔・須恵器・灰釉陶器等を出土した東谷遺跡が隣接する古期からの山寺とみられ、大規模な平場や土塁をはじめとする平場群が展開しており、今後の精査が待たれる。

西三河の山中にある豊田市平勝寺は、標高約五一〇メートルの山中の盆地状に広がる地形の中に位置する特異な占地を持つ山岳寺院である。寺域からは灰釉陶器が採集されているとされ、中心平場には池があり、斜面には長大な平場が造成されている。中心の平場は、横長広大平場の可能性があろうが、今後の精査が必要である。

静岡県南禅寺は旧伊豆国に属し、伊豆半島南部の河津海岸から一・五キロという近距離の細い谷に造営された山岳寺院である[30]。いわゆる海辺に立地する山岳寺院の性格を持ち、遺跡主要部の標高は約六〇〜六六メートルと低いが、

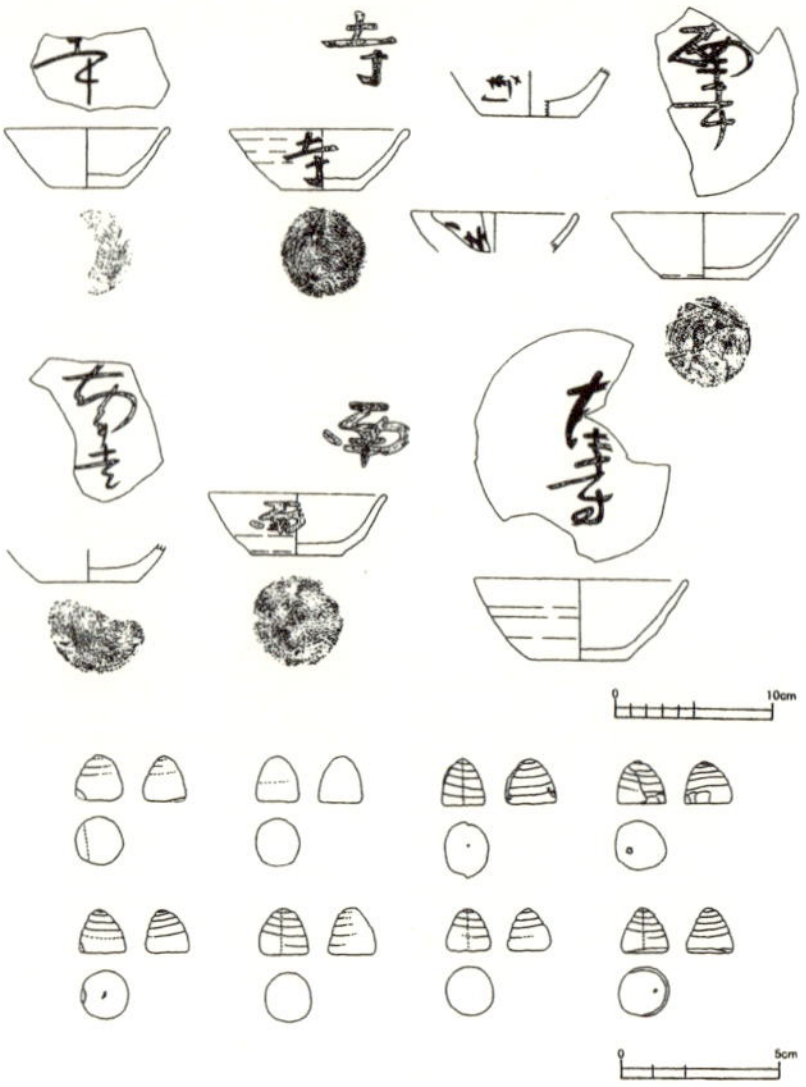

第 86 図　静岡県南禅寺遺跡出土遺物（墨書土器・螺髪）実測図（河津町教育委員会 2014 を改変）

階段状に造成された平場が複数ある。最上段付近の本堂を載せる平場は、奥行約二〇メートル程度で、間口幅が六〇～七〇メートル以上あるとみられ、その状況からみて大規模平場の可能性がある。なお発掘調査では、鍛冶遺物である羽口が出土しており、鍛冶の操業があった。

浄蓮寺跡は、伊豆半島の天城山系から北流する狩野川の中流にある浄蓮の滝西側隣接地点の山麓斜面に位置し、階段状の平場群が多数展開する山岳寺院である。著者は、平成二四年に数回にわたり現地踏査した。寺域は南北に広範囲であり、上位の平場には石列もみられ、滝に面する山岳寺院として注目される。

同じ静岡県内では、旧駿河国に属する静岡市建穂寺跡・霊山寺・法明寺・平沢寺・久能寺・東光寺の各平場遺構では、大規模平場の造成はない。駿河西部の智満寺は、標高三三〇～三五〇メートル付近の険しい山腹に、複数の広大な平場や園池を持つ平場等が、北東から南西に並列的に造成されており注目される。旧遠江国の静岡県岩室廃寺・油山寺・小笠神社・東光寺・宇志瓦塔遺跡・宇志瓦塔遺跡観音堂跡（伝真萱寺跡）・大知波峠廃寺跡・幡教寺跡においても、横長広大平場の造成はない。八世紀代からの山寺である油山寺のように、低丘陵の細長い谷奥の山腹の尾根上に占地する山寺には、東光寺・法多山・宇志瓦塔遺跡があり、北東日本最古期の山寺遺跡の立地との共通点が窺える。

新潟県域では、弥彦山西方山腹の国上寺が大規模な山岳寺院であり、広大な寺域に多数の平場群が造成されており、八～九世紀の土師器・須恵器や瓦なども出土している。(31)この山岳寺院は、古代に創建され中世・近世以降まで存続する北陸最大級の山寺であるが、横長広大平場は造成されていない。柏崎市大泉寺（大清水観音堂）は、上越と中越の境界と目される米山の北麓に位置し、眼下に日本海を望む山岳寺院であり、複数の平場や池がみられるが大規模平場の造成はない。上越市吉祥寺旧跡は、古代越後国府・国分寺地域の北西に隣接する春日山丘陵に位置する山林寺院で、複数の平場がある。近隣に古代の窯跡があり、国府・国分寺に隣接する山寺であろう。上越市山寺薬師は、上越平野南部の山腹に、複数の平場が展開する山岳寺院である。これらの遺跡には、横長広大平場は造成されていない。

北陸では、福井県白山神社境内の白山平泉寺旧境内の発掘調査において、南谷坊院跡から九世紀から一〇世紀の須恵器・灰釉陶器・緑釉陶器が出土している。(32)南谷出土遺物では、九世紀の須恵器甕や一〇世紀後半の土師器高台坏があり、また北谷からは九世紀の須恵器坏（口縁部・底部）などが出土していることから、白山平泉寺旧境内の中枢部の成立もこの時期頃と考えられる。このことから、九世紀から一〇世紀後半には、北谷・南谷を含む南北約六〇〇メートルの範囲に寺域があったことが想定できよう。

白山平泉寺旧境内の大規模平場は、中枢部の三十三間拝殿跡平場の間口幅が約一一五メートルで、奥行が約四〇メートルを示し、その上段の本社を載せる平場（大御前平場）の間口幅も約一一五メートルとなり、奥行は約一五メートルである。この二箇所の大規模平場は、横長広大平場のうちでも間口幅が四〇丈の規模を持つ平場で、白山平泉寺旧境内では、武蔵慈光寺のように並列的に造成されているのではなく、上下に並ぶ縦列的な配置であることが特徴である。平場の端部には、土塁状の高まりがあり、この土塁間の芯々距離は約一二〇メートルである。上下の横長広大平場の比高は、約二メートルであり、現在は石垣となっている。この石垣は、一六世紀中頃の築造とされる。

白山平泉寺旧境内の北谷にある地蔵院跡平場は、東西の間口幅が一〇〇メートルで、南北の奥行は約三六メートル

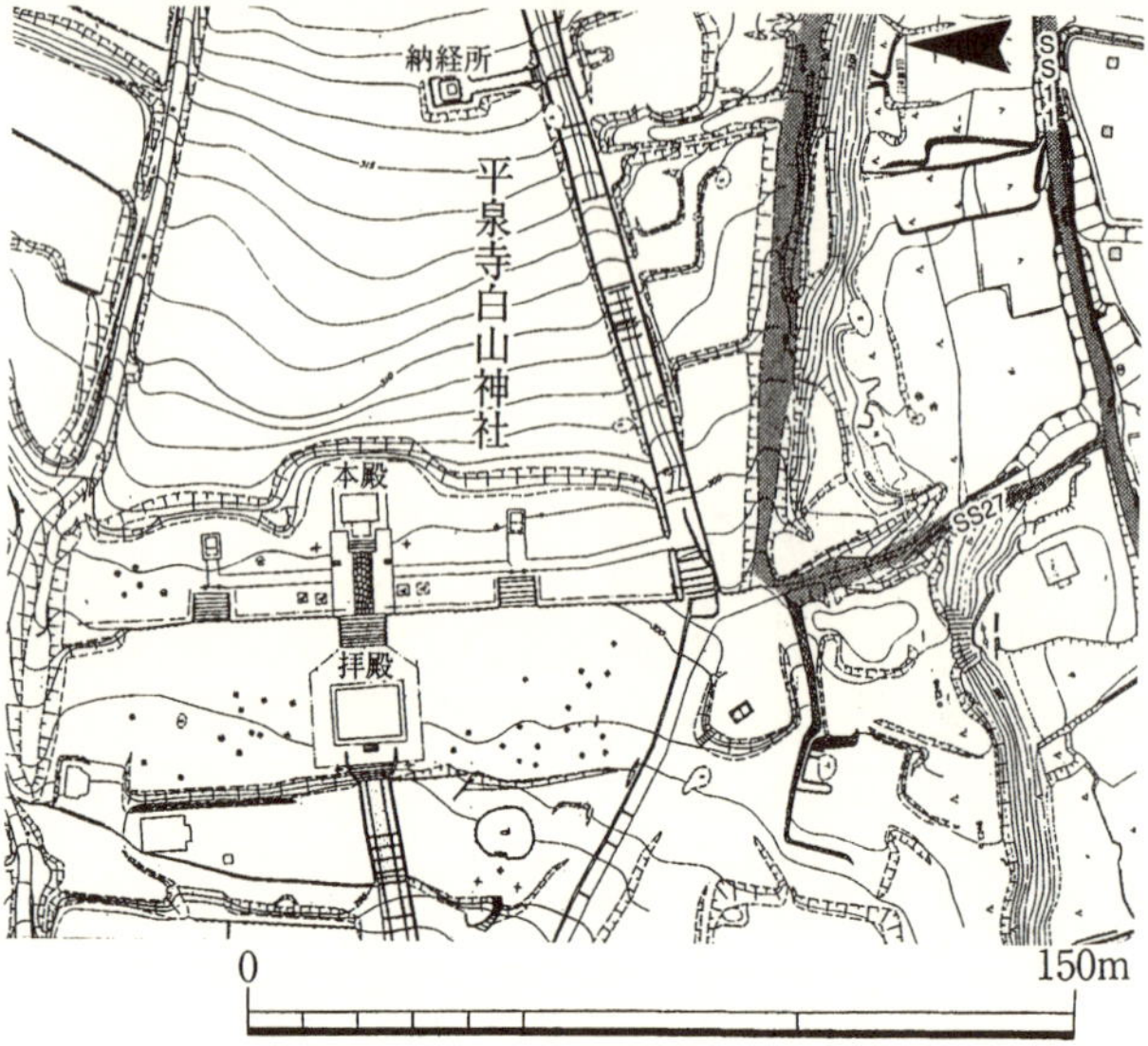

第87図　福井県白山平泉寺旧境内地形図（勝山市教育委員会2008を改変）

を示し、(33)そこに建物跡（九間×七間）が構築されている。複数の四〇丈型横長広大平場が隣接する山岳寺院は、埼玉県旧慈光寺跡の中枢部と、比叡山延暦寺西塔にみられ、山形県立石寺の中枢平場もそれに準ずるとみられる。白山平泉寺は、寺歴では一一世紀後半の応徳元年（一〇八四）に比叡山延暦寺の末寺となるが、横長広大平場が上下に隣接して整然と造成されている事例は、他に類を見ない。また、隣接する北谷にも大規模平場が造成されていることは、比叡山に隣接する要地としての特別な場所であったことも考えられよう。

石川県三小牛ハバ遺跡では、主要部は一面性平場で、横長広大平場は造成されなかった。多段性平場構造山寺である石川県浄水寺跡や、福井県明寺山廃寺と越智山大谷寺（大谷寺遺跡）にも横長広大平場はない。

次に、比叡山周辺から畿内の遺跡について、大規模平場の有無などを確認してみる。補陀落寺跡は、京都市左京区静市静原町の北方の山中に位置する山岳寺院である。(34)横長広大平場は、斜面に南北方向に造成された九箇所の平場のうち、上から二段目に造成されており、寺域の最上段と考えてもよい場所である。その間口幅は一二三メートルであり、奥行は約一〇～二〇メートルである。平場の立地は、

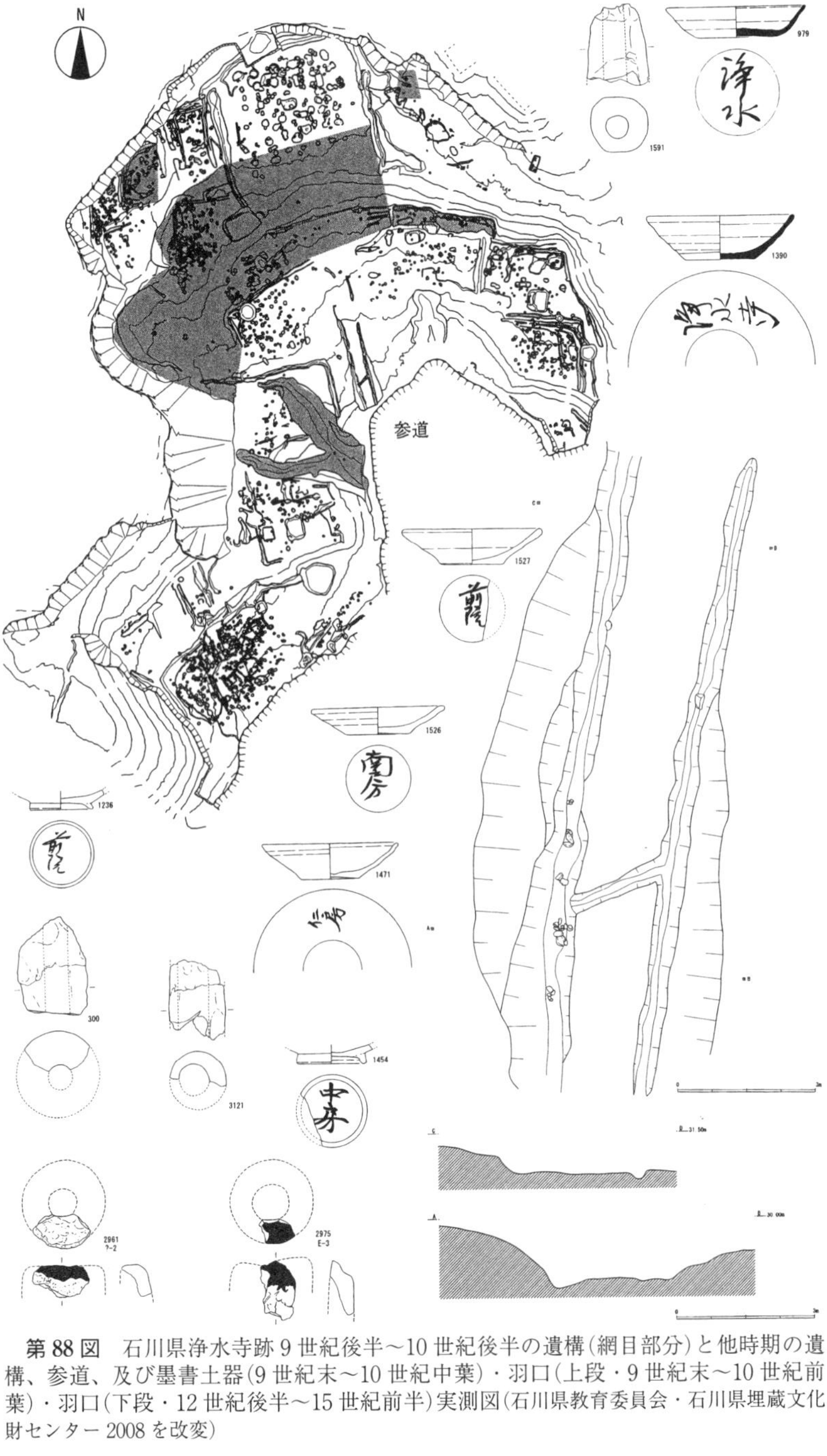

第 88 図　石川県浄水寺跡 9 世紀後半～10 世紀後半の遺構（網目部分）と他時期の遺構、参道、及び墨書土器（9 世紀末～10 世紀中葉）・羽口（上段・9 世紀末～10 世紀前葉）・羽口（下段・12 世紀後半～15 世紀前半）実測図（石川県教育委員会・石川県埋蔵文化財センター 2008 を改変）

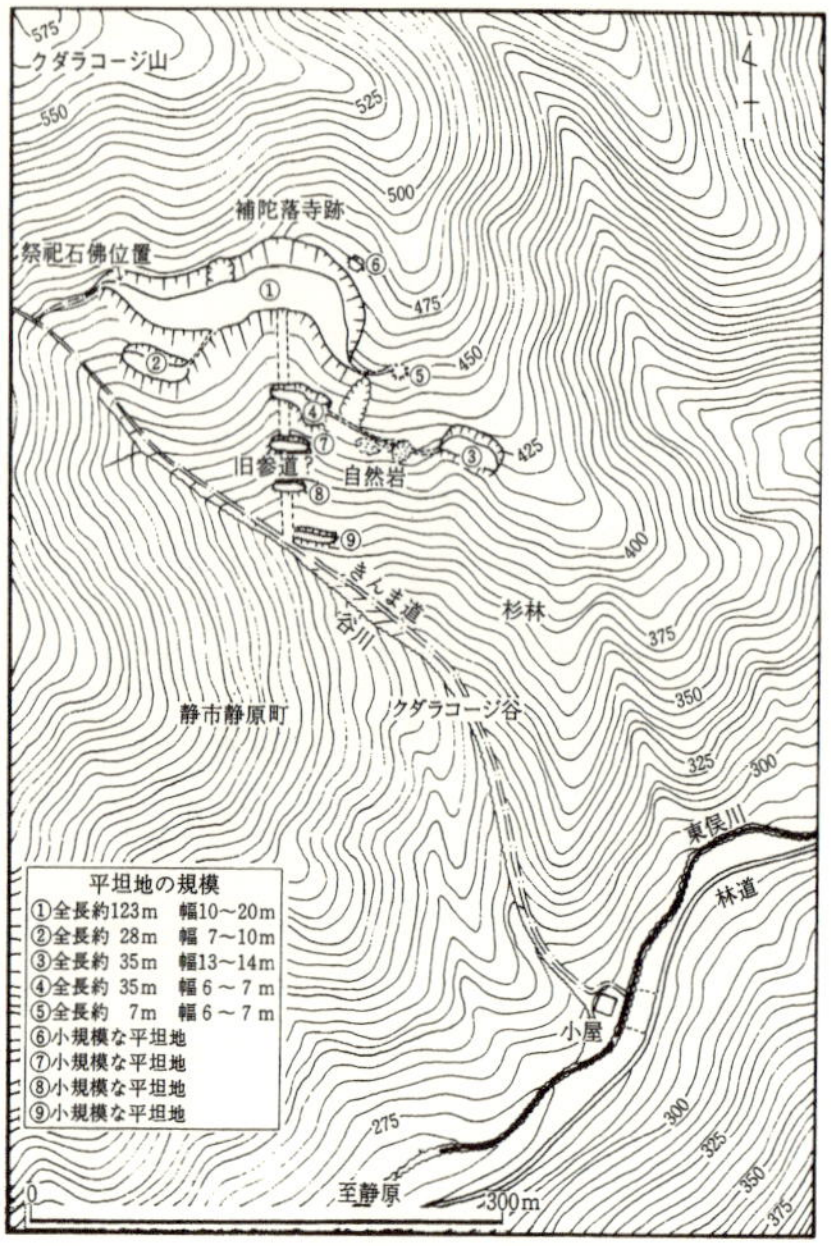

第 89 図　京都府補陀落寺跡平場分布図（梶川 1994）

谷部に面するため地形に沿って平場の西部が狭くなる平面形態となる。遺物は表採資料ではあるが、土師器・須恵器・緑釉陶器・灰釉陶器・瓦・鉄釘・輸入陶磁器などがある。遺跡からは、一〇～一二世紀頃の平安時代の遺物が出土し、時期が確定できる資料となっている。この山岳寺院は南北朝期の一四世紀後半には廃絶したとみられ、間口幅四〇丈規模とみられる大規模平場は、一〇～一二世紀頃に造成されたこととなり、横長広大平場の範疇に含めてよいのだろう。

松尾寺遺跡（松尾寺跡）は、滋賀県米原市の山中に位置する山岳寺院である。本堂跡（第76図①）の平場は、尾根上にあるため横方向の直線的な長方形ではなく、南に弧状に張り出す形状を呈する[35]。本堂を載せる中心平場の奥行は、最大で約三〇メートルである。寺域中心尾根上には、階段状に一五段程度の平場が造成され、本堂跡南西側の一角にのみ九～一〇世紀の遺物が出土し、一二～一三世紀に現本堂の造成が完成する。本堂跡の平場には鐘楼跡・石造九重塔などがあり、石造九重塔は文永七年（一二七〇）の年号を持つ。本堂跡の状況から一三世紀までにはやや大規模な平場が造成されたとみられる。また本堂背後の小規模平場には石組遺構（第77図）があり、地主神などを祀る宗教施設であろう。なおその上方斜面には、高さ一メートル内外の巨岩が林立し、磐座的な景観を示している。この山は、山寺成立以前からの聖域とみられ、そこに九世紀になって山寺が創建されたと考えられよう。

滋賀県観音正寺では、山岳寺院の平場とみられる観音正寺の遺構は、現在の観音正寺の本堂など主要堂宇が造営されている大きな平場と、その南西斜面下に隣接する平場群が主要なものとみられる。その場所は、観音寺山の山頂（約四四〇メートル）から少し下の標高三二〇〜三六〇メートル付近に、階段状に造成されている谷奥の斜面である。観音正寺は、戦国期の山城跡として有名であり、かつては郭群のすべてが城郭遺構とみられていたが、近年では中世観音正寺の遺構がそこに含まれているのではないかとの意見が出されているという。(36) 現在の境内は、江戸時代に造成・拡張されたとされているが、本堂域は間口幅（長軸）四〇丈（一二〇メートル）で、奥行が約三〇メートルを基本とした大規模平場であったかどうかの検討が必要となろう。

長命寺は、琵琶湖の東岸にそびえる長命寺山（標高三三三メートル）の南斜面に造営された山岳寺院である。この寺は延暦寺西塔末で、中世には西塔の別院と位置付けられていた。(37) 南側からの現参道を登ると、本堂・三重塔などがある最上部の伽藍地に至る。史料では承保元年（一〇七四）のものがあり、一一世紀後半には存在が知られており、現本堂と諸堂宇は一六世紀前半の再建である。金堂などは、標高約二五〇メートル付近に、東西方向に並列的に配置されており、伽藍地の北西部の斜面には巨岩が複数みられる。主要堂宇を載せる平場は、東西方向に細長く、東西の間口幅は約一二〇メートル、南北の奥行は約三〇〜四〇メートルであることから、大規模平場に該当する可能性があろう。

滋賀県金勝寺跡は、湖南の竜王山の山頂近くに位置する山岳寺院である。主要堂宇の標高は五二〇〜五五〇メートル付近で、南北方向の小規模な尾根上に、平場が階段状に連続するほか、東側に隣接する谷部には、江戸時代に整備された現在の本堂と仁王門などがある。発掘調査の結果、現在の本堂の西側高位の平場二箇所から、二基の基壇とそれに伴う礎石建物跡が検出されている。(38)

A地点では東西二六メートル、南北三二メートルの基壇があり、そこに桁行八間×梁間六間の礎石建物跡が確認さ

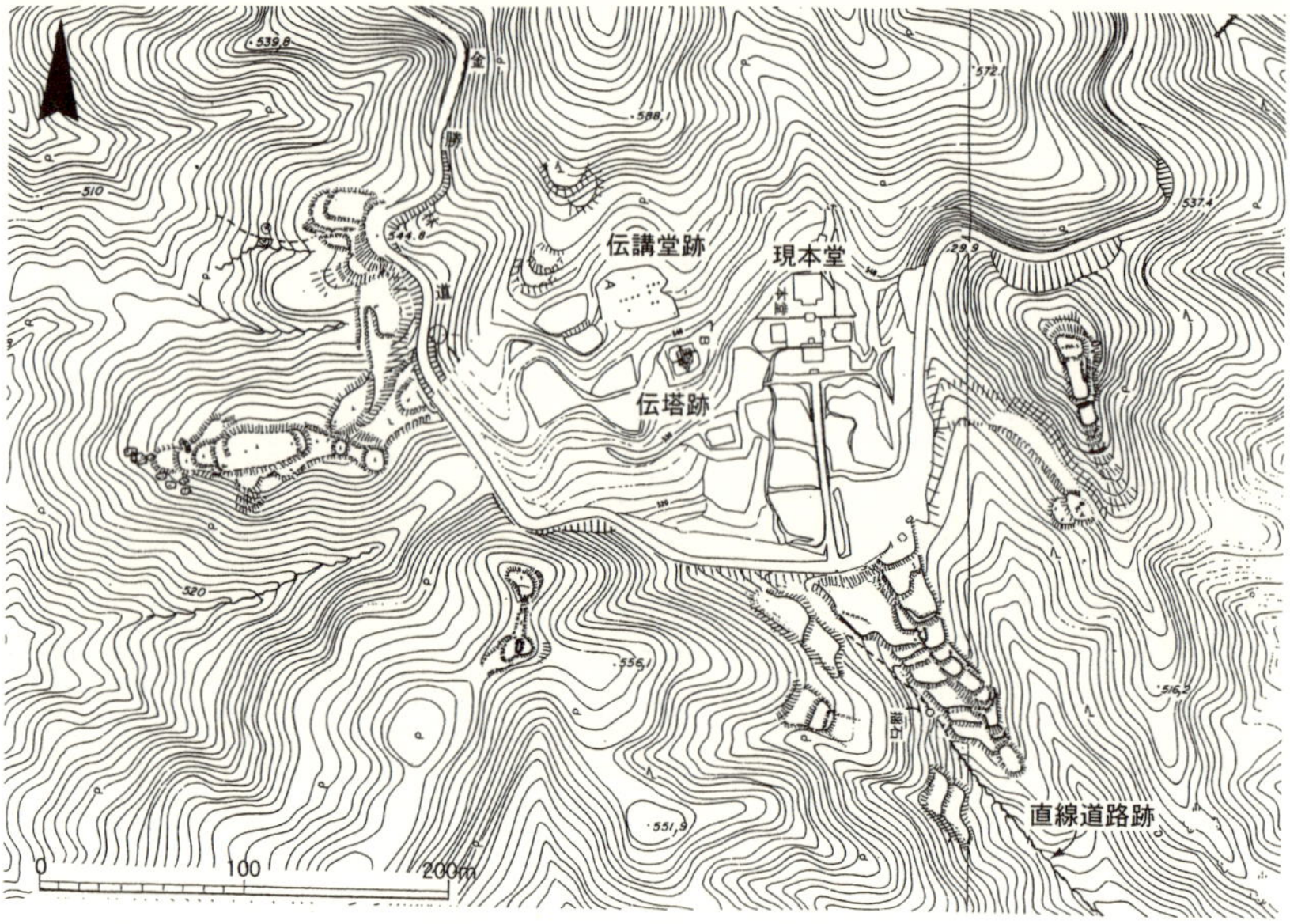

第90図　滋賀県金勝寺跡遺構・平場分布図（藤岡2008）

れた。この礎石建物跡は、谷部を登ってくる旧参道の正面に位置する最高所付近にある。B地点では、東西九メートル、南北八メートルで、南に張り出しを持つ基壇があり、三間×三間の礎石建物跡がある。A地点の建物が講堂とされ、B地点の建物が塔とされる。出土遺物からみて、九世紀後半から一〇世紀初頭頃の建物跡とされるが、横長広大平場は採用されていない。

京都府如意寺跡は、比叡山の南方山中の近江と山城の境界領域に展開する寺院群として、本堂地区・深禅院跡・灰山遺跡が調査された㊴。この山岳寺院は、平安時代から中世期に存続し、室町期には廃絶する。本堂地区の伽藍は、如意ヶ嶽東南東山腹の標高四〇〇〜四一五メートル付近の南面する平場群に、基壇・礎石建物跡が残る。本堂と塔は、谷部に造成された平場の南北に位置し、谷部両側に張り出す小尾根上を造成した平場には、法華堂と常行堂が配される。

現在の遺構群は、鎌倉期以降の中世山岳寺院のもので、講堂出土遺物には猿投窯黒笹九〇号窯式に近い九世紀末から一〇世紀前半の灰釉陶器があり、一〇世紀前半頃に最初に講堂を建立したことが判明している。本堂地区の特徴は、中央部と東西二堂の平場が、標高四一五メートルの同一面であることと、常行堂（SB02）と法華堂の東西平場間の最大幅（中枢部の間口幅）が約九〇～九三メートルになることであろう。この中枢部の平場群は、間口幅（東西）三〇丈の横長広大平場に類する遺構の可能性が浮かび上ってこよう。

神護寺（高雄山寺）は、京都市左京区の高尾山中腹に位置する山岳寺院で、山麓東側から急斜面の参道を登ると、楼門から寺院地に至る。この寺の創始は前身の高雄山寺であり、和気氏の氏寺として延暦二一年（八〇二）までは確実に遡るという(40)。主要堂塔である金堂・多宝塔・大師堂などは、標高一九〇～二二〇メートル付近に造営されており、その西尾根には南北に平場が造成されている。現在の金堂の南北に連なる堂塔群には、平安時代の土器が散布しており、古代からの伽藍中枢部とみられている。寺域東方の参道付近に展開する平場群からは、九世紀から中世期の土器・陶磁器・布目瓦が出土しており、この一帯が僧坊などとみられている。また現在の多宝塔の下には旧塔跡が発見されており、周辺からは平安時代の瓦が採集されている。神護寺は縦列系の

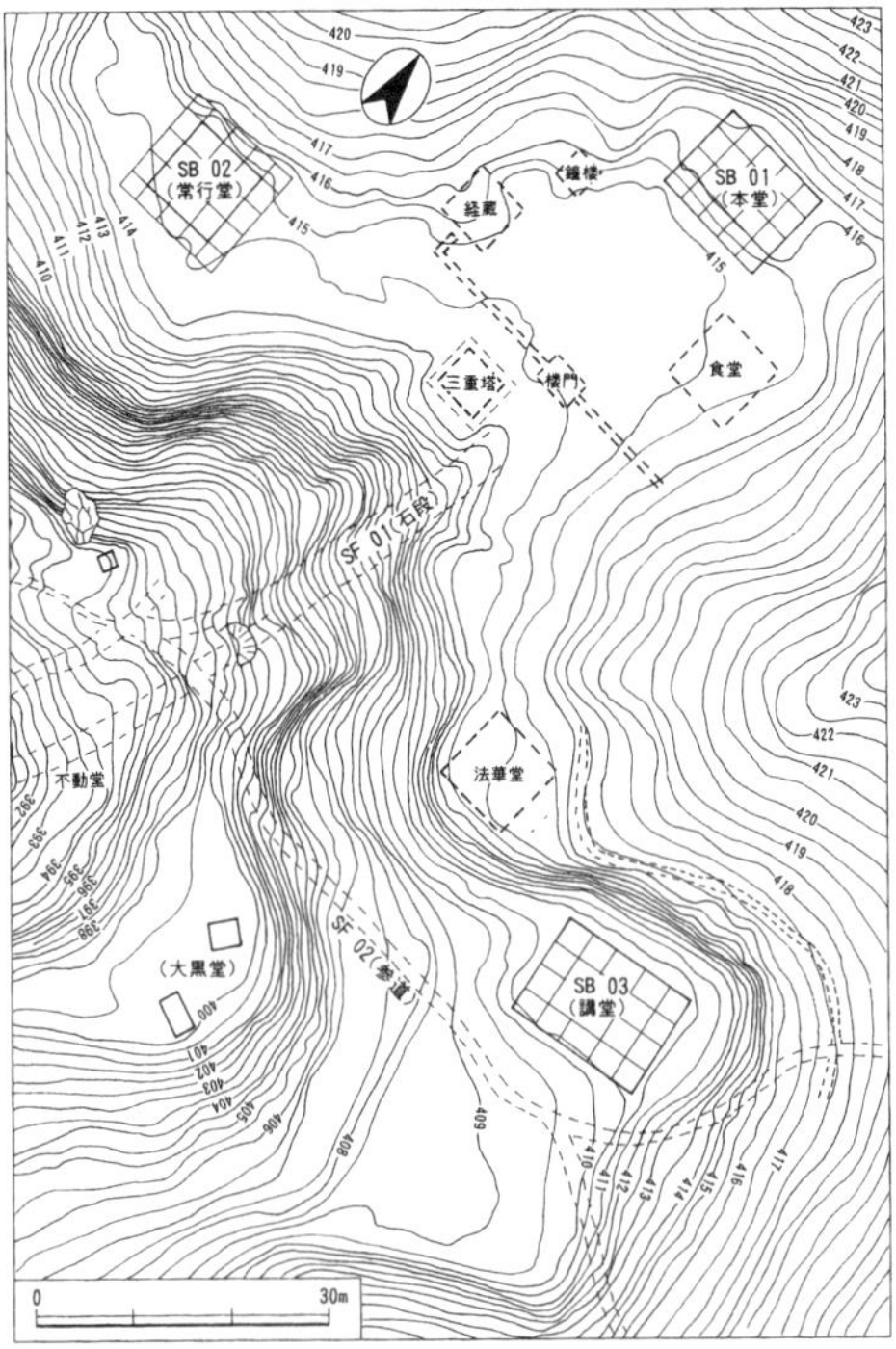

第 91 図　京都府如意寺跡本堂地区伽藍配置図（江谷・坂詰 2007）

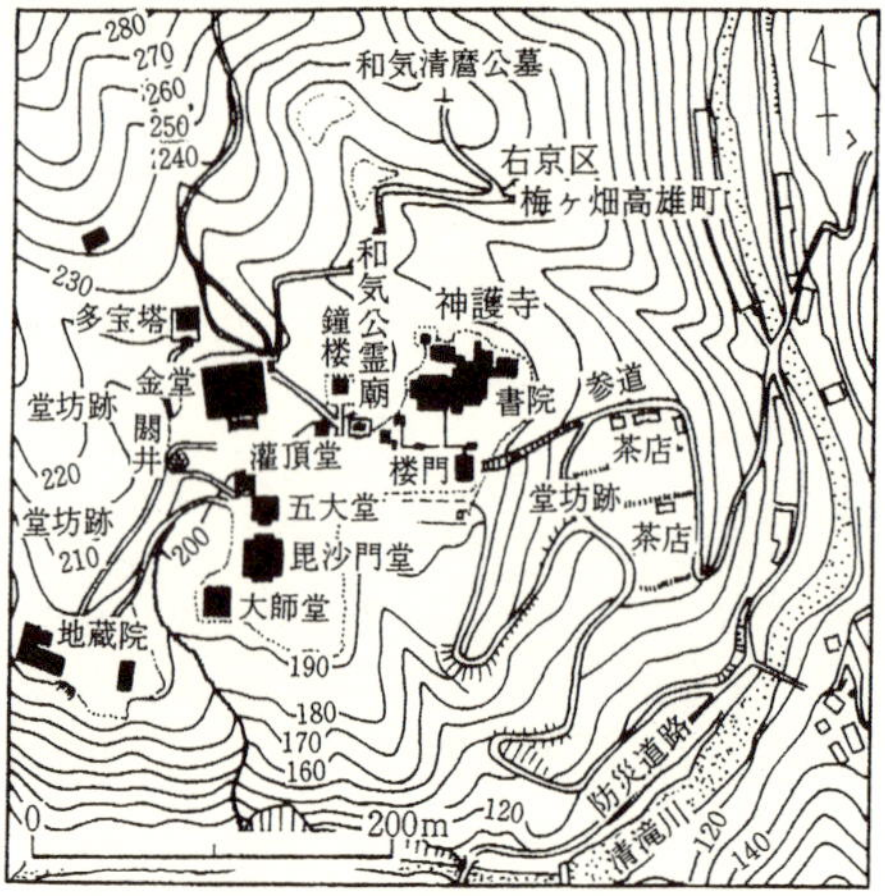

第92図　京都府神護寺伽藍・堂坊跡位置図（梶川1994）

古相の伽藍配置が基本にあり、その東方に隣接して横長広大平場が造営された可能性などもあろう。

また神護寺の別院として鎌倉初期頃に開創されたとみられる高山寺では、階段状の平場群が斜面に造成されている。考古資料ではないが、一三世紀前半の寛喜二年（一二三〇）作成の「高山寺絵図」には、清滝川と山に挟まれた山麓に東から西へ南面して八箇所の堂塔社殿がほぼ並列して描かれている。[41] その状況は、東から経蔵・羅漢堂・阿弥陀堂・本堂・塔・鐘楼・鎮守の順である。本堂南方の清滝川近くには大門が構えられ、その南西には、橋が架かる。絵図にみえる本堂を載せる平場は、現在の最上段の間口の広い大規模な平場と考えることができよう。

笠置寺は、京都府南部の木津川南岸の笠置山（標高二八八メートル）山頂部域に造営された山岳寺院である。発掘調査の結果、南方尾根上の標高二六〇〜二八五メートル付近において、鎌倉時代末期に尾根の西側斜面に土壇（SX一〇）を設置し、建物を建造していたことが判明している。[42] 出土遺物は、国産の土器類・陶磁器類・中国製陶磁器ほかで、器種は香炉・火鉢・銅製椀などである。仏具を出土した建物は僧坊とみられ、笠置寺における中世期の山岳寺院遺構の検出は、鎌倉末期・南北朝初期から戦国期に城郭として使われる以前の山岳寺院の状況に関する資料となる。また寺域内では、鉄製品・銅製品とともに鉄滓の出土があり、中世山岳寺院での鍛冶操業があったことを裏付ける。笠置寺では、寺域内北部にやや規模の大きな平場があるが、横長広大平場は造成されていないとみておきたい。

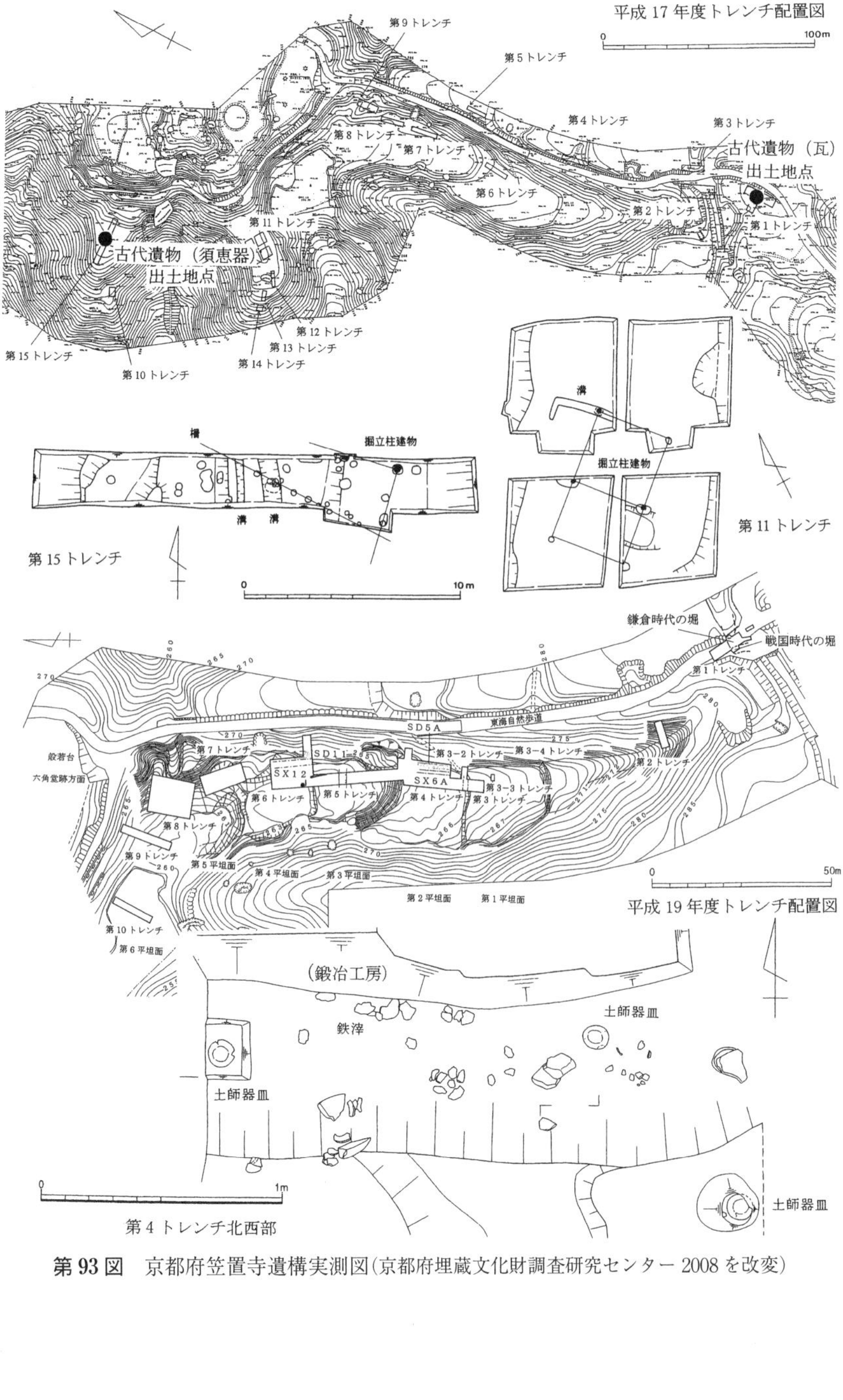

第 93 図　京都府笠置寺遺構実測図（京都府埋蔵文化財調査研究センター 2008 を改変）

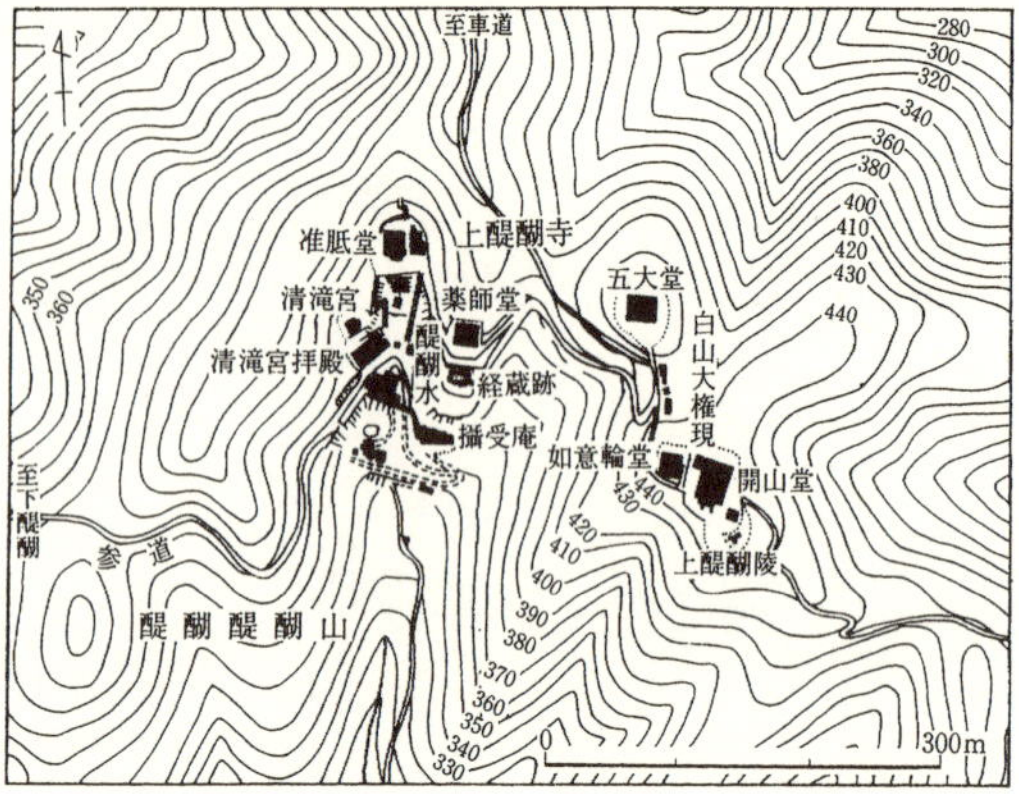

第94図　京都府醍醐寺山上伽藍位置図（梶川1994）

醍醐寺山上伽藍は、旧山城国宇治郡の笠取山（醍醐山）の山頂付近の標高三八〇～四四〇メートル付近にある真言宗の山岳寺院である(43)。この寺は、九世紀後半に開創され、現存する建物では平安後期の保安二年（一一二一）建立の薬師堂が最古である。境内には経蔵跡基壇が残り、中世室町期から桃山期頃の建造物が複数存在する。山上伽藍西部の斜面谷部に位置する醍醐水は、山上の湧水として神聖視され、この寺の地主神は横尾明神である。こうした歴史からみると、九世紀後半の創建期に続き、一〇～一二世紀にかけては、伽藍の整備が進んだものとみられる。上醍醐寺では、横長広大平場は造成されなかったものと考えられる。

六甲山北方の旧摂津国と旧丹波国の国境山地には、山岳寺院が多数分布するが、兵庫県旧金剛寺跡は標高五五〇～五八〇メートル付近に、大小一〇箇所以上の平場群が尾根上の南斜面に展開し、主要部などが発掘調査され、保存された部分も多い(44)。中枢部は、基壇状遺構に桁行七間・梁間四間の礎石建物跡が確認された。平場は、間口幅約五〇メートル、奥行最大約二〇メートルの規模を持ち、並列して二棟の礎石建物跡が建立されている。最上段のE区では、礎石建物跡の痕跡があり、須恵器杯には平安初期に遡る燈明皿が多数あったとされる。そして、そこには寺院創建当初からの小祠があったようで、地主神を山岳寺院の最上段の平場に祀ったのであろう。この遺跡では、横長広大平場の造成はない。

天上寺跡は、旧摂津国となる神戸市灘区の麻耶山頂（標高六八九メートル）近くの尾根上の平坦地に、本堂・護摩堂・

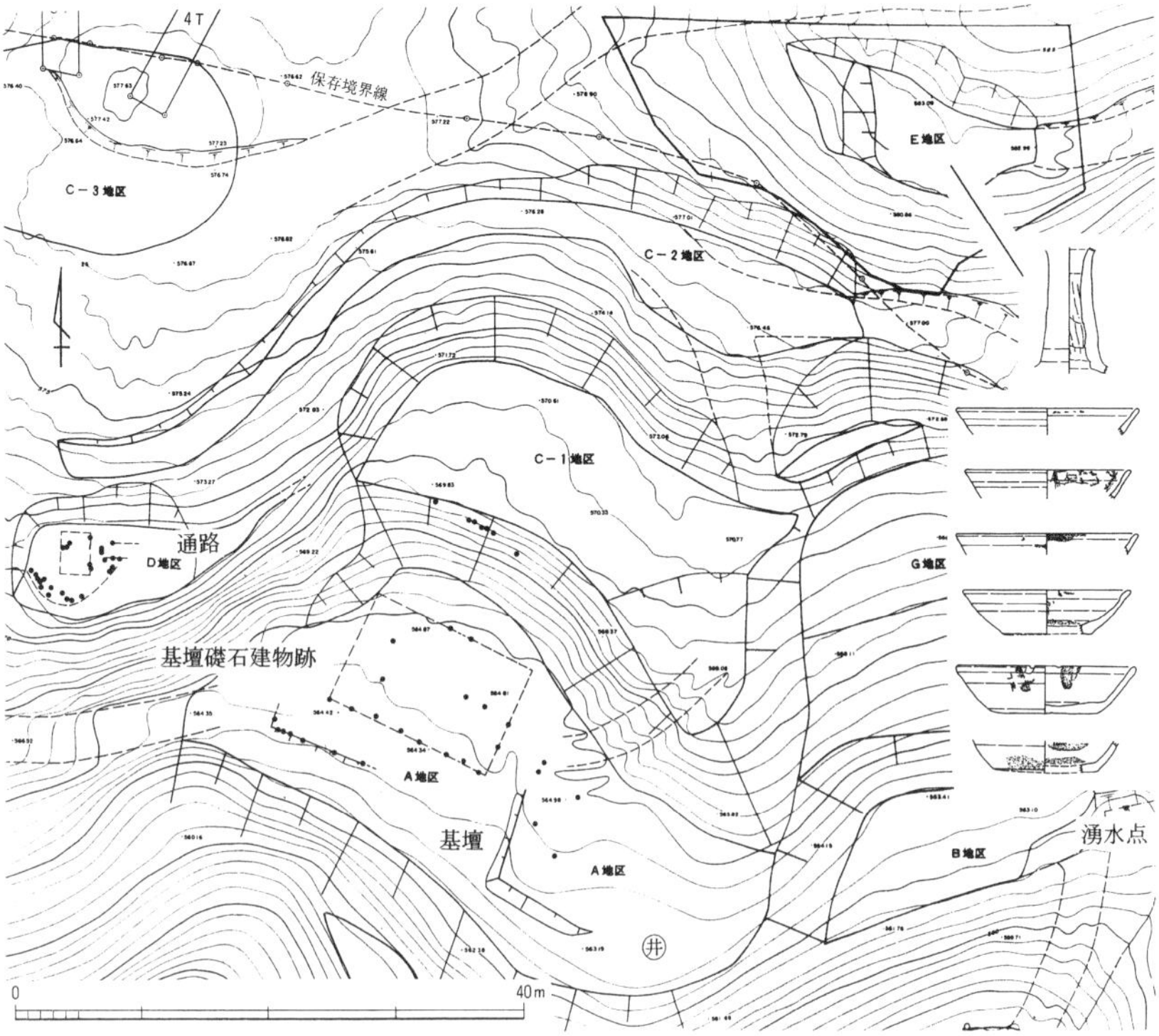

第95図　兵庫県金剛寺跡遺構・平場分布図（浅岡ほか 1997 を改変）

多宝塔・阿弥陀堂・鐘楼があったが、現在は建物基壇跡が公園として残る[45]。この場所は、眼下の大阪湾から、左手に生駒・金剛山系が連なり、雄大な眺望をみせ、この尾根が海に突き出す空中の寺のような錯覚さえ覚えるが、横長広大平場はない。

このように畿内とその周辺の山岳寺院では、大規模平場としての横長広大平場が造成された山岳寺院と、造成されていない山岳寺院がある。横長広大平場は、一二世紀中葉までには、造成されたと考えられる。大規模平場である横長広大平場は、鎌倉仏教成立以前の平安期の拠点的な山岳寺院（山寺）に特有の遺構であると考えることができよう。

註

(1) 梶川敏夫「平安京周辺の山岳寺院（京都府）」『佛教藝術』二六五号　毎日新聞社　二〇〇二年
(2) 浅岡俊夫「六甲山周辺の山岳寺院（兵庫県）」『佛教藝術』二六五号　毎日新聞社　二〇〇二年
(3) 中井　均・土井一行「湖北地方の山岳寺院―松尾寺を中心として―」『考古学ジャーナル』三八二号　ニューサイエンス社　一九九四年
(4) 浅野晴樹・野中　仁・石川安司・水口由紀子・時枝　務・千装　智「第三章第四節　旧慈光寺跡」『都幾川村史　資料二　考古資料編』都幾川村　一九九八年
(5) 上野川勝「考古学的視点からみた「模本日光山図」に描かれた中世寺社の伽藍と施設とその系譜」（本書所収）において二〇一三年一二月に創案した概念と用語で、「よこながこうだいひらば」と読む。平場遺構の間口幅の方向を「横」とし、奥行方向を「縦」と捉え、間口幅（横方向）が大きく広いという意味を持たせた。
(6) 上野川勝「上野国・下野国の山岳寺院（群馬県・栃木県）」『佛教藝術』三一五号　毎日新聞社　二〇一一年
(7) 上野川註（6）前掲論文
(8) 水口由紀子「開山塔下(二)土器」『都幾川村史　資料二　考古資料編』都幾川村　一九九八年
(9) 梶川敏夫「3山岳寺院」『平安京提要』角川書店　一九九四年
(10) 『続天台宗全書　神道1　山王神道Ⅰ』（一五一頁）天台宗編纂所　春秋社　一九九九年
(11) 上野川勝『北台遺跡』栃木県国分寺町教育委員会　一九九三年
(12) 久保智康「古代山林寺院の空間構成」『古代』一一〇号　早稲田大学考古学会　二〇〇一年
(13) 福永清治「9西塔・惣堂分」（「第3部比叡山三塔一六谷調査資料集」）『忘れられた霊場を探る3―近江における山寺

の分布—』栗東市教育委員会・栗東市文化体育振興事業団　二〇〇八年
(14) 今泉淑夫編『日本仏教史辞典』吉川弘文館　一九九九年
(15) 福永清治踏査・作図「比叡山三塔遺構図」(比叡山　延暦寺西塔)『忘れられた霊場を探る3—近江における山寺の分布—』栗東市教育委員会・栗東市文化体育振興事業団　二〇〇八年
(16) 福永清治「4延暦寺境内の考古資料について」(「第3部比叡山三塔一六谷調査資料集」)『忘れられた霊場を探る3—近江における山寺の分布—』栗東市教育委員会・栗東市文化体育振興事業団　二〇〇八年
(17) 川原嘉久治「榛名山麓の古代寺院Ⅱ—唐松廃寺—」『研究紀要』一一号　群馬県埋蔵文化財調査事業団　一九九三年
(18) 北上市教育委員会『国見山廃寺跡』二〇〇三年
(19) 平泉町教育委員会『特別史跡中尊寺境内内容確認調査報告書(Ⅲ)』一九九九年
平泉町教育委員会『平泉遺跡群発掘調査報告書　中尊寺第七三次』二〇〇九年
(20) 平泉町教育委員会『特別史跡中尊寺境内内容確認調査報告書』二〇〇六年
(21) 菅野成寛「平安期の奥羽と列島の仏教—天台別院・権門延暦寺・如法経信仰—」『兵たちの極楽浄土』入間田宣夫編　高志書院　二〇一〇年
(22) 伊藤博幸「衣川遺跡群研究ノート」『岩手考古学』一八号　二〇〇六年
(23) 白岩賢一郎「陸奥国の山岳寺院・史跡慧日寺跡の発掘調査(福島県)」『佛教藝術』三一五号　毎日新聞社　二〇一一年
福島県磐梯町教育委員会『慧日寺跡Ⅱ・ⅩⅩⅢ・ⅩⅩⅣ』一九八七年・二〇一一年・二〇一二年
(24) 石川安司「慈光寺」『季刊考古学』一二一号　雄山閣　二〇一二年
(25) 黒沢彰哉「東国の古代山岳寺院」『考古学ジャーナル』四二六号　ニューサイエンス社　一九九八年

(26)　瓦吹　堅・佐藤正好・黒沢彰哉『茨城県における古代瓦の研究』茨城県立歴史館　一九九四年
岩原　剛「三河の山岳寺院（愛知県）」『佛教藝術』三一五号　毎日新聞社　二〇一一年
(27)　村上　昇・菊池直哉「№二四　普門寺旧境内」『三遠の山寺』三河山寺研究会・三河考古学談話会　二〇一〇年
(28)　岩原　剛・菊池直哉・村上　昇・梶原義実・山岸常人・松井一明・上原真人ほか『普門寺旧境内―考古学調査編―』豊橋市教育委員会　二〇一六年（一六六頁）
(29)　坂野俊哉「№二五・二六　泉福寺と渥美半島の山寺」『三遠の山寺』三河山寺研究会・三河考古学談話会　二〇一〇年
(30)　小野英樹・宮本達希『南禅寺遺跡発掘調査報告書』静岡県河津町教育委員会　二〇一四年
(31)　新潟県分水町教育委員会『分水町史　資料編１　考古・古代・中世編』分水町史編さん委員会　二〇〇四年
(32)　松村英之「Ⅳ出土遺物」『史跡白山平泉寺旧境内発掘調査報告書』勝山市教育委員会　二〇〇八年
(33)　勝山市教育委員会『史跡白山平泉寺旧境内保存管理計画書』一九九七年
宝珍伸一郎「白山信仰と平泉寺」『山岳信仰と考古学』山の考古学研究会　同成社　二〇〇三年
(34)　梶川註(1)前掲論文
(35)　中井・土井註(3)前掲論文
土井一行『松尾寺遺跡発掘調査報告書』米原町教育委員会　一九九九年
(36)　伊庭　功「一七　観音正寺・観音寺城」『新視点・山寺から山城へ―近江の戦国時代―』米原市埋蔵文化財活用事業／第四回山寺サミット　米原市教育委員会　二〇〇九年
(37)　今泉編註(14)前掲書
(38)　藤岡英礼「第四部調査資料集（一）金勝山・金勝寺」『忘れられた霊場を探る』報告集　栗東市教育委員会・栗東市文

化体育振興事業団　二〇〇六年
林　博通「崇福寺と金勝寺」『考古学ジャーナル』四二六号　ニューサイエンス社　一九九八年
(39)　江谷　寛・坂詰秀一『平安時代山岳伽藍の調査研究―如意寺跡を中心に―』古代学協会　二〇〇七年
(40)　梶川註(1)前掲論文
(41)　今泉編註(14)前掲書
(42)　伊野近富「史跡及び名勝笠置山」『京都府遺跡調査概報』一一九冊―七　京都府埋蔵文化財調査研究センター　二〇〇六年
伊野近富「史跡及び名勝笠置山発掘調査報告」『京都府遺跡調査概報』一二七冊―一　京都府埋蔵文化財調査研究センター　二〇〇八年
(43)　梶川註(1)前掲論文
(44)　浅岡俊夫・古川久雄・中野益男・中野寛子・菅原利佳・長田正宏『三田市旧金剛寺跡―E地区を中心とする調査―』六甲山麓遺跡調査会　一九九三年
(45)　浅岡註(2)前掲論文

参考文献

上原真人「第一章第三節　慧日寺の文化財」『史跡慧日寺跡―中心伽藍第Ⅰ期復元整備事業報告書―』福島県磐梯町　二〇一二年
村木二郎「経塚と墓の複合遺跡のあり方」『季刊考古学』一二二号　雄山閣　二〇一二年
荒木志伸「山寺立石寺」『季刊考古学』一二二号　雄山閣　二〇一二年

今野賀章「霊山寺跡」『季刊考古学』一二一号　雄山閣　二〇一二年
用田政晴「弥高寺跡」『季刊考古学』一二一号　雄山閣　二〇一二年
松村知也「山岳寺院・山岳寺院遺跡一覧」『山岳寺院の考古学』摂河泉古代寺院研究会編　大谷女子大学　二〇〇〇年
福島県磐梯町・磐梯町教育委員会『史跡慧日寺跡―中心伽藍第Ⅰ期復元整備事業報告書―』二〇一二年
福島県磐梯町教育委員会『慧日寺跡Ⅰ～ⅩⅩⅥ』一九八六～二〇一四年

第三節　大規模平場の出現と山岳寺院伽藍配置の類型

一　視点

山の斜面における平場の造成では、等高線に沿う横方向への連続する切土と、下方の谷への盛土により、広大な平場を造成する場合がみられる。こうした平場のうちで、斜面の等高線に沿って横方向に細長く造成された結果、間口方向の幅が特に広くなっている平場を、山岳寺院の平場の中でも大規模に造成された平場であるという視点から捉え、これに「横長広大平場(1)」という新たな遺構概念を付与した。

前節では、北東日本における山岳寺院の平場群の中から、横長広大平場を抽出し、その規模と形状などを検討した。その遺構例としては、九世紀後半以降の比叡山寺西塔の平場や、埼玉県慈光寺の九〜一二世紀の遺物を出土した開山塔を載せる中枢平場、一〇〜一二世紀の遺物を出土した京都府補陀落寺跡があるが、こうした一群以外に、横長広大平場が造成されなかった山岳寺院も多数存在する。

そして前節では、北東日本から畿内での複数の山岳寺院の古代から中世前期とみられる遺構において、三〇丈型と四〇丈型(一町型)という二つの規模、すなわち間口幅九〇メートルと間口幅一二〇メートルの二種類の横長広大平場が造成されていることを指摘した。そしてその平場の奥行は、約二五〜三〇メートルであることを示した。また、横長広大平場の平面形は、現時点では概ね長方形に近い形状を呈している。現在までの考古学的な発掘調査を経た出土遺物の報告と、現地遺構踏査報告資料から判断すれば、横長広大平場が山岳寺院に導入された時期は九～一二世紀である。比叡山寺では、九世紀代に西塔の開発が始められ、一〇世紀代までには多くの平場が造成されたと考えてよいのであろう。武蔵慈光寺では、九世紀代以降に開山塔と釈迦堂の平場が造成されたとみられる。山城補陀落寺跡では、横長広大平場から一〇～一二世紀の遺物が出土しており(2)、一三～一四世紀の中世中頃には衰退し廃絶することからみて、この横長広大平場は平安期から中世初期に造成された遺構であることは確実である。そして前節で述べたように、拠点的な平安期山岳寺院の特徴的な遺構と捉えることが可能である。

比叡山寺においては、西塔の開発は九世紀からとされるが、西塔の伽藍中枢には四〇丈の横長広大平場はみられず、三〇丈型が造成された可能性はある。西塔伽藍中枢の北部に展開する西塔北谷の法然坊推定地出土土器の年代は、九世紀後半から一〇世紀前半とされ、かつ現在みられる西塔北谷斜面の平場のほとんどは一〇世紀前半までには造成されていたという見解(3)に従えば、西塔の横長広大平場は、古くみても九世紀後半代となる。西塔北谷の南西に隣接する西塔北尾谷から、その南方に谷を挟んで位置する南尾谷にも、三〇丈以上の横長広大平場がみられる。

横川中堂は、九世紀中葉の嘉祥年間に円仁により創建されることから、横川は九世紀後半からの造営とみられ、西塔北側の横長広大平場の最古期の遺物群と同時期となる。つまり、横川の開創とそれに続く横川創建初期の一〇世紀には、西塔の北側にも何らかの理由で横長広大平場群が造成されたこととなろう。その歴史的背景や、伽藍中枢ではない場所に横長広大平場が必要とされた理由は、不詳と言わざるを得ないが、古代の比叡山寺における東塔・西塔・横川の時系列的な展開の中からはそうした状況が浮かび上がってくる。

このように、少ない発掘調査資料と踏査報告を用いて検討するという制約を認識しながらも、この遺構は北東日本の複数の大規模山岳寺院に造成されているという特異性がある。別節に示したとおり、武蔵慈光寺・山城補陀落寺跡・比叡山寺西塔での横長広大平場の造成開始時期は、考古遺物群の所属時期からみて、九世紀中葉頃から九世紀後半と考える。その根拠は、武蔵慈光寺において開山塔下から出土した須恵器甕の骨蔵器が最も古く見た場合は八世紀末から九世紀代であり、開山塔を載せる平場の造成は九世紀代以降とみることが妥当と考えられ、また比叡山寺西塔の伽藍中枢の北側斜面に複数展開する横長広大平場の利用は、九世紀後半以降となることなどである。

そして西塔が武蔵出身の円澄により九世紀前半には創始され、横川の開創が下野出身の円仁によって九世紀後半から始められるという比叡山寺中枢の初期山岳寺院の創建からみた場合、横川の開創とそれに続く時期に、横長広大平場が西塔中枢部の周縁斜面に付随するように展開することから、最も古くみて九世紀後半に西塔北谷の横長広大平場が造成された可能性が出てくる。このように横長広大平場の始源については、九世紀後半と見做すこととしておくが、その正否と出現の背景は今後の研究課題である。

ここではこうした横長広大平場の造営が古代山岳寺院の伽藍配置とどのような関連を持つのかを、現時点における限られた発掘調査資料などを用いて考察する。北東日本における古代山岳寺院の伽藍配置の類型については、山地・山岳における主要堂塔の斜面に縦横に配列された事例を基に、類型案を提示してある。[4] それはⅠ類「縦列系配置型」（Ⅰa類「縦列系分散型」、Ⅰb類「縦列系集中型」）、Ⅱ類「並列系配置型」（Ⅱa類「並列系分散型」、Ⅱb類「並列系集中型」）、Ⅲ類「散在系配置型」、Ⅳ類「コの字・L字系配置型」の四類型であり、各類型における横長広大平場の存否を見ながら、山岳寺院の主要堂宇の伽藍配置とそれを載せる平場群と横長広大平場の関係について考察する。また、横長広大平場の造成時代における大規模平場出現の背景を探る。

二　縦列系伽藍配置の成立と平場の造成

Ｉ類「縦列系配置型」は、主要堂塔を縦列的に配置する一群で、回廊を持たないものの堂塔の配置が平地伽藍に類似するか、または同一視できる伽藍配置を山中に持ちこんでいる一群である。これは塔が他の主要堂宇と離れて造営されるＩａ類と、塔を主要堂宇と同じ場所に置くＩｂ類に区分できるが、Ｉａ類「縦列系分散型」では愛知県大山廃寺跡が代表となる。この遺跡は、平安仏教が開創される以前の八世紀代に活動していた山岳寺院であることから、奈良時代に創建造営された山寺である。

大山廃寺では八世紀前半には、単弁八葉蓮華文軒瓦が葺かれた塔が、主要堂宇から一〇〇メートル以上離れた尾根上に単独で創建され、「山寺」の篦書きを持つ瓦類も出土している。(5) 仏堂は、五間×二間で北と西に庇が付く建物跡とみられ、その西方に隣接する三間×二間の二棟の掘立柱建物跡などが主要堂宇であり、山腹中位の細長い尾根上の三段の平場に建立されている。この山岳寺院では、塔が尾根上に遠方からでも目立つように位置することが特徴であり、このことは古代交通路や、八世紀前半に周辺で操業された製鉄炉・須恵器窯・瓦窯などから目視できる状況を示したものと考えることができる。大山廃寺跡は、古代掘立柱建物を持つ平場の南西下方にあるやや大規模な平場から、中世陶器などの土器群が出土しており、「満月坊」の墨書土器(6)からみてこの場所に中世山岳寺院の坊院が形成されたことが判明しているが、平安仏教成立以前の時期に創建・造営されはじめた大山廃寺跡の寺域内には、横長広大平場は造成されなかった。

Ｉｂ類「縦列系集中型」は、現時点では、回廊は持たないものの平地伽藍の堂塔配置をほぼそのまま山寺に持ち込んでいる一群を指す。福島県慧日寺観音寺跡は、磐梯山南西山麓の狭く細長い尾根上に堂塔を縦列的（直線的）に配列した構造である。(7) 尾根の南端部に門が構えられており、門から入り右側に塔が造営されており、尾根の中央部には本堂（金堂、桁行五間・梁間六間）がある。慧日寺観音寺跡は尾根上の寺域を両側の細長い尾根が包み込み隠すような状況を呈し、外界から遮蔽された空間を保持することが特徴で、こうした隠された空間の中に山寺を構築するという考え方があったのであろう。この山岳寺院は回廊がないので平地寺院の伽藍配置名をそのまま付することは難しく、堂塔の配置が上原真人の指摘のように大官大寺式と同じことから、大官大寺式系の伽藍配置と言えよう。慧日寺観音寺跡には、横長広大平場は造成されていない。

茨城県山尾権現山廃寺は、筑波山西麓の標高約二六〇メートル付近の南西に張り出す小尾根の平場に位置する小規模な伽藍を持つ山寺である。(8) 中枢部の塔・仏堂（金堂か）・講堂などの範囲は、南北約四〇～五〇メートル程度であり小規模な山寺伽藍を持つ。回廊のない伽藍配置であるため法起寺式系とみられ、中門から講堂を結ぶ中軸線から右に塔があり、左に基壇を持つ仏堂（金堂か、桁行三間・梁間三間）が並置される。講堂（桁行五間・梁間五間）は礎石建物跡で、瓦などから九世紀初頭頃の山寺と考えられている。この遺跡は、古代創建古代廃絶型（1類）の代表的な山寺であるが、横長広大平場は造成されていない。

名山山麓の細長い尾根に包み込まれるように隠される立地の山岳寺院は、北東日本においては武蔵北部の馬騎の内廃寺や尾張大山廃寺跡があるが、日本最古の山寺であり、七世紀後半には造営された崇福寺跡もその類である。また最古の山林修行地とされる奈良県比曽寺は細長い谷の最奥部に南面し、正面には吉野川低地の奥に吉野の山々を遠望できる隠された山寺で、かつ吉野への通過地であり出発地でもあろう。埼玉県馬騎の内廃寺は八世紀初頭から前半には創建され一〇世紀まで存続した。大山廃寺跡も八世紀前半には建立されているが、これら八世紀代に係わる古期山岳寺院の建立場所は、屈折点のある細長い谷を遡り、外部から隠れるような山麓の南向きや南東に向く細長い尾根であることなどが共通点として窺える。静岡県油山寺は、細長い谷の奥に位置し、本堂の平場は建穂寺跡の本堂や普門寺元々堂址の礎石建物跡平場の平面形に類似する形状であるが、横長広大平場はない。

この時期は、平安密教が開創される以前の古密教の時期であり、平地寺院などからさほど遠くない場所に山寺が構えられたものとみられる。静岡県宇志瓦塔遺跡は、平安前期の灰釉陶器の碗や香炉が出土しており、この遺跡の立地も郡単位の氏寺の平地寺院と山岳寺院（山林寺院）の在り方を考える重要な遺跡であることは間違いないが、古代交通路や郡衙から北に延びる細長く屈曲する谷を遡った隠された空間に立地することから、瓦塔出土地点とその上方に離れて展開する平場と岩場からなる観音堂跡の造営時期が多少異なるにせよ、瓦塔出土地点は古期山林修行の場所としての性格が見て取れる。宇志瓦塔遺跡本体は、正に小さな山寺という状況であり、この場所で山間に構えられた修行地とでも言うべき場所が完結していた時期があったとみることができる。古代創建古代廃絶型（1類）とみられる馬騎の内廃寺と宇志瓦塔遺跡では、横長広大平場は造成されていない。[9]

こうした縦列系の系譜を引くとみられる山岳寺院には、駿河建穂寺跡がある。南西向きの細長い尾根とそこから派生する南尾根上に複数の平場が展開し、北側最奥部に桁行七間・梁間六間の基壇を持つ礎石建物跡が観音堂跡として現存する九世紀の灰釉陶器が出土するなどの状況から、この遺跡は、駿河国分寺に関連する山林修行の寺院としての性格が考えられている。[10]古代においては、駿河中枢部の周囲には、法明寺・霊山寺・平沢寺・久能寺が造営されていた。それらに比べれば、その礎石建物跡の規模ははるかに大きく、北東日本における山上に構えられた基壇礎石建物跡の中でも大規模なものであることなどからみて、その創建の背景には大きな力が働いたことは事実であろう。建穂寺跡では、山麓の谷部から中世山寺の遺構と遺物が発掘調査されており、寺院中枢と寺域が中世段階に山麓に移動するが、山上の平場群には横長広大平場は造成されていない。このことから古代政権を担う国府・国分寺に密接に関連するとみられる山岳寺院では、横長広大平場は造営されないという状況があったのかどうかという課題が浮上してこよう。

三河普門寺元々堂址の中枢となる礎石建物跡（桁行五間・梁間五間）とその平場は、一部に拡張造成された部分があるものの、山腹の細長い尾根上の付け根部分にある。平場は、一〇世紀中葉に造成された後に、一二世紀中葉に大規模に再造成され、平場が尾根幅に広げられ三段となったが、横長広大平場は造成されなかった(11)。元々堂址では、その背後にはチャートの岩場が露頭として現存しており、九世紀の灰釉陶器（黒笹九〇号窯式）を出土した駿河建穂寺跡の最奥部に構えられた本堂（観音堂跡、桁行七間・梁間六間）背後の岩場の在り方に酷似する。こうした岩場は、礎石建物の礎石を採掘した石切り場的な場所であったことも十分に考えられよう。このことは一〇世紀創建の大知波峠廃寺跡についても言えようが、礎石建物跡を建立する山岳寺院では礎石や石積・石垣用の石を採掘できる岩場を持つ場所の選定は、山岳寺院を造営する場合の一つの現実的な要請でもあったと考えることができる。

なお群馬県宇通遺跡については、堂宇の主軸の方位からみて以下のような三区分が想定される。最初の一群は、I・A・G・H・Yの五棟から成るもので、ほぼ磁北に主軸方位を取る。次の一群はJ・B・Cの三棟で、建物の主軸を北北東に揃える。最後の一群は、D・X・Fの三棟で、建物主軸が北北西になる。ここでの詳細な検討は控えるが、この三区分をⅠ群・Ⅱ群・Ⅲ群とすれば、概観的な資料からはⅠ群には一〇世紀代の土器群がみられ、礎石建物跡Aには九世紀末から一〇世紀初頭の土器が含まれるようである。Ⅱ群の礎石建物跡Cには、一一世紀の土器と鉄滓と羽口がある。Ⅰ群・Ⅱ群・Ⅲ群を仮に三時期とすれば、そのⅢ群に属する礎石建物跡FがF－一号住居に壊されていることから、Ⅲ群の次の時期に竪穴が礎石建物跡を壊している時期が出てくることになろう。

宇通遺跡（宇通廃寺）では、建物跡の主軸方向が三群に区分できることから、山岳寺院の造成が三時期に亙る可能性を指摘しておきたいと思う。山岳寺院の堂宇の造営が三時期を示す事例は、静岡県大知波峠廃寺跡で確認されており、群馬県黒熊中西遺跡においても二時期から三時期の造営状況があることは、すでに述べた。Ⅰ群の建物跡は南北に連なる配置となることから、縦列系伽藍配置であり、その後のⅡ群も方位を若干変えるものの南北方向の伽藍配置を踏襲する。しかしⅢ群は、Ｄ・Ｘが東方に位置し、Ｆは主要堂宇であるⅠの東方に五〇メートル以上離れて構えられることから、この時点で並列系の伽藍配置になるとみられる。宇通遺跡においては、縦列系と並列系の両方の伽藍配置があったことが窺えるが、そうした変遷が基本にあったとしても、山岳寺院の伽藍配置は散在系と見た方がよいのかという問題もあり、なお一層の研究を要する。

以上の検討からみて、Ⅰ類「縦列系配置型」の山岳寺院では横長広大平場は造成されなかったものと考えられる。これは縦列系の伽藍配置には、山腹から延びる細長い尾根上などを平坦に造成して、堂塔を参道から奥に直線的に配列した場合が多く、当然のことながら、そこには横長広大平場を造成することができないということを示している。これは後に述べるように、並列系伽藍配置の山岳寺院とは、対照的な在り方を示す。

三　並列系伽藍配置の成立と横長広大平場の出現

ここでは、一〇世紀には出現しているⅡ類「並列系配置型」と九世紀後半頃以降から一二世紀代には成立したとみられる横長広大平場の関係について、その成立時期の前後関係や、並列系伽藍配置を持つ山岳寺院などにおける横長広大平場造成の有無について、現時点では少ない資料を用いる限界を認識しつつも、その遺跡例の検討を行なう。Ⅱ

類「並列系配置型」とは、古代山岳寺院の主要堂宇の配列の仕方が、いわゆる任意的な伽藍配置の形態をとりつつも、主要堂宇とそれを載せる平場を、尾根の稜線下の斜面に等高線に沿って横方向に並列的に構える山岳寺院の一群である。

埼玉県旧慈光寺跡では、九世紀の骨蔵器を出土した開山堂の平場が横長広大平場で、北東日本最古の遺構かともみられるが、先に触れたように間口幅約一二〇メートルの四〇丈横長広大平場が一二世紀頃までには二箇所並列していたとみてよい。これは、比叡山寺西塔北谷における、九世紀後半から一〇世紀前半土器からみた西塔の開発と横長広大平場の造成とほぼ同時期に、慈光寺においても横長広大平場が存在していたことを示すことになろう。慈光寺では、創建期伽藍中枢の平場（No.1）の開山塔西側に、蔵王堂跡[12]の礎石があることから蔵王権現が祀られていたのであろう（第七八図）。これは修験道の主尊であり、古代末から中世初期頃に修験道の導入を計り、寺格の維持発展を狙ったものとみられる。蔵王堂跡は南面する建物で、その礎石は桁行三間・梁間三間であるが、身舎は東西一間（約一・八メートル）、南北一間（約三・六メートル）を示し、身舎の外側約九〇センチの両側にやや小さな礎石を用いた石列があることから、これが庇または縁の礎石とみられ、また建物南面には約六〇センチ離れて礎石列があり、縁または庇が付いていた可能性があろう。この蔵王堂は発掘調査が行なわれていないので、詳細は不明であるが、東西一間・南北一間の細長い身舎に急角度の屋根を持つ社殿であったのではなかろうか。

こうした中世前期から中頃の山岳寺院の小型建造物の発掘調査事例としては、愛知県大山廃寺跡の建物跡（SB〇二）がある。これは方一間の身舎で、まわりに縁または庇が付く構造である。身舎の柱間は三・五メートル、側柱の柱間は南北で一・九メートル、三・二メートル、一・九メートルを示し、西側には階段または向拝の柱の礎石がある。これは、一四世紀に築造された薬王菩薩と多聞天の二天を祀る西向きの礎石建物跡で、文明二年（一四七〇）銘の和鏡が出土している。この礎石建物跡は、慈光寺より身舎と庇の間隔が広く、菩薩像などを祀った仏堂であったとされている。大山廃寺跡の中世本堂跡は、古代の伽藍中枢部と同じ場所に建立されており、南面する桁行七間・梁間七間の礎石建物跡（ＳＢ〇三）であった。方一間の仏堂は、同じ平場の本堂正面に位置する場所に建立されている。大山廃寺跡は、古代縦列系伽藍配置の一群に属することから、古代以来の縦列的な配置思想が踏襲されていた可能性があろう。このことに関連して、明寺山廃寺の本堂正面に構えられた掘立柱建物跡の位置取りが想起される。明寺山廃寺では、本堂の正面にある掘立柱建物跡のＳＨ九五〇二とＳＨ九五〇三を、一間・三間の仮設の舞台とする見方が提示されており、著者もかねてから本堂の正面に臨時的に構えられる舞台のような施設であろうと考えていた。

これに対して慈光寺は、主要部には古代以来の由緒を持つ開山塔（開山堂）と江戸期に再建された釈迦堂（本堂）の下層に存在するであろう古期の仏堂（本堂）が並列し、その間に中世社殿が造営されたことになるので、並列系伽藍配置となる。慈光寺と大山廃寺跡の中世礎石建物跡は、その山岳寺院伽藍配置の中枢部に、本堂や開山堂（開山塔）と並ぶような位置取りで建立され、信仰されたことがわかる。慈光寺では、中世初期にいわゆる神仏習合となる新しい思想を積極的に取り入れ、寺院の興隆や武家や民衆からの支持を保持し、大山廃寺跡では一五世紀になされた薬王菩薩への和鏡の奉納が女性であったことから、病気平癒の祈願が古代から続く由緒ある山寺になされたことを物語る。

このように、慈光寺蔵王堂跡が開山塔と釈迦堂を載せる平場の両堂宇の間に置かれていることは、蔵王権現が重要視された証であり、神仏習合の実態を示す遺構と考えられよう。一般には熊野信仰が一二世紀には地方へ拡散したとされるが、慈光寺では一二世紀末には寺域内西側谷奥の霊山院に禅宗（臨済宗）を導入するなど、新しい宗教動向を察知し取り入れるという進取の風土があった。霊山院は、慈光寺の一部として出発した寺で、開創は建久八年（一一九七）と伝える。(13)

下野大慈寺では、間口幅九〇メートルかそれ以上の三〇丈横長広大平場が古代に属するもので、九世紀前半の弘仁八年(八一七)頃には最澄が東国巡錫で来訪するなど、古代天台宗の東国における拠点的な寺院であった⑭。発掘調査が実施されていないので遺構の配置は不詳であるが、寺域内からは八世紀後半以降の瓦が出土しており、礎石建物跡が横長広大平場の一段下の平場にある。この山岳寺院も中世末にあたる一六世紀中頃に武家による社殿の新築に伴う平場の拡張がみられ、村檜神社本殿の北側は、山の斜面が削られて平場が部分的に広がっている状況がある。下野大慈寺から北東に位置する下野華厳寺跡は、日光を開山した勝道の関連遺跡⑮として有名であるが、華厳寺跡観音堂の最上段に大きく広がる平場は、間口幅九三メートルを示す三〇丈の横長広大平場であり、礎石建物跡が中央南側に残る。発掘調査が行なわれていないので堂宇の在り方は不詳であるが、平場の奥行が最大で二〇数メートルであることから、礎石建物跡に並列するように幾つかの堂宇が構築されたと考えられる。北側の端部は平場が細長く狭まることから、何らかの小規模な施設や院的な場所が並列的に配置されていると考えられる。

大知波峠廃寺跡の伽藍中枢部と北側斜面に展開する創建期の中心仏堂(BⅠ)と拡張期の仏堂(AとCⅠ)及び終末期の仏堂(BⅡ)の四棟は、谷を挟んで見通しがきく位置関係を持ちながら、堂宇が同一標高の三三五メートルに位置する⑯。伽藍中枢部については、指摘されているように概観的にみればいわゆるコの字系ともみられ、古代官衙などの影響を受けた配列とも考えられよう。仏堂の下方二～三メートルには、拡張期の住坊Eと終末期の住坊Hが構えられ、終末期の一一世紀には南側の尾根を越えた場所に仏堂(仏堂DⅡ)と住坊(DⅠ)の二棟が造営されることになるが、並列系山岳寺院の仏堂に直接的に付属する建物の在り方を示す事例として貴重であろう。大知波峠廃寺跡の堂宇配置状況は、同一標高に主要堂宇を配置したものであり、これは横長広大平場上面の同一標高面に堂宇が配置された状況と共通する。つまり両者は、堂宇を載せる平場の規模は異なるものの、同一標高面に、山寺の堂塔社殿を造営し続けた

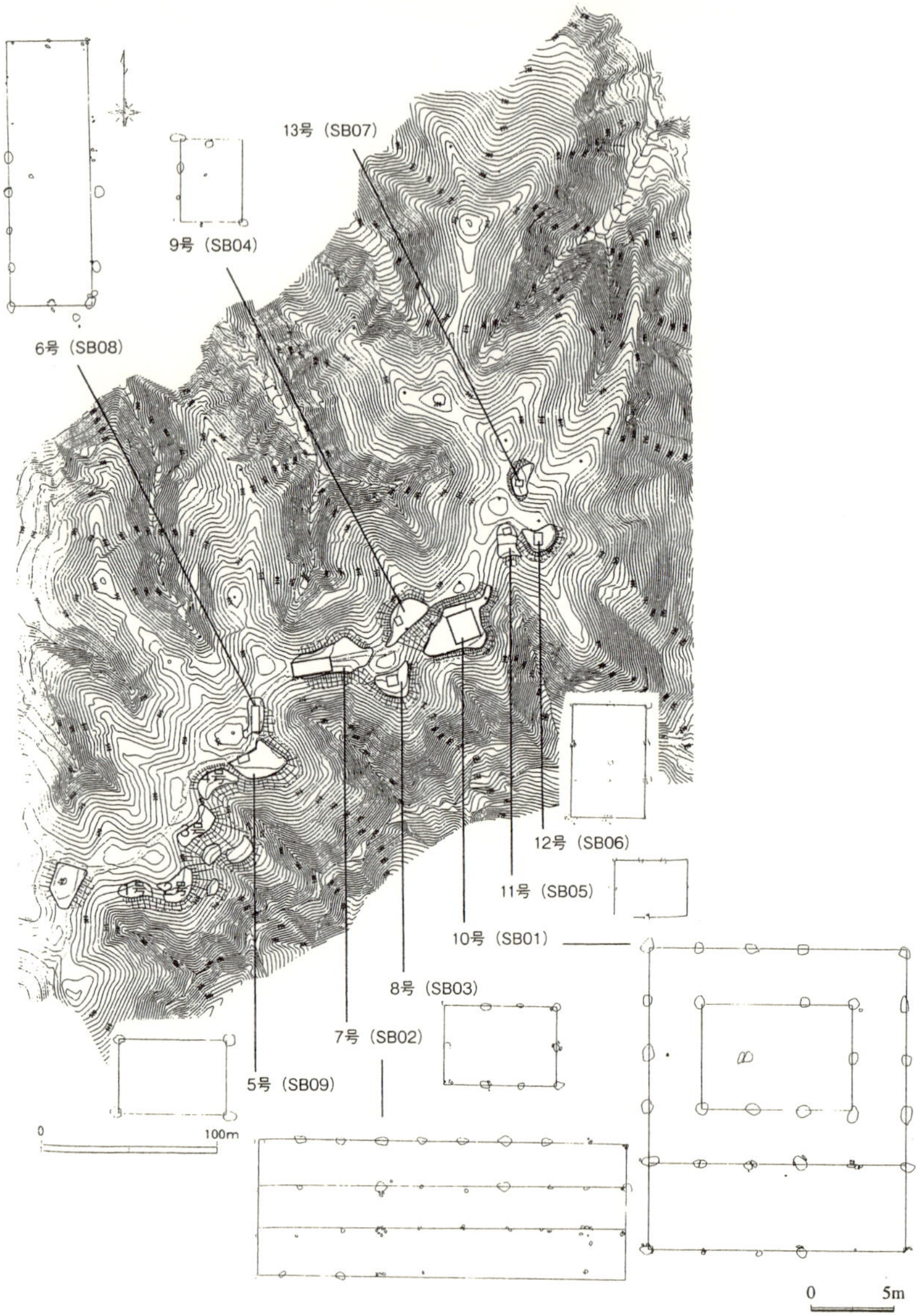

第96図　福島県流廃寺跡伽藍配置図(時枝 2013)

ことになる。

福島県流廃寺跡は、ほぼ東西に伸びる尾根上に、主に南面する堂宇を尾根に沿って並列的に配置しているとみられる。標高約三一八～三二三メートルの間に堂宇が建立されており、金堂とその東側の四棟は標高三一八～三二一メートルで、南面には鉄剣を出土した建物を除く三棟で囲まれた谷がある。須弥壇を持つ仏堂から西の三棟は、ほぼ三二二メートルの同一標高で谷を挟んで見通せる配置となる(17)。伽藍全体が基本的には南面して並列的に配列されることから、鉄剣を出土した建物(ＳＢ〇七)だけが寺域内北東の奥に位置することになろう。主要な建物は東西棟であるが、尾根の屈曲に沿って大小の堂宇が構えられていることに特徴があり、金堂(ＳＢ〇一)・講堂(ＳＢ〇二)・土壇を持つ仏堂(護摩堂か、ＳＢ〇三)が中央部付近に南面して三棟並列する。流廃寺の伽藍配置も金堂が尾根斜面の上位に構築されるが、その後の堂宇は尾根上に近い同一標高に近い数値を示すように配列されており、金堂などの寺域内東部の伽藍を除けば、中央から西部は横長広大平場の構造を模している可能性があろうか。

次に、愛知県普門寺旧境内については、一〇世紀の元々堂址では横長広大平場は造成されなかったが、次に述べるように元々堂址から北へ約三〇〇メートル離れる山腹に、一二世紀中葉から造営された普門寺元堂址の中枢平場は、当初規模が間口幅九〇メートルで、奥行約二五メートルを示す(18)大規模平場であった。そこには、一二世紀中葉創建の基壇二とその西側に築造された池があり、その西方には一六世紀末の礎石建物跡を持つが、その古期段階には別の基壇建物があったとみられる基壇一が並列的に構えられていることから、中世前期から一六世紀までは、池を持つ並列系伽藍配置であったとみてよいだろう。

滋賀県長命寺の三仏堂は一二世紀後半の元暦元年(一一八四)に創建されているが、この最上段の平場のうち、本堂から西側の平場は約一三〇メートルであり(19)、四〇丈平場とみてよいかもしれない。この大規模平場を横長広大平場とすれば、一二世紀後半までには成立していることとなる。また滋賀県観音正寺の伽藍中枢部の平場は、江戸時代に拡張整備されたものであるが、その原形はそれ以前に遡るとみられ、北西部の一段高い部分を除いても間口幅約九〇メートルであり、三〇丈または四〇丈の大規模平場の可能性が高い。その横長広大平場は一二世紀後半までには成立しているのであろう。[20]

これに対して京都府醍醐寺は、笠取山の山頂付近の尾根に沿って南面する中枢伽藍が谷を挟んで並列的に展開する山岳寺院である。貞観一六年（八七四）に聖宝により創建され、延喜七年（九〇七）には薬師堂が建立され、続いて五大堂が完成したとされる。准胝《じゅんてい》堂・如意輪堂・開山堂・薬師堂は、同一標高に近い位置取りで並列的に配置され、この場所からは山科の盆地から河内・摂津方面を見下ろすことができる。一〇世紀前葉には上醍醐の諸堂宇の伽藍が整い、延長四年（九二六）には下醍醐に釈迦堂が建立される。[21]一二世紀前半に現在の薬師堂が再興されたが、この薬師堂は谷部に湧き出す醍醐水のすぐ東側尾根に位置し、創建期の堂宇である准胝堂と薬師堂が醍醐水を囲む。醍醐寺の伽藍からは、並列系伽藍配置が一〇世紀第1四半期には出現していたとみられるが、横長広大平場の造成はなかった。

なお考古資料ではないが京都府高山寺に関する一三世紀前半の寛喜二年（一二三〇）の「高山寺絵図」では、清滝川と山に挟まれた山麓に東から西へ南面して八棟以上の堂塔社殿が並列して描かれている。そこには東から経蔵・羅漢堂・阿弥陀堂・本堂・塔・鐘楼・鎮守などがみえ、一三世紀前半には同一平面の平場に並列系伽藍配置の山寺があった可能性を示す。絵図に描かれた平場が、現在の高山寺最上段付近の間口幅の広い平場であるとすれば、そこには並列系の堂舎群が埋もれていることになる。

古代山岳寺院のⅢ類「散在系配置型」は、尾根上に主要堂塔を散在的に展開させた岩手県国見山廃寺跡を代表とし、国見山廃寺跡では、九世紀後半から一二世紀初頭に古代の山寺堂舎が山上に展開し、一二世紀中頃以降に山麓部の極楽寺境内に、礎石建物跡が創建されるなどの変遷[22]が判明している古代創建中世存続型（2類）の山岳寺院である。九世紀後半に、尾根上の国見山神社の東西に位置する二棟の掘立柱建物跡（SB〇九〇・SB一二一）が創建され、その後一〇世紀中頃以降は、礎石建物跡が寺域内の尾根上の平坦部ごとに建物の主軸をそろえるものの任意的に、かつ散在的に配置されている。山岳寺院中枢部の国見山神社西側では、九世紀後半の掘立柱建物跡から礎石建物跡への変遷があり、一一世紀中頃には中心的な仏堂が礎石建物跡で建立される。寺域内南部のホドヤマ地区は、一〇世紀中頃以降の堂塔が複数展開し、塔跡は尾根の端部に構えられ、一〇世紀中頃から一一世紀代に存続した。国見山廃寺跡においては、山上に古代の横長広大平場が造成された痕跡は、認められない。

次に古代山岳寺院Ⅳ類「コの字・L字系配置型」については、古代官衙の建物配置の影響を受けて造営された山岳寺院の可能性をみたが、現時点では金沢市三小牛ハバ遺跡と福井県明寺山廃寺が該当するに過ぎず、多くを語ることはできない。金沢市三小牛ハバ遺跡は金堂・講堂・金堂後方の東西棟建物が主軸を方位にほぼ合致させるなどの特徴を持ち、堂舎が規則的に配置[23]される古代創建古代廃絶型（1類）の山寺である。この遺跡では金堂が北向きであるので山寺が北向きの構造となる。伽藍配置について従来は、「コの字型」とされたが、主要仏堂二棟は中央と西側にL字に配置され、東側の南北棟を含めると「品の字」に近い配置となる。堂舎を載せる平場は広大であるが、横長広大平場ではない。

福井県明寺山廃寺は、九世紀前半から一〇世紀第1四半期に存続[24]した1類の代表的な山寺である。中心堂舎である平場最奥部の東西棟の礎石建物とその西側に主軸が直交する南北棟の掘立柱建物は、L字系の配置を示す。この二棟は方位に合致するように構築されているが、堂舎を載せるやや広大な平場は方形を呈するが、横長広大平場は造成されていない。

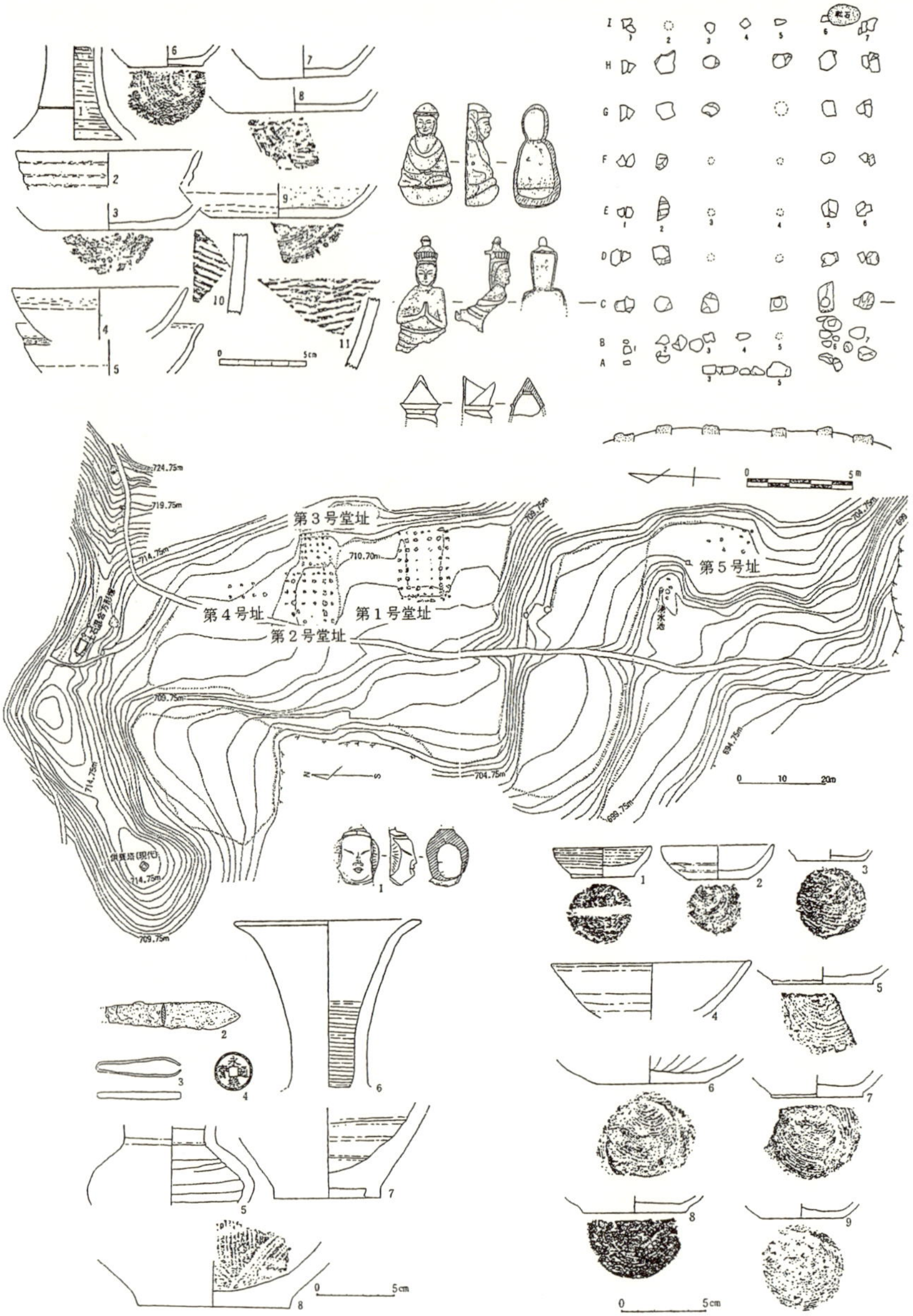

第 97 図　長野県建応寺跡遺構配置図(中段)、第１号堂址礎石及び出土遺物実測図(上段)、第２号・第３号堂址出土遺物実測図(下段)(中野市教育委員会・高井地方史研究会 1979・1980・1983 を改変)

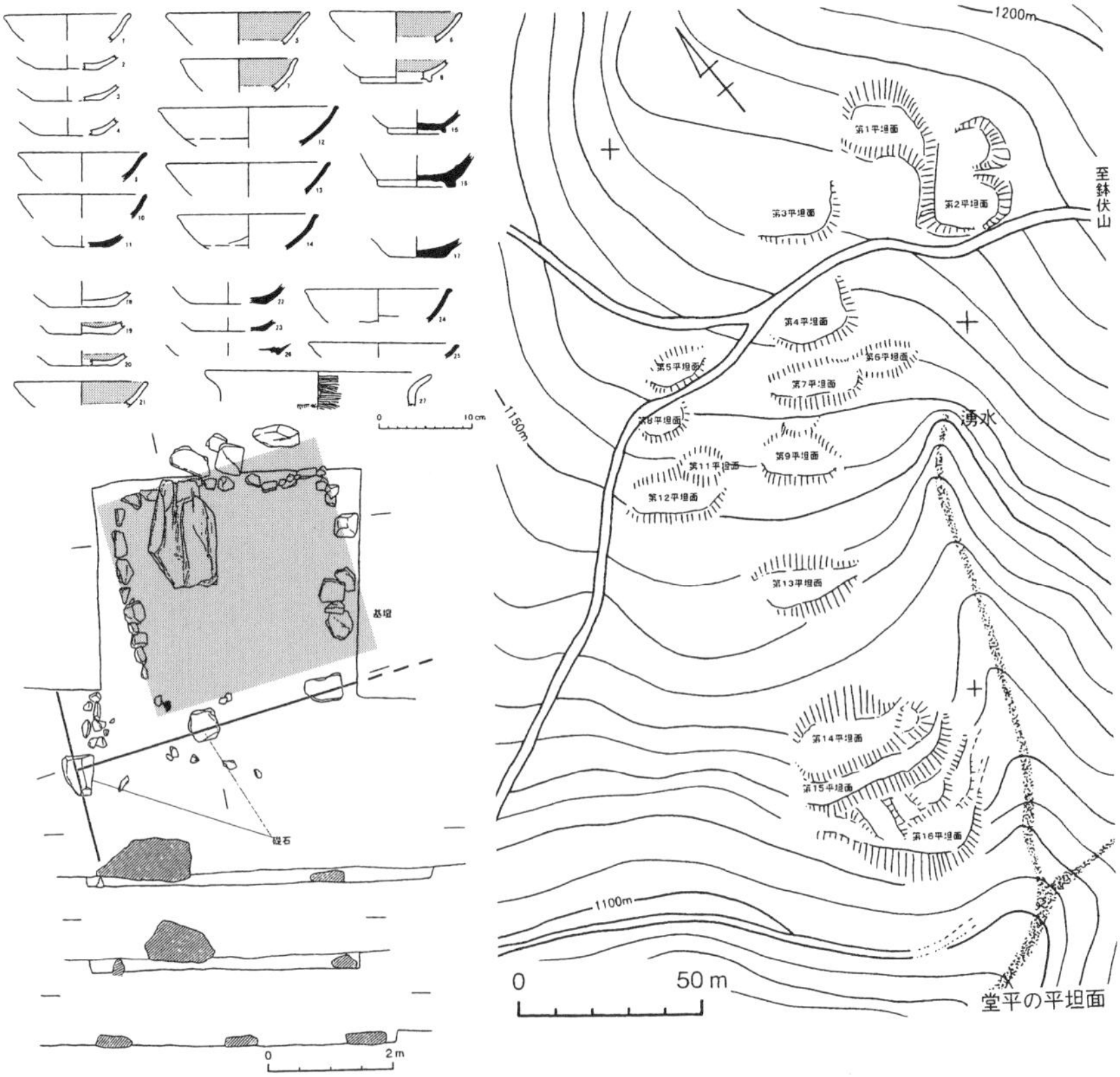

第 98 図　長野県牛伏寺堂平の平場・第 16 平坦面出土土器・第 14 平坦面の基壇礎石建物等実測図(牛伏寺誌刊行会 2013 を改変)

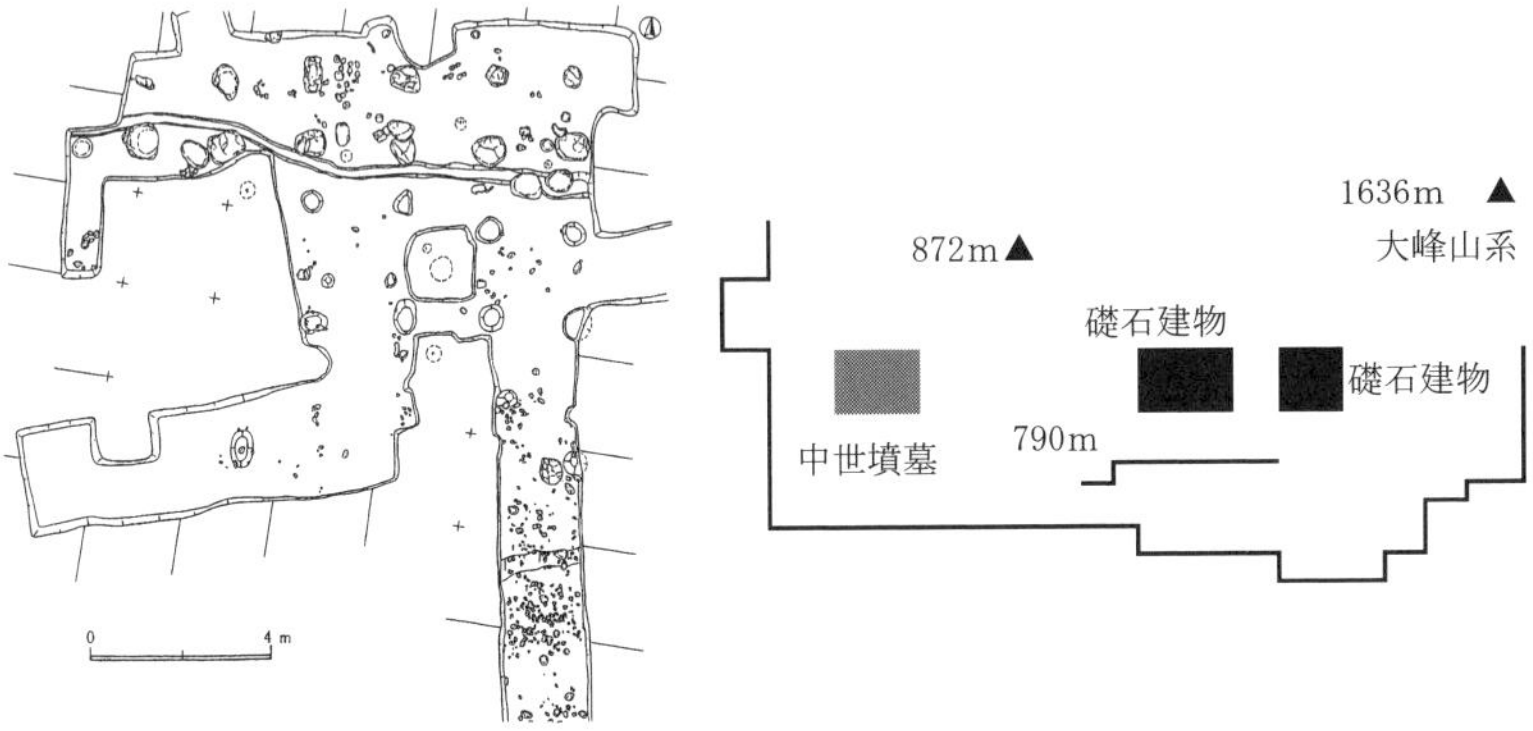

第 99 図　長野県山寺廃寺跡礎石建物実測図及び主要部模式図(大町市教育委員会 2002 を改変及び当該資料を基に作成)

三小牛ハバ遺跡・明字山廃寺は、一面性平場構造山寺であり、横長広大平場が出現する時期にあたる九世紀後半から一〇世紀には、存続していた。現時点で、横長広大平場と一面性平場山寺の関係は、不詳であるが、堂舎の配置からみて、横長広大平場は、並列系配置型との関連が強いと考えてよいのだろう。

畿内と東国を結び、また東海と北陸の中間に位置する長野県域においては、中野市建応寺跡・松本市牛伏寺堂平・大町市山寺廃寺跡から、古代創建の山寺遺跡が発掘調査されている。建応寺跡は、長野盆地北西部の三沢山西方尾根の標高七〇〇メートル付近の山腹に、八箇所程度の平場がみられ、五箇所の礎石建物跡が東西に並列的に分布することが確認された(25)。平野部からの比高は、約三〇〇メートルである。第一号堂址では、古代の土師器・須恵器・灰釉陶器(長頸壺)が出土し、金属製品として銅製阿弥陀如来坐像と被熱した銅製観音菩薩坐像及び銅製神像片などもあった。第二号・第三号堂址からは、古代中世の遺物群が出土しており、古代に創建され中世に存続し、中世末頃には廃絶した遺跡である。この山寺は、堂宇が西向きの並列系伽藍を示すが、間口四〇丈規模の大規模平場はない。

松本市牛伏寺堂平は、松本盆地東方の標高一一二〇～一一八〇メートルの山腹に位置する(26)。松本平の標高は六〇〇メートル前後であることから、平野部との比高は五八〇メートル前後となる。堂平と呼称される西向きの遺跡地では、第一～第一六平坦面とされる平場群が主に尾根上に造成されている。これらの平場の間口幅は、約二〇メートル前後から約五五メートル程度であり、奥行は約一〇～三〇メートルである。

最上位の第一・第二平坦面からは、中世陶磁器の出土はなく、九世紀末まで遡るはけ塗りの灰釉陶器(椀)と一二世紀前半頃までの土師皿(土師器坏)・灰釉陶器(長頸瓶)・刀子などが出土した。土器類は、灯明具として使用されている。平場群下方の第一六平坦面などには、一〇世紀前半を中心とする九世紀末から一一世紀中葉の土師器・須恵器・灰釉陶器・緑釉などの遺物がある。第一六号平坦面では鉄滓三点の出土があることから、鍛冶の操業があったとみられる。中心堂宇が建造された第一四平坦面の下方隣接地点で鍛冶があった状況は、他地域の山寺における創建期の鍛冶と共通する。堂平における山寺の創建は、一〇世紀前半と考えられようが、その時期に山寺の造寺に伴う鍛冶があった可能性が高い。

第一四平坦面では、大きな自然石を伴う基壇に礎石建物が建造されており、下方の平場までせり出す懸造りの可能性が指摘されており、この堂平の中心的な宗教空間とみられている。著者は、古代山寺における懸造りの建造物が山寺の由緒や権威を誇示する舞台装置の一つとして機能したものと想定しているが、現在でもこの地域の名刹としての由緒を保持する牛伏寺の創建に深く関わっている可能性があろう。この堂平は、出土土器類からみると古代に創建され古代に廃絶した山寺と考えられよう。

また大町市山寺廃寺跡は、大峰山系（標高一六三六メートル）の西側山麓に造営された山寺である。標高七九〇メートル付近から南面する二棟の礎石建物が発掘され、九世紀の須恵器や一一世紀後半の灰釉陶器と山茶碗などが出土した(27)。建物跡は並列的に並び、その西方には集石を伴う中世墳墓群が造営されており、古瀬戸や常滑の骨蔵器も複数出土している。なお寺域に隣接する中世墳墓には、経塚を含む可能性があり、一二世紀以降も中世山寺として存続したとみられる。長野県内のこれらの山寺遺跡では、大規模平場である横長広大平場の造成はなかった。

四　結語

このように、前節からみてきた北東日本の古代から中世前期の山岳寺院に造成された大規模平場である横長広大平場は、各地の拠点的な大規模山岳寺院の主要堂塔を載せる伽藍中枢部に採用されたとみることができる。

横長広大平場が山岳寺院中枢部に造成されることは、堂塔社殿を並列的に配置することで、参詣者に視覚的に何らかの効果を示す目的などもあったのだろうが、その出現の背景と宗教的な目的は、現時点では不詳とせざるを得ない。横長広大平場が山岳寺院の伽藍中枢部以外に造成される意味は、そこに堂宇が造営されなければ広大な平場を必要とする何らかの活動のために、多大な労力を費やしてまでも、大規模な平場が造成される必要があったことになる。例えば伽藍中枢以外で横長広大平場の平面形のように細長い形状を呈し、平場に遺構がない事例では、黒熊中西遺跡の七号テラス（平場）が想起される。この平場は伽藍中枢から離れた寺域内の北西部に位置し、平場には少数の小穴（ピット）が確認されただけで、平場斜面には二箇所の室（掘り込み土坑）が構築されていた。この平場では、耕作痕は不詳ながらも平場全体が畠（薗院）であったと考えられ、食糧生産や薬草の生産を行なった可能性もある。この七号テラスの規模は、間口幅東西三〇メートル、奥行南北最大幅四・五メートルを示し、東西十丈・南北一丈半である。これは横長広大平場の間口幅四〇丈（一二〇メートル）の四分の一の規模を示し、そこに何らかの設計概念があったのかどうかは不詳ながらも、興味深い数値を示している。

横長広大平場とⅡ類「並列系配置型」の関係では、大知波峠廃寺跡と流廃寺の堂宇の在り方が注目される。両遺跡の創建から拡張期にかけての仏堂の造営標高は、同一標高またはほぼ同一標高に、平場の高さが揃えられていることから、堂宇が同一標高面上に構築される何らかの利点や、宗教的な背景などが存在するものと考えられる。この在り方は、旧慈光寺跡古代伽藍中枢部の横長広大平場の同一面上堂宇配列に通じるものと考える。横長広大平場を保持する山岳寺院と、それを保持しない大知波峠廃寺跡と流廃寺などの造成時期からみた両者の関係は、今後さらに検討される必要があろう。

大知波峠廃寺跡では、標高三三五メートルの位置に、中枢部仏堂と北側斜面にある仏堂と平場が、谷を挟んで造成されており、相互に目視できる位置関係となる。流廃寺跡においては、金堂とその東側の三棟が谷を挟みながらも標高三二〇メートルというほぼ同一標高に展開し、また須弥壇を持つ仏堂（仏堂A）から西の三棟も谷を挟んで三二〇メートルの標高に建立されている。なお比叡山においては、横川中堂の平場と根本如法堂の平場が、山中の谷を挟んで東西に並ぶように造成され、堂塔が並置される形になるとみられる。前者の標高は約六一〇メートルであり、創建期には両者ともほぼ同一標高だったとみられる。これは、古代山寺の並列系配置型の要素を示す可能性があり、九世紀中葉に開創された横川の歴史とともに特筆されよう。

こうした同一標高上における堂舎の配置は、山岳寺院の堂塔社殿が揃った時点では参詣者などが、寺域内の堂舎を一望して見通すことができる状況を作り出すのであろう。そしてそうした在り方が、北東日本における大規模山寺の横長広大平場の造成とその堂宇配置に通底すると考えることが許されるならば、Ⅱ類並列系配置型と横長広大平場は、強い関連性を持つことになろう。

横長広大平場などの大規模平場の造成目的やその出現の背景には、九世紀後半の全国的な大規模自然災害と、それに続く一〇世紀前半の動乱・戦乱の社会情勢が影響した可能性もあるかもしれない。また、古代における南都仏教や国分寺を中心とする仏教とは一線を画する後発の平安山岳仏教の中に、新たな伽藍配置の創造があった可能性をも想定できよう。大規模平場の存在は、拠点的な山岳寺院の中枢部に採用されたことから、その出現の宗教的背景などを含めた研究が求められることとなろう。

註

（1）　上野川勝「考古学的視点からみた「模本日光山図」に描かれた中世寺社の伽藍と施設とその系譜」（本書所収）

右において二〇一三年一二月に創案した概念と用語。
（2）梶川敏夫「山岳寺院」『平安京提要』角川書店　一九九四年
（3）福永清治「第3部　比叡山延暦寺の遺構（4）延暦寺境内の考古資料について」『忘れられた霊場を探る3―近江における山寺の分布―』栗東市教育委員会・栗東市文化体育振興事業団　二〇〇八年
（4）上野川勝「仏堂と諸施設」『季刊考古学』一二一号　雄山閣　二〇一二年b
（5）梶原義実「大山廃寺跡」『愛知県史　資料編四　考古四』愛知県　二〇一〇年
（6）山中敏史・中嶋隆ほか『大山廃寺発掘調査報告書』小牧市教育委員会　一九七九年
（7）白岩賢一郎「陸奥国の山岳寺院・史跡慧日寺跡の発掘調査（福島県）」『佛教藝術』三一五号　毎日新聞社　二〇一一年
（8）真壁町史編さん委員会「Ⅱ山尾権現山廃寺」『真壁町史料　考古資料編Ⅲ―古代寺院遺跡―』真壁町　一九八九年
（9）松井一明「遠江・駿河の山林寺院（静岡県）」『佛教藝術』三一五号　毎日新聞社　二〇一一年
（10）松井註（9）前掲論文
（11）村上　昇・菊池直哉「№二四　普門寺旧境内」『三遠の山寺』三河山寺研究会・三河考古学談話会　二〇一〇年
岩原　剛・菊池直哉・村上　昇・梶原義実・山岸常人・松井一明・上原真人ほか『普門寺旧境内―考古学調査編―』豊橋市教育委員会　二〇一六年
（12）浅野晴樹・野中　仁・石川安司・水口由紀子・時枝　務・千装　智・「第三章第四節　旧慈光寺跡」『都幾川村史　資料二　考古資料編』埼玉県都幾川村　一九九八年
（13）圭室文雄編『日本名刹大事典』雄山閣出版　一九九二年

(14) 上野川勝「古代下野における山寺の成立と天台仏教―大慈寺瓦出現の背景―」『唐澤考古』一五号　唐沢考古会　一九九六年
(15) 斎藤　忠「第三章第二節　神祇と仏教」『栃木県史　通史編二　古代二』栃木県史編さん委員会　一九八〇年
(16) 後藤建一『大知波峠廃寺跡』同成社　二〇〇七年
(17) 畠山真一・藤田直一『流廃寺跡Ⅰ～Ⅷ』棚倉町教育委員会　一九九四～二〇一〇年
畠山真一・藤田直一『流廃寺跡』棚倉町教育委員会　二〇一一年
(18) 岩原ほか註(11)前掲書(一六六頁)
(19) 福永清治「境内道からさぐる山寺の遺構」『忘れられた霊場を探る3―近江における山寺の分布―』栗東市教育委員会・栗東市文化体育振興事業団　二〇〇八年
(20) 伊庭　功「一七　観音正寺・観音寺城」『新視点・山寺から山城へ―近江の戦国時代―』米原市埋蔵文化財活用事業／第四回山寺サミット　米原市教育委員会　二〇〇九年
(21) 仲田順和「醍醐寺の信仰と歴史」『国宝醍醐寺展』東京国立博物館・総本山醍醐寺・日本経済新聞社編　二〇〇一年
(22) 北上市教育委員会『国見山廃寺跡』二〇〇三年
(23) 出越茂和・南　久和『金沢市三小牛ハバ遺跡調査概報』金沢市教育委員会・毎田建設　一九八八年
南　久和『三小牛ハバ遺跡』金沢市教育委員会　一九九四年
(24) 古川　登・善端　直・白川　綾・松山和彦・田中伸卓・奥谷博之・佐藤　豊『越前・明寺山廃寺―平安時代前期寺院址の調査―』福井県清水町教育委員会　一九九八年
(25) 中野市教育委員会・高井地方史研究会『建応寺跡第一次発掘調査』・『建応寺跡第二次発掘調査』・『建応寺跡第三次発

掘調査』一九七九年・一九八〇年・一九八三年

(26) 原　明芳「牛伏寺堂平の発掘調査」『牛伏寺誌　歴史編』牛伏寺誌刊行会　二〇一三年

(27) 大町市教育委員会「山寺廃寺跡現地説明会資料」二〇〇二年

参考文献

上野川勝「国分寺建立の詔と下野国分寺の創建について―古代国家の宮都造営祭祀と山岳鎮祭の視点から―」『唐澤考古』一九号　唐沢考古会　二〇〇〇年

上野川勝「日光男体山頂遺跡出土の鉄製馬形・鉄製動物形について―出土遺物と文献史料からみた古代の祈雨―」『唐澤考古』二〇号　唐沢考古会　二〇〇一年

結 章　古代中世山岳寺院の考古学的類型分類と今後の展望

一　古代中世山岳寺院の考古学的類型分類

本書は、日本考古学における山岳寺院（山林寺院・山寺）の研究史を踏まえつつ、北東日本の古代中世山岳寺院の調査研究の成果を基礎資料として用い、著者独自の新たな視点から、古代中世山岳寺院の存続期間からみた類型や、古代山岳寺院の伽藍配置に関する類型設定などの創案提示を行ない、また古代山岳寺院の参道や山岳寺院の造寺に伴う鍛冶の在り方の分析などを行なった。そして畿内と北東日本の古代中世山岳寺院における平場構造からみた山寺群の分析を行なうとともに、大規模平場の在り方について新たに言及し、現時点でその企画性のある大規模平場に横長広大平場という名称を創出付与し、少ない事例を分析するという限界の中で、その分布と造成時期についての判断などを示した。これらは、現時点における北東日本と畿内周辺の古代中世山寺の遺跡と遺構の概観論である。

1　存続期間による類型

存続期間からみた北東日本の古代中世山岳寺院の類型についての一概念としては、1類「古代創建古代廃絶型」、2類「古代創建中世存続型」、3類「中世創建型」の三類型を考えることができる（第9表）。

そしてその類型を細分すれば、古代に創建され古代のうちに廃絶する一群はそのまま1類「古代創建古代廃絶型」となり、古代に創建され中世に存続する一群の2類は、2ａ類「古代創建中世存続型中世廃絶系」と、2ｂ類「古代創建中世存続型近世存続系」の二群に分類できる。2ａ類は、中世に存続する山岳寺院のうち中世の中で消滅する一群で、戦乱などで荒廃してそのまま廃寺となるものである。廃絶の時期は、中世中頃から後半頃や中世末期の戦国の動乱期などである。

3類「中世創建型」は、中世に創建され中世のうちに廃絶する3ａ類「中世創建型中世廃絶系」と、岩手県中尊寺のように中世に創建され同一地点で近世に存続する場合や、中世末から近世初頭に廃絶するものの寺院機能が隣接地や山麓などに移されそこに新たな堂宇を建立・復興し、近世へ継続して存続する3ｂ類「中世創建型近世存続系」に区分できる。この類型区分は、現在までの北東日本の山岳寺院の発掘調査報告などを総合的に分析した結果から、創案し提示した一概念である。

2 伽藍配置による類型

古代山林寺院の伽藍配置の類型については、次に示す四類型の概念区分を創案した。これは、古代山林寺院をⅠ類からⅣ類の四つに類型分類するもので、Ⅰ類とⅡ類では伽藍の分散と集中による細分を行なった。

Ⅰ類「縦列系配置型」は、主要堂塔を縦列的に配置する一群で、平地伽藍に類似するか、または同一視できる伽藍配置を山中に持ちこんでいる一群である。Ⅰ類は塔が他の主要堂宇と離れて造営されるⅠａ類「縦列系分散型」と、塔を主要堂宇と同じ場所に置くⅠｂ類「縦列系集中型」に区分できる。

Ⅰａ類「縦列系分散型」は、愛知県大山廃寺跡を代表とする。この山寺は、北東日本を代表する八世紀創建とみられる山寺であり、奈良朝の古密教期の山林寺院として創建されたと考えることができよう。

Ｉｂ類「縦列系集中型」は、回廊は持たずに金堂の前に主要堂塔を配置する平地伽藍をほぼそのまま山に持ち込んでいる一群である。福島県慧日寺観音寺跡と茨城県山尾権現山廃寺の伽藍配置がこれにあたり、縦列的（直線的）な配列を意識した堂塔を造営する。北東日本の山林寺院遺跡では、一面性平場構造山寺と多段性平場構造山寺の両者において、山寺の周囲は丘陵の谷や山地斜面の谷となっており、この自然地形が平地寺院の回廊や、寺域（寺院地）を囲む大溝と同じ役割を果たしている。山尾権現山廃寺と慧日寺観音寺跡は、並列系や散在系の山寺が出現する以前の古期の系譜を引くと考えられる。

Ⅱ類「並列系配置型」は、Ⅱａ類「並列系分散型」とⅡｂ類「並列系集中型」という概念で捉えることができる。この伽藍配置は、いわゆる任意的な伽藍配置の範疇に入るとみられる形態であるが、現時点では主要堂宇を尾根の稜線と同じ方向に並列的に構えことを特徴とする。群馬県黒熊中西遺跡はⅡａ類の代表で、伽藍中枢部から西側に約五〇メートル離れる一号建物跡（僧坊）と七号テラス（薗院）や、主要堂宇の一段下方に位置する七号建物をも含めた在り方は、堂塔が分散して展開する一〇世紀創建山林寺院の一つの典型を示している。これに対して福島県流廃寺跡は、東西に延びる尾根上に、ほぼ南面する堂宇を並列的に配置していることから、現時点ではⅡｂ類「並列系集中型」とみる。Ⅱ類の遺跡は、創建が九世紀後半頃から十世紀であるため、平安密教成立以後に創建された山寺である。なお、比叡山横川における創建期（九世紀中葉～後半）の堂塔の配置は、並列系の祖型となる可能性があり、またその時期が一面性平場構造山寺から多段性構造山寺への移行期でもある。

Ⅲ類「散在系配置型」は、山地の尾根上や斜面に主要堂塔を散在的に配置し、一定範囲の山上に堂塔社殿を展開させた岩手県国見山廃寺跡の在り方からこの概念を設定した。従来の山岳寺院に関する基本的な考え方は、山中に堂塔を任意に配置することをその最大の特徴と考えてきたが、先に示したような伽藍類型がみられることから、従来の見方は、ここに示すⅢ類散在系配置型に含まれることとなろう。国見山廃寺跡では、九世紀後半から一二世紀初頭に、古代山林寺院が北上川東岸の丘陵的な地形の山上に造営され存続し、一二世紀中頃以降に山麓の極楽寺境内などに中世山寺の堂舎が建造される。古代山林寺院の創建は九世紀後半とされ、一〇世紀中頃から一二世紀初頭にその最盛期を迎えるが、尾根上の平坦部ごとに、一定のまとまりを示すように建物が建立される状況は、山林寺院の盛衰における寺域拡大の在り方を示す事例として貴重であろう。

古代山林寺院の伽藍類型におけるⅣ類「コの字・L字系配置型」は、古代における官衙建物の配置との関係を窺わせる一群である。金沢市三小牛ハバ遺跡は、北向きの金堂とみられる掘立柱建物跡とその西側に隣接する講堂とみられる掘立柱建物跡の並び方は、金堂後方の東西棟建物を含めて、主軸を方位にほぼ合致させるなどの規則的な配置を示す。主要仏堂二棟は、中央と西側にL字に並び、その東側の南北棟を含めた配置は「品の字」に近い配置となり、古代官衙の中枢部における、南面する政庁と、その東西に隣接する南北棟の位置関係を想起させる。福井県明寺山廃寺では、中心堂舎である東西棟の礎石建物と、その西側に主軸が直交する南北棟である掘立柱建物の位置関係がL字系の配置を示す。この二棟は、三小牛ハバ遺跡と同じく、方位に合致することが特徴である。こうしたコの字・L字系・品の字系配置型の山寺は、福島県慧日寺戒壇地区中枢部においても発掘されている。その遺跡は、台地上の一面性平場上に、九世紀の掘立柱建物の堂舎をL字系に配置しており、石川県・福井県方面の八世紀後半から九世紀創建の山寺との共通性を考えることができる。

3　立地による類型

古代律令制下においては、各国の国府が「僧尼令」に基づく山林修行を管轄していたが、古代山林寺院の立地について、旧国ごとの遺跡の立地状況を検討した結果、その立地類型について四類型の設定を行なった。

A類「国府国分寺隣接型山林寺院」は、古代の国家仏教の拠点である各国国分寺や国府に密接に関連する山林寺院の一群であり、古代における浄行僧の養成などに必要とされた。この山林寺院の一群には、国分寺に近接する場所に造営された一群と、遠方に建立された一群に区分できる。

B類「名山山腹山麓型山林寺院」は、各国の霊山・霊地として古くからの信仰を集めたとみられる山地・山岳の山腹や山麓に造営された山林寺院の一群である。北東日本では、日光男体山頂遺跡を擁する二荒山や、常陸・筑波山などを、その代表とすることができる。そうした名山に対する山岳信仰は、山林寺院の造営地とも密接に結びつき、山岳に鎮座するその土地の神の権威を取り入れて、山林寺院の創建と安定を図ったことも十分に考えられる。なお一部の古代山寺では、丘陵上の古墳に隣接して、山寺が創建されており、古墳にその地の霊地性を求めた可能性があろう。

C類「国界域山地型山林寺院」は、国境の山地に造営された山林寺院の一群を指す。これらの山林寺院と関連遺跡は、出土文字資料からみて、上総では八世紀第３四半期から出現する。

D類「窯業製鉄地域隣接型山林寺院」は、窯業遺跡群や製鉄遺跡群に隣接する場所に造営された山寺である。須恵器や瓦を生産する窯業遺跡は、山地の端部や丘陵地に開窯される場合が多く、これはC類の国界域山地型と共通する領域となる場合がある。

なお、こうした巨視的な視点とは別に、自然地形上に占める個々の山寺遺跡の造営場所を微視的に観察した場合の四つの系統については、『唐澤考古』二六号(二〇〇七年)に記した。現時点では、この四系統に加えて、一面性平場構造山寺群が立地する丘陵上面の平坦部を加えて五系統を考えることができよう。

古代山林寺院の寺域内の道路遺構については、参道と寺域内通路という区分で考える視点を示した。古代道路遺構の特徴は側溝や硬化面を持つことなどであり、古代山林寺院の寺域内外における道路遺構の属性について、黒熊中西遺跡の分析表では、あえて側溝の有無などをも分析の視点とした。黒熊中西遺跡の一号・三号・一〇号道路遺構は、幅が一メートル以上で硬化面が形成された参道である。一号・三号道路遺構の硬化面は、厚さが一〇センチもあり、この道が継続して使われことを示し、この山林寺院の主参道であることを発掘調査に基づく考古学的事実として捉えることができる。石川県浄水寺跡では、古代末の一一世紀前半に、中枢部に創建された懸造りの仏堂(礎石建物)への参道が造成された。参道は、芯々約二〜二・七メートルの両側溝を持ち　直線的に全長約二一メートルにわたり作道された。一〇世紀前半の黒熊中西遺跡では、参道最大幅は約一・二メートル(四尺)であるのに対して、一一世紀前半の浄水寺参道では、最大幅が二・七メートル(九尺)と広がり、両側に側溝を持つ構造が採用された。

4　鍛冶操業形態の類型

古代山岳寺院の鍛冶の操業については、その創建から廃絶までの間に、寺域内において鍛冶炉構築と鍛冶工房の存在があったことを指摘し、山寺の造寺や修復に関係する鉄製品などの生産があったことが考えられる。古代山岳寺院の寺域内における鍛冶遺構は、鍛冶炉・鍛冶関連土坑・鍛冶工房が主なものであるが、鍛冶関連遺物としては鉄滓・羽口・台石・鍛造剥片・粒状滓・鉄製品・鉄素材などがある。本書では発掘資料を基に、鍛冶遺構の検討を経て、鍛冶炉などの確定を行い、また鍛冶炉の炉底に溜まる椀形鍛冶滓の出土、及び鍛造剥片の存在などをもって、山寺での鍛冶操業を確定した。その結果、鍛冶遺構と報告されていない遺構についても、鍛冶炉である場合があった。

また、黒熊中西遺跡と明寺山廃寺の寺域内での鍛冶の操業形態を分析した結果、五つの類型を提示した。それは、山林寺院鍛冶操業形態1型から山林寺院鍛冶操業形態5型までの五類型である。なお、群馬県赤城山中腹に位置する宇通遺跡では、礎石建物Aの基壇内に鍛冶炉が構築されており、基壇の造成途中に鍛冶の操業を行ない、鉄製品を生産したことが判明しており、その後に再び基壇の造成が続けられ、基壇完成後に間口三間・奥行三間の礎石建物が建立された。これは黒熊中西遺跡の二号礎石建物跡の鍛冶状遺構と同じく、基壇造成途上面における鍛冶の操業である。

古代山林寺院寺域内の鍛冶炉の規模は、下野・上野・越後の鍛冶炉との比較において、古代の山林寺院以外の鍛冶工房の鍛冶炉とほぼ同じ規模である。黒熊中西遺跡と明寺山廃寺の寺域内では、大形の鍛冶炉も併存する。これらの規模の異なる鍛冶炉を持つ山寺では、精錬工程段階の鍛冶操業があったことを示すと考えられる。

古代山寺の鍛冶炉の構造では、鍛冶炉のいわゆる地下構造と呼ばれる炉床部分(炉の基底部・基底面)の構築材には、現時点では粘土と炭化物の二種類がある。粘土を地山の上に貼りめぐらせて炉床を構築する遺構例は、八世紀前半の群馬県峯山遺跡Ⅰ区一号鍛冶工房一号鍛冶炉・二号鍛冶炉にみられ、また一〇世紀前半の黒熊中西遺跡の五号建物二号鍛冶炉においても、粘土を用いる鍛冶炉構造がある。鍛冶炉の炉床に炭化物を敷く構造は、黒熊中西遺跡の一〇世紀前半の五号建物一号鍛冶炉と三号鍛冶炉、及び八号テラス(平場)一号鍛冶炉に採用され、これは山林寺院ではない一〇世紀前半の栃木県大志白遺跡群専業鍛冶工房(SⅠ一四)の鍛冶炉にもみられる。炉床に炭化物を用いる鍛冶炉の構造は、九世紀中葉(第3四半期)の福井県明寺山廃寺鍛冶炉(SK九五〇一)で確定されており、山林寺院における九世紀代から一〇世紀中葉の鍛冶炉に採用されたことが判明した。

このうち鍛冶炉の炉底に粘土を貼りめぐらす黒熊中西遺跡の五号建物の二号鍛冶炉は、群馬県峯山遺跡の八世紀前半の鍛冶炉構築技法を一〇世紀前半の山林寺院の造寺に伴う鍛冶に引き継いでいるものと考えられる。一〇世紀代の山林寺院である黒熊中西遺跡の多くの鍛冶炉と、同時期の専業鍛冶工房である大志白遺跡群専業鍛冶工房(SⅠ一四)

の鍛冶炉では、炉床に炭化物を用いる構造が共に採用され、その鍛冶炉規模も同程度であることが判明した。

こうした八世紀から一〇世紀の鍛冶炉の炉床構造には、炉床に粘土を貼る構造と、炉床に炭化物を敷く構造の二つの技法がみられ、古代山林寺院にも造寺や補修に伴い山寺以外の遺跡と共通する二種類の構造を持つ鍛冶炉が採用された。

また、福島県慧日寺戒壇地区では、掘立柱建物跡に隣接して九世紀の鍛冶炉（ＳＸ〇一）が発掘され、この場所で鍛冶の操業があったことが確定されており、その他に山寺の寺域内から鍛冶遺物である鉄滓などが出土した事例は、福島県流廃寺跡・長野県牛伏寺堂平・石川県三小牛ハバ遺跡・静岡県南禅寺遺跡・愛知県普門寺旧境内元々堂南斜面・愛知県泉福寺（中世墳墓第二地点周辺）などが知られ、古代中世山寺における鍛冶は、多くの遺跡で操業された。

石川県浄水寺跡では、発掘調査報告書掲載遺物に鉄滓はないものの、本堂南西にやや離れて位置する平場（Ⅱ-3・4テラス大溝）から、山寺の創建期である九世紀後半から一〇世紀後半の土師器・須恵器・灰釉陶器・緑釉陶器・多くの墨書土器とともに鞴の羽口が出土しており、古代山寺に伴う鍛冶の操業があったと考えられる。また一一世紀前半から一五世紀まで建替えられながら存続した中世山寺の中心仏堂である本堂（Ⅳ-4テラス）からも一二世紀前半と一四世紀前半の中世遺物とともに、羽口が二点出土している。報告された羽口は、合計四点であり、中世山寺の創建や建替えなどに伴い、鍛冶の操業があったと考えられる。浄水寺跡の本堂とその周辺からは、古代山寺と中世山寺の創建と造営に、鍛冶があったとみてよい。

5　平場構造による類型

古代の山寺では、主に奈良朝の八世紀から九世紀前半に創建された山寺と、九世紀後半から一〇世紀の平安期創建の山寺に区分することができる。その特質は、前者が奈良朝系山寺として回廊のない平地伽藍をそのまま山中や丘陵上面の平坦地に建立し、その堂塔を載せる平場が階段状にならない一面性平場構造であるのに対して、後者は階段状構造となる平場構造や、または並列する複数の平場が斜面に造成される構造を持つ一群であり、これを平安期系山寺と呼び、多段性平場構造を持つことを最大の特徴とする。一面性平場構造山寺と多段性平場構造山寺は、その創建時期における平野部と丘陵・山地部の土地利用状況を反映している可能性もあろう。

ここでは、古代における一面性平場構造山寺を、主に山林寺院という研究史上の概念で捉え、多段性平場構造山寺を主に山岳寺院という研究史上の概念を当てることも可能かとも思われる。多段性平場構造山寺は、一一世紀中葉頃に廃絶する一群とそれ以降の中世に存続する一群がある。一面性平場構造山寺の伽藍配置は、縦列系とコの字・L字系や仏堂とされる堂宇が単独で構えられる場合があり、多段性平場構造山寺では散在系と並列系の伽藍配置となる場合が多いようである。

山林仏教の一拠点とされる奈良県比曽寺跡は、細長い谷の最奥部の山麓に南面して位置するが、川に区画された山麓の平坦部に山寺を構えている。千葉県遠寺原遺跡は、八世紀第3四半期に創建され一〇世紀に廃絶した1類（古代創建古代廃絶型）の山寺遺跡であり、中心的な仏堂である掘立柱建物跡の東側雑舎群からは仏教関連遺物が多数出土し、仏堂近辺から「山寺」墨書土器の出土があった。周囲は深い谷に画されており、東西長軸約二〇〇メートル、南北短軸約一〇〇メートルの丘陵上面に構築された一面性平場構造山寺と考えられる。

加賀国府・国分寺の南方約四キロの丘陵上に八世紀中頃から末に存続した石川県松谷廃寺跡は、遠寺原遺跡や小食土廃寺と同じく古期山林寺院の特徴として階段状の平場を持たない。石川県三小牛ハバ遺跡は、八世紀後半の創建で一〇世紀代までは存続したが、深い谷に面する丘陵平坦部に構築された山寺であり、伽藍配置の類型は中枢部がコの字型を呈する一面性平場構造山寺である。茨城県山尾権現山廃寺や愛知県全福寺跡も一面性平場構造山寺である。八世紀中葉から九世紀初頭頃までに創建された山寺の一群は、丘陵上面や山腹の緩斜面上の平坦部を利用した小規模な伽藍を持つか、または仏堂一棟か少数の堂舎の場合がみられるが、主要堂塔に隣接する階段状の平場の造成はない。こうした一面性平場構造山寺の概念を用いることにより、福島県慧日寺跡中心伽藍（本寺地区）の位置付けが可能となるのであり、その広大な寺域とみられる山域の在り方は、古代日本の山岳寺院（山林寺院）の一様相を示すものとして貴重である。

平安期創建の山岳寺院の代表でもある群馬県黒熊中西遺跡では、一〇世紀前半に中心堂宇を最上段付近に構築し、その前方や横方向に並列的また散在的に、かつ階段状に各種の役割を持つ平場を配置し、一つの山寺を形作っており、多段性平場構造山寺という類型で考えることができる。この一群では、山寺伽藍の中枢部が金堂・講堂から成り、僧坊や雑舎が分離される配置を取る状況が出てくることが注目される。これは、一面性平場構造山寺の茨城県山尾権現山廃寺や石川県三小牛ハバ遺跡とは、大きく異なる伽藍配置状況を示す。これらの山寺は、存続期間分類では古代創建古代廃絶型（1類）であるにも拘わらず、一面性平場構造山寺と多段性平場構造山寺では伽藍配置が全く異なる。

東海地方の古代山寺では、静岡県建穂寺跡や愛知県財賀寺において、山上の中枢部から黒笹九〇号窯式（K-90号窯式）の灰釉陶器が出土し、愛知県猿投神社（西ノ宮遺跡）では一〇世紀前半の灰釉陶器（O-53号窯式）の時期には山寺の活動が始まるとみられることから、九世紀中葉から一〇世紀前半には多段性平場構造山寺が創建され、中世へ変遷するとみられる。

愛知県普門寺旧境内では、元々堂址で一〇世紀中葉に平場が造成され、一二世紀に伽藍の再構築を伴う平場の拡張があり、中世山寺への移行がみられた。元堂址でも、基壇建物と池が一二世紀中葉に造営され、本格的な中世山寺の出現となり、一四世紀まではその継続がみられることが判明し、一〇世紀から一四世紀に多段性平場構造山寺が成立した考古学的資料を提示していると考えられる。

普門寺元堂址の中枢平場は、三〇丈の大規模平場の中央部に池を構築し、その西側に基壇建物を配置する並列系の配置となるが、池の西側の基壇部分にも前身の基壇があったことが想定されており、一二〜一四世紀頃には、この伽藍を含めて二棟の建物と池が並列的に並んでいたことになる。そして、この中世山寺の北東上方には、一二世紀の経塚が造営され、山寺の寺域内には中世墳墓が展開することになる。元堂址で確認された少数の並列系伽藍は、本来は古絵図に残る京都府高山寺の一三世紀第1四半期までには成立していた並列系伽藍配置に類似する堂舎の配置があった可能性もあろう。こうした一二世紀の山寺中枢平場の状況では、埼玉県旧慈光寺跡の中枢部と目される№1地点(平場)の開山塔の下の古代骨蔵器の須恵器大甕を用いた蓋が一二世紀前葉になって常滑の蓋に変えられ、開山塔が造立されたことも知られ、また並列系伽藍の中に蔵王堂が建立されたと考えられる。そして、各地の山寺に経塚が造営され始めたのは、一二世紀前半からであり、この時期における中世山寺が全国的な宗教状勢の影響を受けていた可能性を示唆する。

兵庫県旧金剛寺跡は、中枢部の上下に階段状に複数の平場が構築された多段性平場構造山寺で、その存続時期は九世紀前半から一四世紀末までの古代創建中世廃絶系(2b類)である。最上段のE地区に創建当初から小堂を祀る場所があり、滋賀県松尾寺跡でも本堂の後方上位に小規模な遺構を持つ平場があり、これらは地主神などを祀った可能性があろう。このように多段性平場構造山寺の創建期は、現時点では九世紀後半頃から一〇世紀代とみられる。

最古期の古代山寺では、須恵器窯と古期製鉄炉である長方形箱形炉(箱形炉・箱形製鉄炉)との三者の組合せを持つ遺跡群の在り方が注目される。大山廃寺跡とその近隣の尾北窯篠岡支群の篠岡二号窯・六六窯・七四窯における須恵

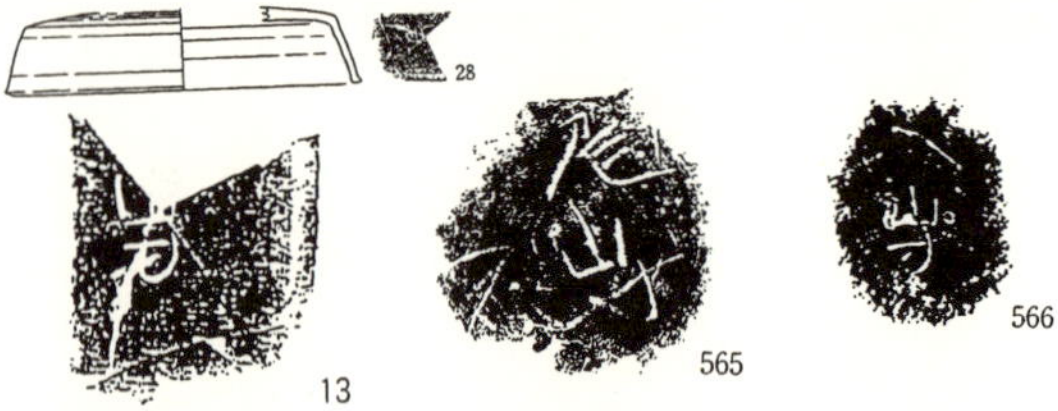

第 100 図　愛知県味鋺 B 遺跡（13、7 世紀後葉）・篠岡 78 号窯跡（565・566、7 世紀後半）出土須恵器実測図・拓影図（野澤 2011・愛知県史編さん委員会 2010 を改変、縮尺不同）

器と瓦の生産と、製鉄炉の長方形箱形炉を持つ狩山戸遺跡の組合せが、七世紀後葉あるいは七世紀末から八世紀前半にあり、少なくとも八世紀前葉頃には同時期に三者が存続していたと考えられる。春日井市西山製鉄遺跡においては、長方形箱形炉が発掘調査され、篠岡丘陵は七世紀後葉から八世紀前葉頃には、窯業だけでなく鉄の生産にも関係する場所であった。八世紀前半の製鉄炉では、群馬県峯山遺跡において横置きの長方形箱型炉が操業され、隣接して専業鍛冶工房が併置された。箱形炉と鍛冶工房は、鉄素材から鉄製品の生産に一連の役割を持つことから、狩山戸遺跡においても隣接して鍛冶工房があったとみてよい。こうしたことから八世紀前半における大山廃寺跡は、製鉄炉・鍛冶工房・須恵器窯・瓦窯と一体となる山寺であったと考えることが可能である。こうして八世紀前半の山寺は、最新の技術者集団（工人集団）と同一地域に造営され、鉄生産・鉄器生産・須恵器生産・瓦生産の四つの手工業と結び付く形態で存続し、山寺を含む五つの組み合わせ（五点セット）の中に存在していた可能性があろう。そして先に見てきたように、山寺が薬湯などの生産に係わったかどうかは、今後の研究に委ねられる。

そしてこの尾北窯篠岡支群（篠岡窯）の南西六～七キロに位置する味鋺《あじま》B遺跡からは、北東日本最古級の出土文字資料としての「山寺」とみられる刻書を持つ須恵器が発掘されている。その遺物は、七世紀後葉の須恵器（壺蓋・外面）に「山寸」と刻書されたとされるもので、この「山寸」という刻書は「山」と「寺」の二文字の合わせ文字で「山寺」と判読することができるとされ、周辺遺跡群からも同様な刻書文字資料が複数発掘されている。これは山寺出現期におけるこの地域の重要性をさらに高めるものである。

こうした最古期の山寺に続く八世紀中葉から後半創建山寺の一群は、先に触れた一面性平場構造山寺となる。その後の九世紀代から一〇世紀前半代の山寺の創建は、群馬県黒熊中西遺跡に代表される多段性平場構造山寺の山岳寺院の一群が出現する。このような古代山寺の創建時期から考えると、1類「古代創建古代廃絶型」は、1a類「古代創建古代廃絶型白鳳期系」、1b類「古代創建古代廃絶型国分寺創建期系」、1c類「古代創建古代廃絶型平安期系」に細分することができよう。1a類は七世紀後葉から八世紀代の遺物を持つ山寺の一群であり、1b類は八世紀中葉から後半に創建された一群であり、現時点では一面性平場構造山寺が多数を占めるとみられるが、八世紀後半創建の山寺がすべて一面性平場構造山寺となるかどうかは不詳である。1c類は九世紀後半頃から一〇世紀代に創建された山岳寺院の一群で、群馬県宇通遺跡(宇通廃寺)などの多段性平場構造山寺が少なくない。1c類は、一一世紀中頃を前後する時期には廃絶し、一二世紀以降の中世には存続しない。

6　横長広大平場

次に、古代山林寺院の大規模平場について、著者が創案した一概念として、横長広大平場の問題がある。横長広大平場はその間口幅を基準にみた場合、遺跡での平場の間口規模が約一二〇メートルの一群と、約九〇メートルの一群が存在することから、四〇丈型と三〇丈型という区分と名称を考えた。横長広大平場の四〇丈型は、間口一町の平場と仮称することもできよう。下野においては、華厳寺跡観音堂跡と大慈寺旧跡の古代山林寺院の中枢部に造成されている。埼玉県旧慈光寺跡や福井県白山平泉寺旧境内の中枢部においても、間口幅四〇丈の大規模平場が複数造成されている。横長広大平場全域の発掘調査事例は現時点ではないものの、考古学上の出土遺物の報告などからみたその造成時期は、九～一二世紀とみてよい。比叡山寺（延暦寺）では九～一〇世紀前半には西塔の初期の開発が行なわれ、平場の多くは造成されていたとみられている。そして西塔中心部東斜面の政所平場の状況は、この遺構が南北約九〇メートルの大規模平場であることを示すと考えられる。西塔草創期の九世紀前半（承和年間）から一〇世紀前半の間に、西塔の横長広大平場の造成があった可能性が高い。旧慈光寺跡では、開山塔と釈迦堂の平場が、横長広大平場の四〇丈型にあたる。開山塔を載せる平場の東に隣接して、もう一つの四〇丈型の横長広大平場が並列するように構えられており、一つの山林寺院で二箇所の四〇丈の横長広大平場を持つ遺跡は、北東日本においては旧慈光寺跡と白山平泉寺旧境内のみである。

埼玉県旧慈光寺跡では、先に触れたように開山塔下の九世紀代の須恵器骨蔵器蓋が一二世紀前葉に常滑甕の蓋に変えられ、開山塔が造立されており、この時に開山塔と江戸時代本堂下に存在するであろう古代中世本堂との間に蔵王堂が建立され、中世山寺における並列的な伽藍配置を構成したものと想定することができる。これは、愛知県普門寺元堂址の三〇丈の大規模平場（横長広大平場）の造成時期とほぼ同時期となり、岩手県中尊寺の大池が一二世紀前葉と後葉に四〇丈（一二〇メートル）と三〇丈（九〇メートル）の規模を採用する時期とも重なる。大規模平場である横長広大平場における並列系伽藍配置の完成は、鎌倉仏教の成立以前の一二世紀前葉から中葉と考えることができよう。

そして大規模平場としての横長広大平場は、多段性平場構造山寺においてその伽藍中枢に採用された。横長広大平場とⅡ類「並列系配置型」の関係では、大知波峠廃寺跡と流廃寺の堂宇の在り方が、古代山寺の創建から拡張期にかけての仏堂の造営標高がほぼ同一標高に揃えられていることが何らかの関連性を持つとみられるが、現時点では、不詳とせざるを得ない。大知波峠廃寺跡は、国府が関係した山寺であった可能性が指摘されており、一〇～一一世紀に出現する多段性平場構造山寺の前段階にあたる八～九世紀代の律令期に盛行した一面性平場構造山寺における伽藍の同一標高面での造営思想がそこに反映されている可能性を示唆するのかもしれない。

また発掘調査資料ではないが、京都府高山寺に関する一三世紀前半の絵図（高山寺絵図）は、先に触れたように山麓の寺域内に東西方向に八棟の堂塔社殿が並列的に並んで描かれており、かつ間口の広い大規模平場の範疇に入る可能性が高く、またこの資料からは、並列系伽藍配置の典型ともいえる山寺の姿が一三世紀第1四半期までには完成していたことが読み取れる。なお、管見によれば畿内以外での間口幅四〇丈の大規模平場を保持する山寺は、福井県白山平泉寺旧境内・埼玉県旧慈光寺跡・山形県立石寺・岩手県黒石寺である。また間口幅三〇丈の大規模平場を持つ山寺には、愛知県普門寺元堂址・栃木県大慈寺・栃木県華厳寺跡観音堂跡がある。

7　考古学的類型分類

以上のように創案提示してきた一連の概念・類型は、多数の山寺の存続期間に関する着眼や、遺構分布と伽藍配置の想定、古代における国ごとの山寺の造営場所、古代山寺の平場構造における一面性と多段性の分析、また一部の山寺にみられる鍛冶の遺構分析から導き出した類型などについてのものである。本書で示した概念と類型は、山岳寺院遺跡と山地山岳に法灯を灯し続ける寺院内旧跡の遺跡と遺構を対象としているので、これを「山岳寺院遺跡遺構類型論」、または「山寺遺跡遺構類型論」と命名する。現時点では、この類型論は、次の五つの柱から成る古代中世山寺を分析する一手段としての、考古学上の概観論と位置付けたいと思う。

⑴「古代中世山岳寺院存続期間類型」（1類・2類・3類）
⑵「古代山岳寺院伽藍配置類型」（Ⅰ類・Ⅱ類・Ⅲ類・Ⅳ類）
⑶「古代山岳寺院立地類型」（A類・B類・C類・D類）

(4)「古代山岳寺院鍛冶操業形態類型」(1型・2型・3型・4型・5型)
(5)「古代山寺平場構造類型」(一面性平場構造山寺・多段性平場構造山寺)

古代山寺の寺域内での鍛冶操業については、本書では主に遺構の検討を行ったが、椀形鍛冶滓・鍛造剝片・流動滓などの考古学的分析も更に必要となる。また多段性平場構造山寺は、多面性平場構造山寺と呼称してもよいかと思われる。これらの概念と類型などの内容は十分に論証されているわけではなく、北東日本から畿内における古代中世山寺についての、現時点における分析として提示するものである。古代山岳寺院伽藍配置類型などは、各類型における造営時期ごとの堂宇の構成と変遷や、古期山寺と平地寺院伽藍との相互関係の探究も必要となろう。

二　古代中世山岳寺院研究の課題

近年の考古学上の山岳寺院の調査研究では、各地において古代から中近世の山中に構えられた山林寺院・山岳寺院・山寺の一群が歴然と存在し、その実態が判明しつつあることは周知の事実である。本書では、山岳寺院・山林寺院・山寺という用語を併用したが、これらの用語とその用法についてはさらなる概念規定が必要となろう。古代に創建され中世に存続する山岳寺院は、中世期に廃絶する一群と中世末頃に一度は廃絶するものの中世末から近世初頭頃にはすぐに隣接地などに復興される場合などがみられ、個別の山寺の由緒や霊地性なども関係しているのであろう。

古代山林寺院には一〇世紀から一一世紀前後に廃絶する一群が確実に存在するが、その時期に消滅せずに一二世紀以降の中世に存続する一群は、古代の山地に構えられた寺院とは異なる役割が、一定地域や中央から求められたのであろう。一二世紀を前後する古代末から中世初頭にあたる時期の山寺の状況は、必ずしも明確に捉えられているわけではなく、一二世紀までには成立していたとされる修験道と、東国における一二世紀初頭から始まる経典の埋納などに伴う経塚の造営は、考古資料から確認されるところであるが、経塚が末法思想を背景に成立したことが確実視される中で、そうした遺構と遺物が中世初期の山寺に厳然と存在する。経塚が由緒ある聖地や各地の霊地に造営されたとすれば、古代山寺は中世初期にはそうした性格を持つ霊場的な場所と認識されていたことになろうが、山寺と経塚造営の関係は今後の課題となってこよう。中世山寺における中世墳墓の造営は、経塚の造営や霊場の成立と密接な関係があろうが、本書では触れる余裕がなかった。

飛騨と美濃の国境領域の岐阜県大威徳寺跡では、その創建が一〇世紀に遡り、斜面には多段性の平場構造がみられ、中世寺院部分には参道脇に土塁が構築されている。古代山岳寺院における土塁の築造は、九世紀後半から一一世紀代まで存続した群馬県宇通遺跡（宇通廃寺）の寺域西側を区画する大規模な土塁遺構としてみられるが、中世山岳寺院遺跡においても一定数の土塁遺構が存在することから、その始源と消長については今後の課題となる。

中世山岳寺院については、福岡県首羅山遺跡において一二世紀の創建から一三世紀の盛期を経て、一五世紀前半には衰退し廃絶することがほぼ確定しているようである。特に山頂の経塚関連遺物が一二世紀初頭であることは、中世北東日本における初期経塚の造営時期と同時期である。この遺跡では、禅宗が山岳寺院伽藍の拡大に関連すると考えられており、武蔵慈光寺での禅宗の摂取とみられる伽藍の拡大などが想起され、そうした側面からの中世山寺の位置付けも必要となってくるだろう。島根県鰐淵寺では、鰐淵寺川を挟む南北の境内から九世紀代の遺物が出土するが、その中世山寺の伽藍の造成は一二世紀後半からとなることが判明しており、北東日本の中世創建山岳寺院である岩手県中尊寺の一二世紀前半から後半代の創建期遺構群の存在や、一二世紀に属する愛知県普門寺旧境内遺構群などをも考慮すれば、日本における中世山岳寺院（中世山寺）の創建時期を、一二世紀と考定しておくことも可能かと思われる。

第9表　古代中世山岳寺院存続期間類型分類表

類型区分	類型名称	類型細分	類型細分名称
1類	古代創建古代廃絶型	1a類	古代創建古代廃絶型白鳳期系
		1b類	古代創建古代廃絶型国分寺創建期系
		1c類	古代創建古代廃絶型平安期系
2類	古代創建中世存続型	2a類	古代創建中世存続型中世廃絶系
		2b類	古代創建中世存続型近世存続系
3類	中世創建型	3a類	中世創建型中世廃絶系
		3b類	中世創建型近世存続系

（上野川2012aを改変）

第10表　古代中世山岳寺院存続期間類型分類概念表

類型	古代							中世						近世	
	7前半	7後半	8前半	8後半	9	10	11前半	11後半	12	13	14	15	16	17	18
1類		—	—	創建		→存続			→廃絶（遺跡）						
2類 2a類				—	創建	→（拡張・補修等）			→	存続	→	廃絶（遺跡）			
2類 2a類				—	創建	→（拡張・補修等）			存続	→	（再建等）存続		→	廃絶（遺跡）	
2類 2b類				—	創建	→（拡張・補修等）			存続	→	（再建等）存続→		（再建等）存続→		
3類 3a類								—	創建	→（拡張・補修等）存続			→	廃絶（遺跡）	
3類 3b類								—	創建	→（拡張・補修等）存続			→（再建等）存続→		

＊1類は古代創建古代廃絶型、2類は古代創建中世存続型、3類は中世創建型。数字は世紀。古代と中世は、11世紀中葉で区分。2類・3類では近世以降まで存続する寺がある。（上野川2012aを改変）

古代から中世初期にあたる八世紀から一二世紀までの発掘調査遺構と考古資料から、北東日本における山岳寺院の動向を捉えれば、八世紀中葉から後半に一面性平場構造山寺が各地に展開し、九世紀から一〇世紀代には廃絶する遺跡が見られるのに対して、新たに九世紀後半から一〇世紀前半創建の並列系伽藍配置を持つ多段性平場構造山寺の一群が出現することが、一つの大きな潮流として捉えることができよう。このように北東日本山岳寺院遺跡の動態を考える時、大きくみれば国分寺創建前後の八世紀中葉頃から九世紀前半に成立展開する一面性の平場構造に縦列系配置型とコの字・L字系配置型

第 11 表　古代中世山岳寺院の寺域内平場構造からみた二類型の概要

寺域内平場構造からみた山寺の区分	一面性平場構造山寺	多段性平場構造山寺
遺跡名	奈良県比曽寺跡，千葉県遠寺原遺跡，千葉県小食土廃寺，茨城県山尾権現山廃寺，静岡県幡教寺跡，愛知県全福寺跡，石川県松谷廃寺跡，石川県三小牛ハバ遺跡，福井県明寺山廃寺	岩手県国見山廃寺跡，群馬県黒熊中西遺跡，群馬県宇通遺跡，埼玉県旧慈光寺跡，福島県流廃寺跡，石川県浄水寺跡，群馬県巌山遺跡（榛名神社遺跡），兵庫県旧金剛寺跡
平場造成方法	一面的であるため，階段状平場構造をとらない（周囲に小規模平場がみられる場合あり）	多段的（多面性）であるため，階段状などの平場構造となる
創建時期	主に 8 世紀中葉から 9 世紀前葉頃	主に 9 世紀後半頃から 10 世紀前半頃
廃絶時期など	主に 8 世紀末から 11 世紀代	11～12 世紀に廃絶する一群と中世まで存続する一群がある（中世に廃絶する一群と近世以降に存続する一群がある）
占地	主に丘陵上面や低山地の尾根上平坦部	主に低山地斜面や高山斜面など
伽藍配置	主に縦列系，コの字・L 字系	主に散在系・並列系
仏堂（本堂）位置	一面性平場上	最上段または最上段付近の平場
推定僧坊	—	独立平場（黒熊中西遺跡 2 号テラス 1 号建物跡）
鍛冶工房の位置	一面性平場端部（三小牛ハバ遺跡）仏堂隣接地（小食土廃寺）	独立平場（黒熊中西遺跡 8 号テラス）
推定薗院の形態	一面性平場内（遠寺原遺跡）	独立平場（黒熊中西遺跡 7 号テラス，浄水寺跡Ⅱ-1・2 テラス）
推定薗院の位置	仏堂西側（遠寺原遺跡）	本堂西側（南西・北西）（黒熊中西遺跡，浄水寺跡）
本堂背後の空間と施設	堂宇や雑舎群など	小規模平場に何らかの施設を持つ場合あり（地主神を祀る社殿か）

を持つ山寺を経て、九世紀後半以降一〇世紀代に成立する多段性の平場構造を持つ山寺に並列系の伽藍配置が展開することになろう。そして一二世紀前半における中尊寺の成立は、中世山岳寺院（中世山寺）の出現と考えることが妥当と思われ、これらを北東日本における画期とみなすことができよう。本書では触れることができなかった福島県霊山寺跡・兵庫県書写山円教寺・島根県鰐淵寺ほかの多くの遺跡が今後さらに研究されることで、本書に示した新概念を補整することになるかもしれない。もとより著者の山岳寺院存続期間類型分類は、日本考古学における山岳寺院遺跡全体を、時系列の中に理論的に揺るぎなく収めることを目的としていた部分があり、あるいは理論先行的な側面をも内包していることは承知している。

古代山岳寺院が時代の変遷の中に進取の教

第12表　古代中世山岳寺院の画期と変遷の概要

画期区分	山寺の変遷	時期	山寺の伽藍形態・平場形態	特徴と特記事項	関連事項
画期Ⅰ	山寺成立期	7C～8C前半	—	国分寺成立以前の山寺群	律令制成立期
画期Ⅱ	古代山寺の展開期	8C中葉～9C前半	縦列系伽藍配置と一面性平場構造山寺の成立と展開	丘陵・山地への展開	国分寺成立期
画期Ⅲ	古代山岳寺院の成立と展開期	9C後半～11C前半	散在系・並列系伽藍配置と多段性平場構造山寺の成立と展開	比叡山寺・高野山寺の造営	平安仏教成立・展開期
画期Ⅳ	中世山岳寺院の成立期	12C前葉～後葉	多段性平場構造山寺と大規模平場等の展開	中尊寺の造営と山寺での経塚造営	中世への移行期
画期Ⅴ	近世山岳寺院への移行期	16C～17C	—	寺院機能の山麓への移動	近世への移行期

義や宗教活動を継続的に取り入れ、地域権力や地域民衆に支持された結果において、中世に存続し得た山岳寺院遺跡の姿を、人為的な継続性がそこにあったものと見做すならば、それは存続し得た山岳寺院が一定地域の中で歴史的に選択され、後世へ継続されたものとみることができるであろう。それは、人為的継続性を保持した山岳寺院と見做すことができ、そこに人為的継続性の有無による山岳寺院選択があったと言えよう。古代から中近世まで、歴史的継続性を持つ山岳寺院は、埼玉県旧慈光寺跡・栃木県大慈寺・愛知県大山廃寺跡などとみることができよう。

これに対して中世の戦国期における人為災害（戦乱被災）による山岳寺院の廃絶が選択されたのは、比叡山南方の如意寺であった。この遺跡は、古代の灰釉陶器から中世遺物の出土がみられるが一五世紀の戦国期頃の遺物まで確認されたが、再建・再興されずに廃寺となり遺跡として現存している。また一五世紀後半に廃絶する山岳寺院には、古代に創建されている石川県浄水寺跡もあり、中世創建系では静岡県堂ヶ谷廃寺が該当する。福岡県首羅山遺跡においても、一五世紀前半には中枢部の基壇が埋没しているとされ、古代創建中世廃絶系（２ａ類）と中世創建中世廃絶系（３ａ類）では、この時期にあたる戦国初期に廃絶する一群が出てくる可能性が看取される。これらが人為災害（戦乱被災）による山岳寺院選択となる可能性もあろうが、今後の検討も必要となろう。

古代の一〇～一一世紀に廃絶した山岳寺院の中で、どの程度の遺跡が戦乱被災を直接的・間接的に被ったのかは、現時点では判断するだけの考古資料は見当たらないが、そうした観点からの調査研究も必要になってこよう。また自然災害的影響による山岳寺院の衰退などでは、山城安祥寺の山上伽藍において古代以降の堂舎が一四世紀の台風により崩壊し遺跡となるが、山麓の下寺は、江戸時代に近隣に復興された事例がある。自然災害では、地震や火山の噴火に伴う降灰などが考えられるが、北関東を広範囲に覆った火山災害である浅間山の噴火に伴う浅間B火山灰の降灰（天仁元年〔一一〇八〕）による被害を、直接的または間接的に被った遺跡の在り方なども今後の研究課題となろう。こうした山寺の存続と廃絶を、山岳寺院の歴史的選択、または歴史的淘汰という見方で捉える視点を設定することが妥当かどうか、またこれを山岳寺院選択という概念で捉えることができるかどうかなどは、更に慎重な検討が必要となろう。

中世山岳寺院には、一二世紀から一四世紀に創建された遺跡が散見されるが、古代創建の山寺では、一三世紀後半に伽藍中枢に大規模な造成を受けた場合や、経塚の造営がみられる事例もある。また古代の伽藍中枢に、中世期になり仏堂を再建した事例についても、遺構と遺物の変遷を基に、山寺の消長を更に検討する必要があろう。

こうした古代から中世の時代変遷の中に、山寺が存続し変質し、または廃絶してゆくが、それは同時に山岳寺院の淘汰であったことも事実であり、山岳寺院が歴史的選択を受けたものと考えることが許されるであろう。このように古代中世山寺の研究は、現在までの調査研究を考古学上の新たな視点から分析し、古代から中世の大きな枠組みの中で考究することが肝要と考える。

本書は、山寺発掘調査資料を基軸に据えつつ、七世紀から一六世紀前後までの北東日本山寺群の動態を、概観したものに過ぎないことは、十分に承知しているが、それでもなお現時点における個人研究としての山寺考古学の一到達点を示し得たものと思う。

あとがき

今回、最近一〇年ほどの間に考察し、雑誌に発表してきた古代中世山寺についての文章を中心として、それらを一冊にまとめてみた。著者が山岳寺院について踏査・研究する契機になったのは、古代から中世における、下野大慈寺についての考古資料や文献史料などの存在があったからである。その下野大慈寺の成立と変遷についての試論をまとめ、一地方の考古学関係雑誌である『唐澤考古』に発表する際に、大慈寺住持林敬忠師を訪ねたことがあった。その時、林住職からは発表を快諾され、またその原稿の項目ごとに、さらに深く研究して下さいとの熱い激励をいただいた。

そうした中、平成一二年に、大阪の大谷女子大学で開催された山岳寺院シンポジウムで、京都大学の上原真人教授が著者の大慈寺の成立に関する試論を取り上げ、賛同の意を表された。その後、立正大学の時枝務教授から、上原教授が著者の山林寺院類型区分に賛同しており、良い考え方なので自信を持って広めるよう述べられたと告げられたこともあり、こうしたことが著者の山岳寺院研究を勇気付けた。

平成一八年には、中世山林寺院の原稿依頼があり、『季刊考古学』へ投稿した。その時は、原稿を引き受けることで、何か生まれるかもしれないと思い、群馬の調査の合間を縫って、四月から五月に北東日本の山林寺院を駆け巡った。そして、知人などからは各種の情報をいただき文章化する中で、日本全国の山林寺院に普遍的に適用できる考え方を熟考してみた。

そして平成一八年五月に、日本の山林寺院はその存続期間を視点としてみた場合、古代に創建され古代のうちに廃絶する一群と、古代に創建され中世を通じて存続し中世末頃に廃絶する一群とに分かれることに着目し、「古代創建古代廃絶型」と「古代創建中世存続型」という二つの用語と概念を新たに創出した。この時、中世に創建され中世に廃絶する山林寺院の一群も存在するものと推定したが、果たしてそのような「中世創建中世廃絶型」の山林寺院が日本に存在するのかという疑問が沸き起こったことも事実で、中世山林寺院の原稿中には文章化はしなかった。その直後、平成一八年八月に岐阜県下呂市で山寺サミットが開催され、そこで四国・愛媛県等妙寺跡の調査報告に接したが、この遺跡や、九州・首羅山遺跡のような、著者の概念に合致する中世創建中世廃絶型の山岳寺院跡が出現している。また岩手県中尊寺については、中世初頭の山寺遺構が存在することから、日本を代表する中世創建系の山寺とみることができるとの認識の下に、旧稿の一部にそのことを触れた。

こうして先学の研究を紐解きながら、著者独自の視点から、北東日本の山岳寺院に言及してきたが、新知見が出れば必然的に更新されよう。また各遺跡の遺物は全て実見しているわけではなく、各地域の研究者が遺物群の所属時期などを詳細に把握していると思われることから、その地域の研究者各位の時期区分に従って論を進めた。

学生時代は、立正大学名誉教授坂詰秀一先生から、考古学研究では研究史が大切であることを教えて頂き、地元栃木の大澤伸啓氏には幾つかの遺跡踏査に同行して頂き、また遺構・遺物の検討を一緒に行なったこともあった。著者の山寺に関する論述に賛同し、また激励して頂いたのは、栃木県大慈寺住職林敬忠師、京都大学上原真人名誉教授、立正大学時枝務教授であった。この方々との出会いとご縁により、新しい概念や類型を考え出すことができたものと確信する。

本書を成すにあたっては、時枝務教授から助言と励ましと出版社の紹介をいただき、心からの感謝を申し上げたい。本書の編集と出版に関しては、岩田書院の岩田博氏にお願いした。記して御礼を申し上げたい。そして、各地の研究者各位からいただいたご協力等に対して、心からの感謝を申し上げたい。

平成二九年一一月

上野川　勝

図表目次

第2章第2節

第2章第3節

第2章第4節

第3章第1節

第3章第2節

第 4 章第 1 節

第 4 章第 2 節

第5章第1節

第5章第2節

第 5 章第 3 節

結　章

表目次

第 1 章第 2 節

第 1 章第 3 節

第 2 章第 2 節

第 2 章第 3 節

第 2 章第 4 節

結　章

著者紹介

上野川　勝（かみのかわ　まさる）

昭和 30 年（1955）　栃木県佐野市生まれ。

立正大学文学部史学科（考古学専攻）卒業。

日本考古学協会会員。

「上野国・下野国の山岳寺院（群馬県・栃木県）」（『佛教藝術』315 号、2011 年）、

「古代山岳寺院の参道と寺域内通路について―黒熊中西遺跡と大知波峠廃寺跡の分析を中心に―」（『考古学論究』17 号、2016 年）などの論文がある。

住所　〒 327-0841　栃木県佐野市田之入町 983 番地

古代中世　山寺《やまでら》の考古学

2018 年（平成 30 年）1 月　第 1 刷　350 部発行　　　定価［本体 8600 円＋税］

著　者　上野川　勝

発行所　有限会社岩田書院　代表：岩田　博　　http://www.iwata-shoin.co.jp
〒157-0062　東京都世田谷区南烏山 4-25-6-103　電話 03-3326-3757　FAX 03-3326-6788

組版・印刷・製本：三陽社

ISBN978-4-86602-019-8　C3021　￥8600E

岩田書院 刊行案内（25）

			本体価	刊行年月
983	佐藤　博信	中世東国の政治と経済＜中世東国論６＞	7400	2016.12
984	佐藤　博信	中世東国の社会と文化＜中世東国論７＞	7400	2016.12
985	大島　幸雄	平安後期散逸日記の研究＜古代史12＞	6800	2016.12
986	渡辺　尚志	藩地域の村社会と藩政＜松代藩５＞	8400	2017.11
987	小豆畑　毅	陸奥国の中世石川氏＜地域の中世18＞	3200	2017.02
988	高久　　舞	芸能伝承論	8000	2017.02
989	斉藤　　司	横浜吉田新田と吉田勘兵衛	3200	2017.02
990	吉岡　　孝	八王子千人同心における身分越境＜近世史45＞	7200	2017.03
991	鈴木　哲雄	社会科歴史教育論	8900	2017.04
992	丹治　健蔵	近世関東の水運と商品取引 続々	3000	2017.04
993	西海　賢二	旅する民間宗教者	2600	2017.04
994	同編集委員会	近代日本製鉄･電信の起源	7400	2017.04
995	川勝　守生	近世日本石灰史料研究10	7200	2017.05
996	那須　義定	中世の下野那須氏＜地域の中世19＞	3200	2017.05
997	織豊期研究会	織豊期研究の現在	6900	2017.05
000	史料研究会	日本史のまめまめしい知識２＜ぶい＆ぶい新書＞	1000	2017.05
998	千野原靖方	出典明記 中世房総史年表	5900	2017.05
999	植木・樋口	民俗文化の伝播と変容	14800	2017.06
000	小林　清治	戦国大名伊達氏の領国支配＜著作集１＞	8800	2017.06
001	河野　昭昌	南北朝期法隆寺雑記＜史料選書５＞	3200	2017.07
002	野本　寛一	民俗誌・海山の間＜著作集５＞	19800	2017.07
003	植松　明石	沖縄新城島民俗誌	6900	2017.07
004	田中　宣一	柳田国男・伝承の「発見」	2600	2017.09
005	横山　住雄	中世美濃遠山氏とその一族＜地域の中世20＞	2800	2017.09
006	中野　達哉	鎌倉寺社の近世	2800	2017.09
007	飯澤　文夫	地方史文献年鑑2016＜郷土史総覧19＞	25800	2017.09
008	関口　　健	法印様の民俗誌	8900	2017.10
009	由谷　裕哉	郷土の記憶・モニュメント＜ブックレットH22＞	1800	2017.10
010	茨城地域史	近世近代移行期の歴史意識・思想・由緒	5600	2017.10
011	斉藤　　司	煙管亭喜荘と「神奈川砂子」＜近世史46＞	6400	2017.10
012	四国地域史	四国の近世城郭＜ブックレットH23＞	1700	2017.10
013	時代考証学会	時代劇メディアが語る歴史	3200	2017.11
014	川村由紀子	江戸・日光の建築職人集団＜近世史47＞	9900	2017.11
015	岸川　雅範	江戸天下祭の研究	8900	2017.11
017	福江　　充	立山信仰と三禅定	8800	2017.11
018	鳥越　皓之	自然の神と環境民俗学	2200	2017.11
019	戦国史研究会	戦国期政治史論集　東国編	7400	2017.12
020	戦国史研究会	戦国期政治史論集　西国編	7400	2017.12